国外食品药品法律法规编译丛书

U0786412

欧盟医疗器械管理法规

国家药品监督管理局医疗器械技术审评中心　编译

中国健康传媒集团
中国医药科技出版社

图书在版编目（CIP）数据

欧盟医疗器械管理法规 / 国家药品监督管理局医疗器械技术审评中心编译. — 北京：中国医药科技出版社, 2020.4

（国外食品药品法律法规编译丛书）

ISBN 978-7-5214-1759-3

Ⅰ. ①欧… Ⅱ. ①国… Ⅲ. ①欧洲联盟 - 医疗器械 - 管理 - 法规 Ⅳ. ①D950.216

中国版本图书馆CIP数据核字(2020)第062512号

美术编辑 陈君杞

版式设计 大隐设计

出版 中国健康传媒集团 | 中国医药科技出版社

地址 北京市海淀区文慧园北路甲 22 号

邮编 100082

电话 发行：010-62227427 邮购：010-62236938

网址 www.cmstp.com

规格 710 × 1000mm 1/16

印张 43 1/4

字数 485 千字

版次 2020 年 4 月第 1 版

印次 2022 年 8 月第 2 次印刷

印刷 三河市万龙印装有限公司

经销 全国各地新华书店

书号 ISBN 978-7-5214-1759-3

定价 118.00 元

国外食品药品法律法规编译委员会

本书编委会

主　编　孙　磊

副主编　卢　忠　许　伟　邓　刚　王以朋

编　委　（以姓氏笔画为序）

王永清　王雅文　王嘉欣　邓　洁　史新立
司国颖　吕允凤　刘　菁　刘　斌　刘英慧
刘晓燕　刘美林　安娟娟　杜晓丽　杨晓冬
杨鹏飞　李　洁　李　铮　李耀华　吴　琨
张译丹　陈　宽　林　欣　赵　怡　赵　鹏
姜琳琳　贺伟罡　贾健雄　高冠岳　郭亚娟
郭兆君　彭　亮　董劲春　蒋　研　程茂波
蓝翁驰

序

食品药品安全问题，既是重大的政治问题，也是重大的民生问题；既是重大的经济问题，也是重大的社会问题。十八大以来，我国坚持以人民为中心的发展思想和“创新、协调、绿色、开放、共享”的五大发展理念，全力推进食品药品监管制度的改革与创新，其力度之大、范围之广、影响之深，前所未有。

党的十九大再次强调，全面依法治国是国家治理的一场深刻革命，是中国特色社会主义的本质要求和重要保障。法律是治国之重器，良法是善治之前提。全面加强食品药品安全监管工作，必须坚持立法先行，按照科学立法、民主立法的要求，加快构建理念现代、价值和谐、制度完备、机制健全的现代食品药品安全监管制度。当前，《药品管理法》的修订正在有序有力推进。完善我国食品药品安全管理制度，必须坚持问题导向、坚持改革创新、坚持立足国情、坚持国际视野，以更大的勇气和智慧，充分借鉴国际食品药品安全监管法制建设的有益经验。

坚持食品药品安全治理理念创新。理念是人们经过长期的理论思考和实践探索所形成的揭示事物运动规律、启示事物发展方向的哲学基础、根本原则、核心价值等的抽象概括。理念所回答的是“为何治理、为谁治理、怎样治理、靠谁治理”等基本命题，具有基础性、根本性、全局性、方向性。理念决定着事物的发展方向、发展道路、发展动力和发展局面。从国际上看，食品药品安全治理理念主要包括人本治理、风险治理、全程治理、社会治理、责任治理、效能治理、能动治理、专业治理、分类治理、平衡治理、持续治理、递进治理、灵活治理、国际治理、依法治理等基本要素。这些要素的独立与包容在一定程度上反映出不同国家、不同时代、不同阶段食品药品安全治理的普遍规律和特殊需求。完善我国食品药品安全管理法制制度，要坚持科学治理理念，体现时代性、把握规律性、富于创造性。

坚持食品药品安全治理体系创新。为保障和促进公众健康，国际社会普遍建立了科学、统一、权威、高效的食品药品安全监管体制。体制决定体系，体系支撑体制。新世纪以来，为全面提升药品安全治理能力，国际社会更加重视食品药品标准、审评、检验、检查、监测、评价等体系建设，着力强化其科学化、标准化、规范化建设。药品安全治理体系的协同推进和持续改进，强化了食品药品安全风险的全面防控和质量的全面提升。

坚持食品药品安全治理法制创新。新时代，法律不仅具有规范和保障的功能，而且还具有引领和助推的作用。随着全球化、信息化和社会化的发展，新原料、新技术、新工艺、新设备等不断涌现，食品药品开发模式、产业形态、产业链条、生命周期、运营方式等发生许多重大变化，与此相适应，一些新的食品药品安全治理制度应运而生，强化了食品药品安全风险全生命周期控制，提升了食品药品安全治理的能力和水平。

坚持食品药品安全治理机制创新。机制是推动事物有效运行的平台载体或者内在动力。通过激励与约束、褒奖和惩戒、动力和压力、自律和他律的利益杠杆，机制使“纸面上的法律”转化为“行动中的法律”，调动起了各利益相关者的积极性、主动性和创造性。机制的设计往往都有着特定的目标导引，在社会转型期具有较大的运行空间。各利益相关者的条件和期待不同，所依赖的具体机制也有所不同。当前，国际社会普遍建立的食品药品分类治理机制、全程追溯机制、绩效评价机制、信用奖惩机制、社会共治机制、责任追究机制等，推动了食品药品安全治理不断向纵深发展。

坚持食品药品安全治理方式创新。治理方式事关治理的质量、效率、形象、能力和水平。全球化、信息化、社会化已从根本上改变经济和安全格局，传统的国际食品药品安全治理方式正在进行重大调整。互联网、大数据、云计算等正在以前所未有的方式改变着传统的生产、生活方式，而更多的改变正在蓄势待发。信息之于现代治理,犹如货币之于经济,犹如血液之于生命。新时期，以互联网、大数据、云计算等为代表的信息化手段正在强力推动食品药品安全治理从传统治理向现代治理方式快速转轨，并迸发出无限的生机与活力。

坚持食品药品安全治理战略创新。战略是有关食品药品安全治理的全局性、长期性、前瞻性和方向性的目标和策略。国家治理战略是以国家的力量组织和落实食品药品安全治理的目标、方针、重点、力量、步骤和措施。食品药品安全治理战略主要包括产业提升战略、科技创新战略、行业自律战略、社会共治战略、标准提高战略、方式创新战略、能力提升战略、国际合作战略等。食品药品管理法律制度应当通过一系列制度安排，强化这些治理战略的落地实施。

坚持食品药品安全治理文化创新。文化是治理的“灵魂”。文化具有传承性、渗透性、持久性等。从全球看，治理文化创新属于治理创新体系中是最为艰难、最具创造、最富智慧的创新。

食品药品安全治理文化创新体系庞大，其核心内容为治理使命、治理愿景、治理价值、治理战略等。使命是组织的核心价值、根本宗旨和行动指针，是组织生命意义的根本定位。使命应当具有独特性、专业性和价值性。今天，国际社会普遍将食品药品安全治理的使命定位于保障和促进公众健康。从保障公众健康到保障和促进公众健康，这是一个重大的历史进步，进一步彰显着食品药品监管部门积极、开放、负责、自信的精神和情怀。

中国的问题，需要世界的眼光。在我国药品安全监管改革创新的重要历史时期，法制司会同中国健康传媒集团组织来自监管机构、高等院校、企业界的专家、学者、研究人员陆续翻译出版主要国家和地区的食品药品法律法规，该丛书具有系统性、专业性、实用性、及时性的特点，在丛书中，读者可从法条看到国际食品药品治理理念、体系、机制、方式、战略、文化等层面的国际经验，期望能为我国食品药品监管改革和立法提供有益的参考和借鉴。

焦 红

2017 年 12 月

目录

Ⅰ 医疗器械法规……1

欧洲议会和理事会于2017年4月5日签发的关于医疗器械第2017/745号法规，修订了第2001/83/EC号指令，第178/2002号（EU）法规和第1223/2009号（EU）法规，并废除了理事会第90/385/EEC号和第93/42/EEC号指令（EEA相关性文本）

第Ⅰ章　范围及定义……26
第Ⅱ章　器械的上市供应和投入使用、经营者的义务、再处理、CE标识、自由流通……44
第Ⅲ章　器械的标识和可追溯性、器械和经营者的注册、安全和临床性能总结、欧洲医疗器械数据库……72
第Ⅳ章　公告机构……85
第Ⅴ章　分类和符合性评估……104
第Ⅵ章　临床评价和临床试验……116
第Ⅶ章　上市后监管、警戒和市场监管……148
第Ⅷ章　成员国、医疗器械协调小组、专家实验室、专家小组和器械注册机构之间的合作……169
第Ⅸ章　保密性、数据保护、资金来源及处罚……178
第Ⅹ章　最终条款……181
附录Ⅰ　通用安全性与有效性要求……192
附录Ⅱ　技术文件……221
附录Ⅲ　关于上市后监管的技术文件……228
附录Ⅳ　欧盟符合性声明……231
附录Ⅴ　CE符合性标识……233

附录 VI　根据第 29(4) 和 31 条提交器械和经营者的注册信息，根据第 28 和 29 条提供核心数据元素给 UDI 数据库连同 UDI-DI，以及 UDI 系统……234
附录 VII　公告机构需满足的要求……251
附录 VIII　分类规则……286
附录 IX　基于质量管理体系和技术文件评估的符合性评估……298
附录 X　基于型式检验的符合性评估……315
附录 XI　基于产品合规性验证的符合性评估……319
附录 XII　由公告机构签发的证书……327
附录 XIII　定制器械的步骤……330
附录 XIV　临床评价和上市后临床跟踪……332
附录 XV　临床试验……337
附录 XVI　在第 1(2) 条中所述无预期医疗目的产品分组清单……349
附录 XVII　对比表……350

Ⅱ 体外诊断试剂法规 (IUD)……353

欧洲议会和理事会于 2017 年 4 月 5 日签发的关于体外诊断医疗器械第 2017/746 号 (EU) 法规，并废除了第 98/79/EC 号指令和欧盟委员会第 2010/227/EU 号决议 (EEA 相关性文本)

第Ⅰ章　序文条款……376
第Ⅱ章　器械的上市供应和投入使用、经营者的义务、CE 标识、自由流通……391
第Ⅲ章　器械的标识和可追溯性、器械和经营者的登记、安全和临床性能总结、欧洲医疗器械数据库……413
第Ⅳ章　公告机构……423
第Ⅴ章　分类及符合性评估……442

第Ⅵ章　临床证据、性能评估和性能研究……453
第Ⅶ章　上市后监管、警戒和市场监管……483
第Ⅷ章　成员国、医疗器械协调小组、欧盟参考实验室、器械注册机构间的合作……504
第Ⅸ章　保密性、数据保护、资金来源及处罚……511
第Ⅹ章　最终条款……514
附录 I　通用安全性与有效性要求……524
附录 II　技术文件……549
附录 III　关于上市后监管的技术文件……560
附录 IV　欧盟符合性声明……563
附录 V　CE 符合性标识……565
附录 VI　根据第 26（3）和 28 条提交器械和经营者的注册信息，根据第 25 和 26 条提供核心数据元素给 UDI 数据库连同 UDI-DI，以及 UDI 系统……566
附录 VII　公告机构需满足的要求……580
附录 VIII　分类规则……613
附录 IX　基于质量管理体系和技术文件评估的符合性评估……618
附录 X　基于型式检验的符合性评估……633
附录 XI　基于生产质量保证的符合性评估……639
附录 XII　由公告机构签发的证书……643
附录 XIII　性能评估、性能研究和上市后性能跟踪……646
附录 XIV　干预性临床性能研究及其他性能研究……659
附录 XV　对比表……665

名词术语总表……668

欧盟官方公报 L117

第60卷

中文版 立法 2017年5月5日

内容

I 立法法案

法规

★ 欧洲议会和理事会于2017年4月5日签发的关于医疗器械第2017/745号法规，修订了第2001/83/EC号指令，第178/2002号(EU)法规和第1223/2009号(EU)法规，并废除了理事会第90/385/EEC号和第93/42/EEC号指令[1]……1

★ 欧洲议会和理事会于2017年4月5日签发的关于体外诊断医疗器械第2017/746号(EU)法规并废除了第98/79/EC号指令和欧盟委员会第2010/227/EU号决议……353

[1] EEA相关性文本。

EM

以浅色字体打印标题的法案均为涉及农业日常管理的法案，一般在有限期内有效。所有其他法案的标题均以粗体打印，并以星号开头。

Ⅰ
医疗器械法规

欧洲议会和理事会于 2017 年 4 月 5 日签发的关于医疗器械第 2017/745 号法规，修订了第 2001/83/EC 号指令，第 178/2002 号 (EU) 法规和第 1223/2009 号 (EU) 法规，并废除了理事会第 90/385/EEC 号和第 93/42/EEC 号指令 (EEA 相关性文本)

欧洲议会和欧盟理事会，考虑到《欧盟运行条约》，特别是其中第 114 条和第 168(4)(c) 条规定，并考虑到欧盟委员会提案，于立法草案转交各国议会后，考虑到欧洲经济和社会委员会之意见[1]，在咨询地区委员会之后，根据一般立法程序运作[2]。

鉴于：

(1) 理事会第 90/385/EEC 号指令[3] 和理事会第 93/42/EEC 号指令[4] 构成有关医疗器械 (不包括体外诊断医疗器械) 的欧盟监管框架。但需要对该指令进行大幅修订，以便建立稳健、透明、可预测和可持续的医疗器械监管框架，以确保高水平的安全和健康，同时为创新提供支持。

(2) 本法规旨在确保区域内医疗器械市场的平稳运行，是为患者和使用者提供高水平健康保护的基础，同时考虑到活跃于本行业的中小型企业利益。同时，本法规为医疗器械的质量及安全性制定了较高标准，以满足器械产品常见安全问题的管控。这两个目标相辅相成、不可分割地联系在一起，并且在达成过程中没有主次顺序。关于《欧盟运作条约》(TFEU) 第 114 条，本法规融合了市场销售以及将医疗器械及其附件在欧盟市场上市及使用的规则，这些医疗器械可能受益于货物自由流通原则。针对 TFEU 第 168(4)(c) 条，本法规通过确保临床试验的数据的可靠性和稳健性，来保障这些器械的质量及安全，并保障参与临床试验的受试者的安全。

---

[1] 2013 年 2 月 14 日意见 (OJ C133, 9.5.2013, p.52)。

[2] 2014 年 4 月 2 日的欧洲议会立场 (尚未在官方公告内公布) 以及 2017 年 3 月 7 日首次审阅时理事会的立场 (尚未在官方公告内公布)。

[3] 1990 年 6 月 20 日签发的关于成员国有关可植入医疗器械法律的理事会第 90/38/EEC 号指令 (OJ L331, 7.12.1998, p.1)。

[4] 1993 年 6 月 14 日签发的关于医疗器械的理事会第 93/42 EEC 号指令 (OJ L169, 12.7.1993, p.1)。

(3) 本法规并不包括有关医疗器械投入使用后，在市场上进一步供应之规则，例如二手销售。

(4) 应显著加强现有监管方法的关键要素，例如公告机构监管、符合性评估流程、临床试验和临床评价，警戒和市场监管，同时引入确保医疗器械透明度和可追溯性之规定，以改善健康和安全性。

(5) 如有可能，应当考虑到为医疗器械制定的国际指导准则，特别是全球协调工作队及其后续行动即“国际医疗器械监管机构论坛(IMDRF)”，以便推动世界范围内利于提高安全防护标准以及促进贸易之相关法规的全球化进程，特别是关于唯一器械标识、通用安全性与有效性要求、技术文件、分类标准、符合性评估流程和临床证据等方面的规定。

(6) 出于历史原因，第 90/385/EEC 号指令所涵盖的有源植入式医疗器械以及第 93/42/EEC 号指令所涵盖的其他医疗器械通过另外两个单独的法律进行管控。为简化起见，经过若干次修订的两项指令均应替换为适用于所有医疗器械 (除体外诊断医疗器械外) 的单一立法法案。

(7) 本法规的适用范围应与其他相关产品的欧盟协调立法明确区分开 (如体外诊断医疗器械、医药产品、美容产品和食品)。因此，应对欧洲议会和委员会第 178/2002 号法规[1] 进行修订，将医疗器械排除在其范围之外。

---

[1] 欧洲议会和理事会于 2002 年 1 月 28 日签发的第 178/2002 号 (EC) 法规规定了食品法的一般原则和要求，设立了欧洲食品安全局并制定了食品安全方面的程序 (OJ L31, 1.2.2002, p.1)。

(8) 成员国有责任逐案例确认，各产品是否属于本法规范围。为确保所有成员国的相关判断一致，特别是临界案例，在咨询医疗器械协调小组 (MDCG) 后，应允许委员会主动或经成员国适时且有根据地请求，逐案决定某一具体产品、类别或产品组是否属于本法规适用范围。在审议涉及药品、人体组织和细胞、生物灭活产品或食品之临界案例所辖产品之监管状况时，委员会应确保欧洲药品管理局 (European Medicines Agency)、欧洲化学品管理局 (European Food Safety Authority) 和欧洲食品安全局 (European Chemicals Agency) 的适当咨询水平。

(9) 由于在某些情况下医疗器械和美容产品难以区分，因此欧盟议会和理事会第 1223/2009 号 (EC) 法规 [1] 中也应加入对某一产品法规状况的欧盟范围统一决议。

(10) 药械组合类产品将按照本法规或欧洲议会和理事会第 2001/83/EC 号指令 [2] 进行管理。在涉及该药械组合产品的监管活动中，在上市前评估咨询及信息交换期间，两项立法法案应确保适当的相互关联。对于药械组合产品，应当在该医疗产品上市许可背景下，充分评估其是否符合本法规中规定的通用安全性与有效性要求。因此，应修订第 2001/83/EC 号指令。

(11) 对于非活性或处理为非活性的人类来源组织或细胞衍生物制造的特定产品,欧盟立法特别是欧盟议会和理事会第 1394/2007 号 (EC)

---

[1] 欧洲议会和理事会于 2009 年 11 月 30 日签发的关于美容产品的第 1223/2009 号 (EC) 法规 (OJ L342, 22.12.2009, p.59)。

[2] 欧洲议会和理事会于 2001 年 11 月 6 日签发的关于人类药用产品社区规则的第 2001/83/EC 号指令 (OJ L311, 28.11.2001, p.67)。

法规[1]和第2004/23/EC号指令[2]并不完善。此类产品应属于本法规管辖范围，但前提是其应符合医疗器械的定义或受本法规管辖。

(12) 本法规应涵盖制造商声称仅具有美容目的或另一种非医疗目的，但在功能和风险特征方面类似于医疗器械的特定产品组。为能使制造商证明此类产品的符合性，委员会应至少在应用风险管理时采用通用技术规范，并在必要时对安全性进行临床评价。这些通用技术规范应针对无医疗目的产品组制定，且不得用于具有医疗目的之类似器械的符合性评估。具有医疗和非医疗预期目的之器械应当同时满足具有和不具有预期医疗目的之器械相关要求。

(13) 由于第90/385/EEC和93/42/EEC号指令和本法规中明确排除含有人类或动物来源活组织或细胞的产品，应当澄清的是，含有或构成自其他来源活体生物物质或活体组织以实现或支持这些产品预期目的之产品也不在本法规管辖范围内。

(14) 欧洲议会和理事会第2002/98/EC号指令[3]设定的要求应当继续适用。

(15) 适用于器械的纳米材料风险和收益目前存在科学不确定性。

---

[1] 欧洲议会和理事会于2007年11月13日签发了关于前沿疗法医药产品的第1394/2007号(EC)法规并修订了第2001/83/EC号指令和第726/2004号(EC)法规(OJ L324, 10.12.2007, p.121)。

[2] 欧洲议会和理事会于2004年3月31日签发的关于制定人体组织和细胞捐赠、采购、检测、处理、保存、储存和分配质量和安全标准的第2004/23/EC号指令(OJ L102, 7.4.2004, p.48)。

[3] 欧洲议会和理事会于2003年1月27日签发的关于制定人血和血液成分的收集、测试、处理、储存和分配的质量和安全标准的第2002/98/EC号指令(OJ L33, 8.2.2003, p.30)。

为确保高水平的健康保护、货物自由流通和制造商的法律确定性，基于委员会第 2011/696/EU 号建议[1]，有必要为纳米材料引入一个统一定义，这一定义应具有必要的灵活性，以使得这一定义适应科学和技术进展以及后续欧盟和国际层面的监管发展。在器械的设计和制造中，制造商在使用具有较高或中等体内辐射可能的纳米颗粒时应特别注意，这些器械应接受最为严格的符合性评估程序。在法案试行期间对本法规中规定的相关要求的实施以及应用，应考虑相应科学委员会的科学意见。

(16) 欧洲议会和理事会第 2014/30/EU 号指令[2]所论述的安全问题属于本法规规定的器械通用安全性与有效性要求的一部分。因此，本法规应被视为与该指令有关的特别法。

(17) 本法规应包括关于发射离子辐射的器械的设计和制造要求，而不影响寻求其他目标的理事会第 2013/59/Euratom 号指令[3]的适用性。

(18) 本法规应包括关于旨在防止职业伤害 (包括辐射防护) 的器械设计、安全性与有效性特性相关要求。

---

[1] 2011 年 10 月 18 日签发的关于纳米材料定义的委员会第 2011/696/EU 号建议 (OJ L275,20.10.2011，p.38)。

[2] 2014 年 2 月 26 日欧洲议会和理事会第 2014/30/EU 号指令关于成员国有关电磁兼容性 (OJ L96, 29.3.2014. p.79)。

[3] 2013 年 12 月 5 日签发的理事会第 2013/59/Euratom 号指令规定了有关因离子辐射接触所引起的危险防护的基本安全标准，并废除寻求其他目标的第 89/618/Euratom 号指令、第 90/641/Euratom 号指令、第 96/29/Euratom 号指令、第 97/43/Euratom 号指令和第 2003/122/Euratom 号指令 (OJ L3, 17.1.2014, p.1)。

(19) 有必要明确的是，当制造商的软件专用于医疗器械定义中所述的一种或多种医学目的时，软件本身可视为医疗器械，而用于一般目的的软件，即使在医疗保健环境中使用，或用于健康应用之软件，均不视为医疗器械。作为器械或附件之软件的资格评定不得依赖于这个软件和器械之间的物理位置或互连类型决定。

(20) 本法规中，关于器械本身、器械供应、经营者、使用者和具体过程、符合性评估、临床试验与评价、上市后监管、警戒和市场监管、标准和其他技术规范等定义应当符合欧盟和国际上本领域的既定做法，以提高法律确定性。

(21) 应明确指出，通过欧洲议会和理事会第 2015/1535 号指令 [1] 所规定的信息服务，向欧盟人员提供的器械以及在商业活动范围内用于为欧盟内部人员提供诊断或治疗服务的器械，在欧盟境内上市或提供服务时，必须符合本法规要求。

(22) 为认识到标准化在医疗器械领域中的重要作用，符合欧洲议会和理事会第 1025/2012 号 (EU) 法规 [2] 中规定的协调标准之相关

---

[1] 欧洲议会和理事会于 2012 年 10 月 25 日签发的有关欧洲标准化的第 1025/2012 号 (EU) 指令，修订了欧洲理事会第 89/686/EEC 和 93/15/EEC 号指令以及欧洲议会和理事会第 94/9/EC、94/25/EC、95/16/EC、97/23/EC、98/34/EC、2004/22/EC、2007/23/EC、2009/23/EC 和 2009/105/EC 号指令，并废除了欧洲理事会第 87/95/EEC 号决议和欧洲议会和理事会第 1673/2006/EC 号决议 (OJ L316, 14.11.2012, p.12)。

[2] 欧洲议会和理事会于 2012 年 10 月 25 日签发的有关欧洲标准化的第 1025/2012 号 (EU) 指令，修订了欧洲理事会第 89/686/EEC 和 93/15/EEC 号指令以及欧洲议会和理事会第 94/9/EC、94/25/EC、95/16/EC、97/23/EC、98/34/EC、2004/22/EC、2007/23/EC、2009/23/EC 和 2009/105/EC 号指令，并废除了欧洲理事会第 87/95/EEC 号决议和欧洲议会和理事会第 1673/2006/EC 号决议 (OJ L316, 14.11.2012, p.12)。

证据，应是制造商证明其产品符合通用安全性与有效性要求以及其他法律要求(如本法规所述质量和风险管理)的手段。

(23) 欧洲议会和理事会第 98/79/EC 号指令[1]允许委员会对特定类别体外诊断医疗器械采用通用技术规范。在没有统一标准或统一标准不充分的地区，委员会应有权制定通用规范，以提供一种手段来符合本法规规定之通用安全性与有效性要求，以及临床试验和临床评估及 / 或上市后跟踪等要求。

(24) 在咨询利益相关者并考虑欧洲和国际标准后，应制定通用规范(“CS”)。

(25) 适用于器械的规则应酌情与“产品营销新立法框架”保持一致，其中包括欧洲议会和理事会第 765/2008 号 (EC) 法规[2]，以及欧洲议会和理事会第 768/2008/EC 号决议[3]。

(26) 针对进入欧盟市场的产品，欧洲委员会第 765/2008 号 (EC) 法规规定的欧盟市场监管和控制规则，同样适用于本法规所涵盖的器械，但这不妨碍成员国自行选择主管机构来执行这些任务。

(27) 根据“产品营销新立法框架”，在不影响本法规不同部分规定

---

[1] 欧洲议会和理事会于 2015 年 9 月 9 日签发的关于在信息服务技术标准和法规领域提供信息的流程的第 2015/1535 号 (EU) 指令 (OJ L241, 17.9.2015, p.1)。

[2] 欧洲议会和理事会于 2008 年 7 月 9 日签发的关于与产品营销有关的认证和市场监管的要求的第 765/2008 号 (EC) 法规，废除了第 339/93 号 (EEC) 法规 (OJ L218, 13.8.2008, p.30)。

[3] 欧洲议会和理事会于 2008 年 7 月 9 日签发的关于产品营销通用框架的第 768/2008/EC 号决议，并废除理事会第 93/465/EEC 号决议 (OJ L218, 13.8.2008, p.82)。

的具体义务的情况下，明确规定不同经营者（包括进口商和经销商）的一般义务，加强对本法规要求的理解，从而提高相关运营商的法规符合性。

(28) 就本法规而言，经销商的活动应视为包括获取、持有和供应器械。

(29) 制造商的一些义务，例如临床评价或警戒报告，仅为第90/385/EC 和 93/42/EEC 号指令的附录中列出之内容，这些应纳入本法规颁布条款中，以便于应用。

(30) 卫生机构应许可内部（而不是在工业规模上）制造、修改和使用器械，从而满足目标患者群体的具体需求，这些需求往往无法通过市场上适当性能水平的等效医疗器械来满足。在这种情况下，适当的做法是在本法规中规定豁免特定条款，这是关于仅在卫生机构（含医院以及支持卫生保健系统和/或解决患者需求但可能不会直接治疗或照顾患者的实验室和公共卫生机构等）内部制造和使用器械的豁免条款，这样本法规就可以适当方式予以满足。应注意，卫生机构的概念不包括主要追求健康利益或健康生活方式的机构，例如健身房、水疗中心、健康与健身中心。因此，适用于卫生机构的豁免条例不适用于这些机构。

(31) 鉴于自然人或法人可根据适当欧盟和国家法律，就缺陷器械造成的损害提出索赔，因此，可要求制造商采取适当措施，就其在第 85/374/EEC 号指令[1]规定的潜在责任提供足够的财务支持。

[1] 欧盟委员会于 1985 年 7 月 25 日签发的关于其在涉及缺陷产品责任的成员国相似法律、法规和管理规定的第 85/374/EEC 号指令（OJ L210, 7.8.1985, p.29）。

这些措施应与器械的风险等级、类型和企业规模成比例。在本文中，还应规定有关主管机构向可能因缺陷器械而受伤人员提供信息的简化规则。

(32) 为确保批量生产的器械继续符合本法规的要求，并且将生产的器械的使用经验纳入生产过程中，所有制造商均应具备质量管理体系和上市后监管体系，此类系统应与上述器械的风险级别和分类对应。此外，为尽可能降低器械相关的风险或防止与之相关事故的发生，制造商应建立风险管理体系，以及事故上报和现场安全纠正措施的系统。

(33) 风险管理体系应与器械的临床评估过程保持一致，并在该评估过程中反映，包括作为临床试验、临床评估和上市后临床跟踪的一部分需解决的临床风险。风险管理和临床评估过程应相互依存，并应定期更新。

(34) 应确保由符合最低资格条件的负责法规符合性的人员在制造商组织内进行医疗器械制造的监督和控制以及上市后监管和警戒活动。

(35) 对于欧盟以外的制造商，授权代表在确保此类制造商生产的器械符合性，以及作为其在欧盟建立的联系人方面发挥关键作用。鉴于这种关键作用，若欧盟以外的制造商未遵守其一般义务，出于执法目的，其授权代表依然应当对有缺陷的器械负法律责任。本法规规定的授权代表的法律责任并不影响第 85/374/EEC 号指令的规定，因此授权代表应对进口商和制造商承担连带责任。应在书面指令中确定授权代表的职责。鉴于授权代表的角色，应明确规定其应满足的最低要求，包括提供满足最低资格条件的人员的要求，此类资格条件应与制造商处负责法规符合性的人员的资格条件类似。

(36) 为确保经营者义务的法律确定性，有必要说明何时将经销商、进口商或其他人视为器械制造商。

(37) 根据《欧盟运作条约》(TFEU) 第 34 条的规定，该规定以 TFEU 第 36 条规定的健康和安全保护需求以及知识产权保护需求带来的限制性规定为准，已经上市的产品的平行贸易是内部市场的一种合法贸易形式。但这一平行贸易原则的适用性受成员国的不同解释的制约。因此，应在本法规中特别规定重贴标和重包装的要求，同时考虑到其他相关行业的法院案例法[1]和医疗器械领域的现有良好实践。

(38) 一次性使用器械的再加工和进一步使用仅可在国家法律允许的情况下以及遵守本法规中规定的相关要求下进行。一次性使用器械的再加工者应视为再加工器械的制造商，并应承担本法规规定的制造商义不容辞的义务。尽管有上述规定，成员国有责任决议卫生机构内或通过代表该机构的外部再加工者对一次性使用器械再加工和再利用的义务可能与本法规中所述的制造商义务不同。原则上，仅当在机构内或通过代表该机构的外部再加工者对一次性器械再加工和重新利用符合已通过的 CS，或在缺乏 CS 时，符合相关协调标准和国家法规，才允许该偏差的存在。再加工此类器械应确保与相应未使用的一次性器械相同的安全性与有效性水平。

[1] 2011 年 7 月 28 日法院对 Orifarm 和 Paranova 中案件：C-400/09 和 C-207/10, ECLI:EU:C:2011:519 的判决。

(39) 应给予植入器械患者以明确且容易获得的，足够识别所植入器械的基本信息，以及关于该器械的其他信息，包括任何必要的健康风险警戒或需采取的预防措施，例如关于其是否与某些诊断器械或用于安全控制的扫描仪兼容的指示。

(40) 一般来说，器械应具有 CE 标识，表明其符合本法规，以便其在欧盟内自由流通并根据其预期目的投入使用。成员国不得对符合本法规规定要求的器械，在其上市或投入使用方面制造障碍。不过，应允许成员国决定是否限制使用本法规未涵盖的任何特定类型的器械。

(41) 由于改进的事故报告、有针对性的现场安全纠正措施以及主管机构更好的监督机制，通过基于国际指导的唯一器械标识系统 (UDI 系统) 实现器械的可追踪性，应显著提高器械上市后安全相关活动的有效性。这可以减少医疗失误，并加强对虚假器械的打击。UDI 系统的应用还应改善卫生机构和其他经营者的采购和废物处置政策以及库存管理，并在可能的情况下，与这些设置中存在的其他验证系统兼容。

(42)UDI 系统应适用于除定制器械以外的投放于市场的所有器械，并基于国际公认的原则，包括与主要贸易伙伴所使用的相一致的定义。为使 UDI 系统及时起作用，以免影响本法规生效，应在本法规中做出详细规定。

(43) 为保护公众健康，赋予患者和医疗保健专业人员自主权以及确保其能够做出明智的决定，为向监管决定制定提供一个稳妥的基础，确保为预期使用者提供的信息具透明性和充分性，这对于公众利益至关重要。

(44) 为达成本法规目标，其中一个关键点是建立欧洲医疗器械数据库 (Eudamed)，该数据库应整合不同的电子系统，以核对和处理关于上市的医疗器械以及相关经营者、符合性评定问题、公告机构、证书、临床试验、警戒和后市场监管等相关信息。数据库的目标是提高总体透明度，包括通过更好地为公众和卫生保健专业人员提供信息，以避免多重报告要求、加强成员国之间的配合、简化和促进经营者、公告机构或申办方和成员国之间的信息流通，以及成员国之间和欧盟委员会之间的信息流通。在内部市场中，这一点只能在欧盟级别获得有效确保，且欧盟委员会应进一步开发和管理委员会第 2010/227/EU 号决议 [1] 设置的医疗器械数据库。

(45) 为促进欧洲医疗器械数据库 (Eudamed) 的运作，国际公认的医疗器械命名方法应免费提供给制造商和其他自然人或法人，且本法规要求相关人员必须使用该命名。此外，在合理可行的情况下，也应向其他利益相关者免费提供此类命名。

(46)Eudamed 对于市场上的器械，相关经营者和证书的电子系统应确保公众充分了解欧盟市场上的器械。临床试验电子系统应作为工具，确保成员国之间合作，以及申办方能够在自愿基础上向若干成员国提交单项申请，并报告严重不良事件、器械缺陷和相关更新。电子警戒系统应确保制造商能够报告严重不良事件和其他异常事件，并支持主管机构协调此等事故和事件的评估。市场监管相关电子系统应作为主管机构之间进行信息交流的工具。

(47) 关于通过 Eudamed 电子系统核对和处理的数据，欧洲议会和

---

[1] 委员会于 2010 年 4 月 19 日签发的关于设立医疗器械数据库的委员会第 2010/227/EU 号决议 (OJ L102, 23.4.2010, P.45)。

理事会第 95/46/EC 号指令[1]适用于在成员国主管机构 (特别是成员国指定的公共独立机构) 的监督下，由成员国进行个人数据处理。 欧洲议会和理事会第 45/2001 号 (EC) 法规[2]适用于在欧洲数据保护管理程序的监督下，由委员会在本法规框架内处理个人数据。根据第 45/2001 号 (EC) 法规，应指定委员会作为 Eudamed 及其电子系统的管理者。

(48) 对于可植入器械和Ⅲ类器械，制造商应在公开提供的文件中总结器械的主要安全性与有效性以及临床评估的结果。

(49) 器械安全和临床性能总结应特别包括在诊断或治疗选择中器械的地位，并考虑到在与诊断或治疗替代项相比时的器械临床评价，以及可能考虑该器械及其备选方案的具体条件。

(50) 公告机构的正常运作对于确保高水平的健康和安全保护以及公民对系统的信心至关重要。因此，成员国根据详细和严格的标准对公告机构进行的指定和监测，应在欧盟级别实行控制。

(51) 公告机构对制造商的技术文件的评估，特别是其临床评估文件，应由负责公告机构的主管机构进行严格评估。此类评估是一种基于风险的手段，用于监督和监测公告机构活动，评估时可采取相关文件抽样的方法。

---

[1] 欧洲议会和理事会于 1995 年 10 月 24 日签发的关于保护个人在处理个人数据和数据自由流通方面的第 95/46/EC22 号指令 (OJ L281, 23.11.1995, p.31)。

[2] 欧洲议会和理事会于 2000 年 12 月 18 日签发的关于保护个人在欧共体机构和机构处理个人数据方面的欧洲理事会第 45/2001 号 (EC) 指令 24(OJ L8, 12.1.2001, p.1)。

(52) 应加强公告机构对制造商的监管，包括其进行突击飞行检查和对器械进行物理或实验室测试的权利和义务，以确保制造商在收到原始证书后持续合规。

(53) 为提高国家主管机构监督公告机构的透明度，公告机构的主管机构应公布其用于指定和监测器械公告机构的国家评估监管措施的信息。根据良好的行政实践，主管机构应该及时更新这些信息，特别是反映上述流程的相关、重大或实质性变更。

(54) 公告机构所在的成员国应负责执行本法规关于该公告机构的要求。

(55) 特别是考虑到成员国组织并提供保健服务和医疗护理的责任，允许其制定有关公告机构的其他要求，此类机构用于器械的符合性评估，并且基于本法规未规定问题的领域。规定的此等额外要求不会影响欧盟针对公告机构更为具体的横向欧盟立法和对公告机构的平等对待。

(56) 对于旨在施用和/或去除某种医疗产品的Ⅲ类可植入器械和Ⅱb类有源器械，公告机构应有责任要求专家小组仔细审查其临床评估的评定报告(某些特定情况除外)，并且应当就专家小组符合性评估程序之后获得证书的器械通知主管机构。通过分享临床方面的专业知识以及按已完成此咨询程序的器械分类建立 CS，临床评估相关专家小组的咨询结果应得出高风险医疗器械的协调评估。

(57) 对于Ⅲ类和特定Ⅱb 类器械，制造商应在其临床评估和/或调查之前，可自愿就其临床开发策略和临床试验提案咨询专家小组。

(58) 有必要根据国际惯例将器械划分为四个产品类别，特别是出于符合性评估流程考虑。基于人体脆弱性并考虑到与器械技术设计和制造相关的潜在风险的分类规则。为保持与第 90/385/EEC 号指令所规定相同的安全水平，有源植入式器械应属于最高风险类别。

(59) 旧框架下适用于侵入性器械的规则并未充分考虑到引入人体的特定器械侵入性水平和潜在毒性。针对在人体中吸收或局部扩展的物质或物质组合构成的器械，为获得基于风险的适当分类，必须针对此等器械引入特定分类规则。分类规则应当考虑到该器械在人体内或在人体上发挥作用的位置及将其引入或加以应用的位置，以及组成器械的这些物质还是这些物质在人体中的代谢产物是否会发生全身吸收。

(60) 考虑到与这些器械有关的隐患较低，作为一般规则，应由制造商单独负责执行有关Ⅰ类器械的符合性评估程序。对于Ⅱa、Ⅱb和Ⅲ类医疗器械，应当强制公告机构进行适当程度的参与。

(61) 应进一步加强和简化器械符合性评估流程，同时应明确规定公告机构对其评估执行情况的要求，以确保公平竞争的环境。

(62) 自由销售证书包含的信息，应该有助于使用 Eudamed，以便获得器械的信息，无论器械是否上市、从市场撤出或召回，以及具备何种合格证。

(63) 为确保具有较高的安全性与有效性水平，本法规中规定的通用安全性与有效性要求符合性的证明应基于以下临床数据：作为一般规则，对于Ⅲ类器械和可植入性器械，此类数据应来自申办方所进行的临床试验。还可以由制造商和另一自然人或法人作为申办方负责开展此类临床试验。

(64) 临床试验的规则应符合该领域成熟的指导原则，例如关于人类受试者医疗器械临床试验的临床试验质量管理规范 (ISO 国际标准 14155:2011)，以促使将在欧盟内进行的临床试验结果成为欧盟境外得到认可的文件规范，并促使根据国际准则在欧盟之外进行的临床试验结果可在欧盟内获得认可。此外，这些规则应符合世界医学协会《赫尔辛基宣言》关于涉及人类受试者医学研究伦理原则的最新版本。

(65) 应由开展临床试验的成员国决定参与评估申请进行临床试验的适当管理机构，并组织伦理委员会在本法规设定的临床试验授权的时间期限内参与。这些决定属于各成员国的内部组织问题。在这种情况下，成员国应确保非专业人员，特别是患者或患者组织的参与。此外，其还应确保提供必要的专门知识。

(66) 若在临床试验过程中，对受试者造成的伤害导致研究者或申办方承担民事或刑事责任，在这种情况下的法律责任条件，包括问题的因果关系、损害赔偿和制裁的水平，应该接受国家法律管辖。

(67) 应在欧盟层面建立一个电子系统，以确保在可公开访问的数据库中记录和报告每一项临床试验。为保护《欧盟基本权利宪章》第 8 条规定的个人资料保护权益，不得在电子系统中记录参与临床试验的受试者的个人资料。为确保与医药产品临床试验领域的协同作用，临床试验的电子系统应与人用药品临床试验的欧盟数据库互通。

(68) 如需在一个以上的成员国进行临床试验，则申办方应提交单独申请，以便减少行政负担。为允许资源共享并确保用于研究器械以及临床试验的科学设计的卫生安全方面的一致性，这种单项申请的评估流程应便于在协调成员国指导下成员国之间协调。此等协调评估不得包括对临床试验的国家、地域和族群方面的评估，包括知情同意。自本法规施行之日起七年内，成员国应自愿参与协调评估。在这一时期结束后，所有成员国都有义务参与协调评估。委员会根据成员国之间自愿协调所取得的经验，应拟订有关协调评估流程的相关规定应用报告。若报告的结果是否定的，委员会应提交一份建议，延长协调评估流程中自愿参与的时间段。

(69) 申办方应向开展临床试验的成员国报告在临床试验期间发生的特定不良事件和器械缺陷。如认为有必要确保参与临床试验的受试者得到高水平保护，成员国应可以终止或暂停此等研究或撤销此等研究的授权。这些信息应该传达给其他成员国。

(70) 如适用，临床试验的申办人应在本法规规定的时间期限内编制一份预期使用者容易理解的临床试验研究摘要，连同临床试验报告一起提交。如因科学原因未能在规定的时间内提交结果摘要，申办人应说明理由，并说明何时提交结果。

(71) 本法规应涵盖旨在证明器械符合性，以收集临床证据为目的的临床试验，并应同时规定有关其他类型医疗器械临床试验的伦理和科学评估的基本要求。

(72) 无行为能力受试者、未成年人、孕妇和哺乳期妇女需要特殊保护措施。但需要由成员国确定无行为能力受试者和未成年人的法定代表人。

(73) 应遵守欧洲议会和理事会第 2010/63/EU 号指令[1] 所规定的动物实验领域的替换、减少和完善原则。特别是，应避免不必要的重复测试和研究。

(74) 制造商应在售后阶段发挥积极作用，通过系统和积极地根据其器械售后体验收集信息，以更新其技术文件，并与负责警戒和市场监管活动的国家主管机构合作。为此，制造商应根据质量管理体系并基于上市后监管计划，建立一个综合的上市后监管体系。且应借助在上市后监管中收集的相关数据和信息，以及从任何执行的预防和 / 或纠正措施中汲取的经验教训，更新技术文件的任何相关部分，如风险评估相关文件和临床评估，还应确保文件透明度。

(75) 为更好地保障上市器械相关健康和安全问题，应当通过创建欧盟级别的中央门户网站报告严重不良事件和现场安全纠正措施，使得用于器械的电子警戒系统更有效。

(76) 成员国应采取适当措施，提高医护专业人员、使用者和患者对报告事件的重要性的认识。应该鼓励医护专业人员、使用者和患者使用统一格式在国家级别报告可疑的严重不良事件。国家主管机构应通知制造商任何疑似严重不良事件，并且当制造商确认此等事故发生时，相关主管机构应确保采取适当的跟踪措施，以尽量避免此类事件的再次发生。

(77) 应在国家级别评估报告的严重不良事件和现场安全纠正措施，但应确保在类似事件发生时进行协调，或者必须在多个成员国进

---

[1] 欧洲议会和理事会于 2010 年 9 月 22 日签发的关于用于科学目的动物保护的第 2010/63/EU 号指令 (OJ L276, 20.10.2010, p.33)。

行现场安全纠正措施，目的是共享资源并确保纠正措施的一致性。

(78) 在事故调查背景中，主管机构应酌情考虑利益相关者 (包括患者和医护专业人员组织和制造商协会) 提供的信息和意见。

(79) 应清楚区分临床试验期间的严重不良事件或器械缺陷报告和器械上市后发生的严重不良事件报告，以避免重复报告。

(80) 本法规应包含市场监管规则，以加强国家主管机构的权利和义务，确保市场监管活动的有效协调，并说明适用的流程。

(81) 可能对受益 – 风险分析产生重大影响，并且可能导致不可接受风险的和不严重或预期副作用事件的，如数量或严重程度出现显著增加，均应向主管机构报告，以允许其进行评估和采取适当的措施。

(82) 应当成立一个由成员国指派的专家 [根据其在医疗器械 (包括体外诊断医疗器械) 领域中的职务和专长] 组成的专家委员会，即医疗器械协调小组 (MDCG)，以完成本法规和欧洲议会和理事会第 2017/746 号 (EU) 法规 [1] 赋予该小组的使命，向委员会提供建议，以及协助委员会和成员国确保本法规的协调实施。MDCG 应当能够建立其分小组，以便在医疗器械 (包括体外诊断医疗器械) 领域提供必要的、有见地的专门技术知识。在建立分小组时，应适当考虑在此医疗器械领域中加入现有欧盟级别团体的可能性。

---

[1] 欧洲议会和理事会于 2017 年 4 月 5 日签发的关于体外诊断医疗器械第 2017/746 号 (EU) 法规，废止了第 98/79/EC 号指令和委员会第 2010/227/EU 号决议 (见本“官方公报”第 176 页)。

(83) 应由委员会根据最新的临床、科学或技术专业知识，委任专家委员会和专家实验室，以便向委员会、MDCG、制造商和与本法规实施有关的公告机构提供科学、技术和临床协助。此外，专家小组应履行对高风险器械的公告机构临床评估的评定报告提出自身意见的义务。

(84) 通过在协调机构的指导下的信息交流和协调评估，国家主管机构之间进行的更密切的协调，对于确保内部市场，特别是在临床试验和警戒领域的统一高水平的健康和安全保护至关重要。协调交流和评估的原则也应适用于本法规中说明的其他机构活动，例如公告机构名称，并应在器械的市场监管领域中鼓励使用该原则。活动的协作、协调和沟通也应在国家层级上引领更有效地利用资源和专门知识。

(85) 委员会应向协调国家主管机构提供科学、技术和相应的后勤支持，并确保器械的监管制度在欧盟层级基于可靠的科学证据能够得以有效且统一地实施。

(86) 欧盟及成员国应酌情积极参与医疗器械领域的国际监管合作，以促进医疗器械安全相关信息的交流，并促进国际监管准则的进一步发展，从而推动其他法规司法管辖区采用与本法规所规定卫生与安全保障水平同等的法规。

(87) 成员国应采取一切必要措施，确保本法规的规定得到执行，包括针对违反行为制定有效、相称和劝诫性的处罚。

(88) 同时，本法规不得影响成员国对国家级活动征收费用的权利，但成员国在决定相关费用级别和结构之前应通知欧盟委员会和其他成员国，以确保透明度。为进一步确保透明度，应根据要求公开费用结构和级别。

(89) 本法规尊重基本权利，并遵守《宪章》所认可的原则，尤其是人类尊严、人身完整性、个人资料的保护、艺术和科学自由、开展业务的自由和财产权。成员国应根据这些权利和原则应用本法规。

(90) 根据 TFEU 第 290 条，应当授予委员会批准授权法案的权限，以便修订本法规的某些非必要规定。特别重要的是，委员会在其筹备工作期间，包括在专家层级上进行适当的咨询，且应根据 2016 年 4 月 13 日《关于更好的立法的机构间协议》所规定的原则[1]进行这些咨询。特别是，为确保平等参与制订授权法案，欧洲议会和理事会将与成员国专家同时收到所有文件，并且其专家可系统地参加委员会专家组会议，以讨论授权法案的制订。

(91) 为确保执行本法规的条件一致，应向委员会授予执行权力。应根据欧洲议会和理事会第 182/2011 号 (EU) 法规[2]行使这些权力。

(92) 实施细则应借助咨询程序，其中规定了制造商安全性与有效性总结的数据要素形式，并建立了表述以及自由销售证书模式的形式与表述，因为实施细则具有程序性，并且不会直接对欧盟层级的卫生与安全产生影响。

---

[1] OJ L123, 12.5.2016, p. 1。
[2] 欧洲议会和理事会 2011 年 2 月 16 日签发的关于规定行使这些权力及成员国管制委员会行使其执行权力机制的规则和一般原则的第 182/2011(EU) 号法规 (OJ L55, 28.2.2011, p.13)。

(93) 若存在紧急理由，即涉及欧盟领土扩张，而相关国家豁免适当符合性评估流程，则委员会应采取立即适用的实施细则。

(94) 为使委员会能任命签发机构、专家小组和专家实验室，应授予委员会实施权限。

(95) 为使经营者，特别是中小型企业、公告机构、成员国和委员会能够适应本法规引入的变化并确保其适当的应用，适当的做法是为这种适应和后期的组织安排提供充分的过渡期。但应当尽快实施法规中直接影响成员国和委员会的特定部分。特别重要的是，在本法规生效之日，根据新的要求指定足够数量的公告机构，以避免市场上医疗器械的任何短缺。尽管如此，在法规生效日期前，有必要根据本法规要求任命一个公告机构，但不得影响这些公告机构按照第 98/79/EC 号指令任命的有效性，并且不影响其按照该指令继续签发有效证书的权限，直至本法规生效。

(96) 为确保顺利过渡至器械和证书注册的新规定，按照本法规，向在欧盟层级别设置的电子系统提交相关信息的义务 (若已根据计划开发了相应的 IT 系统) 应当在本法规适用日期后的 18 个月内完全有效。在此过渡期内，第 90/385/EEC 和 93/42/EEC 号指令的某些条款应继续有效。但根据这两项法规在欧盟层级设立的相关电子系统中注册的经营者和公告机构应视为符合成员国根据规定所采取的注册要求，以避免多次注册。

(97) 为使 UDI 系统顺利引入，将 UDI 载体加在器械标签上的义务，其生效时机应当在本法规生效日期之后 1~5 年之间，具体取决于相关器械的类别。

(98) 应废除第 90/385/EEC 号和第 93/42/EEC 号指令，以确保只有一套规则适用于医疗器械上市并本法规所涉及相关问题。制造商依然有义务为其上市的器械提供相关文件，而制造商和成员国依然有义务按照该指令开展已上市器械的监管活动。虽然应当由成员国决定如何组织监管活动，但建议成员国使用与报告依照本法规上市之器械相同的工具来报告使用依照该指令上市的器械。此外，为确保从旧框架顺利过渡到新框架，恰当的做法是规定欧盟委员会第 207/2012 号 (EU) 法规[1] 和欧盟委员会第 722/2012 号 (EU) 法规[2] 应持续有效并继续适用，除非并直至其被执行委员会根据本法规通过的实施细则废除。

在欧洲医疗器械数据库完全启用日之前，在实施这些指令和第 98/79/EC 号指令时所通过的第 2010/227/EU 号决议应继续有效并继续适用。相反，委员会第 2003/12/EC[3] 和 2005/50/EC 号指令[4] 和委员会第 920/2013 号实施法规[5] 无需维持效力。

(99) 本法规的要求应适用于自本法规生效之日起上市或投入使用

---

[1] 委员会于 2012 年 3 月 9 日签发的关于医疗器械使用电子机构的委员会第 207/2012 号 (EU) 法规 (OJ L72, 10.3.2012, p.28)。

[2] 委员会于 2012 年 8 月 8 日签发的关于在委员会关于有源植入式医疗器械和医疗器械第 90/385/EEC 和 93/42/EEC 指令规定要求特殊要求的委员会第 722/2012 号 (EU) 法规。

[3] 2003 年 2 月 3 日委员会签发的关于医疗器械第 93/42/EEC 号指令范围内乳房植入物的再分类的委员会第 2003/12/EC 号指令 (OJ L28, 4.2.2003, p.43)。

[4] 2005 年 8 月 11 日委员会签发的关于医疗器械第 93/42/EEC 号指令范围内髋、膝盖和肩膀关节替换的委员会第 2005/50/EC 号指令 (OJ L210, 12.8.2005, p.41)。

[5] 2013 年 9 月 24 日委员会签发的关于根据关于有效可植入医疗器械委员会第 90/385/EEC 号指令和关于医疗器械第 93/42/EEC 号指令指定和监督公告机构的委员会第 920/2013 号实施条例 (OJ L253, 25.9.2013, p.8)。

的所有器械。但为提供平稳过渡，应能够允许器械自该日期起的有限期限内，根据第 90/385/EEC 或 93/42/EEC 号指令颁发的有效证书上市或投入使用。

(100) 欧洲数据保护主管根据欧洲委员会第 45/2001 号 (EC) 法规第 28(2) 条发表了意见[1]。

(101) 出于本法规的目标，即确保医疗器械境内市场的顺利运转并确保医疗器械的高质量和安全性，因此若患者、使用者及其他人员的卫生与安全得到高水平的保护，无法由成员国充分实现，且由于规模和效果，可更好地在欧盟层级中实现时，欧盟可根据《欧盟条约》第 5 条规定的辅助性原则采取措施。按照该条款中规定的比例原则，本法规将不会超过实现该目标所需范围。

已经通过本法规：

---

[1] OJ C358, 7.12.2013, p.10。

第 I 章 范围及定义

第 1 条 主题与范围

1. 本法规规定了有关欧盟境内供人类使用的医疗器械极其附件的市场投放、市场提供或投入使用方面的规则。本法规也适用于在欧盟进行的有关该医疗器械及其附件的临床试验。

2. 本法规还应适用于自第 9 条通过的通用规范适用之日起，附录XVI所列并无预期医疗目的产品组，并考虑到基于类似技术的目前最高水平，特别是适用于具有医疗目的类似器械的现有协调标准。该附录XVI中所列产品组的通用规范应至少解决适用于如该产品组附录 I 所列风险管理应用，及必要时针对安全性的临床评价。

应在 2020 年 5 月 26 日通过强制性的通用技术规范。此类规范应自其生效日的 6 个月后或自 2020 年 5 月 26 日起适用，以最迟发布者为准。

尽管存在第 122 条规定，根据第 93/42/EEC 号指令为附录XVI所涵盖的医疗器械的产品符合相关成员国措施仍应继续有效，直至第 1 子段所要求的该产品组的相关通用规范适用日为止。

本规范也适用在欧盟进行的有关第 1 子段所述产品的临床试验。

3. 具有医疗和非医疗预期目的的器械应逐渐地满足有预期医疗目的器械的要求和无预期医疗目的器械的要求。

4. 就本法规而言，根据第 2 段，本法规适用的附录 XVI 所列医疗器械、医疗器械附录及医疗产品在下文中均简称为“器械”。

5. 如从其特性和风险方面来看，考虑到上市的具有医疗目的器械与不具医疗目的的产品之间的相似性具有正当理由，则委员会应有权根据第 115 条借助增加新产品组以通过授权法案从而修订附录 XVI 中的清单，以便保护使用者或其他人员的健康和安全或所涉及公共卫生的其他方面。

6. 本法规不适用于：

(a) 欧盟第 2017/746 号法规所涵盖的体外诊断医疗器械；

(b) 如第 2001/83/EC 号指令第 1 条第 2 点所定义的医疗产品。在确定产品是否属于第 2001/83/EC 号指令或本法规的范围时，应特别考虑产品的主要作用模式；

(c) 欧洲委员会第 1394/2007 号 (EC) 法规所涵盖的前沿疗法医药产品；

(d) 人类血液或血液制品、人源的血浆或血细胞，或者在上市或投入使用时，包含此类血液制品、血浆或细胞的器械，但本条第 8 段所述的器械除外；

(e) 欧洲委员会第 1223/2009 号 (EC) 法规所涵盖的美容产品；

(f) 动物源的移植器官、组织或细胞或其衍生产品，或含有或由其组成的产品；但本法规适用于使用非活性或活性动物来源的组织或细胞或其衍生产品制造而成的器械；

(g) 第 2004/23/EC 号指令所涵盖的人源移植器官、组织或细胞或其衍生产品，或含有或由其组成的产品；但器械适用于使用活性或非活性人源组织或细胞的衍生产品制造而成的器械；

(h) 除了第 (d)、(f) 和 (g) 点述及的那些含有或包括活性生物物质或活菌体 (包括活体微生物、细菌、真菌或病毒) 以实现或支持产品预期用途的产品；

(i) 第 178/2002 号 (EC) 法规所涵盖的食品。

7. 在上市或投入使用时，作为欧盟第 2017/746 号 (EU) 法规第 2 条第 2 点所界定的体外诊断医疗器械的一个整体部分，任何器械都应受第 2017/746 号 (EU) 法规管制。本法规的要求应适用于体外诊断医疗器械部件。

8. 若器械在上市或投入使用时，包含某一种必不可少的物质，而该物质若单独使用将被视为第 2001/83/EC 号指令第 1 条第 2 点所界定的医药产品，其中包括该指令第 1 条第 10 点所定义的人体血液或血浆来源的药物制品，并且具有辅助器械的作用，该器械应根据本法规进行评估和授权。

但是，若该物质的作用是主要作用，而不是辅助该器械的作用，则综合产品应由适用的欧洲议会和理事会第 2001/83/EC 号指令或第 726/2004 号 (EC) 法规[1]管制。在这种情况下，本法规附录 I 中规定的相关通用安全性与有效性要求应适用于器械部件的安全性与有效性。

9. 若器械适用于第 2001/83/EC 号指令第 1 条第 2 点定义的药品，则该器械应受本法规管制，且不影响该指令的规定以及欧洲委员会关于药品的第 726/2004 号 (EC) 法规。

但若该器械预期与药品一起使用，且该药品与器械组成一个整体的方式上市，该产品专用于给定的组合并且不可重复使用，则产品应按第 2001/83/EC 号指令或欧洲委员会第 726/2004 号 (EC) 法规管制。在这种情况下，本法规附录 I 中规定的相关通用安全性与有效性要求应适用于器械部件的安全性与有效性。

10. 当器械在上市或投入使用时，包含必不可少的人体非活性组织或细胞或其衍生物，且具有辅助器械的作用，则应按照本法规对该器械进行评估和授权。在这种情况下，第 2004/23/EC 号指令中规定的捐赠、采购和测试规定应适用。

但若这些组织或细胞或其衍生物的作用是主要的，而不是辅助器械的作用，且产品不受欧洲委员会第 1394/2007 号 (EC) 法规管制，

---

[1] 2004 年 3 月 31 日欧洲议会和理事会关于规定授权和监督人用和兽用医疗产品和成立欧洲药品管理局的共同体程序 (OJ L136, 30.4.2004, p.1)。

则该产品应受第2004/23/EC号指令管制。在这种情况下，本法规附录Ⅰ中规定的相关通用安全性与有效性要求应适用于器械部件的安全性与有效性。

11. 本法规属于第2014/30/EU号指令第2(3)条所辖欧盟特别立法。

12. 存在指令中所述相关风险的情况下，作为欧洲议会和欧洲委员会关于机械的第2006/42/EC号指令[1]第2段第a点所列器械同样应满足该指令附录Ⅰ中规定的基本卫生与安全要求，这些要求比本法规附录Ⅰ第Ⅱ章所规定的通用安全性与有效性要求更为具体。

13. 本法规不影响第2013/59/Euratom号指令的应用。

14. 本法规不影响成员国在本法规未涵盖的方面限制使用任何特定类型器械的权利。

15. 本法规不影响有关卫生服务和医疗保健的组织、交付或融资的国家法律，例如要求某些器械只能以医疗处方提供，要求只有某些卫生专业人员或卫生护理机构可分发或应用某些器械，或者其应用必须伴随特定的专业咨询。

16. 本法规不限制新闻自由或媒体中的言论自由，只要这些自由在欧盟和成员国中得到保障，特别是《欧洲联盟基本权利宪章》第11条。

---

[1] 2006年5月17日欧洲议会和理事会签发的关于机械和修订第95/16/EC号指令的第2006/42/EC号指令(OJ L157, 9.6.2006, p.24)。

第2条 定义

就本法规而言，应适用以下定义：

(1)“医疗器械”是指由制造商单独使用或组合用于人体的有以下一种或多种特定医疗目的任何仪器、设备、器具、软件、植入物、试剂、材料或其他物品：

- 对疾病的诊断、预防、监护、预测、预后、治疗或缓解，

- 对损伤或残疾的诊断、监控、治疗、缓解、补偿，

- 解剖、生理或病理过程或状态的研究、替代、调节，

- 通过对来自人体的样本(包括器官、血液、捐献的组织)进行体外检测来提供信息，

- 其效用主要通过物理等方式获得，不是通过药理学、免疫学或者代谢的方式获得，或者虽然有这些方式参与但是只起辅助作用。

以下产品也应视为医疗器械：

- 具有控制或支持用途的器械，

- 专门用于器械的清洁、消毒或灭菌，如第1(4)条和本点第1段所述；

(2)“医疗器械附件”是指制造商计划将其与一个或几个特定医疗器械一起使用，使该医疗器械可按照其预期用途进行使用，或特

定或直接辅助医疗器械来实现其预期用途的功能，但其不是医疗器械的物件；

(3)“定制器械”是指根据国家法律授权的任何人员的书面处方，通过该人员的专业资格知识而专门制造的器械，具有特有的设计特性，计划专用于特定患者，并专门满足个人条件和需要。

但需要通过调整以满足任何专业使用者特殊要求的大规模生产的器械，且根据经授权人员的书面处方通过工业生产过程大规模生产的器械不得视为定制器械；

(4)“有源器械”是指任何器械，其操作依靠除了人体或重力产生的能量源以外的能量来源，并且其通过改变该能量的密度或转换该能量而发挥作用。用于在有源器械和患者间传输能量、物质或其他元素而无任何显著变化的器械不得视为有源器械。

软件应被视为有源器械；

(5)“可植入器械”指任何器械，包括部分或完全被吸收的器械，其通过临床干预用于：

- 完全植入人体或，
- 取代上表皮或眼表，

并且在手术后保持原位。

任何用于通过临床干预部分引入人体并且在手术后保持原位至少

30 天的器械也应视为可植入器械；

(6)“侵入式器械”是指通过人体自然通道或人体表面穿入人体的任何器械；

(7)“通用器械组”是指具有相同或类似预期用途或相同技术的一组器械，允许以不反映特定属性的通用方式对其进行分类；

(8)“一次性使用器械”是指在单次使用且仅用于一个人的器械；

(9)“伪造器械”是指其标识和 / 或来源和 / 或 CE 标识证书或与 CE 标识程序相关文件为虚假伪造的器械。此定义不包含无意的不合规情况，并且不影响知识产权的侵犯；

(10)“器械包”是指包装在一起并上市用于特定医疗目的产品的组合；

(11)“系统”是指包在一起或未包在一起的，用于相互连通或组合以实现特定医疗目的的产品组合；

(12)“预期用途”是指制造商根据标签、说明书、促销或销售材料或声明中所提供的数据在临床评价中指定的用途；

(13)“标签”是指出现在器械本身，或在各装置包装上或多个器械包装上的印刷文字或图形类的信息；

(14)“说明书”是指由制造商提供，用以告知器械使用者该产品的预期用途、正确使用方法以及注意事项的信息；

(15)“唯一器械标识”(UDI) 是指通过国际认可的器械标识和编码标准创建的一系列数字或字母数字字符，并允许明确识别市场上的特定器械；

(16)“非活性”是指没有代谢或繁殖的潜力；

(17)“衍生物”是指通过生产过程从人或动物组织或细胞提取的“非细胞物质”。在这种情况下，用于制造器械的最终物质不得含有任何细胞或组织；

(18)“纳米材料”是指含有颗粒的一种天然或人工制造材料，该材料以游离状态或作为一种集合体或作为一种结块存在，粒径分布中颗粒达到 50% 或更多，具有一个或多个外部尺寸，尺寸范围介于 1 ~100 nm 之间。

具有一个或多个低于 1nm 的外部尺寸的富勒烯、石墨烯薄片和单壁碳纳米管应视为纳米材料；

(19)“颗粒”，就第 (18) 点中纳米材料的定义而言，是指具有确定物理边界的一小块物质；

(20)“附聚物”，就第 (18) 点中纳米材料的定义而言，是指弱结合的颗粒或聚集体的集合，其中外表面积与各个成分的表面积总和相同；

(21)“聚集体”，就第 (18) 点中纳米材料的定义而言，是指包含强结合的颗粒或熔合颗粒；

(22)“性能”是指器械实现制造商要求的预期用途的能力；

(23)“风险”是指危害发生概率和危害严重性的组合；

(24)“受益 – 风险评估”是指在根据制造商规定的预期用途使用器械时，与预期用途相关的所有利益和风险评估的分析；

(25)“相容性”是当根据其预期用途与一个或多个其他器械一起使用时，器械(包括软件)的能力：

(a) 执行而不失去或损害执行预期使用目的能力，和 / 或

(b) 整合和 / 或操作而不需要修改或调整器械任何部分的功能，和 / 或

(c) 在没有冲突 / 干扰或不良反应的情况下一起使用的能力。

(26)“互通性”是指来自相同制造商或不同制造商的两个或更多器械(包括软件)的以下能力：

(a) 交换信息并能通过所交换的信息来为执行指定功能而不改变数据内容的能力，和 / 或

(b) 相互通信的能力，和 / 或

(c) 按照预期用途一同运作；

(27)“在市场上可获得”是指在商业活动过程中于欧盟市场上分配、消费或使用的任何器械(除了用于研究器械外)的任何供应(不论

其是付费或免费供应）；

(28)“市场投放”是指在欧盟市场上首次提供除研究器械以外的器械；

(29)“投入使用”是指器械（用于研究的器械除外）可供最终使用者使用以准备在欧盟市场上首次用于其预期使用目的阶段；

(30)“制造商”是指制造或全面翻新器械或具有设计、制造或全面翻新的器械并以其名称或商标销售该器械的自然人或法人；

(31)“全面翻新”，基于制造商的定义，是指已上市或投入使用的器械全面翻新，或者利用已使用的器械制造新器械，以使其符合本法规，并赋予翻新的器械新的寿命；

(32)“授权代表”是指在欧盟境内确定的任何自然人或法人，其收到并接受位于欧盟以外的制造商的书面授权，代表该制造商按照本法规对制造商所规定的义务要求进行一切行动；

(33)“进口商”是指在欧盟内确定的任何自然人或法人，其来自器械投放于欧盟市场的第三国；

(34)“经销商”是指供应链中除了制造商或进口商外的任何自然人或法人，其负责从器械上市到投入使用的整个过程；

(35)“经营者”是指制造商、授权代表、进口商、经销商和第22(1)和22(3)条的所指人员；

(36)“卫生机构”是指以护理或治疗疾病或促进公众健康为目的组织；

(37)“使用者”是指使用器械的任何医护专业人员或非专业人员；

(38)“非专业人员”是指未在相关医疗卫生或医学学科领域接受正规教育的个人；

(39)“再处理”是指在使用过的器械上进行的处理过程，以便允许其安全再利用，包括清洁、消毒、灭菌和相关程序，以及测试和恢复所用器械的技术和功能安全性；

(40)“符合性评估”是指证明本法规中与器械相关的要求是否得到满足的过程；

(41)“符合性评估机构”是指执行第三方符合性评估活动的机构，活动包括评估、检查、认证和审核；

(42)“公告机构”是指根据本法规指定的符合性评估机构；

(43)“CE 合格标识”或“CE 标识”是指制造商为表明该器械符合本法规和其他适用的欧盟协调立法对其标识规定的适用要求而使用的标识；

(44)“临床评价”是指，连续地产生、收集、分析和评估与器械有关的临床数据的一个系统化的流程，目的是为验证按照制造商所规定的预期用途使用器械时其安全性与有效性，包括临床受益；

(45)“临床试验”是指对一个或多个受试者进行的任何系统性研究，以评估器械的安全性及产品性能；

(46)“研究器械”是指在临床试验中评估的任何器械；

(47)“临床试验计划”是指说明临床试验的理论、目标、设计、方法、监察、统计方法、组织和施行方案的文件；

(48)“临床数据”是指与器械使用产生以及源于以下内容的安全或性能有关的信息：

- 有关器械的临床试验，

- 器械(指可证明其与待考核器械具有等效性的器械)的临床试验或在科学文献中报告的其他研究，

- 在同行评审的科学文献中发表的关于所讨论器械或可以证明与该器械等效的另一种器械的其他临床经验报告，

- 来自上市后监管体系的其他临床数据，特别是上市后临床跟踪。

(49)“申办方”是指负责启动、管理临床试验和设立临床试验融资的任何个人、公司、机构或组织；

(50)“受试者”是指参与临床试验的个体；

(51)“临床证据”是指关于足够数量和质量的器械的临床数据和临床评价结果，以允许制造商按预期使用时，对器械是否安全并达到预期临床受益进行符合性评估；

(52) “临床性能”是指器械因技术或功能特性包括诊断特性产生的任何直接或间接的医学效应，以在使用器械时实现其制造商的预期用途从而使临床患者受益的能力；

(53) “临床受益”是指器械对个体健康的积极影响，被指定为有意义、可测量、与患者相关的临床结果，包括与诊断相关的结果或对患者管理或公共卫生的积极影响；

(54) “研究员”是指负责在临床试验现场进行临床试验的个人；

(55) “知情同意”是指受试者在参与临床试验前，被告知与其参与的临床试验所有相关问题后自由和自愿地表达他或她参与特定临床试验的意愿，或者对于未成年人和无行为能力的受试者，在临床试验中应包括其法定代表的授权书或协议；

(56) “伦理委员会”是指根据成员国的法律在该成员国设立的一个独立机构，其有权依据本法规要求对临床试验提出意见，该意见应同时考虑到非专业人员，特别是患者或患者组织的意见；

(57) “不良事件”是指在临床试验的背景中，无论是否与研究器械有关，在受试者、使用者或其他人中的任何不良医学事件，非预期的疾病或损伤或任何不利的临床征兆，包括异常的实验室发现；

(58) “严重不良事件”是指导致以下任一状况的任何不良事件：

(a) 死亡，

(b) 严重损害受试者的健康，导致以下情况：

(i) 危及生命的疾病或损伤，

(ii) 造成身体结构或身体机能的永久损伤，

(iii) 住院或延长患者的住院时间，

(iv) 医疗或手术干预来防止危及生命的疾病或损伤或身体结构或身体机能的永久损伤，

(v) 慢性疾病，

(c) 胎儿窘迫、胎儿死亡或先天性身体或精神损伤或先天缺陷；

(59)“器械缺陷”是指研究器械的标识、质量、耐久性、可靠性、安全性或性能的任何缺陷，包括制造商提供的信息中的故障、使用错误或缺陷；

(60)“上市后监管”是指制造商与其他经营者合作开展的所有活动，目的旨在建立并保持最新的系统化程序，以主动收集和总结从已上市、市场上可获得或投入使用的器械获得的经验，以确定是否需要立即采取任何必要的纠正或预防措施；

(61)“市场监管”是指主管当局执行的活动和采取的措施，目的旨在检查和确保器械符合相关欧盟协调立法中规定的要求，并且不危害健康、安全或公共利益保护的任何其他方面；

(62)“召回”是指旨在收回已提供给最终使用者器械所采取的任何措施；

(63)“撤回”是指旨在防止供应链中的器械进一步在市场上供应的任何措施；

(64)“事件”是指市场上可获得的器械其特性或性能的任何故障或劣化事件，包括由于人机工程学特征、制造商提供的信息中的任何不足以及任何不期望的副作用而造成的使用错误；

(65)“严重不良事件”是指直接或间接导致、有可能导致或可能会导致以下任一状况的任何事件：

(a) 患者、使用者或其他人员死亡，

(b) 患者、使用者或其他人员健康状态的暂时性或永久性严重恶化，

(c) 严重公众健康威胁；

(66)“严重公众健康威胁”是指可能导致死亡风险、健康状态的严重恶化或导致须对其立即采取补救措施，可能会导致人类较高发病率或死亡率或在特定地点和时间出现不寻常或意外情况的严重疾病的任何事件；

(67)“纠正措施”是指为消除潜在或实际不符合法规要求的项目或其他不良情况而采取的措施；

(68)“现场安全性纠正措施”是指制造商出于技术或医疗原因采

取的纠正措施，目的是防止或降低发生与市场上所供应的器械有关的严重不良事件的风险；

(69)“现场安全通知”是指制造商向使用者或客户发送的与现场安全性纠正措施相关的信件；

(70)“协调标准”是指欧盟第 1025/2012 号法规第 2 条第 (1) 第 (c) 点规定的欧盟标准；

(71)“通用规范”(CS) 是指一套技术或临床要求，而非对器械的生产或体系提供符合法律要求的标准。

第 3 条　特定定义修改

委员会有权根据第 115 条采取授权行为，以基于技术和科技进步并考虑到商定的欧盟和国际层级的定义，调整第 2 条第 (18) 点所述纳米材料的定义和第 (19)、(20)、(21) 点的相关定义。

第 4 条　产品监管现状

1. 在不影响第 2001/83/EC 号指令第 2(2) 条的情况下，经成员国充分证实的请求，委员会在咨询根据本法规第 103 条成立的医疗器械协调小组 (MDCG) 后，应通过实施细则，确定特定产品或某类或某组产品属于医疗器械或“医疗器械的附件”的定义。应按照本法规第 114(3) 条述及的审查规程通过这些实施细则。

2. 欧盟委员会也可在咨询 MDCG 后，自行决议是否通过实施细则确定本条第 1 段所述的问题。应根据第 114(3) 条所述检查程序采用这些实施方案。

3. 欧盟委员会应确保成员国之间共享医疗器械、体外诊断医疗器械、医药产品、人体组织和细胞、美容剂、灭菌剂、食品和其他产品 (如必要) 领域的专业知识，以便确定产品或产品类别或产品组的监管状态。

4. 在审议涉及药品、人体组织和细胞、生物杀灭产品或食品所辖产品监管状况时，委员会应确保在一定程度上咨询欧洲药品管理局 (EMA)、欧洲化学品管理局 (ECHA) 和欧洲食品安全管理局 (EFSA)。

第Ⅱ章 器械的上市供应和投入使用、经营者的义务、再处理、CE 标识、自由流通

第 5 条 上市和投入使用

1. 仅当器械遵循本法规适当供应并根据其预期用途正确安装、维护和使用时，该器械方可上市或投入使用。

2. 器械应满足相关载于附录Ⅰ的通用安全性与有效性要求，同时考虑到其预期用途。

3. 通用安全性与有效性要求的符合性证明应包含符合第 61 条的临床评价。

4. 应将在卫生机构制造和使用的器械视为已投入使用。

5. 除了附录Ⅰ中的相关通用安全性与有效性要求外，此法规的规定不适用于仅在欧盟卫生机构内部生产和使用的器械，前提是能够满足以下条件：

(a) 该器械不被转移到另一个法人实体；

(b) 在适宜的质量管理体系中制造和使用器械；

(c) 卫生机构在其文件中证明，市场上的相似器械无法达到目标患者群体需要的适当性能水平；

(d) 卫生机构向其主管机构提供了这些器械的使用信息,包括生产、更新和使用的理由；

(e) 卫生机构拟定了一份公之于众的声明，包含了：

(i) 制造器械的卫生机构的地址和名称；

(ii) 识别器械的详细信息；

(iii) 一份器械满足本法规附录 I 中设定的通用安全性与有效性要求的声明，未满足相关要求时，声明中还有相关合理理由；

(f) 卫生机构拟定文件，以此了解生产设施、制造过程、该器械的设计和性能数据，包括预期用途，足够详细，以使主管机构确定载列于本法规附录 I 通用安全性与有效性要求得到满足；

(g) 卫生机构会采取一切必要措施，以确保所有器械均按照第 (f) 点所述文件中的规定进行生产；

(h) 卫生机构会审查器械的临床使用体验，并采取一切必要的纠正措施。

成员国可要求卫生机构向主管机构提供更多在其领土上生产和使

用器械的相关信息。各成员国有权限制特殊型号器械的生产和使用，且应允许成员国检查卫生机构的活动。

本段规定不适用于按工业规模生产的器械。

6. 委员会可以通过实施细则来确保附录 I 统一得到应用，且该法案应可达到解决误解和实际应用上的问题的程度。此外，应按照第 114(3) 条述及的审查规程采纳这些实施细则。

第 6 条 远程销售

1. 如欧盟第 2015/1535 号指令第 1(1) 条第 (b) 点规定，通过资讯社会服务提供给位于欧盟境内的自然人或法人的器械应遵循本法规的要求。

2. 在不违反国家立法机构对医疗专业活动所做规定的情况下，对于未上市但用于商业活动的器械，无论有偿还是无偿使用，只要是按欧盟第 2015/1535 号指令第 1(1) 条第 (b) 点规定的通过资讯社会服务或其他沟通媒介直接或间接提供给位于欧盟境内的自然人或法人的诊断服务和治疗服务，均应遵循本法规要求。

3. 应主管机构要求，根据第 1 段提供器械或根据第 2 段提供服务的自然人或法人应遵守器械的相关要求，提供一份相关器械的欧盟符合性声明。

4. 如欧盟第 2015/1535 号指令第 1(1) 条第 (b) 点规定，成员国可以保护公众健康为由，要求资讯社交服务供应商停止其活动。

第 7 条 索赔

在贴标签、使用说明、提供服务、投入使用和为器械做广告时，禁止使用误导使用者或患者的器械预期使用目的、安全性和性能的文字、名称、商标、图片、图形或其他类似标识，误导手法有：

(a) 说明该器械不具备的功能和特性；

(b) 制造器械有或无的治疗或诊断功能或其他功能和特性的假象；

(c) 未告知使用者或患者器械预期用途的相关风险；

(d) 符合性评估完成后，表明器械的用途与预期用途不符。

第 8 条 使用协调标准

1. 符合相关协调标准或相关这些标准的部分器械，其附于《欧盟官方公报》中的参考资料应符合本法规的全部和部分要求。

根据本法规，第 1 子段也应适用于经营者或申办方根据本法规应履行的系统要求或过程要求，包括质量管理体系、风险管理、上市后监管体系、临床试验、临床评价或上市后临床跟踪 (PMCF) 的相关要求。

本法规引用的协调标准参考资料应理解为与发表在《欧盟官方公报》上的参考资料一致。

2. 本法规中协调标准的引用，还包括根据欧洲药典详述方面，尤其是在手术缝合线方面以及在含有此类医疗产品的器械中用的医药产品与材料之间的相互作用方面的惯例，采用的欧洲药典专著，但前提是这些专著已发表在《欧盟官方公报》上。

第9条　通用规范

1. 在不影响第1(2)和17(5)条以及其中规定的限期的情况下，若协调标准不存在，或相关协调标准不充分，或者需要解决公共卫生问题，则委员会在咨询MDCG后，可就载列于附录Ⅰ的通用安全性与有效性要求、载列于附录Ⅱ和Ⅲ的技术文件、载列于附录ⅩⅥ的临床评价及上市后的临床跟踪或者载列于附录ⅩⅤ的有关临床试验的要求，借助实施细则，采纳通用规范(CS)。应根据第114(3)条所述的审查程序来采纳实施细则。

2. 符合第1段所述CS的器械应视为符合本法规相关CS要求(全部或部分)。

3. 制造商应遵守第1段所述的CS，除非其能证明已采纳的方法能够确保等效的安全性和性能水平。

4. 尽管有第3段的要求，附录ⅩⅥ所列产品的制造商应遵循这些产品相关的CS。

第10条　制造商的义务

1. 当将其器械上市或投入使用时，制造商应确保所有器械均按本法规的要求进行设计和生产。

2. 制造商应如附录Ⅰ第3节所述，确立、记录、实施和维护风险管理体系。

3. 制造商应按照载于第61条和附录ⅩⅥ规定的要求进行临床评价，

包括 PMCF。

4. 除了定制器械外，器械的制造商应拟定并更新这些器械的技术文件。该技术文件应允许评定该器械与本法规要求的符合性。该技术文件应包括附录Ⅱ和Ⅲ列出的要点。

鉴于技术进步和附录Ⅱ、Ⅲ，根据第 115 条修订内容，委员会有权批准授权法案。

5. 定制器械制造商应拟定、更新并向主管机构提供符合附录XⅢ第 2 节的文档。

6. 若适用的符合性评估流程证明器械符合适用的要求，则器械（非定制或研究用器械）制造商应根据第 19 条的要求起草欧盟符合性声明，并根据第 20 条的要求附上标有符合性的 CE 标识。

7. 制造商应遵守第 27 条所述的 UDI 系统相关义务，以及第 29 和 31 条所述的注册义务。

8. 制造商应保存技术文件、欧盟符合性声明、适用时还有根据第 56 条颁发的相关证书及修订件和补充件的副本，在欧盟符合性声明中所涵盖的最后器械上市后，该文档应至少向主管机构开放 10 年。若为可植入器械，周期应至少为最后器械已上市后的 15 年。

经主管机构要求，制造商应提供完整的技术文件或总结。

为使授权代表能够完成第 11(3) 条所述的任务，在欧盟境外注册营业的制造商应确保授权代表有永久可用的必要文档。

9. 制造商应确保采取必要程序，以使批量生产符合本法规的要求。应及时充分考虑器械设计或特性的更改，以及协调标准或器械符合性所声明的 CS 的更改。器械 (非研究用器械) 制造商应以最有效的及根据风险等级和器械类别的方式确立、记录、实现、维护、不断更新和不断改善一个能确保器械符合本法规规定的质量管理体系。

质量管理体系包括制造商组织的所有处理流程、程序和器械质量的组成部分。它管理着结构、职责、程序、流程和管理资源，以贯彻所需的原则和行动，以遵守本法规的规定。

质量管理体系应至少解决以下几方面的问题 :

(a) 法规符合性战略，包括符合性评估流程的符合性和系统所涵盖的器械的变更管理程序 ;

(b) 确定适用的通用安全性与有效性要求，寻找可选择的解决这些要求的方法 ;

(c) 管理责任 ;

(d) 资源管理，包括选择和管理供应商及分包商 ;

(e) 附录 I 第 3 节规定的风险管理 ;

(f) 根据第 61 条和附录 XVI 的规定作出的临床评价，包括 PMCF ;

(g) 产品实现，包括规划、设计、研发、生产和服务提供 ;

(h) 根据第 27(3) 条规定验证所有相关器械的 UDI 分配，确保根据第 29 条提供信息的一致性和有效性；

(i) 根据第 83 条的要求，建立、实施和维护上市后监管体系；

(j) 与主管机构、公告机构、其他经营者、客户和 / 或其他利益相关人沟通；

(k) 警戒情况下的严重不良事件和现场安全纠正措施的报告流程；

(l) 纠正措施和预防措施的管理及其有效性的验证；

(m) 产品的监督和测量流程，数据分析和产品改进。

10. 器械制造商应根据第 83 条的规定实施并不断更新上市后监管体系。

11. 制造商应确保器械附有附录 I 第 23 节规定的信息，且信息应采用器械上市国 (同时也是成员国) 指定的欧盟官方语言编写。标签上的详情应不可拭除、容易识别并且易于使用者和患者清晰理解。

12. 认为或有理由认定其已上市或已交付使用的器械未遵循本法规的制造商，应立即采取必要的纠正措施使器械符合要求，并适时撤回或召回。其应通知所述的器械经销商，并适时通知授权代表和相应进口商。

如器械出现严重风险，制造商应立即通知器械已流通的成员国的主管机构，如适用，公告机构应根据第 56 条为器械签发证书，特别是未遵守要求及其采取的纠正措施。

13. 制造商应有一套如第 87 和 88 条所述，记录和报告意外事件和现场安全纠正措施的系统。

14. 制造商应根据主管机构要求，由相关成员国用官方欧盟语言确定，提供其一切必要信息和文档以证明器械符合要求。如制造商有其注册的营业地点，成员国主管机构可要求制造商免费提供器械样品。如不可行，则授予其器械访问权。制造商应与主管机构合作，按其要求，采取纠正措施以消除风险。如不可行，则降低其已上市或投入使用的器械所导致的风险。

若制造商合作失败或提供的信息和文档不完整或不正确，则主管机构为确保保护公众卫生和患者安全，将采取一切必要措施禁止或限制该器械在国内市场流通，从该市场撤回或召回器械直至制造商与主管机构合作，或提供完整且正确的信息。

如主管机构认为或有理由认定器械已造成损害，应当根据要求，在不影响数据保护的原则下，除非存在凌驾公众利益的披露，否则不得妨碍知识产权保护的前提下，协助提供第 1 子段所述的信息和文档给潜在受伤患者或使用者、患者或使用者的所有权继承人、受伤患者或使用者的医疗保险公司，或被受伤患者或使用者影响的其他第三方。主管机构无须遵守第 3 子段中规定的义务，即第 1 子段所述的信息和文档披露一般是按法律程序进行的义务。

15. 如制造商将其器械交由其他法人或自然人设计和制造，则按照第 30(1) 条，其法人或自然人的身份信息将成为待提交信息的一部分。

16. 自然人或法人可按照适当欧盟和国家法律，要求对由缺陷器械引起的损害进行赔偿。

根据风险等级、器械类别和企业规模，制造商应采取措施并根据国家法律在不影响更多防护措施的情况下，根据第 85/374/EEC 号指令，按照其潜在责任提供足够的财政保障。

第 11 条 授权代表

1. 当所有成员国器械制造商均未确立时，若制造商指定唯一授权代表，则器械只能投放于欧盟市场。

2. 委任应构成授权代表的授权书，只有在授权代表书面许可时，且至少在相同种类的所有器械有效时，才有效。

3. 授权代表应执行其和制造商间授权同意的指定任务。授权代表应根据要求向主管机构提供授权书副本。

授权书应要求且制造商应协助授权代表至少执行相关器械的以下任务：

(a) 核实欧盟符合性声明和技术文件已拟定，且在适当时核实制造商已实施适当的符合性评估流程；

(b) 保留一份可用的技术文件、欧盟符合性声明副本。如适用，保留一份包括所有修订和补充的相关证书副本，并按照第 56 条，在第 10(8) 条指定时期由主管机构签发；

(c) 遵守第 31 条规定的注册义务，并核实该制造商已遵守第 27 和 29 条规定的注册义务；

(d) 响应主管机构的要求，提供所有必要信息和文档，采用相关成员国确定的欧盟官方语言，证明器械符合要求；

(e) 向制造商转达，授权代表具有其经营样品注册地成员国主管机构的所有要求，或访问器械，并核实主管机构收到样品或可访问器械；

(f) 配合主管机构采取的任何预防或纠正措施以消除或，如不可行，降低由器械导致的风险；

(g) 立即通知制造商来自医护专业人员、患者和使用者与有关指定器械可疑事件的投诉和举报；

(h) 如制造商违反本法规义务，则终止授权书。

4. 本条第 3 段所述的授权书不得包括第 10(1)、(2)、(3)、(6)、(7)、(9)、(10)、(11) 和 (12) 条所规定制造商的义务授权。

5. 在不影响本条第 4 段的情况下，当所有成员国的制造商都未确立，且未遵守第 10 条规定义务时，授权代表应与制造商一样为缺陷器械承担法律责任，并一样负有共同连带责任。

6. 根据第 3 段第 (h) 点所述的理由终止任务的授权代表应立即将任务的终止和原因通知其所在成员国的主管机构，适当时也可通知参与该器械符合性评估的公告机构。

7. 此法规中，任何对制造商注册经营住所所在地成员国主管机构的提及，应被理解为是对基于第 1 段、由制造商指定、有注册经营住所的授权代表所在地成员国主管机构的提及。

第 12 条 授权代表变更

授权代表变更的详细安排应在制造商间的协议中明确规定，本协议应对即将卸任与新任的授权代表可行。本协议应至少解决以下几个方面：

(a) 即将卸任的授权代表，其授权的终止日期为新任授权代表的授权开始日期；

(b) 直至授权代表卸任的日期可在由制造商提供的信息中，包括任何宣传材料上注明；

(c) 文件传输，包括保密性方面和产权；

(d) 授权结束后，把即将卸任的授权代表的义务转交给制造商或新任授权代表，即授权代表的职责范围包括来自医护专业人员、患者和使用者的与器械相关的可疑事件的投诉和举报。

第 13 条 进口商的一般义务

1. 仅当器械遵照本法规时，进口商才能将器械投入欧盟市场。

2. 为将器械上市，进口商应核实以下事项：

(a) 该器械已作 CE 标识，且欧盟器械符合性声明已起草完毕；

(b) 制造商已确定，按照第 11 条，授权代表由制造商来指定；

(c) 该器械按照本法规贴标且附有使用说明；

(d) 如适用，按照第 27 条，由制造商指定 UDI。

如进口商认为或有理由相信器械不符合本法规的要求，在器械符合要求前不得将其上市，并应通知制造商及其授权代表。如进口商认为或有理由相信该器械出现严重的风险，或为伪造器械，其还应通知进口商所在成员国的主管机构。

3. 进口商应在器械上或其包装上或随附文件上注明其名称、注册商号或注册商标，及进口商的经营注册地和其联系地址，以便于确定其位置。进口商应确保任何附加标签，不会掩盖制造商提供的标签上的任何信息。

4. 进口商应核实该器械按照第 29 条于电子系统注册。进口商应按照第 31 条，将其详细资料添加注册。

5. 进口商应确保器械在其责任、储存或运输条件下，不损害其遵守附录 I 所列的通用安全性与有效性要求，且如适用应遵守制造商所列条件。

6. 进口商应保存不合格器械和召回及撤回投诉记录，并提供制造商、授权代表和经销商以及所要求的所有信息，以便于其进行研究投诉。

7. 如进口商认为或有理由相信其投放到市场上的器械不符合本法

规，应立即通知制造商及制造商授权代表。进口商应与制造商、制造商授权代表及主管机构合作，确保已采取必要的纠正措施，如使器械符合要求，撤回器械或召回器械。当器械出现严重风险，其也应立即通知各成员国主管机构哪些器械可用，如适用，公告机构应按照第 56 条签发证书，至于有问题的器械，应详细说明不合规项及采取的纠正措施。

8. 如进口商收到来自医护专业人员、患者和使用者，关于投放于市场器械的相关可疑事件的投诉和举报，应立即通知制造商及其授权代表。

9. 进口商应在第 10(8) 条所指期间，保留欧盟符合性声明副本，如适用，保留根据第 56 条发出的，包括所有校正和补充的相关证书副本。

10. 进口商应与主管机构合作，按后者要求，采取任何行动以消除或，如不可行，减轻其投放于市场的器械导致的风险。应成员国主管机构要求，在成员国境内有其经营注册地的进口商，应提供免费的器械样品或，如不可行，应允许接触该器械。

第 14 条　经销商的一般义务

1. 在器械上市时，经销商应在其活动范围内，适当谨慎地执行适用的要求。

2. 在器械可于市场购得前，经销商应核实是否满足以下要求：

(a) 该器械已作 CE 标识，且器械欧盟符合性声明已起草完毕；

(b) 该器械与制造商按照第 10(11) 条提供的信息相符；

(c) 关于进口器械，进口商已遵守第 13(3) 条列出的要求；

(d) 如适用，制造商已指定 UDI。

为满足第 1 子段第 (a)、(b) 和 (d) 点所述要求，经销商可申请由抽样获得的代表性器械。

如经销商认为或有理由相信器械不符合本法规的要求，在器械符合要求前不可将器械推向市场，同时应通知制造商及 (如适用) 制造商授权代表与进口商。如经销商认为或有理由相信该器械出现严重的风险，或为伪造器械，他还应通知其所在成员国的主管机构。

3. 当器械在其责任范围内时，经销商应确保器械的储存或运输条件符合制造商规定。

4. 如经销商认为或有理由相信，上市的器械不符合本法规，应立即通知制造商、(如适用) 制造商授权代表和进口商。经销商应与制造商、(如适用) 制造商授权代表和进口商合作，确保已采取必要的纠正措施，以使器械符合要求、撤回器械或召回器械。如经销商认为或有理由相信该器械存在严重风险，其也应立即通知器械流通所在成员国的主管机构，特别详细说明不合规项及采取的纠正措施。

5. 如经销商收到来自医护专业人员、患者和使用者，关于可购得器械相关可疑事件的投诉和举报，应立即将此信息通知制造商、

(如适用)制造商授权代表和进口商。其应保存不合格器械和撤回投诉记录，并通知制造商、(如适用)授权代表及经销商此种监察，并按其要求向其提供所有信息。

6. 应主管机构请求，经销商应自主提供足以证明器械法规符合性的所有资料和文件。当制造商或授权代表(如适用)针对上述器械提供所需信息时，应视为经销商已履行第 1 子段所述的该义务。经销商应主管机构要求，配合主管机构采取任何行动以消除其在市场上所提供器械带来的风险。经销商应主管机构要求提供免费的器械样品，或者若无法提供免费样品，则应授予对器械的访问权。

第 15 条　负责法规符合性的人员职责

1. 制造商应在其组织内至少拥有一名在医疗器械领域具有必要专业知识的人员负责法规符合性。必要的专业知识应表现为以下任何一种资格：

(a) 在完成有关成员国确认为同等学历的法律、医学、药学、工程或其他相关科学学科大学学历或学习课程后颁发的文凭、证书或其他正式资格证书，以及在体外诊断医疗器械相关法规事务或质量管理体系方面具有至少 1 年专业经验；

(b) 在法规事务或与医疗器械有关的质量管理体系方面有 4 年的专业经验。

在不影响关于国家专业资格的规定的情况下，定制器械的制造商可凭借其在相关制造领域至少 2 年的专业经验证明第 1 子段所述的所需专门知识。

2. 在委员会第 2003/361/EC 号建议[1]含义范围内的微型和小型企业在其组织内无需有负责法规符合性的人员，但应有可永久且持续听其调遣的该类人员。

3. 负责法规符合性的人员至少应负责确保以下事项：

(a) 根据制造这些器械的质量管理体系，在器械发布前适当检查器械法规符合性；

(b) 制定技术文件和欧盟符合性声明并保持其最新状态；

(c) 遵守第 10(10) 条规定的上市后监管义务；

(d) 履行第 87~91 条规定的报告义务；

(e) 若为试验用器械，则发出附录ⅩⅤ第ⅩⅤ章第 4.1 节所述的声明。

4. 若根据第 1、2、3 段规定，多人共同负责法规符合性，则其各自的责任领域应以书面形式规定。

5. 在制造商组织内负责法规符合性的人员，不论其是否属于该组织的雇员，在履行其职责方面不得有任何不利。

6. 授权代表应至少有一名可永久且持续听其调遣的负责法规符合性的人员，其在欧盟境内的医疗器械监管要求方面拥有必要的专

[1] 2003 年 5 月 6 日关于定义微型和中小型企业的委员会第 2003/361/EC 号建议。

业知识。必要的专业知识应表现为以下任何一种资格：

(a) 在完成有关成员国确认为同等学历的法律、医学、药学、工程或其他相关科学学科大学学历或学习课程后颁发的文凭、证书或其他正式资格证书，以及在体外医疗器械相关法规事务或质量管理体系方面具有至少 1 年专业经验；

(b) 在法规事务或与医疗器械有关的质量管理体系方面有 4 年的专业经验。

第 16 条　制造商的义务适用于进口商、经销商或其他人的情况

1. 经销商、进口商或其他自然人或法人若做出以下任何行为，则应承担制造商相应义务：

(a) 在市场上流通以其名字、注册商标名称或注册商标命名的器械，除非经销商或进口商与标签上标明的制造商签订协议，仅由制造商承担本法规对制造商规定的要求；

(b) 变更已上市或投入使用的器械的预期用途；

(c) 更改已上市或投入使用的器械，且对符合性产生影响。

第 1 子段不适用于为个别患者组装或改装已上市器械 (且未更改器械之预期用途) 的任何人员 [此等人员并不视为第 2 条第 (30) 点所定义之制造商]。

2. 对于第 1 段第 (c) 点而言，以下情况不得视为可能影响对适用

要求的合规情况的器械变更：

(a) 提供附录 I 第 23 节规定已上市器械的制造商信息，以及用于在相关成员国推销器械所需的进一步信息，包括此等信息的译文；

(b) 对已上市器械的外包装进行改变，若为在相关成员国推销该器械而必须重新包装，且若重新包装不会影响器械原始状态，包括改变包装尺寸，则改变可进行。对于已投放市场的无菌器械，若维护无菌状态的包装被打开、损坏或因重新包装受到不利影响，则应推测器械的原始状态受到不良影响。

3. 任何进行第 2 段第 (a) 及 (b) 点活动的经销商或进口商应在器械上或者 (如不可行) 在其包装上或者器械所附的文件上对其所进行的活动标明其名称、注册商标名或者注册商标、业务注册地及有效联系地址及设立位置。

经销商和进口商应确保具有一套质量管理体系，其中的流程应保证信息译文准确并及时更新，还应保证在保持器械原始状态不变的方式和条件下进行第 2 段第 (a) 和 (b) 点的活动以及保证重新包装的器械包装应无缺陷，质量良好且整洁。质量管理体系除此之外还应包括这些程序：确保经销商或进口商充分了解任何有关安全问题或合规问题的纠正行动。

4. 重贴标签或重新包装的器械在市场流通前至少 28 天，进行 2 段第 (a) 和 (b) 点所述活动的经销商或进口商，应通知制造商和器械拟上市的成员国主管机构，其将重新贴标或重新包装的器械投放市场的计划，并根据要求应向制造商和主管机构提供一个重贴标签或重新包装器械的样品或实物模型，包括任何翻译的标签和说明书。在该 28 天内，经销商和进口商应当向主管机构提交一份证书，该证书由公告机构签发，且被指定为进行第 2 段第 (a) 和 (b) 点所述活动器械之公告机构，用于证明该经销商或进口商质量管理体系符合在第 3 段中规定的要求。

第 17 条 一次性使用器械及其再处理

1. 一次性使用器械的再处理和进一步使用只能在国家法律允许的情况下进行，且只能按照本文进行。

2. 任何对一次性使用器械进行再处理以使其适合在欧盟内进一步使用的自然人或法人应视为再处理器械的制造商，并承担本法规所规定的制造商义务，包括根据本法规第Ⅲ章，与再处理器械可追溯性有关的义务。对于第 85/374/EEC 号指令第 3(1) 条的目的，器械再处理者应视为生产者。

3. 通过对第 2 段的豁免，对于在卫生机构中再处理和使用的一次性使用器械，成员国可决议不采用与本法规中规定的制造商义务有关的所有规则，但前提是其确保：

(a) 再处理器械的安全性和性能与原器械的安全性和性能相同，且遵循第 5(5) 条第 (a)、(b)、(d)、(e)、(f)、(g) 和 (h) 点的要求；

(b) 根据 CS 执行再处理，其中详细说明以下方面的要求：

- 关于风险管理，包括对器械的结构和材料，相关属性的分析 (逆向工程) 和检测原器械以及再处理后计划应用的设计变更程序，

- 关于验证整个过程程序，包括清洁步骤，

- 关于产品的上市和性能测试，
- 关于质量管理体系，
- 关于涉及已进行再处理的器械事件报告，
- 关于再处理器械的可追溯性。

成员国应鼓励并要求卫生机构向患者提供关于在卫生机构内使用再处理器械的信息，并酌情提供患者治疗采用的再处理器械的任何其他相关信息。

成员国应将根据本段提出的国家规定和提出这些规定的理由通知委员会和其他成员国。委员会应将信息公开。

4. 成员国可选择采用第 3 段所述的规定，此规定也适用于应卫生机构的要求由外部再处理者再处理的一次性使用器械，但前提是将再处理器械全部返回该卫生机构，并且外部再处理者遵循第 3 段第 (a) 和 (b) 点所述的要求。

5. 委员会应根据第 9(1) 条，自 2020 年 5 月 26 日起采用第 3 段第 (b) 点所述的必要 CS。这些 CS 应符合最新科学证据，并应适用于本法规所规定的关于安全性与有效性的一般要求。若自 2020 年 5 月 26 日起未采用 CS，则应根据任何包括在第 3 段第 (b) 点所列方面相关协调标准和国家规定进行再处理。符合通用规范，或在无通用规范的情况下，相关协调标准和国家规定应由公告机构进行认证。

6. 根据第 93/42/EEC 号指令，仅有按照本法规或在 2020 年 5 月 26 日之前上市的一次性使用器械可进行再处理。

7. 只能对根据最新科学证据视为安全的一次性使用器械进行再处理。

8. 第 2 段所述的法人或自然人的姓名和地址以及附录 I 第 23 节规定的其他相关信息，应在标签上标明，并在适用的情况下于再处理器械的使用说明中注明。

一次性使用器械原制造商的名称和地址不再出现在标签上，但应于再处理器械的使用说明书中表述。

9. 允许一次性使用器械再处理的成员国可维持或实行比本法规规定及限制或禁止更严格的国家规定，并在其领土内限制或禁止实施以下行为：

(a) 一次性使用器械的再处理以及为进行再处理而将一次性使用器械转移至另一成员国或第三国；

(b) 再处理的一次性使用器械的提供或进一步使用。

成员国应将国家规定通知委员会和其他成员国。委员会应将该信息公开。

10. 委员会应在 2024 年 5 月 27 日起草关于本条实施情况的报告，并将其提交欧洲议会和理事会。根据本报告，委员会应酌情提出修订本法规的建议。

第 18 条　提供给已植入器械患者的植入物卡和信息

1. 可植入器械的制造商应连同该器械一起提供以下内容：

(a) 器械标识信息，包括器械名称、序列号、批号、UDI、器械型号，以及制造商名称、地址和网站；

(b) 患者或医疗保健专业人员对可合理预见的外部影响、医学检查或环境条件的相互干扰采取的任何警戒、预防措施或举措；

(c) 关于器械的使用期限的任何信息和任何必要的跟踪；

(d) 任何其他确保患者安全使用该器械的信息，包括附录 I 第 23.4 节 (u) 点的信息。

出于提供给特殊患者的目的，第 1 子段所述的信息应通过任何方式提供给已植入器械的特定患者，使其可快速获取信息，并以相关成员国确定的语言表述。信息的表达方式应易于非专业人士理解并应酌情更新，且应通过第 1 段第 (a) 点所述的网站向患者提供更新信息。

此外，制造商应在与器械一起交付的植入物卡片上提供第 1 子段第 (a) 点规定的信息。

2. 成员国应要求卫生机构允许患者快速获取信息，并向已植入器械且具有植入卡（包含患者身份信息）的患者提供第 1 段所述的信息。

3. 以下植入物应免除本文规定的职责：缝合线、U 形钉、口腔填充材料、牙弓、牙冠、螺钉、楔子、板线、针、夹子和连接器。委员会有权根据第 115 条采用授权方案，通过增加其他类植入物或从中删除植入物来修订这一清单。

第 19 条 欧盟符合性声明

1. 欧盟符合性声明须说明已履行本法规中相关涵盖器械规定的要求。制造商应当不断更新欧盟符合性声明。欧盟符合性声明至少应包括列于附录Ⅳ的信息，且应将其翻译成欧盟官方语言或者器械销售所在成员国所要求的语言。

2. 就本法规未涵盖的相关问题，若器械需遵守其他欧盟立法机构要求(该立法机构要求制造商发布一份证实已履行该立法机构所规定要求的欧盟符合性声明)，只需要起草有关所有欧盟法案均适用该器械的单独符合性声明。这一声明应包含所有标识声明书相关欧盟立法机构的必要信息。

3. 通过起草欧盟符合性声明，制造商应承担遵守本法规和适用于器械的所有其他欧盟立法机构要求的责任。

4. 委员会应有权按照第 115 条规定通过授权法案，基于技术进步来修订附录Ⅳ规定的欧盟符合性声明的最低限度内容。

第 20 条 CE 符合性标识

1. 除了定制或研究用器械外，视为符合本法规要求的器械应加贴如附录Ⅴ所示的合规 CE 标识。

2.CE 标识应遵守列于欧洲委员会第 765/2008 号 (EC) 法规第 30 条要求的一般原则。

3. 标签应明显、清晰和不可磨灭地附于器械或其无菌包装上。考虑到器械性质，无法或不适合将标签添加到器械上时，应将 CE 标识添加在包装上。CE 标识也应加贴在使用说明和任何销售包装中。

4. 应在器械上市前加贴 CE 标识。其可能紧跟在任何一个表示特殊危险或用途的象形图或任何其他标记后面。

5. 如适用，CE 标识应紧跟在负责进行列于第 52 条的符合性评估流程的公告机构标识号后面。且应在任何宣传材料 (其中所述器械满足 CE 标识的要求) 中说明标识号。

6. 若器械须遵守欧盟立法机构要求添加 CE 标识的其他规定，则 CE 标识还应表明该器械符合其他立法机构要求。

第 21 条　用于特殊用途的器械

1. 成员国不得对下列内容造成任何障碍：

(a) 提供给研究员用于临床试验的试验用器械，前提是在根据第 81 条和附录 XV 规定执行采用的法案时，符合第 62~80 条和第 82 条所规定的条件；

(b) 可在市场上流通的定制器械，前提是符合第 52(8) 条和附录 XIII 的规定。

在第 1 子段所述的器械 (第 74 条所述的器械除外) 不得加贴 CE 标识。

2. 定制器械应附有附录XIII第 1 节所述的声明，该声明应提供给以名称、首字母缩略词或数字代码标识的特定患者或使用者。

成员国可要求定制器械的制造商向主管机构提交在其领土内可获得的此类器械的清单。

3. 在交易会、展览会、展示会或类似活动上，成员国不得制造任何障碍，表明器械不符合本法规要求，但前提是在器械上清楚标明一个明显记号表明该器械仅用于展示或演示目的且在未符合本法规之前不可投入使用。

第 22 条　系统和手术包

1. 任何自然人或法人若根据器械或其他产品的预期用途并在制造商指定的使用限制范围内，将带有 CE 标识的器械与下列其他器械或产品一起组合，则应起草第 2 段所述的声明，以将它们作为系统或手术包上市：

(a) 其他带 CE 标识的器械；

(b) 带有符合欧盟第 2017/746 号法规的 CE 标识的体外诊断医疗器械；

(c) 仅当其在医疗程序中使用或证明其在系统或手术包中另外存在时，其他产品才与和它们适用的法规相符。

2. 第 1 段所做的说明中，自然人或法人应声明如下：

(a) 其已根据制造商的说明验证了器械和其他产品 (如适用) 间的相互兼容性，并根据这些说明执行了其活动；

(b) 其将系统或手术包打包并向使用者提供相关信息，其中整合了器械或其他同一包装内产品制造商应当供应的信息；

(c) 将器械和其他产品（如适用）作为系统或手术包进行组合的活动需要采用适当的内部监测、验证和确认方法。

3. 对第 1 段所述的系统或手术包进行消毒并将其上市的任何自然人或法人，应在其选择下遵循附录Ⅸ或附录Ⅺ第 A 部分所述的程序之一。这些程序的应用和公告机构的参与应限于确保灭菌直至无菌包装打开或损坏的程序层面。该自然人或法人应起草一份声明书，声明已按照制造商的说明进行灭菌。

4. 若系统或手术包包含不带 CE 标识的器械，或所选择的器械组合由于其原始预期用途而不兼容，或未根据制造商的说明进行消毒，则系统或手术包应视为独立的器械，并应依照第 52 条进行相关的符合性评估流程。此外，自然人或法人应承担制造商的义务。

5. 本条第 1 段所述的系统或手术包本身不得带附加 CE 标识，但应带有本条第 1 段和第 3 段所述人员的姓名、注册商标名称或注册商标以及可与其联系并确定该人员位置的地址。系统或手术包应附有附录Ⅰ第 23 节所述的资料。在将系统或手术包组合后，在适用于根据第 10(8) 条组合的器械期间，将本条第 2 段所述的声明交由主管机构保管处置。若这些期间不同，则应采用最长的期间。

第 23 条　部件和组件

1. 任何在市场上流通专门用于取代相同或类似的有缺陷或磨损的器械组成部分或组件的物品，以维持或恢复器械功能的自然人或法人，应在不改变器械性能或安全特征或其预期用途情况下，保证该物品对器械安全性与有效性没有不利影响。支持性证据应可供成员国主管机构随时获取。

2. 专门用于替代器械部件或组件和显著改变器械性能或安全特征或预期用途的物品，应视为器械且应满足本法规规定的要求。

第 24 条　自由流通

除非本法规另有规定，否则成员国不得拒绝、禁止或限制在其领土内提供或使用符合本法规要求的器械。

第Ⅲ章 器械的标识和可追溯性、器械和经营者的注册、安全和临床性能总结、欧洲医疗器械数据库

第 25 条 供应链中标识

1. 经销商和进口商应与制造商或授权代表合作，以实现器械恰当水平的可追溯性。

2. 在第 10(8) 条所述期限，经营者应能够向主管机构确定以下内容：

(a) 其直接提供器械的任何经营者；

(b) 直接向其提供器械的任何经营者；

(c) 其直接提供器械的任何卫生机构或卫生保健专业人员。

第 26 条 医疗器械的命名法

为协助根据第 33 条设立的欧洲医疗器械数据库“Eudamed”的运作，委员会应确保国际公认的医疗器械命名法可以免费地提供给本法规要求的制造商和其他自然人或法人以供其使用。委员会还应努力确保在合理可行的情况下免费向其他利益相关方提供这一

命名法。

第 27 条 唯一器械标识系统

1. 附录Ⅵ第 C 部分中说明的唯一器械标识系统 (“UDI” 系统) 应允许识别除定制和研究器械以外的器械，并促进该器械的可追溯性，此外还应包括以下内容：

(a)UDI 应包括以下几点：

(i) 专属于某一制造商和器械的 UDI 器械标识符 (“UDI–DI”)，提供附录Ⅵ第 B 部分所述信息访问途径；

(ii)UDI 生产标识符 (“UDI–PI”)，用于标识所生产的器械单元以及附录Ⅵ第 C 部分规定的包装后器械 (若适用)；

(b) 将 UDI 应用于器械的标签或其包装上；

(c) 经营者、卫生机构和卫生专业人员根据本条第 8 和 9 段规定的条件储存 UDI；

(d) 根据第 28 条唯一器械标识建立 UDI 电子系统 (“UDI 数据库”)。

2. 委员会应通过实施细则指定一个或多个实体来根据本法规规定操作一个 UDI 分配系统 (委任实体)。实体应满足以下所有标准：

(a) 实体是具有法人资格的组织；

(b) 其 UDI 分配系统足以根据本法规要求，在从分销到使用的整个过程中恰当地标识器械；

(c) 其 UDI 分配系统符合相关国际标准；

(d) 该实体可根据一组预定的和明确的条款和条件，将 UDI 分配系统的访问权限提供给所有相关使用者；

(e) 该实体做出以下几点承诺：

(i) 在得到委任后，应能够运作其 UDI 分配系统至少 10 年；

(ii) 提供给委员会和各成员国使用，并应要求，提供 UDI 分配系统的相关信息；

(iii) 保持遵守指定标准和条款。

委任签发实体时，委员会应努力确保无论委任的实体使用何种系统，如附录Ⅵ第 C 部分所定义的 UDI 载体，均能够通过通用方式可读，并可为经营者和卫生机构减少财务和行政负担。

3. 在将器械 (除了定制器械外) 投放于市场前，制造商应向该器械和 (如适用) 所有更大的包装分配一个符合委员会根据第 2 段委任的签发实体颁布规则所产生的 UDI。

4.UDI 载体应添加在该器械标签和所有更大包装上。较大的包装不包括海运集装箱。

5. 根据第 87 条，UDI 应用于报告严重不良事件和现场安全纠正措施。

6. 第 19 条所述的欧盟符合性声明应载明该器械的基本 UDI-DI(定义见附录Ⅵ第 C 部分)。

7. 制造商应及时更新所有应用 UDI 的清单作为附录Ⅱ所述技术文件的一部分。

8. 经营者最好应以电子方式存储和保存其所供应或所接受的器械 UDI，若这些器械属于 :

- Ⅲ类植入式器械 ;
- 由第 11 段第 (a) 点所指措施确定的器械、类别或器械组。

9. 若这些器械属于Ⅲ类植入式器械，则医疗机构应优先以电子方式存储和保持其所供应或接受的器械 UDI。

除了Ⅲ类植入式器械外，成员国应鼓励并可要求医疗机构优先以电子方式储存和保管接受的器械 UDI。

成员国应鼓励，并可要求健康护理人员优先通过电子手段存放和保管提供给其器械的 UDI。

10. 委员会应有权根据第 115 条通过以下授权法案 :

(a) 从技术进步的角度修订或补充载列于附录Ⅵ第 B 部分的资料清单 ;

(b) 就唯一器械标识领域的国际发展及技术进步修订或补充附录Ⅵ。

11. 委员会可通过实施细则规定模式及程序，以确保以下任何几个方面的唯一器械标识系统的协调适用：

(a) 采用第 8 段规定的义务确定器械、类别或器械组别；

(b) 规定包括在器械或器械组别的 UDI –PI 的数据。

应按照第 114(3) 条述及的审查规程通过这些在第 1 子段所述的实施细则。

12. 采用第 11 段所述措施时，委员会应考虑以下事项：

(a) 第 109~110 条所述的保密性和数据保护；

(b) 基于风险的方法；

(c) 措施的成本收益；

(d) 以国际水准开发 UDI 系统；

(e) 需要避免 UDI 系统中的重复；

(f) 成员国对医疗卫生系统的需要，及在尽可能的情况下与利益相关方使用的其他医疗器械的识别系统的兼容性。

第 28 条　UDI 数据库

1. 委员会应与 MDCG 商议后设立和管理一个 UDI 数据库，以验证、整理、处理附录Ⅵ第 B 部分所述信息，并向公众公布此等信息。

2. 设计 UDI 数据库时，委员会应考虑在附录Ⅵ第 C 部分第 5 节说明的 UDI 数据库的一般原则。UDI 数据库设计应特别满足无 UDI-PI 且其中无商业机密产品信息。

3. 附录 VI 第 B 部分所述的 UDI 数据库核心数据元素应免费向公众开放。

4.UDI 数据库的技术设计应确保能够最大程度地访问存储在其中的信息，并允许多个使用者访问和自动上传和下载信息。委员会应对 UDI 数据库的制造商和其他使用者提供技术和管理支持。

第 29 条　器械注册

1. 在市场上投放一个非定制器械时，制造商应遵守第 27(2) 条所述的发行实体的规则，向器械分配附录Ⅵ第 C 部分定义的基本 UDI-DI 并将其与附录Ⅵ第 B 部分所述的相关器械的其他核心数据要素提交给 UDI 数据库。

2. 根据第 22(1) 和 (3) 条，在市场投放一个非定制器械的系统或手术包，责任自然人或法人应按照指定发行实体的规则，向系统或手术包分配基本 UDI-DI，并将其与在附录Ⅵ第 B 部分中定义的相关系统或手术包的其他核心数据要素一并提交至 UDI 数据库。

3. 对于须经过第 52(3) 条或第 52(4) 条第 2 和第 3 子段中符合性评估的器械，应在制造商向公告机构提出符合性评估申请前，向器械分配本条第 1 段所述的基本 UDI–DI。

对于在第 1 子段所述的器械，公告机构应按照附录Ⅻ第一章第 4 节第 a 点包括出具证书上基本 UDI–DI 的参考并确认附录Ⅵ第 A 部分第 2.2 节所述的 Eudamed。在出具相关证书及在将器械投放在市场之前，制造商应向 UDI 数据库提供基本 UDI–DI 及附录Ⅵ第 B 部分定义的相关系统或手术包的其他核心数据要素。

4. 将非定制器械投放在市场之前，制造商应提交或者若已提交，验证附录Ⅵ第 A 部分第 2 节 (第 2.2 节除外) 中所述的 Eudamed 资料并应及时更新。

第 30 条　经济营运商注册电子系统

1. 在咨询 MDCG 后，委员会应建立并管理电子系统以创建第 31(2) 条所述的单一注册号整理及加工识别制造商及 (如适用) 授权代表及进口商的必要且相应的资料。有关经济营运商提供至电子系统的资料详情载于附录Ⅵ第 A 部分第 1 节。

2. 成员国可保留或引入在其领土范围内允许的有关器械经销商注册的国家规定。

3. 非定制器械上市两周内，进口商应核实制造商或授权代表是否已将第 1 段所述的资料提交至电子系统中。

若第 1 段所述的资料未上传或不正确，在适用的情况下，进口商应通知相关授权代表或制造商。进口商应将其详细资料添加到相关条目。

第31条 制造商、授权代表和进口商的注册

1. 在非定制器械上市前，制造商、授权代表和进口商为进行注册，应当向第30条所述的电子系统提交附录Ⅵ第A部分第1节所述的资料。前提是其并未根据本条进行注册。若根据第52条符合性评估流程需要公告机构参与，应在向公告机构申请前向电子系统提交附录Ⅵ第A部分第1节所述的资料。

2. 在核实根据第1段输入的数据后，主管机构应自第30条所述的电子系统取得单一注册号(SRN)并签发给制造商、授权代表或进口商。

3. 制造商向公告机构申请进行符合性评估和评估Eudamed(为履行第29条下的义务)时需要用到单一注册号。

4. 如有关本条第1段所述的资料于1周内发生任何变动，相关经济营运商应当更新第30条所述电子系统中的数据。

5. 提交第1段所述的资料后1年内及此后的每2年，相关经济营运商应确认数据的准确性。在截止日期前6个月内未确认的情况下，任何成员国可于其领土范围内采取适当的纠正措施，直至本段所述义务得到履行。

6. 在不影响经济营运商对数据的责任的情况下，主管机构应核实附录Ⅵ第A部分第1节所述的已确认的数据。

7. 根据本条第1段录入第30条所述的电子系统中的数据应向公众开放。

8. 根据第 111 条，主管机构可根据这些数据对制造商、授权代表或进口商收费。

第 32 条　安全和临床性能总结

1. 对于Ⅲ类器械和植入式器械 (非定制或研究器械)，制造商应起草一份安全和临床性能总结。

该安全和临床性能总结应使预期使用者及 (如相关) 患者明白，并应通过 Eudamed 向公众开放。

本安全和临床性能总结的草案应当是作为依照第 52 条所参与符合性评估的公告机构文件的一部分，并由该机构来验证。验证后，公告机构应将该总结报告上传到 Eudamed。制造商应在标签或使用说明所述总结报告可获得的地址。

2. 安全和临床性能总结应至少包括以下方面：

(a) 器械和制造商标识，包括基本 UDI–DI 和 SRN(如已发布)；

(b) 该器械的预期用途，包括任何适应证、禁忌证和目标人群；

(c) 该器械的说明，包括前一代或变体 (如存在) 的参考文件和差别说明，以及附件、其他器械和其他产品等与该器械联合使用的产品说明；

(d) 可能的诊断或治疗替代品；

(e) 协调标准和 CS 的参考文件；

(f) 附录XIV中包括的临床评价总结和上市后临床跟踪的相关信息；

(g) 为使用者提供的建议简况和培训；

(h) 有关任何剩余风险和任何不良影响、警戒和预防措施的信息。

3. 委员会可通过实施细则，载列将纳入安全和临床性能总结的数据元素的形式及声明。应按照第 114(2) 条述及的咨询规程通过这些实施细则。

第 33 条　欧洲医疗器械数据库

1. 委员会应出于下列目的，与 MDCG 商议后，设立、维护和管理欧洲医疗器械数据库 (Eudamed)：

(a) 帮助公众对投放于市场的器械、认证机构发出的相应证书及相关经营者有充分的了解；

(b) 实现内部市场上器械的唯一标识，并促进可追溯性；

(c) 帮助公众充分了解临床试验情况，并要求临床试验申办方遵守第 62~80 条和 82 条以及任何根据第 81 条所采用的法案规定的义务；

(d) 要求制造商遵守第 87~90 条或任何根据第 91 条所采用法案规定的信息义务；

(e) 使成员国和委员会的主管机构能够在充分知情的基础上执行与本法规有关的任务，并加强他们间的合作。

2.Eudamed 应包括以下电子系统：

(a) 第 29(4) 条所述器械注册电子系统；

(b) 第 28 条所指的 UDI 数据库；

(c) 第 30 条所述的经营者电子登记系统；

(d) 第 57 条所述的认证机构和证书电子系统；

(e) 第 73 条所述的临床试验电子系统；

(f) 第 92 条所指的警戒和上市后监管电子系统；

(g) 第 100 条所指的市场监管电子系统。

3. 设计 Eudamed 时，委员会应充分考虑国家数据库和国家网络接口的兼容性以允许数据的输入和输出。

4. 应由成员国、认证机构、经营者和申办方，根据第 2 段所述电子系统的规定，将数据录入 Eudamed。委员会应向 Eudamed 使用者提供技术和行政支持。

5.Eudamed 整理并加工所有信息，应可供成员国和委员会访问。在第 2 段所述有关电子系统规定中定义的范围内，认证机构、经营者、申办方和公众应可访问信息。

委员会应确保 Eudamed 公共部分以对使用者友好且易于搜索的形

式呈现。

6.Eudamed 所包含的个人数据，应当方便本条第 2 段所述的电子系统根据本法规规定进行整理和处理。个人数据的保存形式应能够使数据主体标识时间不长于第 10(8) 条所述期限。

7. 委员会和成员国应当确保数据主体可分别按照欧洲委员会第 45/2001 号 (EC) 法规和第 95/46/EC 号指令，有效行使其知情权以及获取、纠正和反对的权利。其应确保数据主体能够有效地行使与其有关的数据访问权，并有权纠正或删除不准确或不完整的数据。在各自的职责范围内，委员会和各成员国应确保按照适用的法律删除不准确的和非法处理的数据。应尽快进行更正和删除，但不得迟于数据主体提出请求后 60 天。

8. 委员会应通过实施细则，以制定建立和维护 Eudamed 所必需的具体步骤。应按照第 114(3) 条述及的审查规程通过这些实施细则。当采纳这些实施细则时，委员会应尽可能确保系统的开发能够在同一模块或系统的不同模块内输入同一资料两次。

9. 关于其在本条下的责任和其中所涉及个人数据的处理，应将委员会视为 Eudamed 及其电子系统的控制者。

第 34 条 Eudamed 的功能

1. 委员会应与 MDCG 协作，为 Eudamed 制定功能规范。委员会应最迟于 2018 年 5 月 26 日制定实施这些规范的计划。这一计划将寻求确保 Eudamed 在规定日期完全正常运行，即该日期允许委员会于 2020 年 3 月 25 日公布第 3 段所述通知，且本法规第 123 条和第 2017/746 号 (EU) 法规第 113 条的所有其他相关最后期限都得到满足。

2. 一旦在 UDI 上确认 Eudamed 已实现全部功能，且 Eudamed 符合根据第 1 段制定的职能规范，委员会应通过独立审计报告来通知 MDCG。

3. 委员会应在咨询 MDCG 并确认第 2 段所述条件已得到满足后，将于《欧盟公报》公布相应通知。

第Ⅳ章 公告机构

第 35 条　负责公告机构的主管机构

1. 任何成员国如指定符合性评估机构作为公告机构，或已指定一家公告机构根据本法规开展符合性评估活动，则应根据国家法律任命一个由单独实体组成的主管机构 (负责公告机构的主管机构)，负责建立和开展评估对指定公告机构的评估和通知，以及对公告机构 (包括其分包商和分支机构) 的监管。

2. 负责公告机构的主管机构应当妥善建立、组织和运作，以保障其活动的客观性和公正性，并避免与符合性评估机构的任何利益冲突。

3. 负责公告机构的主管机构应当妥善组织，使指定或公告相关的每个决议均由未参与评估的人员做出。

4. 负责公告机构的主管机构不得参与由公告机构组织的商业或竞争性活动。

5. 负责公告机构的主管机构应当保护其获得信息的保密性。但是，可与其他成员国、委员会及其他法规机构 (在需要时) 交换有关公告机构的信息。

6. 负责公告机构的主管机构应拥有足够数量的合资格人员，以便正常履行任务。

当负责公告机构的主管机构与负责医疗器械的主管机构不是同一家机构时，应确保向负责医疗器械的国家主管机构就相关问题展开咨询。

7. 成员国可公开获得一般资料，包括对符合性评估机构的评估、指定、公告和对公告机构监管的规定，以及对这些任务有重大影响的变化。

8. 负责公告机构的主管机构应参与第 48 条规定的同行审查活动。

第 36 条　公告机构的相关要求

1. 公告机构应根据本法规实现指定给其任务，且应满足组织和总体要求以及必需的质量管理、资源和流程要求，以使其具备履行本法规指定任务的资格。尤其是,该公告机构须符合附录Ⅶ的要求。

为满足这些在第 1 子段所述的要求，公告机构应按照附录Ⅶ第 3.1.1 节可永久获得充足的行政、技术和科研人员，按照附录Ⅶ第 3.2.4 节可永久获得相关临床专业人员，如有可能，可由公告机构自行聘用。

附录Ⅶ第 3.2.3 及 3.2.7 节所述的人员应由公告机构自行聘用，聘用人员不得为外部专家或分包商。

2. 公告机构应按要求编制并提交所有可获得的相关文件（包括制造商文件）至负责公告机构的主管机构，使其能够开展评估、指定、公告、监督及监管活动，以促进本章节内所述的评估。

3. 为确保附录Ⅶ要求的统一应用，委员会应按照第 114(3) 条所述的检查程序采取实施细则，并在必要情况下解决分歧和实际应用中的问题。

第 37 条　分支机构和分包

1. 若公告机构将与符合性评估相关的特定任务分包，或分派给分支机构，则应确认分包商或分支机构符合附录Ⅶ规定的适用要求，并通知负责公告机构的主管机构。

2. 公告机构应对分包商或分支机构代表其履行任务承担全部责任。

3. 公告机构应公开其分支机构名单。

4. 在告知申请符合性评估的法人或自然人后，符合性评估活动可转包或由分支机构开展。

5. 公告机构应保证负责公告机构的主管机构拥有关于分包商或分支机构资格鉴定及其根据本法规开展工作的所有相关文件的处置权。

第 38 条　符合性评估机构提交的委任申请

1. 符合性评估机构应向负责公告机构的主管机构提交委任申请。

2. 申请应明确本法规中规定的符合性评估活动，以及申请委任的器械类型，并有附录Ⅶ中证明符合性文件的支持。

关于附录Ⅶ第 1 节和第 2 节所规定的组织和一般要求以及质量管理要求，国家委任机构根据欧盟第 765/2008 号 (EC) 法规提交的有效认证证书和相应的评估报告，并在第 39 条所述的评估中予以考虑。但申请机构应准备第 1 子段提及的所有文件以证明符合这些要求。

3. 为确保负责公告机构的主管机构对是否符合附录Ⅶ的所有要求进行持续监督和确认，如有任何相关变化，公告机构应更新第 2 段所述的文件。

第 39 条 申请评估

1. 负责公告机构的主管机构应在 30 天内检查第 38 条所述的申请是否完成，并要求申请机构提供缺失信息。一旦申请完成，主管机构应将其交送委员会。

负责公告机构的主管机构应按照自己的程序审查申请和支持文件，并起草一份初步评估报告。

2. 负责公告机构的主管机构应向委员会提交初步评估报告，委员会应立即将报告转交至 MDCG。

3. 在本条第 2 段所述的报告递交后 14 天内，委员会和 MDCG 从第 40(2) 条的名单中选出三位专家组成联合评估小组，如遇特殊情况可改变专家人数。其中一位专家应为委员会的代表，负责协调联合评估小组的活动。另外两位专家应分别来自不同于符合性评估申请机构的两个成员国。

联合评估小组应由合格的专家组成，能评定符合性评估活动和该申请中的器械类型，特别是在根据第 47(3) 条启动该评估流程后，确保特定关注点可得到正确评估。

4. 联合评估小组应在委任后的 90 天内，审核根据第 38 条提交的申请文件。联合评估小组可向负责公告机构的主管机构提供关于申请和计划现场评估的反馈，或要求其澄清。

负责公告机构的主管机构以及联合评估小组，应计划并实施对符合性评估申请机构以及欧盟内外参与符合性评估过程的分支机构或分包商进行现场评估。

申请机构的现场评估应由负责公告机构的主管机构领导。

5. 如发现申请符合性评估机构的申请人不符合附录Ⅶ要求时，应在评估过程中提出，并经负责公告机构的主管机构和联合评估小组讨论，以对该申请的评估达成共识和消除分歧。

在现场评估结束时，负责公告机构的主管机构将向申请符合性评估机构提供由联合评估小组提供的评估和评价总结而产生的不符合项清单。

在规定的时间内，符合性评估机构申请人应向国家主管机构提交纠正和预防措施计划，以解决不符合项。

6. 联合评估小组应在完成现场评估后的 30 天内记录有关评估的

剩余分歧意见，并将这些意见提交给负责公告机构的主管机构。

7. 负责公告机构的主管机构应当在收到申请机构提供的纠正和预防措施计划后，判断评估过程中发现的不符合项是否已经合理解决。该计划应说明所识别不符合项问题的根本原因并应包括执行操作的时间表。

负责公告机构的主管机构在确认纠正和预防措施计划后，应将该计划及其对该计划的意见转交给联合评估小组。联合评估小组可要求负责公告机构的主管机构做出进一步澄清和修改。

负责公告机构的主管机构应拟定其最终的评估报告，包括 :

- 评估结果，
- 确认已采取纠正和预防措施，并在需要时实施，
- 与联合评估小组的剩余分歧意见，和 (如适用)，
- 建议的委任范围。

8. 负责公告机构的主管机构应向委员会、MDCG 和联合评估小组提交最终评估报告和委任草案 (如适用)。

9. 联合评估小组应在收到由负责公告机构的主管机构准备的评估报告和委任草案 (如适用) 后 21 天内，向委员会提供关于这些文件的最终意见，且委员会应立即将此最终意见提交给 MDCG。在收到联合评估小组意见后 42 天内，MDCG 应就委任草案提出建议，

负责公告机构的主管机构应在其做出委任公告机构的决议时充分考虑该建议。

10. 委员会可通过实施细则，采取措施设定第 38 条规定的申请委任和本条规定的申请评估的流程和报告的详细协议。按照第 114(3) 条的审查流程采用这些实施细则。

第 40 条　联合评估专家提名的公告

1. 成员国和委员会应提名医疗器械领域内具备符合性评估机构评估资格的专家参与第 39 和 48 条所述的活动。

2. 委员会应根据本条第 1 段生成一个提名专家名单，及其具体能力和专业领域的信息。该名单应当通过第 57 条的电子系统向成员国主管机构公布。

第 41 条　语言要求

第 38 和 39 条要求的所有文件应以一种或多种相关成员国的语言拟定。

成员国在采用第 1 子段时应考虑在全部或部分有关文件中接受或使用医学领域通用易懂的语言。

委员会应对第 38 和 39 条提供的文件进行必要翻译，或将部分翻译为欧盟官方语言，使按照第 39(3) 条指派的联合评估小组能够理解文档内容。

第 42 条　委任和公告流程

1. 成员国只能指定已完成第 39 条评估并符合附录Ⅶ所列要求的

符合性评估机构。

2. 成员国应使用公告机构数据库内委员会开发和管理的电子公告工具 (NANDO)，将其委任的合格评估机构通知委员会和其他成员国。

3. 该公告应利用本条第 13 段所述的法规明确规定本法规所定义的符合性评估活动的委任范围、授权公告机构评估的器械类型以及不影响第 44 条的与委任相关的条件。

4. 公告应附有负责公告机构的主管机构的最终评估报告、第 39(9) 条所指联合评估小组的最终意见和 MDCG 的建议。若通知成员国未遵循 MDCG 的建议，应提供有充分证据的理由。

5. 在不影响第 44 条的情况下，公告成员国应向委员会和其他成员国通报与委任有关的任何情况，并提供关于现有安排的书面证据，以确保定期监督公告机构并将继续满足附录Ⅶ的要求。

6. 在第 2 段所述的公告后 28 天内，成员国或委员会可书面提出异议，就公告机构或负责公告机构的主管机构所进行的监督进行讨论。若未提出异议，委员会应于 42 天内在第 2 段所述的 NANDO 内发布公告。

7. 当成员国或委员会根据第 6 段提出异议时，委员会应在第 6 段所述的期限到期后 10 天内将该事项提交 MDCG。经与有关各方协商，MDCG 应至少在其收到该事项后 40 天内给出其意见。若 MDCG 认为可接受该公告，则委员会应在 14 天在 NANDO 公布公告。

8. 若 MDCG 在根据第 7 段进行磋商后，确认现有异议或提出另一异议，公告成员国应在收到 MDCG 意见后 40 天内做出书面答复。其答复应处理意见中提出的异议，并说明公告成员国决议指定或不指定该符合性评估机构的原因。

9. 若公告成员国在根据第 8 段给出其说明理由后决议任命符合性评估机构，则委员会应在收到通知后 14 天内在 NANDO 中公布该公告。

10. 当在 NANDO 中发布公告时，委员会还应在第 57 条所述的电子系统中增加与该公告机构的通知相关的信息、本条第 4 段所述的文件以及该条第 7 和 8 段所述的意见和答复。

11. 该委任应于 NANDO 发布该公告后生效。公布通知应说明公告机构的合法活动范围。

12. 有关的符合性评估机构只有在根据第 11 段委任生效后才能开展公告机构的活动。

13. 委员会应在 2017 年 11 月 26 日，通过实施细则起草一份代码和对应的器械类型清单，以说明公告机构的委任范围，且应按照第 114(3) 条述及的审查流程通过这些实施细则。委员会在咨询 MDCG 后，以及根据第 48 条协调活动提供的信息，可更新本清单。

第 43 条　标识号和公告机构名单

1. 委员会应根据第 42(11) 条为各公告机构分配一个有效标识号。即使该机构已在欧盟多个法案中被任命，委员会也应为其指定一个唯一标识号。如根据本法规成功指定，公告机构应根据第 90/385/EEC 和 93/42/EEC 号指令保留根据这些指令分配的标识号。

2. 委员会将基于本法规生成机构名单，包括分配的标识号、本法规定义的符合性评估活动以及公告的器械类型，这些在 NANDO 向公众公开。该清单还应在第 57 条所述的电子系统中公布。委员会应确保清单实时更新。

第 44 条　公告机构的监督和再评估

1. 公告机构应最迟在 15 天内，向负责公告机构的主管机构通报可能影响其遵守附录Ⅶ要求或影响其进行指定器械相关的符合性评估活动能力的相关变化。

2. 负责公告机构的主管机构应监督其境内的公告机构及其分支机构和分包商，以确保其持续符合本法规要求并履行其义务。此外，公告机构应根据负责公告机构的主管机构的要求，提供使主管机构、委员会和其他成员国能够验证所需的所有相关信息和文件符合性。

3. 若委员会或成员国主管机构向设立在另一成员国境内的与该机构开展的符合性评估有关的认证机构提出请求，则应将请求的副本发送给另一成员国的指定机构。相关的公告机构在收到该要求后应立即回复，最迟不超过 15 天。成员国负责公告机构的主管机构应确保任一其他成员国主管机构或委员会向其境内设立的公告机构提交的要求得到解决，如有合法理由拒绝，可提交 MDCG 处理。

4. 负责公告机构 (无论其是否在其各自境内设立) 的主管机构应至少每年一次，重新评审每家公告机构 (且在合适时应包含其分支机构及由其负责的分包商) 是否仍然符合要求，以及是否履行了附录Ⅶ列出的应尽义务。评审应包含对每一家公告机构 (必要时，对其分支机构和分包商）的现场审核。

公告机构的主管机构应按照年度评估计划执行监管和评估活动以确保其能有效监督公告机构一直遵守本法规的要求。该计划应确定合理的时间表，特别应对公告机构、相关分支机构和分包商的评估频率做出规定。该主管机构应就其管辖的每家公告机构向 MDCG 和委员会提交年度监管或评估计划。

5. 负责公告机构的主管机构对公告机构的监管应包括对公告机构员工的证据审核，如有必要可在制造商工厂内进行质量管理体系评估时，对分支机构和分包商的员工进行审核。

6. 负责公告机构的主管机构对公告机构执行的监管应考虑从市场监管、警戒和上市后监管获得的数据，以帮助指导其活动。

负责公告机构的主管机构应提供一个跟踪体系来处理投诉和其他信息，其来源包括其他成员国，这些投诉或信息可能显示公告机构没有履行应尽义务或偏离常规或最佳行为准则。

7. 负责公告机构的主管机构除了定期监督或现场评估外，如须解决特定问题或核实守法情况，还可采取临时通知、暗访或“有因”核查的行动。

8. 负责公告机构的主管机构将核查公告机构对制造商技术文件的评估，尤其是临床文档的评估，详细规定参见第 45 条。

9. 负责公告机构的主管机构应记录并存档任何公告机构不符合附录Ⅶ要求的发现并监督其及时采取纠正和预防措施。

10. 公告机构通告成立后 3 年以及此后每隔 4 年，负责成员国公告机构的主管机构应开展全面重新评估设立于该国境内的公告机构，以确认其是否仍符合附录Ⅶ的要求，并按照第 38 和 39 条所述流程指定联合评审小组。

11. 委员会有权按照第 115 条采纳授权法案以修改第 10 段，进而修订该段所述的全面重新评估应开展的频率。

12. 成员国应当每年至少一次向委员会和 MDCG 报告对其境内公告机构及其分支机构和分包商 (如适用) 开展监督行动和现场评估。该报告应该详述这些活动的结果,包括根据第 7 段进行的活动。该报告应由 MDCG 和委员会视为机密信息，但其摘要可公开。

报告摘要应上传至第 57 条所述的电子系统。

第 45 条　对公告机构所评估的技术文件和性能评估报告的评审

1. 作为对公告机构现行监管的一部分，负责公告机构的主管机构应审查适当数量的由公告机构评估的制造商技术文件，尤其是附录Ⅱ第 6.1 节第 (c) 和 (d) 点所述的临床评价文件，以验证公告机构基于制造商提供的信息所得出的结论。这些负责公告机构的主管机构进行的评估包括现场评估和现场外评估。

2. 按照第 1 段进行的文件抽查应按计划进行，并能代表公告机构认证器械的类别和风险，尤其是高风险器械，在抽样计划中应有适当的证明和记录，以便在 MDCG 要求时负责公告机构的主管机构可获得这部分信息。

3. 负责公告机构的主管机构应审查公告机构所做的评估是否适当，并检查所使用的流程、相关文档和公告机构得出的结论。该检查包括公告机构作为评估依据的制造商技术和临床评估文件。并应利用 CS 进行这些审查。

4. 这些审查也是公告机构根据第 44(10) 条进行重新评估和根据第 47(3) 条进行联合评估活动的部分内容。进行这些审查需使用相应的专业知识。

5.MDCG 可根据负责公告机构的主管机构或联合评估小组的审查和评估报告，第Ⅶ章所述市场监管、警戒和上市后监管活动获取的信息，对技术进步的持续监测、涉及器械安全性与有效性的新问题的识别，MDCG 可能会建议按照本条规定进行抽样，且抽取的样本应包括更大或更小比例的由公告机构评估的技术文件和临床评估文件。

6. 委员会可通过实施法案以采取措施制订本条款所述的技术和临床评估文件模式、相关文档和协调要求。应按照第 114(3) 条述及的审查流程通过这些实施细则。

第 46 条　委任与公告变更

1. 负责公告机构的主管机构应通知委员会和其他成员国有关公告机构委任的任何后续相关变更。

第 39 和 42 条所述流程适用于委任范围的扩大。

在委任发生变更而非范围扩大的情况下，以下段落规定的程序应适用。

2. 委员会应立即在 NANDO 公布修订后的公告。委员会应立即在电子系统中输入第 57 条所述的公告机构委任变化信息。

3. 若公告机构决议停止其符合性评估活动，应尽快告知负责公告机构的主管机构和相关制造商，并且在停止评估活动前 1 年拟定停止计划。若另一公告机构书面确认为证书所包括的器械承担责任，其证书在停止公告机构活动后 9 个月内暂时有效。新的公告机构应在上述期限结束前完成对受影响器械的全面评估，方可为这些器械签发新的证书。若公告机构停止其活动，负责公告机构的主管机构应撤销该委任。

4. 若负责公告机构的主管机构已确定公告机构不再符合附录Ⅶ的要求，或其未能履行自身义务，或未执行必要的纠正措施，主管机构可根据未达要求或不履行义务的严重程度，暂停、限制、全部或部分撤销对该机构的委任。一次暂停不得超过 1 年，但可追加一次同样期限的暂停。

负责公告机构的主管机构应将任何暂停、限制或撤销委任的情况立即通知委员会和其他成员国。

5. 若委任已暂停、限制或全部或部分撤销，公告机构应在最迟 10 天内告知相关制造商。

6. 若发生限制、暂停或撤销委任的情况，负责公告机构的主管机构应当采取适当步骤以确保相关公告机构的文件被妥善保管并送达其他成员国负责公告机构的主管机构及其要求的负责市场监管的主管机构。

7. 在限制、暂停或撤销委任的情况下，负责公告机构的主管机构应该：

(a) 评估由公告机构所签发证书的影响；

(b) 在发出委任变更通知后 3 个月内向委员会和其他成员国报告结果；

(c) 要求公告机构在主管机构决议的合理期限内暂停或撤销任何不当签发的证书，以确保市场上器械的安全；

(d) 将其要求暂停或撤销的所有证书录入第 57 条所述的电子系统；

(e) 将其要求暂停或撤销的证书通过第 57 条所述的电子系统通知制造商或其授权代表经营注册地所在成员国的医疗器械主管机构。该主管机构应采取适当措施，以在必要时避免给患者、使用者或其他人的健康或安全带来潜在风险。

8. 除不当签发的证书外，在委任出现暂停或限制时，证书在以下情况下仍然有效：

(a) 负责公告机构的主管机构确认在暂停或限制的 1 个月内，相关证书的安全问题不受暂停或限制的影响；与负责公告机构的主管机构已制定了纠正暂停或限制的预期时间表和措施；或

(b) 负责公告机构的主管机构已确认在暂停或限制期间将不再签发、修订或重新签发与暂停相关的证书，并指出在暂停或限制期间公告机构是否有能力继续监管并负责现有的已签发证书。若负责公告机构的主管机构认为公告机构无能力支持现有已签发证

书，则制造商应在暂停或限制 3 个月内向证书覆盖的器械制造商 (有其注册地经营住所) 所在成员国主管机构书面确认由其他合格公告机构临时承担公告机构的监管职能，并继续负责暂停或限制期间的证书。

9. 除不当签发的证书外，在撤销委任时，以下情况证书仍有 9 个月的有效期：

(a) 证书覆盖的器械制造商 (有其注册经营住所) 所在成员国的医疗器械主管机构已确认未发生与上述器械相关的安全问题。

(b) 其他公告机构书面确认将承担这些器械的直接责任，并在委任撤销起 12 个月内完成对器械的评估。

在第 1 子段所述的情况下，证书覆盖的器械制造商 (有其注册经营住所) 在成员国的医疗器械主管机构可将证书的临时有效期进一步延长 3 个月 (总共不超过 12 个月)。

受委任变更影响的公告机构职能若由某主管机构或公告机构承担，则后两者应立即通知委员会、其他成员国及其他相关公告机构。

第 47 条　对公告机构资质的质疑

1. 委员会联合 MDCG 会对引发关注的情况进行调查，即公告机构或其一个 / 多个分支机构或分包商连续履行附录Ⅶ的要求或其应承担的义务的情况。应确保负责公告机构的相关主管机构接到通知并有合适的机会对引发关注的问题进行调查。

2. 公告成员国应按要求向委员会提供有关委任公告机构的所有信息。

3. 在合理关注公告机构、其分支机构或分包商是否符合附录Ⅶ要求的现状且主管机构的调查未能完全解决关注问题时，或应主管机构要求，委员会可联合 MDCG 启动 (如适用) 第 39(3) 和 (4) 条所述的评估流程。此外，该报告和评估流程的结果应遵循第 39 条的原则。另外，根据问题的严重程度，委员会和 MDCG 可要求负责公告机构的主管机构允许根据第 40 条制定的名单中至多两位专家参与现场评估，作为第 44 条所述计划检查和评估活动以及第 44(4) 条所述年度评估计划的一部分。

4. 若委员会确定公告机构不再符合其委任要求，应当相应地通知公告成员国，要求其采取必要的纠正措施，包括暂停、限制或必要时撤消委任。

凡成员国未能采取必要的纠正措施，委员会可通过实施细则来暂停、限制或撤销委任。应按照第 114(3) 条的审查流程通过这些实施细则。应当通知有关成员国相关决议，并更新 NANDO 和第 57 条所述的电子系统。

5. 委员会应确保对调查过程中获得的所有保密信息采取保密措施。

第 48 条　同行评审和负责公告机构的主管机构之间的经验交流

1. 委员会应为负责公告机构的不同主管机构提供经验交流及管理实践协作。该交流应包括以下内容 :

(a) 负责公告机构的主管机构其活动最佳实践文件的制定 ;

(b) 与本法规实施相关的公告机构指导性文件的制定 ;

(c) 第 40 条所述专家的培训和资格认定；

(d) 监管公告机构委任和公告的变更以及公告机构之间证书撤销和转让的动态；

(e) 监管第 42(13) 条所述的范围代码的申请和适用性；

(f) 制定主管机构与委员会之间的同行评审机制；

(g) 向公众传播主管机构和委员会对公告机构的监督和监管活动的方法。

2. 负责公告机构的主管机构应根据本条第 1 段制定的机制每 3 年参与一次同行评审。该审查通常应在第 39 条所述的现场联合评估同时进行 . 另外主管机构可选择进行该审查并作为第 44 条所述监管活动的一部分。

3. 委员会应参与组织并为同行评审机制的实施提供支持。

4. 委员会应撰写同行评审活动的年度总结报告并向公众公布。

5. 委员会可通过实施细则，采取措施限定本条第 1 段所述的同行评审机制详细安排和相关文件、培训和资格认定。应按照第 114(3) 条所述的审查流程采纳这些实施细则。

第 49 条　公告机构的协调

委员会应确保公告机构之间有适当的协调与合作，并且在医疗器械 (包括体外诊断医疗器械) 领域内以公告机构协调组的形式进行。该协调组应定期会面，至少每年一次。

根据本法规，公告机构应参与该协调组的工作。

委员会可建立使公告机构协调组正常运行的具体安排。

第 50 条 收费标准列表

公告机构应制定并公开其开展的符合性评估活动的收费标准列表。

第Ⅴ章 分类和符合性评估

第1节 分类

第51条 器械分类

1. 根据器械的预期用途和固有风险，医疗器械应分为Ⅰ、Ⅱa、Ⅱb和Ⅲ类。分类应按照附录Ⅷ规定进行。

2. 制造商和相关公告机构之间因应用附录Ⅷ而产生的任何争议，应提交至制造商注册营业所在成员国主管机构做出裁定。对于未在欧盟注册营业地址也未指定授权代表的制造商，应提交至附录Ⅸ第2.2节第2段第(b)点最后一项中所述的授权代表注册营业所在成员国的主管机构。当相关公告机构不在制造商所在成员国时，主管机构应在与委任该公告机构的成员国主管机构咨询后通过其决议。

具有营业注册地的制造商所在成员国的主管机构应将其决议告知MDCG及委员会。该决议可根据要求提供。

3. 应成员国要求，委员会应在咨询 MDCG 后通过实施细则，对以下项目做出决议：

(a) 对指定器械、类别或器械组使用附录Ⅷ，做出此类器械分类决议；

(b) 因公共健康原因，根据新的科学证据或警戒和市场监管活动中获取的任何信息，通过豁免附录Ⅷ，为器械、类别或器械组进行重新分类。

4. 委员会也可在咨询 MDCG 后，通过实施细则自行决议第 3 段第 (a) 和 (b) 点所述的问题。

5. 为保证附录Ⅷ的统一适用，并考虑到相关科学委员会的相关科学观点，委员会可采取实施细则，以解决分歧和实际应用的问题。

6. 本条第 3、4 和 5 段所述的实施细则应按照第 114(3) 条的审查流程予以通过。

第 2 节　符合性评估

第 52 条　符合性评估流程

1. 在器械上市之前，制造商应对该器械符合性进行评估。符合性评估流程见附录Ⅸ ~ Ⅺ。

2. 在投放使用前，制造商应按照附录Ⅸ ~ Ⅺ的符合性评估流程对未上市的器械进行符合性评估。

3. Ⅲ类器械（非客户定制器械或研究器械）的制造商应依据附录

Ⅸ中符合性评估的规定进行符合性评估。另外，制造商也可选择附录Ⅹ规定的符合性评估联合附录Ⅺ规定的符合性评估进行符合性评估。

4. Ⅱb类器械(非客户定制器械或研究器械)的制造商应依据附录Ⅸ第Ⅰ章和第Ⅲ章的规定进行符合性评估(包括此附录第4节规定的对各同类器械组中至少一个代表性器械的技术文件的评估)。

然而对于Ⅱb类可植入器械，但不包括缝线、U形钉、口腔填充材料、牙套、牙冠、螺钉、楔子、骨板、金属丝、针、夹子和连接器，附录Ⅸ第4节所规定的技术文件评估应适用于每一件器械。

另外，制造商也可选择按照附录Ⅹ规定的形式审核以及附录Ⅺ规定的基于产品符合性验证的符合性评估进行符合性评估。

5. 如理由充分，鉴于与本条第4段第2子段列表中豁免的器械所使用的成熟技术相似，此类技术可用于其他Ⅱb类可植入器械，或在合理的情况下用于保护患者、使用者或其他人的健康安全或卫生安全，委员会应有权依照第115条以授权法案形式将其他Ⅱb类植入器械添加到列表或从列表中删除，从而达到修订列表的目的。

6. Ⅱa类器械(非客户定制或研究器械)制造商应根据附录Ⅸ第Ⅰ和Ⅲ章规定的质量管理体系接受符合性评估，并对该附录第4节所述技术文件进行评估，且每类设备应至少有一个代表性设备。

此外，制造商也可选择根据附录Ⅱ和Ⅲ及附录Ⅺ第10节或第18节的产品符合性评估起草技术文件。该技术文件评估应至少适用于各器械类别中至少一个代表性器械。

7.I 类器械 (非客户定制或研究器械) 制造商应在起草附录Ⅱ和Ⅲ规定的技术文件后，须通过签发第 19 条中的 EU 符合性声明，以声明其产品的符合性。若这些器械在无菌状态下上市，具有测定功能或为可重复使用手术器械，制造商应采用附录Ⅸ第Ⅰ章和第Ⅲ章或附录Ⅺ第 A 部分所述程序。但公告机构的介入应限于：

(a) 若此类器械在无菌状态下上市，则涉及建立、保障和保持无菌条件；

(b) 若此类器械具有测定功能，则涉及器械符合计量要求的情况；

(c) 若是可重复使用手术器械，则涉及器械的可重复利用，特别是清洗、消毒、杀菌、维护、功能测试和相关使用说明书。

8. 客户定制器械的制造商应遵循附录ⅩⅢ所述程序并按照该附录第 1 节规定起草声明后再将该器械上市。

根据第 1 子段的适用程序，Ⅲ类客户定制可植入器械的制造商应遵循附录Ⅸ第Ⅰ章规定的符合性评估流程。此外，制造商根据附录Ⅺ第 A 部分规定，可选择应用符合性评估。

9. 除根据本条第 3、4、6 或 7 段所适用的程序外，在第 1(8) 条所指器械的情况下，附录Ⅸ第 5.2 节或附录Ⅹ第 6 节所规定的程序应适用。

10. 除根据本条第 3、4、6 或 7 段所适用的程序外，符合本法规所涵盖的符合第 1(6) 条第 (f) 点或第 (g) 点及第 1(10) 条第 1 子段的器械，附录Ⅸ第 5.3 节或附录 X 第 6 节规定的程序也应当适用 (如适用)。

11. 除根据本条第 3、4、6 或 7 段所适用的程序外，在器械通过体孔将包含的药物或合成物送入人体或通过涂抹于皮肤后被人体吸收或在局部扩散的情况下，附录Ⅸ第 5.4 节或附录Ⅹ第 6 节的规定也应当适用 (如适当)。

12. 公告机构所在成员国可决议与第 1~7 段和 9~11 段所述程序相关的所有或某些文件，包括技术文件、审计、评估和检验报告，应当使用该成员国决议的欧盟官方语言编写。如无此类要求，这些文件可用公告机构接受的欧盟官方语言编写。

13. 研究器械应遵守第 62~81 条的要求。

14. 委员会可通过实施细则，规定详细安排和程序等问题，以确保公告机构在以下几方面协调应用符合性评估流程：

(a) 附录Ⅸ第 2.3 节和第 3.5 节第 3 段有关Ⅱa 类器械和Ⅱb 类器械以及附录Ⅺ第 10.2 节有关Ⅱa 类器械所述的代表性技术文件评估频率和抽样基础；

(b) 公告机构按照附录Ⅸ第 3.4 节进行的突击现场审核和抽样测试的最低频率，应考虑风险级别和器械的类型；

(c) 公告机构根据附录Ⅸ第 3.4 节和第 4.3 节、附录Ⅹ第 3 节以及附录Ⅺ第 15 节规定，通过抽样测试、技术文件评估和形式检验而进行物理测试、实验室测试或其他测试。

应按照第 114(3) 条述及的审查规程采纳第 1 子段所述的实施细则。

第 53 条　公告机构参与符合性评估流程

1. 凡符合性评估流程需要公告机构的参与，制造商可向公告机构申请其选择，前提是已委任选定的公告机构进行有关类型器械的符合性评估活动。对于同一符合性评估流程，制造商无法向其他公告机构平行提出同一份符合性评估申请。

2. 在做出关于符合性评估决议前，有关公告机构应通过第 57 条所述的电子系统，通知其他公告机构任何在公告机构做出评估决议前已撤销申请的制造商。

3. 根据第 1 段规定向公告机构发出申请时，制造商应于公告机构决议前声明其已经撤销了向其他公告机构发出的申请，并提供已被其他公告机构拒绝的同一符合性评估的申请信息。

4. 公告机构可要求制造商提供任何信息或数据，以恰当地开展选定的符合性评估流程。

5. 公告机构以及公告机构人员须具备执行符合性评估活动的最高级别职业操守、特定领域的必备技术和科学技能，并且能够抵抗一切压力和诱惑，特别是可能会影响其判断或符合性评估活动结果的资金问题，尤其是对于这些活动的结果有利益关系的个人或集体。

第 54 条　特定Ⅲ类器械和Ⅱb 类器械的临床评价咨询流程

1. 除了根据第 52 条的适用程序外，公告机构在执行下列器械的符合性评估时，应遵循附录Ⅸ第 5.1 节或附录Ⅹ第 6 节规定的临床评价咨询流序 (如适用)：

(a) Ⅲ类可植入器械；和

(b) 附录Ⅷ第 6.4 节 (规则 12) 所述的用于给予和 / 或清除药品的Ⅱb 类有源器械。

2. 第 1 段所述的流程不用于以下所述的器械：

(a) 根据本法规更新签发证书的情况；

(b) 由同一制造商将已上市器械进行改进而设计出的具有相同预期用途的器械，若制造商已证明达到公告机构满意程度，则该改进不得对器械收益 – 风险比产生不利影响。

(c) 有关器械类型或种类的临床评价原则已写入第 9 条所述的 CS 中，且公告机构证实器械制造商的临床评价符合此器械相关的临床评价 CS 要求。

3. 公告机构应通过第 57 条 (无论本条第 1 段所述的程序是否适用) 所述的系统通知主管机构、负责公告机构的主管机构和委员会。该通知应随附临床评估的评定报告。

4. 委员会应起草一份符合附录Ⅸ第 5.1 节或附录Ⅹ第 6 节流程的器械年度总结报告。该年度总结报告应包括本条第 3 段和附录Ⅸ

第 5.1 节第 (e) 点规定的公告决议以及公告机构未听从专家小组建议而被编入的器械列表。委员会应将该总结提交至欧洲议会、欧盟理事会和医疗器械协调小组。

5. 委员会应于 2025 年 5 月 27 日之前起草关于本条实施情况的报告，并将其提交至欧洲议会和欧盟理事会。提交报告中应包括年度总结和 MDCG 提出的任何相关可用建议。根据本报告，委员会应酌情提出本法规的修订建议。

第 55 条　特定Ⅲ类器械和Ⅱb 类器械的符合性评估的审查机制

1. 公告机构应通知已授予器械证书的主管机构，其中符合性评估已根据第 54(1) 条执行。应根据第 57 条所述的电子系统发出此类通知并包括符合第 32 条的安全和临床性能信息总结、公告机构的评估报告、附录Ⅰ第 23.4 节所述的使用说明书、附录Ⅸ第 5.1 节或附录Ⅹ第 6 节所述的专家小组科学建议 (如适用) 以及在公告机构和专家小组产生意见分歧的情况下应提供的充分理由。

2. 主管机构以及委员会 (在适当情况下) 可根据合理顾虑，根据第 44~47 或第 94 条要求开展进一步程序，并在必要时，根据第 95 和 97 条采取适当措施。

3.MDCG 以及委员会 (在适当情况下) 可根据合理顾虑，要求专家小组就任何器械的安全性和性能要求给出科学建议。

第 56 条　符合性证书

1. 由公告机构根据附录Ⅸ、Ⅹ和Ⅺ所颁发的证书应使用该公告机构所在成员国确定的欧盟官方语言或此公告机构可接受的欧盟官方语言编写。该证书的最简内容应如附录XII所述。

2. 该证书的有效期为其列明的期限，不得超过5年。制造商可申请延长证书的有效期，但每次延期不得超过5年，同时需要按照适用的符合性评估流程重新评估。证书的任何补充内容应与其补充的证书具有相同有效期。

3. 公告机构可限制器械应用于某些特定患者的预期用途，或要求制造商承担按照附录XIV第B部分进行的PMCF研究。

4. 若公告机构认定制造商不再满足本法规的要求，需考虑均衡原则，暂停或撤销颁发的证书或对其施加限制，除非制造商在公告机构规定的时间内采取合适的纠正措施保证遵守要求。该公告机构需给出其所作决议的理由。

5. 公告机构应将所签发证书的相关信息录入第57条所述电子系统，包括修订和补充以及证书的暂停、恢复、撤销或拒绝和对证书的限制。此信息应向公众开放。

6. 随着技术进步，委员会应有权按照第115条采取纠正措施或按照附录XII补充证书的最简应有内容。

第57条　公告机构和符合性证书的电子系统

1. 在咨询MDCG后，委员会应建立并管理电子系统来整理和处理以下信息：

(a) 第37(3)条所述分支机构名单；

(b) 第 40(2) 条所述专家名单；

(c) 第 42(10) 条所述通知相关信息和第 46(2) 所述的修订公告；

(d) 第 43(2) 条所述公告机构名单；

(e) 第 44(12) 条所述总结报告；

(f) 第 54(3) 条和第 55(1) 条所述的有关符合性评估和证书的通知；

(g) 第 53(2) 条和附录Ⅶ第 4.3 节所述证书申请的撤回或拒绝；

(h) 第 56(5) 条所述证书相关信息；

(i) 第 32 条所述安全和临床性能总结。

2. 电子系统整理和处理的信息应由各成员国主管机构、欧盟委员会访问、公告机构 (如适用) 访问，在本法规另有规定或第 2017/746 号 (EU) 法规应向公众开放。

第 58 条　公告机构的自愿变更

1. 对于同一器械的符合性评估，若制造商终止与一家公告机构的合同，而与另一家公告机构签订合同，公告机构的详细安排需在制造商与即将达成协议的公告机构以及 (如可行) 即将终止协议的公告机构间的协议中明确定义。本协议应至少包括以下几个方面：

(a) 将要终止协议的公告机构颁发的证书失效日期；

(b) 截止日期，即在此日期之前，将要终止协议的公告机构的标识号需要由制造商提供的信息 (包括任何宣传资料) 注明；

(c) 文件传输，包括保密性方面和产权；

(d) 开始日期，即在此日期之后，将要终止协议的公告机构的符合性评估任务委托给即将达成协议的公告机构；

(e) 将要终止协议的公告机构负责的最后一个序列号或批号。

2. 在失效日期当日，将要终止协议的公告机构应撤销它为相关器械颁发的证书。

第 59 条　符合性评估流程的豁免

1. 通过豁免第 52 条，任何主管机构在正当理由要求下，可在相关成员国境内授权，使特定器械上市或投入使用，而无须等待该条所述程序的实施，但其使用应有利于公共健康及患者安全和健康。

2. 该成员国应通知委员会和其他成员国任何授权器械上市和投入运行的决议，此决议按照第 1 段所述器械获准投入使用而非仅限单一患者用途。

3. 在按照本条第 2 段发布通知后，委员会针对公共健康或患者安全或健康的特殊情况，可通过实施细则，在一定程度上延长成员国根据本条第 1 段在欧盟境内授权的有效时限，并设置此器械可上市或投入使用的条件。此外，应按照第 114(3) 条述及的审查规程通过这些实施细则。

若存在攸关人类健康与安全的紧迫性理由，委员会应按照第114(4)条所述的程序立即采取适用的实施细则。

第60条　自由销售证书

1. 为出口目的以及应制造商或授权代表要求，制造商或授权代表注册地点所在成员国，需签发一份自由销售证书，声明制造商或授权代表（视情况而定）在其境内有其注册经营住所，并且根据此法规，带有CE标记的上述器械可在欧盟市场销售。自由销售证书应如第29条规定下的UDI数据库那样列明器械的基本UDI-DI。若公告机构颁发了第56条所述证书，则自由销售证书应当依据附录ⅩⅡ第Ⅱ章第3节所述，列出的公告机构签发的唯一编号。

2. 委员会可通过实施细则，建立一个自由销售证书模板，其中考虑到自由销售证书的国际使用惯例。应按照第114(2)条述及的咨询规程通过这些实施细则。

第Ⅵ章 临床评价和临床试验

第 61 条 临床评价

1. 在达到该器械预期用途的正常条件下，应证明符合附录Ⅰ所述的通用安全性与有效性要求，且附录Ⅰ第 1 节和第 8 节所述的不良副作用评估和受益－风险比可接受性，均应依据临床数据所提供的充分的临床证据，包含附录Ⅲ规定的相关数据 (如适用)。

制造商应指定并证明临床证据的等级足以证明符合通用安全性与有效性相关的基本要求。该临床证据等级应适合器械及其预期用途的特性。

为此，制造商应根据本法规及附录ⅩⅣ第 A 部分计划、实施并用文件记录临床评价。

2. 对于第 54(1) 条第 (b) 点所述的所有Ⅲ类和Ⅱb 类器械，制造商在临床评价和 / 或研究前依据第 106 条所述的程序咨询专家小组，旨在审查制造商的预期临床开发策略和临床试验方案。制造商应适当考虑专家小组给予的意见。此外，这些考量应记录在本条第

12 段所述的临床评价报告中。

制造商可能无法从专家小组对任何未来符合性评估流程表达的意见中取得任何权利。

3. 临床评价应遵循基于以下规定明确且方法得当的程序：

(a) 目前可获得的涉及器械安全性与有效性、设计特点和预期用途的科学文献关键评估，且满足下列条件：

● 依据附录XIV第 3 节，表明用于预期用途临床评价的器械等同于与数据相关的器械；

● 数据充分证明符合相关的通用安全性与有效性要求；

(b) 所有可用的临床试验结果的关键评估应考量其研究是否依据第 62~80 条、所采用的任何法案是否依据第 81 条和附录XV；

(c) 为上述目的考虑替代当前可用的治疗方案 (如有)。

4. 对于可植入器械和Ⅲ类器械，应进行临床试验，除非：

● 该器械由同一制造商对已上市器械进行改进；

● 依据附录XIV第 3 节规定，已改进的器械经制造商证明后等同于上市的器械，且此证明已得到公告机构认可；及

● 对已上市器械进行的临床评价足以证明已改进的器械符合相关

的安全性与有效性要求。

在这种情况下，公告机构须检查上市临床随访 (PMCF) 计划是否适当且包括上市后研究以证明器械的安全性与有效性。

此外，临床试验无需在第 6 段所述的情况下执行。

5. 依据第 4 段规定，制造商生产出的器械经证实等同于已上市的器械 (不属于同一制造商生产)，除须满足此条要求外，若也满足以下条件，则无须进行临床试验：

- 这两个制造商拟定合同明确允许第二种器械制造商在现有基础上可全权使用技术文件，
- 原始临床评价已依照本法规要求完成，

且第二种器械的制造商向公告机构提供明确证据。

6. 依据第 4 段执行的临床试验的要求不适用于可植入器械和Ⅲ类器械：

(a) 此类器械依据第 90/385/EEC 号指令或第 93/42/EEC 号指令已合法上市或投入使用，其临床评价：

- 基于充分的临床数据；
- 符合此类器械临床评价相关产品 CS；或

(b) 针对缝线、U 形钉、口腔填充材料、牙套、牙冠、螺钉、楔子、骨板、金属丝、针、夹子和连接器而进行的临床评价均应建立在充分的临床数据上且符合相关的特定产品 CS。

7. 对于因第 6 段的规定而致第 4 段未适用的情况，在制造商的临床评价报告和公告机构的临床试验评估报告中将得到调整。

8. 若理由充分，则对于具有在其他器械中使用与本条第 6 段第 (b) 点列表中豁免器械所用技术类似技术，或出于保障患者、使用者或其他个人的健康和安全或公众健康其他方面的考虑，委员会有权根据第 115 条，授权将其他类型的可植入器械或Ⅲ类器械添加到列表中或从中移除,并修订第 52(4) 第 2 子段和本条第 6 段第 (b) 点所述的豁免器械列表。

9. 对于附录XVI所列不带有医学目的的产品，本章、附录XIV和附录XV要求说明的临床疗效应理解为对该器械性能说明的要求。有关安全性相关数据的临床评价，包括来自上市后的监管、PMCF 和具体的临床试验数据 (适用时) 的数据。应对这些产品进行临床试验，除非其对现有类似医疗器械临床数据的依赖是合理的。

10. 在不影响第 4 段规定的情况下，若不符合基于临床数据的通用安全性和有效性要求，应根据制造商风险管理的结果，以及考虑该器械与人体间相互作用的具体细节、预期临床性能和制造商要求，为任何此类例外情况给出充分理由。在此情况下，无论是否仅基于非临床试验结果 (包括性能评价、台架试验和临床前评价结果) 充分论证其符合通用安全性与有效性要求，制造商应在附录Ⅱ所指的技术文件中提供适当证明。

11. 根据附录XIV第B部分和第84条所述的上市后监管计划，在整个器械使用寿命期间，应使用制造商实施PMCF后取得的临床数据对临床评价及其文件进行更新。

对于Ⅲ类器械和可植入器械，第32条所述的PMCF评估报告、安全和临床性能总结(视患者病情)应使用这些数据至少每年更新一次。

12. 从中得出的临床评价、结果和临床证据应记录在附录XIV第4节所述的临床评价报告中(定制器械除外)，并作为附录Ⅱ相关器械技术文件的一部分。

13. 若有必要确保附录XIV的应用一致性，委员会在充分考虑技术和科学进展的情况下，必要时应采取实施细则的措施以解决发生分歧和实际应用中出现的问题。应按照第114(3)条述及的审查规程实施这些法案。

第62条 证明器械符合性临床试验的一般要求

1. 临床试验应根据第本条和第63~80条以及第81条采用的法案和附录XV进行设计、授权、执行、记录和报告，前提是其出于以下一个或多个目的，为临床评价的符合性评估而执行：

(a) 建立和验证设计、生产和组装的器械在正常使用条件下适用于第2条(1)点所指的一个或多个特定目的，并能够实现制造商规定的预期性能；

(b) 建立和验证制造商规定的器械临床受益；

(c) 建立和验证器械的临床安全性，确定器械在正常使用状态下是否存在任何不良的副作用，并在权衡器械取得的疗效时评估其所构成的风险是否可接受。

2. 若临床试验的申办方不是在欧盟境内成立的，该申办方应当确保有一个在欧盟依法登记成立的自然人或法人作为法定代理人。该法定代理人应负责确保申办方遵守本法规规定的义务，并应成为本法规规定的申办方所有沟通的收件人。任何与法定代理人的沟通均应视为是与申办方的沟通。

成员国在其领土或第三国领土上单独进行临床试验时可选择不遵循第 1 子段，只要其保证申办方在其领土上至少设立一个联络人，该联络人应作为本法规规定的申办方的所有通信收件人。

3. 临床试验的设计和实施必须在受试者权利、安全、尊严和福祉得到保护并且优先于所有其他利益的基础上开展，并且产生的临床数据必须是科学有效、可靠、可信的。

临床试验应经过科学和伦理审查。伦理审查应当由伦理委员会根据国家法律规定执行。各成员国应确保由伦理委员会进行的审查程序与列于本法规的对临床试验授权申请的评估流程是一致的。至少有一个非专业人士参加伦理审查。

4. 需在满足以下所有条件的情况下开展第 1 段所述临床试验：

(a) 根据本法规规定，临床试验须接受临床研究所在成员国的主管机构的监管，除非另有说明；

(b) 一个依据国家法律成立的独立的伦理委员会，不能依据国家法律发布对有关整个成员国有效的有关临床试验的负面评价；

(c) 依据第 2 段，申办方或其法定代理人或联系人应在欧盟境内依法成立；

(d) 按照第 64~68 条弱势群体和受试者应得到适当保护；

(e) 对受试者或公众健康的预期利益超过其可预见的风险和不便，并将监控其是否持续符合本条件；

(f) 根据第 63 条，受试者或其法定代理人 (在受试者不能给予知情同意书时) 已给出知情同意书；

(g) 向受试者或其法定代理人 (在受试者不能给予知情同意书时) 提供在需要时可接收更多信息的实体联系方式；

(h) 根据第 95/46/EC 号指令，保障受试者身心健全的权利、隐私权以及保护其自身有关信息的权利；

(i) 临床试验应尽可能减少受试者的伴随疼痛、不适、恐惧及其他可预见风险，临床试验计划对风险阈值和压力水平均有具体、确定的定义并对其进行持续监控；

(j) 具有资质的医生有责任为受试者提供医疗护理，在适当情况下，合资格的牙医或其他任何个人应依法在临床试验中提供相关的患者护理；

(k) 受试者或其法定代理人 (如适用) 在参与临床试验时，不会受到不良影响 (包括财务方面)；

(l) 所述研究器械应符合适用的附录 I 中规定的通用安全性与有效性要求，临床试验所涉及的方面除外，而对于这些方面，应采取各种预防措施以保障受试者的健康和安全。其中包括在适当情况下的技术和生物安全检测和临床前评估，以及职业安全和事故预防领域中的规定，且应考虑目前最先进的技术水平；

(m) 符合附录 XV 的要求。

5. 任何受试者，当其无法签署知情同意书时，其法定代理人可在未造成任何损伤且无须提供任何理由的情况下，通过撤销其知情同意书，随时退出该临床试验。在不违反第 95/46/EC 号指令的情况下，撤回知情同意书不得影响已经开展的活动以及对基于知情同意书 (撤销前) 所获数据的使用。

6. 临床试验研究人员应从事相关成员国承认的职业，并将其在患者护理方面具有必要的科学知识和经验考虑认定为其是否具有作为研究人员的资格。为执行任务，应参与临床试验的其他人员，应当在教育、培训或相关医疗领域和临床试验方法的经验方面具有相应资格。

7. 临床试验在执行过程中的设施应该与使用器械的预期使用设施相似。

第 63 条　知情同意

1. 知情同意书须由第 2 段第 (c) 点所述的面试的受试者编写，注明日期并签名，或根据第 2 段，在已正式通知后，受试者或其法定代理人(不能够签署知情同意书时)签署。当受试者不能写字时，可在至少有一个公正见证人在场的情况下，使用适当的替代方法记录，并予以同意。在这种情况下，见证人应在知情同意书上签名并注明日期。应当向受试者或其法定代理人 (在受试者不能签署知情同意书时) 提供该文件的副本或备案 (如适用) 已表示给予知情同意书。知情同意书应记录在案。应当给予受试者或其法定代理人充足的时间，来考虑其是否决议参与临床试验。

2. 为获得知情同意书，提供给予受试者或其法定代理人 (在受试者不能给予知情同意书时) 的信息应至少包括 ：

(a) 使受试者或其法定代理人理解 ：

(i) 临床试验的性质、目的、受益、影响、风险和困难 ；

(ii) 受试者有权利对个人进行保护，特别是在不产生任何损害的情况下，可拒绝参与并随时从临床试验中退出而无需提供任何理由；

(iii) 临床试验的实施条件包括临床试验中受试者参与的预期持续时间 ；和

(iv) 可能的治疗替代方案，包括受试者中止参与临床试验时的后续措施 ；

(b) 保持受试者或她和其指定合法代表全面性、简洁性、清晰性、相关性和理解性 ；

(c) 在事先面试中须提供一位根据国家法律具有合适资格的研究小组成员；

(d) 包括第 69 条所述的适用的损伤赔偿制度的信息；

(e) 包括临床试验在欧盟范围内第 70(1) 条所述的唯一标识号以及依据本条第 6 段有关临床试验结果可用性的信息。

3. 在第 2 段所指的信息应书面编写并提供给受试者或其法定代理人 (当受试者不能够给出知情同意书时)。

4. 在第 2 段第 (c) 点所述的面试期间，应当特别注意具体患者人群及个别受试者的信息需求，以及提供信息的方式。

5. 在第 2 第段第 (c) 点所述的面试期间，应确保受试者已充分理解相关信息。

6. 受试者应知晓临床试验报告，并且无论临床试验结果如何，应尽可能在提供总结报告时，提供方便预期使用者理解的总结报告。第 77(5) 条关于第 73 条所指的临床试验电子系统中，不论临床试验的结果如何，在有可能的情况下，应尽可能通知其知晓。

7. 在不违背国家法律的前提下，本法规要求，若要参与临床试验，除了法定代理人给予的知情同意书，也需要取得能够得出意见并可对给予的信息进行评估的未成年人的同意。

第 64 条　针对无行为能力受试者的临床试验

1. 对于无行为能力的受试者，在其丧失行为能力前未给出或未拒绝给出知情同意书的情况下，除须符合第 62(4) 条的规定外，临床试验须在符合以下所有条件的前提下进行：

(a) 已获得了其法定代理人的知情同意书；

(b) 鉴于其理解能力，无行为能力受试者以合适的方式接收了第 63(2) 条所述的信息；

(c) 研究员应当尊重一个能够形成观点并对第 63(2) 条所述信息进行评估的无行为能力受试者明确拒绝参与或在任何时候退出临床试验的意愿；

(d) 除了对参与临床试验而直接造成的费用和收入损失进行补偿，不得对受试者和其法定代理人使用激励措施或财务利诱；

(e) 临床试验对于无行为能力受试者是必不可少的，同等有效性数据不能通过对能够给出知情同意个人的临床试验或其他研究方式获得；

(f) 临床试验与受试者所患疾病直接相关；

(g) 有科学依据表明，无行为能力受试者参与临床试验时产生的直接利益将多于其所涉及的风险和负担。

2. 受试者应尽可能参与知情同意过程。

第 65 条　针对未成年人的临床试验

除了第 62(4) 条设定的条件外，对未成年人的临床试验必须满足以下所有条件方可开展：

(a) 已获得了其法定代理人的知情同意；

(b) 未成年人以适应其年龄和心智成熟度的方式接收第 63(2) 条所述的信息，由经过培训或对儿童工作有经验的研究人员或研究小组提供；

(c) 研究员应当尊重一个能够形成观点并对第 63(2) 条的信息进行评估的未成年人明确拒绝参与或在任何时候退出临床试验的意愿；

(d) 除了对参与临床试验而直接造成的费用和收入损失提出的补偿，不得对受试者和其法定代理人使用激励措施或财务利诱；

(e) 临床试验旨在考察未成年人在某种身体状况下的治疗结果，或者临床试验对于未成年人是否为必需，以验证在能够给出知情同意个体的临床试验中获得的数据；

(f) 临床试验与涉及的未成年人的身体状况条件直接有关，或本质上，仅能在未成年人身上进行；

(g) 有科学依据表明，未成年人参与临床试验时产生的直接利益将多于其所涉及的风险和负担；

(h) 未成年人应以适应其年龄和心理成熟度的方式参与知情同意过程；

(i) 若临床试验期间，未成年人达到国家法律规定的法定行为能力年龄，能够给予知情同意书，应当在受试者可继续参加临床试验前取得其明确的知情同意书。

第 66 条　针对孕妇或哺乳期妇女的临床试验

除满足第 62(4) 条规定的条件外，还应满足以下所有条件，孕妇或哺乳期的妇女才能参与临床试验：

(a) 临床试验可能对有关孕妇或哺乳妇女及其胎儿或新生儿产生直接益处，超过其所承担的风险和负担；

(b) 对进行研究的哺乳期妇女进行特殊照顾以避免对孩子的健康造成任何不利影响；和

(c) 除了对参与临床试验而直接造成的费用和收入损失提出的补偿，不得对受试者使用激励措施或金钱利诱。

第 67 条　补充国家措施

成员国可为强制性兵役的服役人员、因司法判决被剥夺自由而不能参加临床试验的人员或由社区福利院机构收容的人员规定额外措施。

第 68 条　紧急情况下的临床试验

1. 通过豁免第 62(4) 条第 (f) 点，第 64(1) 条第 (a) 和 (b) 点以及第 65 条第 (a) 和 (b) 点，在做出受试者入选临床试验的决议后，即可获得参加临床试验的知情同意书，并可给出临床试验信息，前提是根据该临床试验的计划，该决议是在受试者接受首次干预治疗时做出的，并且须满足以下所有条件：

(a) 因突发的危及生命或其他突发性严重的医学状况造成的紧急情况，受试者不能够提供事先知情同意也不能收到对于临床试验的事先信息；

(b) 参与临床试验对受试者可能产生直接临床受益的期望是具有科学依据的，可提高健康质量，缓解遭受的痛苦，和/或提高受试者的健康水平，或提高身体状况的诊断水平；

(c) 在治疗窗口期间，向其法定代理人提供所有的事先信息，并获取事先知情同意是不可能的；

(d) 研究者保证其不知道试验前受试者拒绝参与临床试验；

(e) 临床试验直接关系到受试者的健康状况，因此在治疗窗口期内得到受试者或其法定代理人的事先知情同意并提供先验信息是不可能的，而且临床试验还具有可在紧急情况下单独进行的特性；

(f) 与受试者条件的标准治疗相比，临床试验可将受试者遭受的风险和背负的负担降至最低。

2. 按照本条第 1 段开展干预治疗后，应根据第 63 条获得知情同意以便受试者能继续参与临床试验，并且应按照下列规定提供临床试验的相关信息：

(a) 对无行为能力的受试者及未成年人，研究者应获得其法定代理人的知情同意，且不得无故拖延，并应尽快向受试者及其法定代理人提供第 63(2) 条所述的信息；

(b) 对于其他受试者，研究者应获得受试者或其法定代理人 (以较快者为准) 的知情同意，不得无故拖延，同时还应尽快向受试者或其法定代理人 (以较快者为准) 提供第 63(2) 条所述的信息。

在根据第 (b) 点规定获得法定代理人知情同意书的情况下，一旦受试者能够自主提供知情同意书，则应尽快获得其对继续参与临床试验的知情同意书。

3. 如受试者或其法定代理人 (如有) 未同意，则应告知其有权反对使用该临床试验所得数据。

第 69 条　损害赔偿

1. 各成员国应确保受试者在其领土内因参与临床试验而受到损害时有完善的系统对其进行补偿，该系统的形式应为保险、担保或具有相同目的并且与其风险性质及程度相符的类似安排。

2. 申办方和研究者须在其开展临床试验的成员国内以适用于该国的形式使用第 1 段所述的系统。

第 70 条　申请临床试验

1. 临床试验的申办方应向将进行临床试验的成员国 (为本条目的，以下简称为“相关成员国”) 提交申请书，并随附附录 XV 第 Ⅱ 章所述的文件。

申请应通过第 73 条所述的电子系统提交，该电子系统应为临床试验生成一个欧盟唯一标识号，其将用于该临床试验的所有相关沟通中。收到申请之日起 10 天内，相关成员国应按照附录 XV 第 Ⅱ 章的要求告知申办方该临床试验是否处于本法规范围内，以及申请档案是否完整。

2. 对附录XV第Ⅱ章所指的相关文件进行任何修改后的1周内，申办方应在第73条所述的电子系统中更新相关数据并使更改的数据清晰可辨。应通过电子系统告知有关成员国数据已更新。

3. 当成员国发现提出申请的临床试验未处于本法规范围内或申请档案未完成，应当通过第73条所述的电子系统通知其申办方，并给出最多10天的时间，供申办方表达其意见或完成申请。具备合理理由的情况下，成员国最多可将这一期限延长为20天。

若申办方在第1子段中所述的期限内未发表意见或未完成申请，则该申请将视为失效。若申办方认为申请处于本法规范围内和/或已完成，但相关成员国不同意，则申请视为被拒绝。相关成员国应提供有关此类拒绝申请的上诉程序。

不管临床试验是否处于本法规范围内、申请是否完整，相关成员国均应在收到申办方的意见或所要求的额外信息后5天内通知申办方。

4. 有关成员国还可将第1和第3段所述的期限再延长5天。

5. 根据本章规定，按照第1或第3段的要求通知申办方的日期应为申请的确认日期。若申办方未收到通知，则确认日期应分别为第1、3和4段所述时间段的最后1天。

6. 在申请的评估期内，成员国可要求申办方提供额外的信息。自第一次请求之日起，第7段第(b)点规定的评估期到期日期应暂停，直至收到相关附加信息。

7. 申办方可在下列情况进行临床试验：

(a) 对于 I 类研究型器械或Ⅱa 和Ⅱb 类非侵入式器械，除非国家法律另有说明，否则应在第 5 段所述申请验证日期到期后立即执行，但前提是相关成员国伦理委员会未公布根据国家法律在整个成员国均有效的临床试验的负面评价；

(b) 对于除第 (a) 点所述外的其他研究型器械，一旦相关成员国通知其授权的申办方，但前提是相关成员国伦理委员会未公布根据国家法律对整个成员国均有效的临床试验的负面评价。成员国应在第 5 段所述的确认日期后 45 天内向申办方发出授权通知。成员国可将此期限延长 20 天以便进行专家咨询。

8. 委员会有权按照第 115 条规定，根据技术进步和全球监管发展动态，获得授权以修订或补充附录 XV 第Ⅱ章规定的要求。

9. 为确保附录 XV 第Ⅱ章要求的统一适用性，委员会可批准实施细则，以解决解读分歧和实际应用中出现的问题。这些实施细则应当根据第 114(3) 条所述的检查程序予以通过。

第 71 条　成员国评估

1. 各成员国应确保核实并评估申请的人员，与对申请给出决议的人员之间没有任何利益冲突，且独立于申办方、相关研究者和为临床试验提供资金的自然人或法人，并应免除其他任何不适当的影响。

2. 各成员国应确保评估是由适当数量的具有必要资质和经验的人

员共同完成。

3. 在权衡预期临床受益时，各成员国应评估临床试验的设计在达到风险最小化标准后，是否已将对受试者或第三人的潜在剩余风险合理化。此外，审查时应考虑适用的 CS 或协调标准，特别须检查以下要点：

(a) 除了临床试验已覆盖的方面外，还须考虑试验用器械与通用安全性与有效性要求的符合性，以及在临床试验涉及的方面，是否已采取预防措施以保护受试者的健康和安全。这包括，在适当情况下确保技术和生物安全测试以及临床前评估的实施；

(b) 申办方采取的风险最小化方案是否在协调标准中说明，若申办方未使用协调标准，风险最小化解决方案是否提供与协调标准一致水平的保护；

(c) 计划用于研究型器械的安全安装、投入使用和维护方面的措施是否充足；

(d) 临床试验所生成数据的可靠性和稳健性，其应将统计方法、试验和方法方面的设计考虑在内 (包括样本大小、比较仪和端点)；

(e) 是否满足附录 XV 的要求；

(f) 对于无菌操作器械，制造商灭菌程序、相关调整信息或研究现场必须进行的灭菌程序的验证证据；

(g) 根据第 2001/83/EC 号指令，任何可视为药品的来源于动物或人体的成分，应证明其安全性、质量和有用性。

4. 各成员国应拒绝同意临床试验授权，若：

(a) 根据第 70(1) 条递交的申请档案仍不完整；

(b) 该器械或提交的文件，特别是研究计划或研究者手册，与当前的科学技术水平不一致，尤其是临床试验无法提供该器械对受试者或患者的安全性与有效性特征或疗效的证据；

(c) 不满足第 62 条的要求；或

(d) 根据第 3 段进行的某些评估得出负面结果。

成员国应根据第 1 子段提供有关此类拒绝申请的上诉程序。

第 72 条　临床试验的实施

1. 申办方和研究者应确保该临床试验符合已批准的临床试验计划。

2. 为证明受试者的权利、安全和福利得到保障，所报告数据可靠且完善，以及进行的临床试验符合本法规的要求，申办方应当充分监督整个临床试验过程。申办方应评估临床试验中涉及的所有特征，根据评估结果决议监督的范围和性质，其中包括以下特征：

(a) 临床试验的目的和方法；

(b) 对正常临床实践干预的偏离程度。

3. 申办方或研究员应记录、计算、处理和储存所有临床试验信息 (如适用)，因此根据个人资料保护的相关法律，在保护受试者记录和个人资料机密的同时，对临床试验数据进行精确地报告、解释和验证。

4. 应采取适当的技术和组织措施，以保护信息和个人资料免受非法侵入、披露、传播、修改或破坏或意外丢失，尤其是当处理过程须涉及网络传输时。

5. 成员国应在合适水平的研究机构开展审查，以检查是否根据本法规要求及批准的研究计划进行临床试验。

6. 申办方应制定紧急情况程序，以便立即识别并在必要时立即召回用于研究的器械。

第 73 条　临床试验电子系统

1. 委员会应与成员国合作以设立、管理和维护电子系统：

(a) 为临床试验创建第 70(1) 条所述的单一识别号；

(b) 用作第 70、74、75 和 78 条所述临床试验所需的全部申请或通知的提交入口位点，以及本文中所有其他数据或数据处理提交的入口位点；

(c) 用于按照本法规在成员国之间以及成员国与委员会之间交流有关临床试验的信息，包括第 70 和 76 条所述的信息交换；

(d) 按照第 77 条由申办方提供信息，包括该条第 5 段所要求的临床试验报告及其总结；

(e) 用于报告第 80 条所述的严重不良事件和器械缺陷及相关更新。

2. 在设立本条第 1 段所述电子系统时，委员会应确保其在人用药品临床试验方面与欧盟数据库彼此兼容，试验依据欧洲议会和理事会第 536/2014 号 (EU) 法规[1]涉及将器械临床试验与临床试验相结合的第 81 条建立。

3. 第 1 段第 (c) 点所述信息，仅向成员国和委员会公开。该段其他点所述信息可向公众公开，除非所有或部分信息保密，以下任何理由均可作为正当理由：

(a) 按照欧洲委员会第 45/2001 号 (EC) 法规保护个人数据；

(b) 保护商业机密信息，尤其是研究者的资料，特别是考虑到对器械进行符合性评估的状态，除非公开信息中有涉及公共利益的压倒性内容；

(c) 有效监督相关成员国进行临床试验的情况。

4. 受试者个人资料不得公开。

5. 第 1 段所述的电子系统使用者界面应具有欧盟所有官方语言的

---

[1] 欧洲议会及理事会 2014 年 4 月 16 日签发关于人用药品临床试验的第 536/2014 号法规并废除第 2001/20/EC 号指令 (OJ L158, 27.5.2014, p.1)

版本。

第 74 条　携带 CE 标识的器械的临床试验

1. 若在其预期范围内准备进行临床试验以进一步评估，根据第 20(1) 条已携带 CE 标识并符合相关符合性评估流程 (以下称为“PMCF 研究”) 所述预期目的器械，若在器械正常使用条件下研究会为受试者引入额外创伤或复杂手术且这些额外程序具有侵入性且难以承受，则申办方应通过第 73 条所述的电子系统在其开始前至少 30 天通知相关成员国。申办方应附上附录XV第Ⅱ章所述文件作为公告的一部分。第 62(4) 条 (b)~(k) 和 (m) 点、第 75、76、77 和 80(5) 条及附录XV有关规定均适用 PMCF 研究。

2. 若根据第 20(1) 条、第 62~81 条规定进行临床试验是为评估超出其预期目的范围，则已携带 CE 标识的器械应适用。

第 75 条　临床试验的实质性修改

1. 若申办方拟对临床试验提出对受试者安全、健康或权利产生重大影响的修改，或拟对研究产生的临床数据的稳健性或可靠性进行修改，则其应在 1 周内通过第 73 条所述的电子系统，通知相关 (正在进行或即将进行临床试验的) 成员国有关这些修改的理由及性质。申办方应加入附录XV第Ⅱ章所述相关文件的更新版本作为该公告的一部分。相关文件的修改应清晰可辨。

2. 成员国应根据第 71 条规定程序评估临床试验的任何实质性修改。

3. 申办方可在该段所述的公告后最早 38 天实施第 1 段所述修改，除非：

(a) 正在进行或即将进行临床试验的成员国已根据第 71(4) 条规定或者出于对公共卫生注意事项、公共政策的受试者和使用者安全或健康的考虑，通知申办方拒绝该修改；或

(b) 成员国伦理委员会根据国家法律已发布对整个成员国有效的、关于临床试验实质性修改的否定意见。

4. 为便于咨询有关专家，相关成员国可将第 3 段规定的期限延长 7 天。

第 76 条　成员国采纳的纠正措施以及成员国之间的信息交流

1. 若正在进行临床试验或将进行临床试验的成员国有理由认为出现了未满足本法规的情况，其至少应在其领土范围内采取以下任何措施：

(a) 撤销临床试验授权；

(b) 暂停或终止临床试验；

(c) 要求申办方修改临床试验的任意方面。

2. 有关成员国采取第 1 段所述的任何措施之前，除非需要立即采取行动，其应征询申办方或其研究员或两者的意见，且应在 7 日内给出意见。

3. 若成员国采取了本条第 1 段所述措施，或拒绝临床试验，或已收到申办方基于安全理由提前终止临床试验的通知，则该成员国应通过第 73 条所述的电子系统将相关决议及理由通知所有成员

国和委员会。

4. 如申办方在成员国做出决议之前撤回申请，则应使用第 73 条所述的电子系统通知所有成员国和委员会。

第 77 条　在临床试验结束、暂停或提前终止时由申办方提供的信息

1. 若申办方临时暂停或提前终止临床试验，则其应在 15 天内通过第 73 条所述的电子系统通知正在进行临床试验或将进行临床试验的成员国临时暂停或提前终止的理由。若申办方临时暂停或提前终止临床试验，则其应在 24 小时内通知正在进行临床试验或将进行临床试验的成员国。

2. 临床试验的结束应视为与最后一位受试者的最后一次访问一致，除非另一个时间点在临床试验计划中列出。

3. 申办方应通知正在开展临床试验的各成员国，该成员国已结束临床试验。该通知应在该成员国临床试验结束后 15 天内给出。

4. 若在多个成员国进行该研究，申办方则应通知所有进行临床试验的成员国临床试验已全面结束。该通知应在临床试验全面结束后 15 天内给出。

5. 无论临床试验结果如何，在临床试验结束后 1 年内或在提前终止或暂停的 3 个月内，申办方应向成员国提交附录 XV 第 Ⅰ 章第 2.8 节和第 Ⅲ 章第 7 节所述的临床试验报告。

应提交临床试验报告总结，且措词应易于预期使用者理解。报告

及总结均应由申办方通过第 73 条所述的电子系统提交。

若因科学原因不能在研究完成后 1 年内提交临床试验报告，须尽快提交。在此情况下，附录XV第Ⅱ章第 3 节所述的临床试验计划应规定何时提交临床试验结果及其理由。

6. 委员会应发布有关临床试验报告总结的内容和结构指南。

此外，若申办方自愿分享原始数据，委员会可发布原始数据设计和共享的指南。这些指南可作为基础，并在可能的情况下改编临床试验领域原始数据共享的现有指南。

7. 本条第 5 段规定的临床试验总结和报告应通过第 73 条所述的电子系统，最迟于器械根据第 29 条规定注册并上市前允许公开访问。在提前终止或暂时停止的情况下，总结和报告提交后，应能立即向公众开放。

若将总结和报告根据第 5 段规定输入到电子系统后 1 年内，器械仍未根据第 29 条注册，总结和报告则应在该时间点向公众开放。

第 78 条　临床试验的协调评估流程

1. 在一个以上成员国中进行临床试验的申办方就第 70 条目的，通过第 73 条所述的电子系统提交一份单一申请，且一经收到该申请即以电子方式传送至进行临床试验的成员国。

2. 通过第 1 段所指单一申请，申办方应提议一个即将进行临床试验的成员国担任协调成员国。即将进行临床试验的成员国应在提交申请后 6 天内商定任命其中一个成员国担任协调成员国。

若其未就协调成员国达成一致意见，则由申办方提议的协调成员国担任。

3. 在第 2 段所述的协调成员国指导下，相关成员国应协调其对申请的评估，尤其是对附录XV第Ⅱ章述及的文件的评估。

但附件XV第Ⅱ章第 1.13、3.1.3、4.2、4.3 和 4.4 节所述的文档完整性应根据第 70(1)~(5) 条规定由有关成员国分别评估。

4. 对于第 3 段第 2 子段未提及的文件，协调成员国应：

(a) 在收到单项申请 6 天内通知申办方其为协调成员国 (通知日期)；

(b) 为确认申请，须考虑任何相关成员国在通知日期后 7 天内提交的任何考虑事项；

(c) 在通知日期后 10 天内，评估临床试验是否属于本法规范围及其申请是否完整并应通知申办方。第 70(1) 和 (3)~(5) 条规定应适用于该评估协调成员国。

(d) 在评估报告草案中给出其评估结果，确认日期后的 25 日内提交至相关成员国。确认日期后的 38 日内，其他相关成员国可将对评估报告草案和基本申请的相关意见及建议提交至协调成员国，且协调成员国应在最终评估报告定稿时充分考虑上述意见和建议，定稿将于确认日期后的 44 日内提交至申办方和其他相关成员国。

全体相关成员国在根据第 70(7) 条决定是否同意申办方申请时应

考虑最终评估报告。

5. 有关第 3 段第 2 子段中的文件评估，各相关成员国可一次性请求申办方提供补充资料。申办方应在有关成员国规定的期限内提交要求的补充资料,该日期不得超过自收到请求日算起的第 12 天。第 4 段第 (d) 点规定的最后期限到期应自请求日起暂停，直至收到补充资料日。

6. 对于Ⅱb 和Ⅲ类器械，协调成员国还可将第 4 段所述期限再延长 50 天，以便与专家进行商议。

7. 委员会可通过实施细则，规定由协调成员国指导的协调评估流程和时间表，且相关成员国在决定是否申办方申请时应考虑这些流程和时间表。此种实施细则还可包括根据本条第 12 段进行重大修改情况下的协调评估流程，以及根据第 80(4) 条报告不良事件或在药械组合产品的临床试验，其中药品是根据欧盟第 536/2014 号 (EU) 法规进行临床试验的并行协调评估。应按照第 114(3) 条述及的审查规程通过这些实施细则。

8. 若协调评估成员国商定接受或在符合特定条件情况下接受该临床试验，则应将该商定视为所有相关成员国的最终结论。

尽管第 1 子段有所规定，有关成员国可对协调成员国在协调评估部分的结论提出异议，但仅限于以下理由 ：

(a) 当其认为参与临床试验会导致受试者接受比相关成员国正常临床实践更差的治疗时 ；

(b) 违反国家法律；或

(c) 关于根据第 4 段第 (b) 点提交的受试者安全和数据可靠性和稳健性的考虑。

在本段第 2 子段基础上，凡相关成员国对结论持有异议的，应通过第 73 条所述的电子系统，向委员会、所有其他相关成员国及申办方传达其异议及详细理由。

9. 协调成员国关于协调评估领域的结论为临床试验不适用，则该结论应视为所有相关成员国的结论。

10. 若相关成员国不同意协调成员国对第 8 段第 2 子段所述理由的商定，或若其有充分理由认为未遵守附录 XV 第 Ⅱ 章第 1.13、3.1.3、4.2、4.3 和 4.4 节规定，或道德委员会发布了根据国家法律对整个成员国均有效的有关临床试验否定意见，则相关成员国应拒绝授权进行临床试验。成员国应提供有关此类拒绝申请的上诉程序。

11. 各相关成员国应通过第 73 条所述的电子系统通知申办方临床试验是否获得授权、是否获得条件授权或是否拒绝授权。根据第 4 段第 (b) 点规定，应在协调成员国最终评估报告传送后的 5 天内通过单一决议发出通知。受条件所限的临床试验授权仅限于在授权时无法满足条件的情况。

12. 第 75 条所述的实质修改应通过第 73 条所述的电子系统通知相关成员国。除非对附录 XV 第 Ⅱ 章第 1.13、3.1.3、4.2、4.3 和 4.4 节作了重大修改，否则关于本条第 8 段第 2 子段所述是否有分歧理由的任何评估应在协调成员国的指导下进行，由各相关成员国自行评估。

13. 委员会应在协调成员国完成本章规定的任务时向其提供行政支持。

14. 本条规定的程序应在 2027 年 5 月 27 日之前，仅适用于已同意实施临床试验的成员国。在 2027 年 5 月 27 日之后，所有成员国均须申请该程序。

第 79 条　审查协调评估流程

在 2026 年 5 月 27 日前，委员会应向欧洲议会和理事会提交一份适用于第 78 条所获经验的报告，并在必要时提出对第 78(14) 条和第 123(3) 条第 (h) 点的审查。

第 80 条　记录并报告临床试验期间发生的不良事件

1. 申办方应充分记录以下所有情况：

(a) 在临床试验中确定，对根据临床试验计划的临床试验结果的评估至关重要的不良事件；

(b) 任何严重不良事件；

(c) 当未能采取适当措施、没有发生干预或情况不利时，可能导致严重不良事件的任何器械缺陷；

(d) 有关 (a)~(c) 所述任何事件的新发现。

2. 申办方应通过第 73 条所述的电子系统，向所有进行临床试验的成员国报告以下信息，不得有任何延迟：

(a) 与研究器械、比对产品或研究流程有因果关系的任何严重不良事件，或者这种因果关系是合理的；

(b) 当未能采取适当措施、没有发生干预或情况不利时，可能导致严重不良事件的任何器械缺陷；

(c) 有关第 (a) 和 (b) 点所述任何事件的新发现。

报告的时间段应考虑事件的严重性。必要时，为确保及时报告，申办方可先提交初步的不完整报告，后续提交完整报告。

根据进行临床试验的成员国要求，申办方应提供第 1 段所述的所有信息。

3. 申办方还应向有关成员国报告发生在第三国本条第 2 段所述的任何事件，其中临床试验通过第 73 条所述电子系统，适用于本法规所含临床试验的同一临床试验计划进行。

4. 对于申办方使用第 78 条所述的单一申请的临床试验，申办方应通过第 73 条所述的电子系统报告本条第 2 段所述的任何事件。一旦收到后，本报告应以电子方式传送给所有相关成员国。

在第 78(2) 条所述的协调成员国的指导下，成员国应协调对严重不良事件和器械缺陷的评估，以确定是否需要修改、暂停、终止临床试验或撤销该临床试验授权。

本段不得影响其他成员国为确保保护公共卫生和患者安全，根据本法规自己执行评估和采取措施的权利。并应随时通知协调成员国和委员会任何此类评估的结果以及采取的任何此类措施。

5. 在第 74(1) 条所述的 PMCF 的情况下，应适用第 87~90 条及根据第 91 条采用的法案所列明的警戒条例。

6. 尽管有第 5 段规定，若严重不良事件与前述研究流程建立了因果关系，本条将适用。

第 81 条　实施细则

委员会可通过实施细则，采取实施本章所需的详细安排和程序，涉及以下方面：

(a) 协调电子表格，用于第 70 和 78 条所述的临床试验及其评估申请，并考虑到特定类别或器械组；

(b) 第 73 条所述电子系统的运作；

(c) 第 74(1) 条所述的 PMCF 研究通知的协调电子表格，以及第 75 条所述的实质性修改；

(d) 第 76 条所述成员国之间的信息交流；

(e) 用于报告第 80 条所述严重不良事件和器械缺陷的协调电子表格；

(f) 考虑到第 80 条所述报告事件的严重性，用于报告严重不良事件和器械缺陷的时间表；

(g) 需要有关临床证据 / 数据要求的统一应用，以证明符合附录 I 所规定的通用安全性与有效性要求。

应按照第 114(3) 条述及的审查规程通过第 1 段所述的实施细则。

第 82 条　关于其他临床试验的要求

1. 未按照第 62(1) 条任何目的进行的临床试验，应符合本法规第 62(2) 和 (3) 条，第 62(4) 条第 (b)、(c)、(d)、(f)、(h) 和 (l) 点和第 62(6) 条。

2. 出于保护受试者的权利、安全、尊严和福祉以及未根据第 62(1) 条所列任何目的而进行的临床试验的科学与伦理完整性，各成员国应对上述临床试验明确任何附加要求，以适合各相关成员国的情况。

第Ⅶ章 上市后监管、警戒和市场监管

第 1 节 上市后监管

第 83 条 制造商的上市后监管体系

1. 根据第 10(9) 条的规定，对于与风险等级相称并且适合于该器械类型的任何器械，制造商应计划、建立、记录、实施、维护和更新上市后的监管体系，该系统应属于制造商质量管理体系的组成部分。

2. 上市后的监管体系应适于积极和系统地收集、记录并分析器械在其整个生命周期内的质量、性能和安全相关数据，以得出必要的结论，并确定、实施和监测任何预防及纠正措施。

3. 由制造商的上市后监管体系收集的数据应特别用于：

(a) 更新受益 – 风险评估改善附录Ⅰ第Ⅰ章所述的风险管理；

(b) 更新设计和生产信息、使用和标签说明；

(c) 更新临床评价；

(d) 更新第 32 条所述的安全和临床性能总结文件；

(e) 用于确定预防、纠正或现场安全纠正措施的需要；

(f) 用于确定提高器械的可用性、性能和安全性的可能性；

(g) 当与之相关时，协助其他器械的上市后监管；

(h) 根据第 88 条检测并报告趋势。

技术文件应进行相应的更新。

4. 若在上市后监管的过程中确定需要采取预防或纠正措施或两者，制造商应采取适当的措施，并通知相关主管机构和公告机构 (如适用)。当发现严重不良事件或实施现场安全纠正措施时，应按照第 87 条进行报告。

第 84 条　上市后监管计划

第 83 条所述的上市后监管体系应以上市后监管计划为基础，其要求载于附录Ⅲ的第 1.1 节。对于非定制器械，上市后监管计划应是附录Ⅱ规定的技术文件的一部分。

第 85 条　上市后监管报告

Ⅰ类器械制造商应编制一份上市后监管报告，总结根据从 84 条所述的上市后监管计划收集的数据的分析结果和结论，以及采取的任何预防和纠正措施的理由和说明。必要时应更新报告，并应主管机构的要求提供。

第 86 条 定期安全性更新报告

1. Ⅱa、Ⅱb 和Ⅲ类器械制造商应针对各器械或类别或器械组编制定期安全性更新报告 (PSUR)，总结根据第 84 条所述的上市后监管计划收集的数据分析结果和结论，并对采取的任何预防和纠正措施提供理由和说明。在该器械的整个生命周期内，PSUR 应列出：

(a) 受益 – 风险评估的结论；

(b)PMCF 的主要问题；和

(c) 器械的销售量和使用涉及器械的群体大小和其他特征评估，以及实际可行时器械的使用频率。

Ⅱb 和Ⅲ类器械的制造商应至少每年更新 PSUR。除非是定制器械，否则 PSUR 应作为附录Ⅱ和Ⅲ规定的技术文件的一部分。

Ⅱa 类器械制造商应在必要时至少每 2 年更新 PSUR。除非是定制器械，否则 PSUR 应作为附录Ⅱ和Ⅲ规定的技术文件的一部分。对于定制器械，PSUR 应作为附录Ⅻ第 2 节所述文件的一部分。

2. Ⅲ类器械或可植入器械的制造商应按照第 52 条的规定，通过第 92 条所述的电子系统向参与符合性评估的公告机构提交 PSUR。公告机构应审查该 PSUR，并将其评估添加到电子系统中，包括采取任何措施的细节。此外，此类 PSUR 和公告机构的评估应通过电子系统提供给主管机构。

3. 对于第 2 段所述以外的器械制造商应向参与符合性评估的指定机构提交 PSUR，并应要求向主管机构提供报告。

第 2 节　警戒

第 87 条　报告严重不良事件和现场安全纠正措施

1. 在欧盟市场上提供不同于研究器械的医疗器械制造商，应按照第 92(5) 和 (7) 条向相关主管机构报告以下内容：

(a) 涉及在欧盟市场上销售器械的任何严重不良事件，但不包括产品信息中清楚地记录并在技术文件中量化的预期副作用，应根据第 88 条进行趋势报告；

(b) 有关欧盟市场上销售器械的任何现场安全纠正措施，包括在第三国进行的与欧盟市场合法可用设备相关的任何现场安全纠正措施的原因不仅限于第三国提供的设备。

应通过第 92 条所述的电子系统提交第 1 子段所述的报告。

2. 作为一般规则，在第 1 段所述报告时限应考虑到严重不良事件的严重性。

3. 制造商应在事件与其器械确立因果关系后或者证明这种因果关系合理时，立即报告第 1 段第 (a) 点所述的任何严重不良事件，这一时限不迟于其意识到严重不良事件后的 15 天。

4. 尽管有第 3 段的规定，若出现严重的公共卫生事件威胁，则应立即提供第 1 段所述的报告，且不迟于制造商了解到此威胁后的 2 天。

5. 尽管有第 3 段的规定，若出现人员死亡或健康状况意外严重恶化，该报告应在制造商确认怀疑器械与严重不良事件之间有因果关系后立即提供，且不迟于制造商知悉该严重不良事件后 10 天。

6. 必要时，为确保及时报告，制造商可先提交初步的不完整报告，后续提交完整报告。

7. 若发现潜在可报告事件之后，制造商不确定事件是否须报告，应根据第 2~5 段规定的时限提交报告。

8. 除制造商需要立即采取现场安全纠正措施的紧急情况外，制造商应在没有不当拖延的情况下，在采取现场安全纠正措施之前报告第 1 条第 (b) 点所述的现场安全纠正措施。

9. 对于使用相同的器械或器械类型发生的类似严重不良事件，并且已经确定了根本原因或采取了现场安全纠正措施后，或者事故是常见且记录完好的，制造商可提供定期总结报告，而非个别严重不良事件报告，条件是第 89(9) 条所述的协调主管机构与第 92(8) 条第 (a) 点所述主管机构咨询，同制造商商定定期总结报告的格式、内容和频率。如果在第 92(8) 条第 (a) 和 (b) 点所述单一主管机构，则制造商可根据与主管机构的协议提供定期总结报告。

10. 成员国应采取适当措施，例如组织有针对性的宣传活动，以鼓励并使得医护专业人员、使用者和患者能够向其主管机构报告第 1 段第 (a) 点所述的可疑严重不良事件。

主管机构应集中记录其在国家层面从健康护理人员、使用者和患者收到的报告。

11. 如果成员国主管机构获得从健康护理人员、使用者和患者收到的第 1 段第 (a) 点所述的可疑严重不良事件报告，应采取必要措施，确保立即向相关器械制造商通知涉嫌严重事故。

若有关器械的制造商认为该事件为严重不良事件，其应根据本条第 1~5 段有关严重不良事件的规定向发生严重不良事件的成员国主管机构提交关于严重不良事件的报告，并应根据第 89 条采取适当的后续行动；若制造商认为事故非严重不良事件或属于预期不良副作用，则应根据第 88 条进行趋势报告，并提供解释性说明。

若主管机构不同意解释性说明的结论，可能要求制造商根据本条第 1~5 段提供报告，确保根据第 89 条采取适当的后续措施。

第 88 条　趋势报告

1. 制造商应通过第 92 条所述的电子系统报告任何频率或严重程度在统计方面显著增加的非严重不良事件或预期不良副作用事件，这些事件可能对附录 I 第 1 节和第 5 节中所述的受益 – 风险分析产生重大影响，事件已经或可能对患者、使用者或其他人的健康或安全造成不可接受的风险，这些风险在衡量预期受益时是不可接受的。与技术文件及产品信息规定的特定时间段内有关器械或类别或器械组的此类事故的预计频率或严重程度相比显著增加。

制造商应明确如何管理这些在第 1 子段中所述的事故和用于确定此类事故频率或严重程度的任何在统计方面显著增加的方法，以及第 84 条所述的上市后监管计划中的观察管理方法。

2. 主管机构可对第 1 段所述的趋势报告自己进行评估，并要求制造商根据本法规定采取适当措施，确保保护公众健康和患者安全。各主管机构应向委员会、其他主管机构以及签发证书的公告机构通知此类评估结果和采取的此类措施。

第 89 条　严重不良事件分析和现场安全纠正措施

1. 在根据第 87(1) 条报告严重不良事件后，制造商应立即对相关严重不良事件和相关器械进行必要的调查研究。包括对事件和现场安全纠正措施进行风险评估,并酌情考虑本条第 3 段所列的标准。

制造商应在第 1 子段所述的研究期间与主管机构以及相关的公告机构 (适当时) 合作，在将此类措施通知主管机构之前并且不得执行任何涉及更改器械或相关批次样品的研究，因为可能会影响后续对事件原因的评估。

2. 成员国应采取必要措施，确保任何有关在其境内出现严重不良事件的信息或在其境内已经或将要采取的现场安全纠正措施，且应根据其所知情况按照第 87 条，在国家层面由其主管机构与制造商 (如可能)、相关公告机构 (适当时) 一起进行集中评估。

3. 在第 2 段所述的评估范围内，主管机构应评估报告的严重不良事件所产生的风险，并评估任何相关现场安全纠正措施，同时考虑保护公共卫生以及因果关系、可检测性和问题复发概率、器械的使用频率、直接或间接伤害的发生概率、伤害的严重性、器械的临床受益、预期和潜在使用者以及受影响的人群等标准。主管机构同时还应评估制造商设想或采取现场安全纠正措施的适当性，对任何其他纠正措施的需求及其种类，特别应考虑到附录 I 等标准规定的本质安全原则。

根据国家主管机构的要求，制造商应提供风险评估所需的所有文件。

4. 主管机构应监控制造商对严重不良事件的调查研究。

必要时，主管机构可介入制造商的调查研究或独立进行调查研究。

5. 制造商应通过第 92 条所述的电子系统，向主管机构提供陈述其研究结果的最终报告。该报告应列出结论，并说明相关情况下应采取纠正措施。

6. 对于第 1(8) 条第 1 子段所述器械，若严重不良事件或现场安全纠正措施可能与一种单独使用的物质相关，则应被视作一种药品，本条第 9 段所述的评估主管机构或协调主管机构应将该严重不良事件或现场安全纠正措施按照第 52(9) 条对物质发布的科学意见告知国家主管机构或 EMA。

对于第 1(6) 条第 (g) 点涵盖的器械，可能与用于生产器械的人体组织或细胞衍生物有关的严重不良事件或现场安全纠正措施，及遵守第 1(10) 条法规的器械，本条第 9 段所述的主管机构或协调主管机构应通知根据第 52(10) 条由公告机构咨询人体组织和细胞的主管机构。

7. 在根据本条第 3 段进行评估后，评估主管机构应通过第 92 条所述的电子系统，立即通知其他主管机构制造商采取或设想采取的纠正行动，以尽量减少严重不良事件再发的风险，包括关于潜在事件和评估结果的信息。

8. 制造商应使用现场安全通告，及时提请有关器械使用者注意有关现场安全纠正措施的信息。现场安全通告应使用欧盟官方语言或使用成员国确定的语言编辑现场安全纠正措施。除紧急情况外，现场安全通知草案的内容应提交给评估主管机构，或在本条第9段所述情况下，协调主管机构以便其提出意见。除非个别成员国有正当理由，否则现场安全通告的内容应在所有成员国中保持一致。

现场安全通告应允许正确识别所涉及的器械，尤其是包括相关UDI和已公布的正确标识符(包括SRN)，以及制造商执行的现场安全纠正措施，现场安全通告应清晰可见，且不低估风险程度的情况下，针对设备故障和患者、用户或其他人员的相关风险，说明采取现场安全纠正措施的原因，清楚标示所有使用者应采取的措施。制造商应在第92条所述的电子系统中输入现场安全通告，并向公众开放。

9. 在以下情况中，主管机构应积极参与协调流程，以协调第3段所述的评估：

(a) 若涉及同一制造商在多个成员国的同一设备或同一类型设备的特定严重不良事件或一系列严重不良事件；

(b) 若制造商在多个成员国提出的现场安全纠正措施中存在问题。

该协调流程应包括以下内容：

● 必要时，根据具体情况委任协调主管机构；

● 定义协调评估流程，包括协调机构以及其他主管机构参与的任务和责任。

除非主管机构另有协议，否则协调主管机构应属于拥有制造商注册地址的成员国主管机构。

协调主管机构应通过第 92 条所述的电子系统，通知制造商、其他主管机构和委员会，其已承担协调机构的作用。

10. 指定协调主管机构不得影响其他主管机构根据本法规执行评估和采取措施的权利，以确保保护公共卫生和患者安全，并应随时向协调主管机构和委员会通报任何此类评定的结果以及采取的任何此类措施。

11. 委员会应向协调主管机构提供行政支持以完成本章规定的任务。

第 90 条 警戒数据分析

委员会应与成员国合作，落实系统和流程，主动监测第 92 条所述电子系统中可用的数据，以发现数据中可能识别新风险或安全问题的趋势、模式或信号。

若先前未知的风险已确定或预期风险频率显著且不利地改变了受益 – 风险评估时，由主管机构，或在适当情况下由协调主管机构通知制造商或授权代表，以采取必要的纠正措施。

第 91 条 实施细则

委员会可在咨询 MDCG 后通过实施细则，实施第 85~90 条和第 92 条所需的模式和流程，包括 ：

(a) 有关特定器械或器械类别或组别和严重不良事件的类型学的现场安全纠正措施；

(b) 第 85、86、87、88 和 89 条分别所述的严重不良事件和现场安全纠正措施的报告、现场安全通知报告、定期总结报告、上市后监管报告、PSUR 和趋势报告；

(c) 电子和非电子报告的标准结构表格，包括由医疗卫生专业人士、使用者和患者报告可疑严重不良事件的最小数据集；

(d) 考虑到第 87 条所述事件的严重性，制造商用于报告现场安全纠正措施、定期总结报告和趋势报告的时间表；

(e) 第 89 条所述主管机构之间交流信息的协调表格；

(f) 指定协调主管机构的流程；协调评估过程；协调主管机构以及其他主管机构参与这一进程的任务和责任。

应按照第 114(3) 条所述的审查规程通过这些在第 1 段中所述的实施细则。

第 92 条　有关警戒和上市后监管的电子系统

1. 委员会应与成员国合作，设立和管理电子系统，整理并处理以下信息：

(a) 制造商关于第 87(1) 条和第 89(5) 条所述严重不良事件和现场安全纠正措施的报告；

(b) 第 87(9) 条所，述制造商的定期总结报告；

(c) 制造商关于第 88 条所述趋势报告；

(d) 第 86 条所述的 PSUR；

(e) 第 89(8) 条所述制造商的现场安全通告；

(f) 根据第 89(7) 和 (9) 条，成员国主管机构之间以及他们与委员会之间的交换信息。

电子系统应包括连接至 UDI 数据库的链接。

2. 通过电子系统向成员国主管机构和委员会提供本条第 1 段所述的信息。根据第 53 条为该器械签发证书的公告机构开放相关器械信息。

3. 委员会应确保医疗卫生专业人士和公众对第 1 段所述的电子系统具有适当的访问权限。

4. 根据委员会与第三国家或国际组织主管机构之间的约定，委员会可授权此类主管机构或国际组织适当访问第 1 段所述的电子系统的权限。这些约定应以互惠为基础，提供并适用于欧盟等同的保密和数据保护规定。

5. 第 87(1) 条第 (a) 点所述的严重不良事件报告应在收到后通过本条第 1 段所述的电子系统自动传送至发生事件的成员国主管机构。

6. 第 88(1) 条所述的趋势报告应在收到后通过本条第 1 段所述的电子系统自动传送至发生事件的成员国主管机构。

7. 第 87(1) 条第 (b) 点所述的现场安全纠正措施报告应在收到后通过本条第 1 段中所述的电子系统自动传送至下列成员国的主管机构：

(a) 正在或将要执行现场安全纠正措施的成员国；

(b) 制造商注册营业地所在成员国。

8. 第 87(9) 条所述的定期总结报告应在收到后通过本条第 1 段所述的电子系统自动传送至下列相关主管机构：

(a) 成员国或根据第 89(9) 条参与协调程序并同意定期总结报告的成员国；

(b) 制造商注册营业地所在成员国。

9. 本条第 5~8 段所述的信息应在收到后通过本条第 1 段所述的电子系统自动传送至根据第 56 条颁发有关器械证书的公告机构。

第 3 节　市场监管

第 93 条　市场监管活动

1. 主管机构应对器械的合规性和性能进行适当检查，包括酌情审查文件以及基于适当样品的物理或实验室检查。主管机构应特别考虑到有关风险评估和风险管理、警戒数据和投诉的既定原则。

2. 主管机构应制定年度监管活动计划，并分配足够数量的胜任人力和物质资源以执行这些活动，同时应考虑到根据第 105 条和当地条件由 MDCG 制定的欧洲市场监管方案。

3. 为履行第 1 段规定的义务，主管机构：

(a) 除其他外可特别要求经营者提供开展主管机构活动所必需的文件和信息，并在有充分理由的情况下提供器械的必要样品或免费使用该器械；和

(b) 应对经营者以及供应商和 / 或分包商的营业场所，以及对专业使用者的设施 (必要时) 进行通知和不通知的检查。

4. 主管机构应编制监管活动结果的年度总结报告，并通过第 100 条所述的电子系统提供给其他主管机构。

5. 当主管机构认为有必要保护公共卫生利益时，可没收、销毁器械或以其他方式停用具有不可接受风险或伪造的器械。

6. 在出于第 1 段所述目的进行的每次检查之后，主管机构应起草一份本法规适用的法律和技术要求检查结果报告。报告应列出所需的任何纠正措施。

7. 执行检查的主管机构应将本条第 6 段所述的报告的内容传达进行检查的经营者。在采用最终报告之前，主管机构应给予受检查的经营者提出意见的机会。并应将最终检验报告输入第 100 条规定的电子系统。

8. 成员国应审查并评估其市场监管活动的运行情况。此类审查和评估应至少每 4 年进行一次，其结果应告知其他成员国和委员会。各成员国应通过第 100 条所述电子系统向公众提供结果总结。

9. 成员国主管机构应协调其市场监管活动，彼此合作，并与委员会分享其结果，以便在所有成员国进行协调一致的高水平市场监管。

在适当情况下，成员国主管机构应达成工作共享、联合市场监管活动和专业化的共识。

10. 若一个成员国的多个机构负责市场监管和外部边境管制，这些机构应通过分享与其作用和职能有关的信息相互合作。

11. 在适当情况下，成员国主管机构应与第三国主管机构合作，以便交流信息和技术支持，促进有关市场监管的活动。

第 94 条　对涉嫌不可接受风险或其他不合规的器械的评估

根据通过警戒或市场监管活动获得的数据或其他信息，成员国的主管机构有理由相信器械：

(a) 对患者、使用者或其他人的健康或安全，或公共卫生保护的其他方面存在不可接受的风险；或

(b) 否则不符合本法规规定的要求。

其应对涉及器械法规的所有相关要求进行评估：由器械呈现的相关风险，或与器械相关的任何其他不符合项。

相关经营者应与主管机构合作。

第 95 条　对健康和安全带来不可接受风险的器械的处理程序

1. 当根据第 94 条执行评估后，若主管机构发现该器械可能对患者、使用者或其他人的健康和安全或对保障公众健康的其他方面带来不可接受的风险，应立即要求相关器械的制造商、其授权代表和其他所有相关经营者采取一切适当且合理的纠正措施，使该器械符合与其所呈风险相关的本法规要求，且以与风险性质相称的方式，来限制该器械在市场上的流通，或使该器械的流通遵守特定要求，或将该器械撤出市场，或在明确确定的合理期限内召回该器械，并将其传达给相关经营者。

2. 主管机构应通过第 100 条所述的电子系统立即通知委员会、其他成员国和根据第 56 条为有关器械签发证书的公告机构，评估结果及其要求经营者采取的行动。

3. 第 1 段所述的经营者应立即确保在整个欧盟对已在欧盟市场流通的所有相关器械采取一切适当的纠正措施。

4. 若第 1 段所述的经营者在第 1 段所述期限内未采取适当的纠正措施，主管机构应采取一切适当措施，禁止或限制该器械出现在其国内市场，并将器械从该市场撤出或召回。

主管机构应通过第 100 条所述的电子系统，立即将这些措施通知委员会、其他成员国和本条第 2 段所述的公告机构。

5. 第 4 段所述的通知应包括所有可用的详细信息，特别是识别和追踪不合规器械所必需的数据、器械来源、器械不合规项的性质和原因以及相关风险、所采取的国家措施的性质和持续时间，以及相关经营者提出的争论。

6. 除启动程序的成员国以外的成员国应立即通过第 100 条所述的电子系统，就任何其他有关器械不合规的相关信息以及有关器械采取的任何措施通知委员会和其他成员国。

若与通告的国家措施有分歧，应立即通过第 100 条所述电子系统通知委员会和其他成员国其反对意见。

7. 在收到第 4 段所述的通知后的 2 个月内，若成员国或委员会均未对某一成员国所采取的任何措施提出反对意见，则此类措施应视为合理。

在这种情况下，则所有成员国应确保立即对相关器械采取适当的限制性或禁止性措施，包括撤回、召回该器械，或限制其在全国市场上的流通。

第 96 条　在欧盟层面评估国家措施的流程

1. 在收到第 95(4) 条所述的通知后的 2 个月内，若某一成员国对另一成员国采取的措施提出反对意见，或委员会认为该措施违反欧盟法律，则在咨询相关主管机构和相关经营者 (如必要) 后，委员会应评估该国家措施。基于该评估结果，委员会可通过实施细则来决议该国家措施是否合理。此外，应按照第 114(3) 条述及的审查规程通过这些实施细则。

2. 若委员会认为本条第 1 段所述的国家措施合理，则第 95(7) 条第 2 子段应适用。若委员会认为该国家措施不合理，则有关成员国应撤销该措施。

在收到第 95(4) 条所述的通知后的 8 个月内，若委员会未按照本条第 1 段做出决定，则该国家措施应视为合理。

3. 若某一成员国或委员会认为，某个器械对健康和安全造成的风险无法通过相关成员国采取的措施得到圆满解决，则委员会可在相关成员国的要求下或自行决议通过实施细则采取必要且正当合理的措施，以确保健康和安全得到保障，该措施包括限制或禁止将相关器械上市或投入使用。应按照第 114(3) 条述及的审查规程通过这些实施细则。

第 97 条　其他不合规项

1. 当根据第 94 条执行评估后，若某一成员国的主管机构发现某个器械不符合本法规规定的要求，但不对患者、使用者或其他人的健康和安全、保障公众健康的其他方面带来不可接受的风险，则该成员国可要求相关经营者在合理期限内解决相关不合规项，该期限应予以明确确定，并传达给经营者，同时与不符合性相称。

2. 若经营者未在本条第 1 段所述的期限内解决该不符合性，则相关成员国应及时采取一切适当措施，限制或禁止该产品在市场上流通，或确保其从市场上召回或撤出。该成员国应通过第 100 条所述的电子系统立即通知委员会和其他成员国这些措施。

3. 为确保均适用本条规定，委员会可通过实施细则规定由主管机构采取的适当措施解决有关不合规项。应按照第 114(3) 条述及的审查规程通过这些实施细则。

第 98 条　预防性健康保护措施

1. 若成员国作出的评估表明某器械或特定器械类别或器械组存在潜在风险，为保护患者、使用者或其他人员的健康或安全，或公共卫生的其他方面，考虑应禁止、限制或管制其在市场上流通或投入使用，或应将其撤出市场或召回，上述情况下，应采取任何必要和正当的措施。

2. 第 1 段所述的成员国应通过第 100 条所述的电子系统，立即通知委员会和所有其他成员国，说明做出决议的理由。

3. 委员会在咨询 MDCG 或有关经营者 (必要时) 之后，应对已采取的国家措施进行评估。委员会可通过实施细则来决议该国家措施是否合理。若委员会未于通知后的 6 个月内作出决议，则该国家措施应视为合理。应按照第 114(3) 条述及的审查规程通过这些实施细则。

4. 若本条第 3 段所述的评估表明，为保护患者、使用者或其他人员的健康和安全或公共卫生的其他方面，应禁止、限制或管制某个器械或特定器械类别或分组在市场上流通或投入使用，或应将其撤出市场或从各成员国召回，则委员会应采取适当合理的措施。可根据第 114(3) 条所述的审查程序采取实施细则。

第 99 条　良好行政管理规定实践

1. 对于成员国主管机构根据第 95~98 条的规定采取的任何措施，应说明其所依据的确切理由。若该措施针对某个特定的经营者，则主管机构应立即将该措施通知相关经营者，同时告知经营者在法律或相关成员国的行政管理实践项下可用的补救措施，以及此类补救措施的期限。若该项措施普遍适用，则应进行适当公布。

2. 除了因对人类健康或安全带来不可接受的风险而必须采取即时行动的情况之外，在采用任何措施之前，应给予相关经营者机会，以便于明确在适当期限内向主管机构提交意见书。

若在经营者未获得第 1 子段中所述的提交机会的情况下采取行动，则应给予该经营者机会，以尽快提出意见，随后应立即对已采取的行动进行审查。

3. 一旦经营者证明其已采用更为有效的纠正措施，且该器械已符合本法规的要求，则应立即撤回或修订已采取的措施。

4. 若根据第 95~98 条采取的措施涉及某一公告机构参与符合性评估的器械，主管机构应通过第 100 条所述的电子系统通知相关的公告机构和公告机构上级主管机构其已采取的措施。

第 100 条　市场监管中的电子系统

1. 委员会应与成员国合作，建立并管理一套电子系统，以收集和处理以下信息：

(a) 第 93(4) 条所指监管活动结果的总结；

(b) 第 93(7) 条所述的最终检查报告；

(c) 第 95(2)、(4) 和 (6) 条所述的可能对健康和安全带来不可接受风险的器械的相关信息；

(d) 关于第 97(2) 条所述产品不合规的信息；

(e) 第 98(2) 条所述的预防性卫生保护措施的相关信息；

(f) 第 93(8) 条所述成员国监管活动的审查和评估结果总结。

2. 本条第 1 段中所述的信息应立即通过电子系统传送给所有相关主管机构，如适用，传送至根据第 56 条为有关器械签发证书的公告机构，并向成员国和委员会开放。

3. 当可能影响成员国之间的市场监管活动与合作时，成员国之间交换的信息不得对外公开。

第Ⅷ章 成员国、医疗器械协调小组、专家实验室、专家小组和器械注册机构之间的合作

第 101 条 主管机构

成员国应指定主管机构或负责本法规实施的官方机构。成员国应根据本法规的要求向其机构授予所需的权力、资源、设备和知识，以便适当地履行其任务。成员国应向委员会告知主管机构的名称和联系方式，再由委员会公布主管机构名单。

第 102 条 协作

1. 成员国的主管机构应相互合作，并与委员会合作。委员会应提供组织交流的必要信息，使本法规统一适用。

2. 成员国应在委员会的支持下，在适当时候参与国际层面的倡议，以确保监管机构在医疗器械领域开展合作。

第 103 条 医疗器械协调小组

1. 特此建立医疗器械协调小组 (MDCG)。

2. 各成员国应任命 MDCG 的一名具有医疗器械领域专业知识成员

和候补成员，以及一名具有体外诊断医疗器械领域专业知识的成员和候补成员，任期3年且可延长任期。成员国可选择只任命一名具有这两个领域专门知识的成员和候补成员。

应根据其在医疗器械和体外诊断医疗器械领域的能力和经验选择MDCG成员。其应代表成员国的主管机构。成员的名称和所属机构应由委员会公布。

在成员缺席时，候补成员应代表其并投票。

3.MDCG应根据委员会或成员国的要求定期举行会议，并视情况需要举行会议。这些会议应由在医疗器械领域任职的成员或专家，或在体外诊断医疗器械领域任职的专家，或任命具有这两个领域专门知识的成员或其候补成员出席。

4.MDCG应尽最大努力达成共识。若不能达成共识，将由MDCG多数成员决议。具有不同观点立场的成员可要求将其观点立场和依据的理由记录在MDCG的观点上。

5.MDCG应由委员会的一名代表担任主席。主席不得参加MDCG的投票。

6.MDCG可根据具体情况邀请专家和其他第三方参加会议或提供书面意见。

7.MDCG可建立常设或临时分小组。在适当情况下，应以观察员身份邀请代表欧盟水平的医疗器械行业、医疗保健专业人员、实验室、患者和消费者利益的组织参加这些分小组。

8. 应制定其议事规则，尤其应规定以下流程：

- 包括在紧急情况下采纳意见或建议或其他立场；
- 将任务委托给报告和共同报告成员；
- 执行关于利益冲突的第 107 条；
- 分小组的功能。

9.MDCG 应执行本 2017/746 号法规第 105 条和第 99 条规定的任务。

第 104 条　委员会的支持

委员会应为国家主管机构之间合作提供支持。其应特别规定主管机构之间经验交流，并向 MDCG 及其分小组提供技术、科学和后勤支持。它应组织 MDCG 及其分小组的会议，参加这些会议并确保适当的跟踪。

第 105 条　MDCG 的任务

根据本法规，MDCG 的工作任务如下：

(a) 根据第Ⅳ章规定，帮助评估申请人符合性评估机构和公告机构；

(b) 应委员会要求，就根据第 49 条设立的公告机构协调小组的事项向委员会提供咨询意见；

(c) 协助制定旨在确保协调有效地执行本法规的指导方针，尤其是关于指定和监督公告机构，对通用安全性与有效性要求的实施，制造商对临床评价和试验的执行，以及公告机构的评估和警戒活动；

(d) 持续监测技术进展并评估本法规和 2017/746 号 (EU) 法规规定的通用安全性与有效性要求是否可确保器械的安全性与有效性，并协助确定是否需要修订本法规附录Ⅰ；

(e) 协助制定器械标准、CS 和科学指南的发展，包括产品特定指南，尤其是对某些器械，如针对可植入器械和Ⅲ类器械的临床试验；

(f) 根据第 93 条协助成员国主管机构开展其协调活动，尤其是在器械分类和确定法规现状、临床试验、警戒和市场监管等领域，包括制定和维持欧洲市场监管方案框架，旨在确保欧盟市场监管的效率和协调；

(g) 在评估和执行本法规有关的任何问题时，主动或在委员会的要求下提供意见；

(h) 在成员国境内，促进器械的协调行政管理规定。

第 106 条　提供科学、技术、临床意见和建议

1. 委员会应通过实施细则并与 MDCG 磋商，委任专家小组评估本条第 9 段所述的相关医疗领域的临床试验，并根据 2017/746 号 (EU) 法规第 48(6) 条，就某些体外诊断医疗器械进行性能评估，以及 (如必要) 针对器械类别或器械组，或者与之相关的特定危害发表自己的意见，遵守最高科学能力、公正性、独立性和透明性等原则。当委员会决议按照本条第 7 段任命专家实验室时，适用同样原则。

2. 若委员会与 MDCG 协商确定其需要与本法规实施相一致的科学、

技术和/或临床建议或实验室专业知识，这些领域的专家小组和专家实验室可被指定。可任命常设或临时的专家小组和专家实验室。

3. 专家小组应由委员会根据领域内最新的临床、科学或技术专业知识任命的顾问组成，其地理分布反映了欧盟科学和临床方法的多样性。委员会应根据必要性确定各小组的成员人数。

专家小组成员应以公正和客观的态度履行其任务。其不得寻求或接受公告机构或制造商的指示。各成员应制定一项公开的利益声明。

委员会应建立体系和流程，积极管理和预防潜在的利益冲突。

4. 专家小组在提出其科学观点时应考虑利益相关者(包括患者组织和医疗保健专业人员)提供的相关信息。

5. 委员会在咨询 MDCG 后，在《欧盟官方报》上和委员会网站上公布信息并征求意向书后，可任命专家小组顾问。根据任务类型和具体专业知识的需要任命专家小组顾问，任期最长为 3 年且其任命可连续。

6. 委员会在与 MDCG 咨询之后，可将顾问列入中心专家名单，其在没有正式任命为专家小组的情况下可提供咨询意见，并根据需要来支持专家小组的工作。该名单应在委员会网站上公布。

7. 委员会应通过实施细则并在咨询 MDCG 之后，根据下列专业知识指定专家实验室：

- 物理化学特性；或

- 微生物学、生物相容性、机械、电学、电子或非临床生物和毒理学测试。

委员会只应指定一个成员国或联合研究中心提交指定申请的专家实验室。

8. 专家实验室应满足以下标准：

(a) 拥有足够和符合资格的工作人员，在其受委任的器械领域具有足够的知识和经验；

(b) 拥有必要的设备来执行被分配的任务；

(c) 具有国际标准和最佳方案的必要知识；

(d) 具有适当的行政组织和结构；

(e) 确保其工作人员在执行任务时遵守所获信息和数据的保密性规定。

9. 任命在相关医疗领域进行临床试验的专家小组应完成第 54(1) 和 61(2) 条以及附录 IX 第 5.1 节或附录 X 第 6 节指定的任务 (如适用)。

10. 专家小组和专家实验室可能具有以下任务，具体取决于必要的需求：

(a) 为委员会和 MDCG 在有关本法规实施方面提供科学、技术和临床援助；

(b) 有助于制定和维护适当的指导和 CS 用于特定器械或一类或一组器械：

- 临床试验；
- 临床评价和 PMCF；
- 性能研究；
- 性能评估和上市后性能跟踪；
- 物理化学特征；以及
- 微生物、生物相容性、机械、电气、电子或非临床毒理学试验。

(c) 根据临床评价、性能评估、物理化学特征、微生物、生物相容性、机械、电气、电子和非临床毒理学测试等方面的最新进展，制定和审查适用于符合性评估流程的临床试验指导和性能研究指导原则；

(d) 协助制定国际水平标准，确保该等标准反映最先进技术；

(e) 就制造商根据第 61(2) 条及公告机构和成员国根据本条第 11~13 段进行的磋商提出意见；

(f) 有助于确定医疗器械安全性与有效性相关的问题及新出现的问题；

(g) 根据 2017/746 号 (EU) 法规，对特定体外诊断医疗器械的性能评估提供观点。

11. 委员会应促进成员国以及公告机构和制造商获得相关专家小组和专家实验室提供的建议，尤其是关于器械符合性评估适当数据集的标准，特别是关于临床评价所需的临床数据以及关于物理化学特征、微生物学、生物相容性、机械、电气、电子和非临床毒理学试验。

12. 当根据第 9 段采用其科学意见时，专家小组的成员应尽其最大努力达成共识。若无法达成共识，则应由专家小组大多数成员决议，并且科学意见应提及分歧立场及其基于的理由。

委员会应公布根据本条第 9 和 11 段传递的科学意见和建议，确保考虑到第 109 条的保密性问题。应在咨询 MDCG 之后公布第 10 段第 (c) 点所述的临床评价指导原则。

13. 委员会应要求制造商和公告机构向专家小组和专家实验室提供的建议支付费用。在考虑到充分实施本法规、健康和安全保护、支持创新和成本收益以及实现专家小组积极参与的必要性等目标，应由委员会通过实施细则来采纳费用的尺度和结构以及可收回成本的规模和结构。并且应根据第 114(3) 条所述的审查程序通过实施细则。

14. 按照本条第 13 段的规定，付给委员会的费用应以透明的方式设定，并且基于所提供服务的成本，并在根据附录Ⅸ第 5.1 节第 (c) 点 (涉及第 2003/361/EC 号建议所定义的微型、小型或中型企业的制造商) 发起的临床评价咨询规程的情况下，应减少应付费用。

15. 根据第 115 条，委员会应有权采用授权的法案，修订本条第 10 段所述的专家小组和专家实验室的任务。

第 107 条　利益冲突

1.MDCG 的成员、其分小组以及专家小组和专家实验室的成员不得在医疗器械行业具有可能影响其公正性的财务或其他利益。其应承诺出于公共利益并且以独立的方式行事。其应宣布其可能在医疗器械行业具有的任何直接或间接利益，并且每当相关变化发生时，更新此声明。应在委员会网站上公开利益声明。本条规定不适用于参与 MDCG 分小组的利益相关者组织的代表。

2. 由 MDCG 因具体情况邀请的专家和其他第三方应宣布其可能在相关问题事项中的任何利益。

第 108 条　器械注册机构和数据库

委员会和成员国应采取一切适当措施来鼓励建立特定类型器械的登记表和数据库，设定通用原则来收集可比较的信息。此类登记表和数据库应有助于器械长期安全性以及性能，或者可植入器械的可追溯性或所有此类特征的独立评估。

第Ⅸ章 保密性、数据保护、资金来源及处罚

第 109 条 保密性

1. 除非本法规另有规定，且不影响成员国现有国家保密条款和惯例，否则，所有适用本法规的成员应在执行任务时遵守信息和所获数据的保密性规定，以保护下列内容：

(a) 符合第 110 条规定的个人数据；

(b) 自然人或法人的商业保密信息和商业秘密，包括知识产权，符合公共利益的披露除外；

(c) 本法规的有效执行，特别是以检查、调查或审计为目的。

2. 在不影响第 1 段规定的情况下，未经发起机构事先同意，不得披露主管机构之间、主管机构与委员会之间处于保密状态的交流信息。

3. 第 1 和 2 段不得影响委员会、成员国和公告机构在信息交流和

警戒信息传播方面的权利和义务，也不得影响根据刑法提供信息的有关人员的义务。

4. 委员会和成员国可与签订双边或多边保密协议的第三方监管机构交流机密信息。

第 110 条　数据保护

1. 成员国应适用第 95/46/EC 号指令，根据本法规规定在成员国内处理个人数据。

2. 第 EC 45/2001 号 (EC) 法规应适用于委员会按照本法规进行的个人数据处理。

第 111 条　收费

1. 若费用水平透明，且基于成本回收原则，本规例不妨碍成员国就本法规规定活动所征收的费用。

2. 成员国应在采纳费用构成和收费水平前至少 3 个月通知委员会和其他成员国。费用结构和水平应按要求公开。

第 112 条　指定公告机构和监控活动的资金

委员会应通过实施细则规定可回收成本的比例和结构以及其他必要的实施规则。应按照第 114(3) 条述及的审查流程通过这些实施细则。

第 113 条　处罚

各成员国应制定适用于违反本法规规定情况的处罚规定，并应采取一切必要措施确保这些规定的实施。规定的惩罚应当有效、适度和具有劝阻性。成员国应在 2020 年 2 月 25 日前就此类条款的有关规定和措施通知委员会，且应及时通知，以免影响任何后续修订。

第X章 最终条款

第114条 委员程序

1. 委员会应由医疗器械委员会进行协助。该委员会为欧盟第182/2011号(EU)法规所指委员会。

2. 凡提及本段，则应适用欧盟第182/2011号(EU)法规第4条。

3. 凡提及本段，则应适用欧盟第182/2011号(EU)法规第5条。

若委员不发表意见，则委员会不得通过实施细则草案，且应适用欧盟第182/2011号(EU)法规第5(4)条的第3子段。

4. 凡提及本段，同样适用欧盟第182/2011号(EU)法规第8条及第4或5条(如适用)。

第115条 授权

1. 根据本条款规定，授予委员会实施授权的权力。

2. 第 1(5)、3、10(4)、18(3)、19(4)、27(10)、44(11)、52(5)、56(6)、61(8)、70(8) 和 106(15) 条所述采取授权行为的权力应自 2017 年 5 月 25 日起授予委员会，其有效期为 5 年。委员会应在 5 年有效期结束前至少 9 个月就授权起草一份报告。默认授权应延长相同的期限，除非欧洲议会或者理事会在各期限结束前至少 3 个月反对此类延时。

3. 第 1(5)、3、10(4)、18(3)、19(4)、27(10)、44(11)、52(5)、56(6)、61(8)、70(8) 和 106(15) 条所述授权可由欧洲议会或者理事会随时撤销。撤销决议将终止该决议中指定的权力授予。其生效日期应当为欧盟官方公告发表该决议后或者在决议规定的 1 个后续日期。它对已生效的授权法案效力无任何影响。

4. 采取授权行为之前，委员会应根据改善立法机构于 2016 年 4 月 13 日签署的《机构间协议》所规定的原则，咨询各成员国指定的专家。

5. 在采用授权法案之后，委员会应同时通知欧洲议会和理事会。

6. 按照第 1(5)、3、10(4)、18(3)、19(4)、27(10)、44(11)、52(5)、56(6)、61(8)、70(8) 和 106(15) 条通过的授权法案只有在欧洲议会或理事会收到该法案通知后 3 个月内未表示反对，或者在此期限期满前欧洲议会和理事会都通知委员会表示自己不反对时方可生效。欧洲议会或理事会可主动将此期限延长 3 个月。

第 116 条　不同授权的单独授权行为

委员会应就根据本法规授予其每项权力采取单独的授权行为。

第117条 第2001/83/EC号指令修订案

在第2001/83/EC号指令的附录I中，第3.2节第12点替换为以下内容：

“(12)若根据欧洲议会和理事会2017/745号(EU)法规*第1(8)条第2子段或第1(9)条第2子段规定，产品受此指令管辖，则上市许可档案应包括(如可用)器械零部件符合性评估的结果以及制造商的EU符合性声明包含的本法规附录I规定的通用安全性与有效性要求或公告机构签发的相关证书，以便允许制造商在医疗器械上加CE标识。

若档案不包括第1子段所述的符合性评估结果，并且对于器械的符合性评估若分别使用，根据2017/745号(EU)法规需要公告机构参与，则主管机构应要求申请人根据问题器械类型适用法规指定的公告机构发布的此法规附录I规定的通用安全性与有效性要求，就器械零件的符合性提出意见。

第118条 欧洲委员会第178/2002号(EC)法规修订案

在第178/2002号(EC)法规第2条第3子段中，添加以下各段：

“(i)欧洲议会和理事会第2017/745号(EU)法规(*)规定的医疗器械。

---

* 欧洲议会和欧洲委员会于2017年4月5日签发的关于医疗器械的第2017/745号(EU)法规，修订了第2001/83/EC指令、第178/2002号(EC)法规和第1223/2009号(EC)法规，并废除了理事会第90/385/EEC号指令和第93/42/EEC号指令(OJ L117, 5.5.2017, p.1)。”

(*) 2017年4月5日欧洲议会和欧洲委员会签发的关于医疗器械的第2017/745号(EU)法规，修订了第2001/83/EC号指令、第178/2002号(EC)法规和第1223/2009号(EC)法规，并废除了理事会第90/385/EEC号和第93/42/EEC号指令(OJ L117, 5.5.2017, p.1)。”

第 119 条　欧洲委员会第 1223/2009 号 (EC) 法规修订案

在第欧盟 1223/2009 号 (EC) 法规第 2 条中，添加以下各段：

“4. 委员会可按照成员国的请求或自主行动采用必要的措施，确定特定产品或产品组是否处于“美容产品”定义范围内。并应根据第 32(2) 条所述的监管规程采用这些措施。”

第 120 条　过渡性条款

1. 自 2020 年 5 月 26 日起，公告机构根据第 90/385/EEC 和 93/42/EEC 号指令发布的任何通知将失效。

2. 在 2017 年 5 月 25 日前根据第 90/385/EEC 和 93/42/EEC 号指令由公告机构发行的证书应保持有效，直至证书所示的期限结束，除了根据第 90/385/EEC 号指令附录 4 或第 93/42/EEC 号指令附录Ⅳ颁发的证书 (其应于 2022 年 5 月 7 日自动失效)。

自 2017 年 5 月 25 日起根据第 90/385/EEC 和 93/42/EEC 号指令由公告机构发行的证书应保持有效，直至证书所示的期限结束，从其交付日期起有效期不得超过 5 年。但其应于 2024 年 5 月 27 日失效。

3. 为豁免本规则第 5 条规定，具有根据第 90/385/EEC 号指令或第 93/42/EEC 号指令颁发的以及本条第 2 段规定有效证书的器械仅能上市或投入使用，前提是从本法规适用之日起，此类器械仍遵守这些指令中的任一条，且设计和预期目的无重大变化。但本法规关于上市后监管、市场监管、警惕、经营者和器械注册的要求应适用于这些指令中的相应要求。

在不影响第Ⅳ章和本条第 1 段的情况下，颁发第 1 子段所述证书的公告机构应继续负责对与其认证器械相关的所有适用要求进行适当监督。

4. 根据第 90/385/EEC 号指令和第 93/42/EEC 号指令在 2022 年 5 月 26 日前合法上市的器械，以及自 2020 年 5 月 26 日起上市并具有本条第 2 段所述证书的器械，可继续在市场上流通或投入使用，直至 2025 年 5 月 26 日。

5. 通过豁免第 90/385/EEC 和 93/42/EEC 号指令的方式，符合本法规的器械可在 2020 年 5 月 26 日前上市。

6. 通过豁免第 90/385/EEC 和 93/42/EEC 号指令的方式，可在 2020 年 5 月 26 日前指定并通知符合该法规的符合性评估机构。根据本法规指定并通知的公告机构，可在 2020 年 5 月 26 日前，采用其规定的符合性评估流程并按照本法规规定签发证书。

7. 对于受限于第 54 条规定咨询规程的器械，本条第 5 段应适用，前提是已委派必要的 MDCG 和专家小组。

8. 分别根据第 90/385/EEC 号指令的第 10a 条或第 93/42/EEC 号指令的第 14(1) 和 (2) 条，以及分别根据第 90/385/EEC 号指令第 10b(1) 条 (a) 点或第 93/42/EEC 号指令第 14a(1) 条第 (a) 和 (b) 点，按照第 2010/227/EU 号决议的规定，通过豁免第 90/385/EEC 号指令的第 10a 条和第 10b(1) 条第 (a) 点以及第 93/42/EEC 号指令的第 14(1) 和 (2) 条及第 14a(1) 条的第 (a) 和 (b) 点，在第 123(3) 条第 (d) 点所述日期 (以较晚者为准) 和 18 个月后结束的期限内，符合本法规的第 29(4) 和 56(5) 条的制造商、授权代表、进口商和公告机构应视为符合成员国的法律法规。

9. 成员国主管机构根据第 90/385/EEC 号指令第 9(9) 条或 93/42/EEC 号指令第 11(13) 条发出的授权在授权注明期限内应继续有效。

10. 根据第 1(6) 条第 (f) 点和第 (g) 点，在本法规范围内且在 2020 年 5 月 26 日前，根据成员国的有效规则合法上市或投入使用的器械可继续上市并在有关成员国投入使用。

11. 根据第 90/385/EEC 号指令第 10 条或第 93/42/EEC 号指令第 15 条，在 2020 年 5 月 26 日前已开始执行的临床试验可继续进行。但自 2020 年 5 月 26 日起，应根据本法规进行严重不良事件和器械缺陷的报告。

12. 在委员会根据第 27(2) 条指定发行实体前，GS1、HIBCC 和 ICCBBA 应被视为指定的发行实体。

第 121 条　评估

在 2027 年 5 月 27 日之前，委员会应评估本法规的应用，并就实现法规目标的进展制定评估报告，包括实施本法规所需的资源评估。依据第 27 条，经营者、健康机构和健康专家应特别注意通过 UDI 对存储的器械进行追溯。

第 122 条　废除

在不影响本法规第 120(3) 和 (4) 条规定、不影响成员国和制造商的警惕义务以及制造商的提供文件义务的情况下，自 2020 年 5 月 26 日起，废除理事会第 90/385/EEC 和 93/42/EEC 号指令，例外情况为：

- 在本法规第 123(3) 条第 (d) 点所述的两个日期 (以较晚者为准) 之后，废除第 90/385/EEC 号指令的第 8 条、第 10 条、第 10b(1) 条的第 (b) 和 (c) 点、第 10b(2) 条和第 10b(3) 条，以及相应附录中规定与警惕和临床试验有关的义务。

- 自本法规第 123(3) 条第 (d) 点所述日期中较晚日期后 18 个月起，废除第 90/385/EEC 号指令第 10a 条和第 10b(1) 条第 (a) 点，以及与器械和经营者注册有关的义务及相应附录中规定的证书通知。

- 自本法规第 123(3) 条第 (d) 点所述的日期 (以较晚的为准) 之后，废除第 93/42/EEC 号指令第 10 条、第 14a(1) 条第 (c) 和 (d) 点、第 14a(2) 条、第 14a(3) 条以及第 15 条，以及相应附录中规定与警惕和临床试验有关的义务。

- 自本法规第 123(3) 条第 (d) 点条所述日期中较晚日期后 18 个月起，废除第 93/42/EEC 号指令第 14(1) 和 (2) 条以及第 14a(1) 条第 (a) 和 (b) 点以及相应附录中规定的与器械和经营者注册有关的义务及证书通知。

关于本法规第 120(3) 和 (4) 条所述的器械，第 1 段所述的指令应继续适用，直至 2025 年 5 月 26 日，视适用这些情况的需要而定。

尽管有第 1 段规定，第 207/2012 号 (EU) 法规和第 722/2012 号 (EU) 法规仍生效，并继续适用，否则直至委员会根据本法规通过的实施细则废除。

应将对废除指令的引用理解为对本法规的引用，并应按照本法规附录 XVII 中规定的对比表格进行阅读。

第 123 条 生效与应用日期

1. 本法规应在《欧盟官方公报》上公布后第 20 天生效。

2. 自 2020 年 5 月 26 日起适用。

3. 通过豁免第 2 段规定：

(a) 第 35~50 条自 2017 年 11 月 26 日起适用。但是，在 2020 年 5 月 26 日前，根据第 35~50 条规定所产生的公告机构义务应仅适用于根据第 38 条提交指定申请的机构；

(b) 第 101 条和第 103 条自 2017 年 11 月 26 日起适用；

(c) 第 102 条自 2018 年 5 月 26 日起适用；

(d) 在不影响委员会根据第 34 条承担其义务的情况下，由于在起草第 34(1) 条所述计划时无法合理预见的情况，Eudamed 在 2020 年 5 月 26 日未充分运作，与 Eudamed 有关的义务和要求应于第 34(3) 条所述通知发布之日起 6 个月后适用。上述句子所述的规定为：

- 第 29 条
- 第 31 条
- 第 32 条
- 第 33(4) 条
- 第 40(2) 条第 2 段
- 第 42(10) 条

- 第 43(2) 条
- 第 44(12) 条第 2 子段
- 第 46(7) 条第 (e) 和 (d) 点
- 第 53(2) 条
- 第 54(3) 条
- 第 70~77 条
- 第 78 条第 1~13 段
- 第 79~82 条
- 第 86(2) 条
- 第 87 和 88 条
- 第 89(5) 和 (7) 条以及第 89(8) 第 3 子段
- 第 90 条
- 第 93(4)、(7) 和 (8) 条
- 第 95(2) 和 (4) 条
- 第 97(2) 条最后 1 段
- 第 99 (4) 条
- 第 120(3) 条第 1 子段第 2 句。

在 Eudamed 全面运作之前，第 90/385/EEC 号指令和第 93/42/EEC 号指令的相应条款将继续适用于履行本点第 1 段关于信息交换条款中规定的义务，包括，特别是关于警戒报告、临床试验、器械和经营者的注册以及证书通知的信息；

(e) 第 29(4) 和第 56(5) 条应自第 (d) 点所述日期起 18 个月后适用；

(f) 对于可植入器械和Ⅲ类器械，第 27(4) 条应自 2021 年 5 月 26 日起适用。对于Ⅱa 和Ⅱb 类器械，第 27(4) 条应自 2023 年 5 月 26 日起适用。对于Ⅰ类器械，第 27(4) 条应自 2025 年 5 月 26 日

起适用；

(g) 对于器械本身带有 UDI 载体的可重复使用器械，第 27(4) 条应于该点规定相关类别器械第 (f) 点所述之日起 2 年后适用；

(h) 第 78 条规定程序应自 2027 年 5 月 26 日起适用，但不影响第 78(14) 条；

(i) 第 120(12) 条应自 2019 年 5 月 26 日起适用。

本法规应整体具有约束力，并直接适用于所有成员国。

于 2017 年 4 月 5 日斯特拉斯堡签发

欧洲议会	理事会
会长	会长
A. TAJANI	I. BORG

附录

I 通用安全性与有效性要求
II 技术文件
III 关于上市后监管的技术文件
IV 欧盟符合性声明
V CE 符合性标识
VI 根据第 29(4) 和 31 条提交器械和经营者的注册信息，根据第 28 和 29 条提供核心数据元素给 UDI 数据库连同 UDI-DI，以及 UDI 系统
VII 公告机构需满足的要求
VIII 分类规则
IX 基于质量管理体系和技术文件评估的符合性评估
X 基于型式检验的符合性评估
XI 基于产品合规性验证的符合性评估
XII 由公告机构签发的证书
XIII 定制器械的步骤
XIV 临床评价和上市后临床跟踪
XV 临床试验
XVI 在第 1(2) 条中所述无预期医疗目的产品分组清单
XVII 对比表

附录 I 通用安全性与有效性要求

第 I 章 一般要求

1. 器械应具备制造商预期的性能，并确保其设计和结构在正常使用条件下适用于其预期用途。器械应安全有效，且不得对患者的临床症状或安全或使用者或其他人员 (如适用) 的安全和健康造成损害，在最大限度保护健康和安全的同时，器械使用的可接受风险与其对患者的益处相比，应在可接受范围内，并应考虑到符合现有认知水平。

2. 本附录所述尽可能降低风险的要求是指尽可能降低风险的同时不会对受益 – 风险比产生不利影响。

3. 制造商应建立、实施、记录和维护风险管理体系。

风险管理应理解为器械整个生命周期中的连续迭代过程，须定期进行系统更新。为进行风险管理，制造商须做到 ：

(a) 制定并记录各器械的风险管理计划；

(b) 识别和分析与各器械相关的已知和可预见的危害；

(c) 估计和评价在预期使用时以及在可合理预见的使用不当时产生的相关风险；

(d) 根据第 4 节的要求消除或控制第 (c) 点所述的这些风险；

(e) 评估生产阶段，特别是上市后监管体系的信息、危害及其发生的频率、评估其相关风险及总体风险、受益 – 风险比和风险可接受性；

(f) 基于对第 (e) 点所述信息之影响的评估，必要时根据第 4 节的要求修改控制措施。

4. 制造商就器械的设计和制造所采取的风险控制措施应符合安全原则，并考虑到现有的技术水平。为降低风险，制造商应对风险进行管理，使各危害相关的剩余风险及总剩余风险控制在可接受范围内。在选择最合适的解决方案时，制造商应依据下述优先原则：

(a) 通过安全的设计和生产尽可能消除或降低风险；

(b) 如适合，采取适当保护措施，关于无法消除的风险，必要应包括报警；且

(c) 提供安全信息 (警戒 / 预防措施 / 禁忌)，并在适当情况下向使用者提供培训。

制造商应将剩余风险告知使用者。

5. 在消除或减少使用不当相关风险时，制造商应：

(a) 尽量降低因器械人体工程学特点及其预期使用环境 (针对患者安全而设计) 所造成的风险；以及

(b) 针对技术知识、经验、教育、培训和使用环境，以及预期使用者医疗及身体条件 (如适用) 的注意事项 (针对非专业、专业、残疾或其他使用者而设计)。

6. 如器械在正常使用环境中使用并根据制造商的指示进行适当维护保养，在制造商声称的使用期限内器械的特性和性能不得对患者、使用者或其他人员 (如适用) 的健康或安全造成损害。

7. 器械的设计、制造和包装应确保在根据制造商提供的说明和信息进行运输和储存期间 (如温度和湿度的波动)，不会对器械在预期使用期间的特性和性能造成不利影响。

8. 与正常使用条件下器械预期性能对患者和 / 或使用者产生的潜在益处相比，所有已知和可预见的风险及任何不良影响应最小化并控制在可接受范围内。

9. 对于在附录 XVI 中所列出的医疗器械，制造商应充分了解在第 1 节和第 8 节规定的通用安全要求，即在预期条件下出于预期目的而使用器械时，器械不得出现任何风险，或出现不超过与产品使用相关的最大可接受风险，这与高水平地保障人员安全和健康原则一致。

第Ⅱ章　设计和生产相关要求

10. 化学、物理和生物学特性

10.1. 器械的设计和生产应当能确保符合第Ⅰ章所述的特性和性能要求。特别注意：

(a) 使用材料和物质的选择，特别是毒性和易燃性(如适用)；

(b) 所使用材料和物质与生物组织、细胞及体液间的相容性，及考虑到器械使用目的及吸收、分布、新陈代谢和排泄(如适用)；

(c) 器械不同部件之间的兼容性，该器械由多个可植入部件组成；

(d) 过程对材料性能的影响；

(e) 如适用，生物物理学或建模研究结果有效性已事先获得证实；

(f) 所使用材料的机械性能，在适当情况下反映诸如强度、延展性、抗断裂性、耐磨性和耐疲劳强度等问题；

(g) 表面性质；

(h) 确认该器械满足任何确定的化学和/或物理要求。

10.2. 器械的设计、生产和包装应尽可能降低污染物和残留物对患者造成的风险，同时考虑到器械预期用途以及参与器械运输、储存和使用的人员所造成的风险。

应当特别注意暴露于这些污染物和残留物的组织以及暴露时间与频率。

10.3. 器械的设计和生产应能使其可安全地与预期使用时会和器械接触的材料和物质 (包括气体) 一起使用若器械预期用于管理医疗产品，根据管理这些医疗产品的条款和限制，其设计和制造应能够与相关的医疗产品兼容，并应可根据其相应的适应证和预期用途维护医疗产品和器械的性能。

10.4. 物质

10.4.1 器械的设计和生产

器械的设计和生产应尽可能降低由物质或颗粒 (包括磨屑、降解产物和加工残留物) 造成的风险，此类物质或颗粒可能由器械产生。

器械或其部件或其使用的材料 :

● 具有侵入性，并与人体直接接触 ; 或

●管理 (或重新管理) 来自人体或向人体输送的药物、体液或其他物质 (包括气体) ; 或

● 运输、储存或待 (重新) 为人体输送药物、体液或物质 (包括气体)，在根据第 10.4.2 节进行调整时，应仅包含浓度高于 0.1% 重量比的以下物质 :

(a)1A 或 1B 类有致癌、致突变或生殖毒性 (CMR) 的物质，依据欧洲议会和理事会第 1272/2008 号 (EC) 法规[1]附录Ⅵ第 3 部分判断，或

(b) 有科学证据证明可能对人类健康造成严重影响的具有内分泌干扰性质的物质，根据欧洲议会和理事会第 1907/2006 号 (EC) 法规[2]第 59 条规定程序识别，或者委员会根据欧洲议会和理事会第 528/2012 号 (EU) 法规[3]第 5(3) 条第 1 段通过授权法案后，根据本法规规定之与人类健康相关准则识别。

10.4.2. 关于存在 CMR 和 / 或内分泌干扰物的理由，存在此类物质的理由应基于：

(a) 对潜在患者或使用者暴露于该物质下的情况进行分析和评估；

(b) 对可能的替代物质、材料或设计进行的分析，(在可用时) 包括有关独立研究、同行评审研究、相关科学委员会的科学意见等信息，以及对这些替代品可用性的分析；

(c) 论证可能的物质和 / 或材料替代品 (如有) 或设计变更 (如可行) 不适用于维护产品功能、性能和受益 – 风险比的原因；包括要考

[1] 欧洲议会和理事会于 2008 年 12 月 16 日签发的关于物质和混合物分类、标签和包装的第 1272/2008 号 (EC) 法规，修订和废除第 67/548/EEC 号指令和第 1999/45/EC 号指令，并修订了第 1907/2006 号 (EC) 法规 (OJ L353, 31.12.2008, p.1)。

[2] 欧洲议会和理事会于 2006 年 12 月 18 日签发的关于化学品注册、评估、授权和限制 (REACH) 的第 1907/2006 号 (EC) 法规 (OJ L396, 30.12.2006, p.1)。

[3] 欧洲议会和理事会于 2012 年 5 月 22 日签发的关于在市场上流通和使用杀生物产品的第 528/2012 号 (EU) 法规 (OJ L167，27.06.2012, p.1)。

虑这些器械的预期用途是否包括儿童治疗，或孕妇或哺乳妇女治疗，或对其他特别容易受到此类物质和/或材料影响的患者群体的治疗；

(d) 如适用和可用时，基于根据第 10.4.3 节和 10.4.4. 节制定的最新相关的科学委员会指南。

10.4.3. 邻苯二甲酸酯使用指南

为达到该附录第 10.4 节的目的，委员会应尽快并于 2018 年 5 月 26 日前向相关科学委员会提供任务以制定指南，且该指南应在 2020 年 5 月 26 日前编制好。委员会的任务至少应包含对邻苯二甲酸酯存在的受益–风险评估，其中邻苯二甲酸酯属于第 10.4.1 节要点 (a) 和 (b) 中所述物质组中的任何一组。受益–风险评估应考虑器械、可用替代物质和替代材料、设计和/或药物治疗使用的预期目的和环境。虽然根据最新科学证据认为是适当的，但应至少每 5 年更新一次该指南。

10.4.4. 其他 CMR 和内分泌干扰物质的指南

随后，委员会应委任相关科学委员会参考第 10.4.3 节，为第 10.4.1 节第 (a) 和 (b) 点所述的其他物质制定指南。

10.4.5 标签

若器械或其部件或其使用的材料包含第 10.4.1 节的第 (a) 和 (b) 点中，且浓度高于 0.1% 重量比，则应在器械本身和/或各单元的包装上或，(适当时) 在销售包装上把此类物质清单标记清楚。若此类器械的预期用途，包括儿童治疗，或孕妇或哺乳妇女治疗，或对视为特别易受到此类物质和 / 或材料影响的其他患者群体的治疗，则关于这些患者群体的残余风险、(如适用) 预防措施信息，均应在使用说明中给出。

10.5. 必须合理设计及生产器械，以尽量降低因物质意外进入器械而造成的风险，并且应考虑到器械及其预期使用环境的性质。

10.6. 器械的设计和制造应尽可能减少会或能够释放到患者或使用者体内的颗粒尺寸和性能相关的风险，除非这些颗粒接触到的是完好的皮肤。应特别注意纳米材料。

11. 感染及微生物污染

11.1. 器械和制造过程的设计应尽可能消除或减少感染患者、使用者和 (适用时) 其他人的风险。设计应 :

(a) 尽可能减少并消除意外由于切割和刺破造成的风险，例如针刺损伤 ;

(b) 操作便捷且安全 ;

(c) 尽可能降低器械的微生物泄漏和 / 或使用过程中的微生物暴露 ;

(d) 防止器械或其所包含之物 (例如样本或液体) 受到微生物的污染。

11.2. 必要时，应将器械设计成便于进行安全清洁、消毒和 / 或再灭菌。

11.3. 应对标记为具有特殊微生物状态的器械进行设计、制造和包装，以确保在投放到市场时，在制造商规定的运输和储存条件下，器械依旧保持原样。

11.4. 应根据适当流程，对在无菌状态下运输的器械进行设计、制造和包装，以确保在投放市场时，及在制造商指定的运输和储存条件下，器械能保持无菌状态，除非旨在保持其无菌状态的包装遭到损坏，仍保持无菌，直至保护包装破损或出于使用目的而打开时。这些措施应确保无菌包装的完整性对使用者清晰可见。

11.5. 无菌器械应通过适当、经过验证的方法进行加工、制造、包装和灭菌。

11.6. 用于灭菌的器械应采用适当且可控条件和设备进行制造和包装。

11.7. 若器械在使用前灭菌，则非无菌器械的包装系统应保持产品的完整性和清洁度，以尽量减少微生物污染风险；此外，包装系统应适当考虑制造商指定的灭菌方法。

11.8. 器械标识除带有灭菌产品的指示符号外，还应可区别市场上相同或相似器械的灭菌和非灭菌状态。

12. 含药器械，及由人体吸收或局部分散于人体的物质或物质组合构成的器械

12.1. 对于第 1(8) 条第 1 子段所指的器械，若单独使用，则该物质的质量、安全性和可用性将被视为是符合第 2001/83/EC 号指令第 1 条第 (2) 点的医药产品，应按照本法规中适用的符合性评估流程的规定，使用与第 2001/83/EC 号指令附录 I 所规定方法相似的方法进行验证。

12.2. 预期植入到人体，以及由人体吸收或局部分散在人体上的物质或物质组合构成的器械，应遵从 (适用时) 并受限于本法规与第 2001/83/EC 号指令附录 I 中规定的相关要求未涵盖方面，而这些相关要求用于按照本法规适用的符合性评估流程，对吸收、分散、新陈代谢、排泄、局部耐受性、毒性，与其他器械、医药产品或其他物质的相互影响，及潜在副作用进行评估。

13. 包含生物来源材料的器械

13.1. 对于使用由本法规涵盖的无活性或处理为无活性人源生物组织或细胞制造成的器械，根据第 1(6) 条第 (g) 点，适用以下规定 ：

(a) 对组织和细胞的捐赠、购买和测试应根据第 2004/23/EC 号指令完成。

(b) 应对那些组织和细胞或其衍生物进行处理、保存和任何其他操作，从而为患者、使用者、(适用时) 其他人员提供安全保障。特别是，应通过适当的来源方法，以及通过在制造过程中实施经验证的消除或失活方法处理与病毒和传染因子安全性相关的问题。

(c) 这些器械的可追溯体系应与第 2004/23/EC 号指令和第 2002/98/EC 号指令所规定可溯源性和数据保护要求是互补和相兼容。

13.2. 对使用无活性或处理成无活性的动物源组织、细胞、衍生物制造的器械，应适用以下规定 ：

(a) 在可行的情况下，考虑到动物物种，动物源组织和细胞或其衍生物应来自已经受兽医控制，即适合于组织预期使用的动物。由制造商保留动物地理来源信息。

(b) 应获取动物源组织、细胞和物质或其衍生物，并对其进行处理、保存、测试和操作，从而为患者、使用者和其他人员 (如适用) 提供安全保障。特别是关于病毒和其他传播因子的安全性，应通过在制造过程中，实施经验证的消除或病毒灭活方法来解决，除非此类方法的使用会导致不可接受的降解或损害器械的临床受益。

(c) 使用动物来源的组织或细胞或其衍生物制造的器械，如第 722/2012 号 (EU) 法规所述，应适用该法规规定的特别要求。

13.3. 对于使用其他无活性生物物质制造的器械，在第 13.1 和 13.2 节所述的情况下，应对这些物质进行加工、保存、测定和处理，以便为患者、使用者和其他人 (如适用) 提供安全保障，包括整条废物处理链。特别是，应通过适当的来源方法，及通过在生产过程中实施经验证的消除或失活方法处理与病毒和传染因子安全性相关的问题。

14. 器械构造及其与环境之间的相互作用

14.1. 若器械预定与其他器械或设备一起配合使用，必须保证整个系统 (包括连接系统) 具有安全性，同时不得改变本器械的特殊性能。此类组合结构的任何使用限制应在标签和 / 或使用说明上标明。应以尽量减少所有可能风险 (如误连接) 的方式设计和构造使用者必须处理的连接件，例如流体、气体输送件、电气或机械联轴节。

14.2. 应采用适当方式设计和制造器械，确保尽可能地避免或减少以下内容：

(a) 与器械物理特征有关的伤害风险，包含体积 / 压力比、尺寸和

人体工程学特征 (如适用) ；

(b) 与可合理预见的外部影响或环境条件相关的风险，例如磁场、外部电场和电磁效应、静电放电、诊断或治疗过程的辐射、压力、湿度、温度、压力或加速度的变化或无线电信号干扰；

(c) 当其接触材料、液体和物质时，包括其在正常使用条件下暴露接触的气体时与该器械使用相关的风险；

(d) 当器械在操作或交互时与软件和 IT 环境间可能的负相互作用相关的风险；

(e) 物质意外进入器械的风险；

(f) 在研究中正常使用或给予治疗期间，与其他器械相互干扰造成的风险；

(g) 由于下面原因导致的风险：材料老化、测试或控制机能精准度下降且无法维修或校正 (如植入人体后) 器械。

14.3. 必须适当地设计和制造器械，确保在正常使用期间和单一故障情形下尽量减少火灾或爆炸风险。应特别留意此类器械：其预期用途包括暴露于或与易燃易爆物质或可引燃物质结合使用的器械。

14.4. 器械的设计和制造应确保可安全且有效地进行调整、校准和维护。

14.5. 用于与其他器械或产品协同操作的器械设计和制造应确保其

互通性和兼容性可靠且安全。

14.6. 应根据人体工程学原理设计和制造任何测量、监测或显示器标度的器械，且应考虑器械的预期用途、使用者以及器械预期使用所在的环境条件。

14.7. 应以此类方式设计和制造器械，以便于使用者、患者或其他人安全地处置器械和 / 或相关废物。为此，制造商应研究并测试程序和措施，以便器械使用后可安全处置。这些程序应在使用说明中给出。

15. 具有诊断或测定功能的器械

15.1. 具有测定或诊断功能的器械，应根据适当的科学和技术方法为其预期用途提供足够的准确度、精度和稳定性。准确度范围应由制造商指定。

15.2. 具有测定功能的器械其进行的测量应以符合理事会第 80/181/EEC 号指令[1]规定的法定单位表示。

16. 辐射防护

16.1. 总论

(a) 必须适当地设计、制造和包装器械，确保在预定用途下尽量减少对患者、使用者和其他人员造成辐射，但在治疗和诊断目的使用下不对规定合理的剂量进行限制。

---

[1] 1979 年 12 月 20 日关于成员国衡量单位法律的理事会第 80/181/EEC 号指令，并废除第 71/354/EEC 号指令 (OJ L39, 15.2.1980, p.40)。

(b) 发出危害或潜在危害辐射的器械的操作说明应包含关于发射辐射性质、保护患者和使用者的方法，以及避免误用、尽可能适当减少安装风险的详细信息。此外，还应指定有关验收试验、性能试验、验收标准以及维修保养程序的信息。

16.2. 预期辐射

(a) 若器械因实现特定医疗目的而产生不可避免地辐射危害或潜在危害水平的电离和 / 或非电离辐射，并且其收益一般视为超过该辐射内固有的风险，则使用者必须可控制辐射。此类器械的设计和制造应确保相关可变参数的再现性在可接受公差范围内。

(b) 当器械用于发射危害或潜在危害的电离和 / 或非电离辐射时，应尽可能安装此类发射的可视显示器和 / 或声响报警信号。

16.3. 应采用适当方式设计和制造器械，确保尽可能降低患者、使用者和其他人员遭受非预期、漫辐射或散射辐射暴露。在可能和适当的情况下，应选择减少患者、使用者和可能受影响的其他人的辐射暴露方法。

16.4. 电离辐射

(a) 旨在发射电离辐射的器械的设计和制造应考虑第 2013/59/Euratom 号指令的要求，其中规定了防止由于暴露于电离辐射而产生危险的基本安全标准。

(b) 旨在发射电离辐射的器械的设计和制造应确保 (如可能) 可在治疗期间改变、控制和 (如可能) 监测所发射辐射的预期用途、剂量、几何形状和质量。

(c) 若会发射离子辐射的器械预定用于放射医学诊断，则应采用适当方式设计和制造器械，确保获得符合预期医疗用途的合适图像和 / 或输出质量，同时尽量减少对患者和使用者的辐射。

(d) 若会发射离子并预定用于放射治疗的器械，则应采用适当方式设计和制造器械，确保可监控和控制器械辐射剂量、光束类型和能量以及辐射质量 (如适用)。

17. 可编程电子系统——包含可编程电子系统的器械与本身就是器械的软件

17.1. 包含可编程电子系统 (包括软件) 的器械或者自身为器械的软件，其设计应根据其预期用途确保相应可重复性、可靠性和性能。在单一故障条件下，应采取适当手段以尽可能消除或降低由此造成的风险或性能损害。

17.2. 针对包含软件的器械或自身为器械的软件，应根据现有技术开发和制造软件，同时考虑开发生命周期原则、风险管理，包括信息安全、验证和确认。

17.3. 本节所指软件用于与移动计算平台结合使用，其设计和制作应考虑移动平台的具体特征 (如，屏幕的大小和对比度) 以及与其用途相关的外部因素 (环境变化，如光照或噪声水平)。

17.4. 制造商应规定有关硬件、IT 网络特性和 IT 安全措施的最低要求，包括防止非授权访问、按预期运行软件的必要条件。

18. 有源器械和与其连接的器械

18.1. 对于非植入式有源器械，在出现单一故障情况时，应采取适当的措施尽可能消除或减少由此产生的风险。

18.2. 当患者的安全性取决于内部电源时，此类器械应配备可确定电源状态的手段，并且当电源容量处于临界值时提供适当警告或指示。必要时应在电源容量变为临界值之前，提供适当警告或指示。

18.3. 若患者安全取决于外部供电，器械必须包含一个报警系统，用于指示任何电力故障。

18.4. 若器械预定用于监测患者内一个或多个临床参数，器械必须配备适当报警系统，用于提供有关可导致患者死亡或健康状态严重恶化的警戒信息给使用者。

18.5. 器械的设计和制造应尽可能降低产生电磁干扰的风险，以免影响相关器械或该使用环境下其他器械或设备的操作。

18.6. 器械的设计和制造应具有足以使器械按预期操作抗电磁干扰的天然免疫水平。

18.7. 器械的设计和制造应尽可能避免在正常使用器械期间和在单一故障情况下对患者、使用者或任何其他人造成意外触电的风险，但前提是器械须按照制造商的指示正确安装和维护保养。

18.8. 器械的设计和制造应尽可能保护对器械的未经授权访问，以免器械无法正常运行。

19. 有源可植入器械的特殊要求

19.1. 应采用适当方式设计和制造有源可植入器械，确保尽可能地避免或减少：

(a) 根据特定参考文献，与使用能源相关的风险，如使用电力，器械的绝缘、漏电和过热风险；

(b) 与医疗有关的风险，特别是使用除颤器或高频外科手术器械产生的风险；

(c) 在不可能进行维护和校准时可能出现的风险，包括：

- 漏泄电流过度增大，
- 所使用材料的老化，
- 器械产生的过多热量，
- 测量或控制机制准确性降低。

19.2. 有源可植入器械的设计和制造应确保：

- 如适当，器械与其预期施用物质的兼容性，
- 能源的可靠性。

19.3. 有源可植入器械（如适当）及其组成部分应可识别，以便允许在发现与器械或其组成部分相关的潜在风险之后采取任何必要

的措施。

19.4. 有源可植入器械应附带可明确识别自身及其制造商的代码(特别是关于器械的类型和制造年份);若必要，应可读取该代码，而不需要进行外科手术。

20. 机械和热风险防护

20.1. 应采用适当方式设计和制造器械，确保防止患者和使用者遭受与机械特征有关的机械风险，例如：运动阻力、稳定性或活动部件等。

20.2. 应采用适当方式设计和制造器械，确保尽量降低因器械振动引起的风险水平，并考虑利用先进技术和手段限制振动(尤其振动源处)，除非振动是规定性能中的一部分。

20.3. 应采用适当方式设计和制造器械，确保尽量降低因噪音释放而产生的风险水平，并考虑利用先进技术和手段减少噪音(尤其噪音源处)，除非这种噪音是规定性能中的组成部分。

20.4. 若使用者或他人必须操作连接到电力、气体、液压或气动能量供给源的端子和连接器，应采用适当方式设计和构造此类端子和连接器，确保尽量降低任何潜在风险。

20.5. 当安装或重装某些部件时可能出现的失误将有可能成为风险的源头，此类部件的设计和构造应完全避免该风险，若无法实现，则应通过在部件和 / 或其外壳的信息予以说明。

当需要知道移动方向以避免风险，相同信息应在活动部件和 / 或其外壳予以说明。

20.6. 在正常使用条件下，器械内可接触部件 (不包括拟供热或达到给定温度的部件或区域) 及其周围可触及部件不会达到造成危险的温度。

21. 预期供应能量或物质的器械对患者或使用者产生的风险的防护

21.1. 若器械预定用于为患者供给能量或物质，应采用适当方式设计和制造器械，确保能够准确地设置和维持输送量，从而足以保证患者和使用者的安全。

21.2. 器械应配备防止和 / 或指示输送可能产生危险的能量或物质数量方面的任何不足。器械必须集成适当手段，确保尽可能地防止危险等级的能源或物质从能源及 / 或物质来源中泄漏。

21.3. 控制器和指示器功能必须明确地注明在器械上。若器械提供使用说明或者通过一个可视系统指示操作或调整参数，必须保证使用者和患者 (如适用) 易于理解这些信息。

22. 对制造商预期供非专业人员使用的医疗器械所造成危险的防护

22.1. 由非专业人员使用的器械的设计和制造应适用于预期用途，其中应考虑可用于专业人员的技能和方法以及在非专业人员的技术和环境中合理预期差异导致的影响。制造商提供的信息和说明应易于非专业人员理解和应用。

22.2. 由非专业人员使用的器械的设计和制造应 ：

● 确保目标使用者在适当训练和 / 或信息获得后的所有必要治疗阶段均可安全且准确地使用器械；和

● 尽可能减少由于意外切割和刺破造成的风险，例如针刺损伤；和

● 尽可能减少预期使用者在处理器械以及 (如适当) 在结果解读中的错误风险。

22.3. 由非专业人员使用的器械 (如适当) 应包括非专业人员使用的规程：

● 在使用时，可验证器械将按照制造商的意图工作；并且

● 如适当，若器械未能提供有效的结果，则发出警告。

第Ⅲ章 有关器械随附信息的要求

23. 标签和使用说明书

23.1. 制造商需提供的信息的一般要求

各器械应附有识别器械及其制造商所需的信息，并酌情将安全性与有效性信息传达给使用者或其他人。此类信息可能出现在器械本身、包装上或使用说明书中，若制造商有网站，则应在网站上提供并保持更新最新信息，同时考虑到以下因素：

(a) 标签和使用说明的媒质、格式、内容、易读性和位置应适合于特定器械、其预期目的和对预期使用者的技术知识、经验、教育或培训。尤其是，使用说明书应以预期使用者容易理解的语言撰

写，并且在适当时，补充图纸和图表。

(b) 标签上所需的信息应在器械本身上提供。若不可行或不适当，则部分或所有信息应可显示在各单元的包装上和 / 或多个器械的包装上。

(c) 标签应以人类可读的格式提供，并可通过机器可读信息，例如射频识别 (RFID) 或条形码来补充。

(d) 使用说明应与器械一起提供。例外情形：对于Ⅰ类和Ⅱa类器械，若在无使用说明书的情形下同样可安全地使用器械，则无需此类使用说明书。除非本节其他地方另有规定。

(e) 当向单个使用者和 / 或位置提供多个器械时，若购买者同意，则可提供使用说明的单个副本，但购买者在任何情况下可请求免费提供其他副本。

(f) 只有在根据第 207/2012 号 (EU) 法规或根据本法规通过的任何后续实施规则中规定的条件下，可向使用者提供非纸质格式 (例如，电子格式) 使用说明。

(g) 需要传达给使用者和 / 或其他人的剩余风险应包括作为制造商所提供信息中的限制、禁忌证、预防措施或警戒。

(h) 如适当，制造商提供的信息应采用国际公认的符号形式。使用的任何符号或识别颜色应符合协调标准或 CS。若无协调标准或 CS，符号和颜色应在随同器械提供的文件中予以说明。

23.2. 标签上的信息

标签必须注明下面全部事项：

(a) 器械的名称或商品名称；

(b) 使用者识别器械所必需的详细信息、包装内容以及对于使用者不明显的器械预期用途；

(c) 制造商的名称、注册商号或注册商标及其注册营业地点的地址；

(d) 授权代表的姓名和授权代表的注册营业地点地址 (若制造商在欧盟以外有其注册营业地点)；

(e) 如适当，器械包含或采用的指示信息，

- 药物，包括人血或血浆衍生物；
- 人源的组织或细胞或其衍生物；
- 动物源的组织或细胞或其衍生物，如第 722/2012 号法规所述。

(f) 如适用，标签信息应符合第 10.4.5 节规定；

(g) 在器械的批号或序列号前应注明“批号”或“序列号”或等效符号 (如适用)；

(h) 根据第 27(4) 条和附录Ⅶ第 C 部分的 UDI；

(i) 明确指示可安全使用或植入器械的使用期限，至少表示为与之相关的年份和月份；

(j) 若没有指明可安全使用的日期，则指明制造日期。日期应清晰可辨，制造日期可作为批号或序列号的一部分；

(k) 指明适用的任何特殊储存和 / 或操作条件；

(l) 若以无菌方式提供器械，还应指示其无菌状态和灭菌方法；

(m) 需要立即引起器械使用者和任何其他人注意的警戒或预防措施。标签中该信息可保持最低限度，在这种情况下，应考虑预期用户在使用说明书中显示更详细的信息；

(n) 若器械用于一次性使用，则应指明。制造商的一次性使用指示应在整个欧盟内保持一致；

(o) 若器械是已进行再处理的一次性使用器械，提供该事实的指示信息、已执行的再处理循环次数以及关于再处理循环次数的任何限制；

(p) 若器械是定制的，则提供词语“定制器械”；

(q) 用于指示器械为医疗器械的指示信息。若本器械仅预定用于临床试验，则应标明“临床试验专用”；

(r) 若器械包含预计经由身体孔口引入人体或施加在皮肤上，并被人体吸收或局部分散在人体上的物质或物质组合，则应提供器械的整体定量成分和负责实现主要预期作用的主要成分的定量信息；

(s) 对于有源可植入器械，应提供序列号，对于其他可植入器械，应提供序列号或批号。

23.3. 关于保持器械无菌条件的包装信息（“无菌包装”）：

无菌包装上应出现以下细节：

(a) 指明无菌包装标识；

(b) 声明该器械处于无菌状态；

(c) 灭菌方法；

(d) 制造商名称和地址；

(e) 器械说明；

(f) 若本器械仅预定用于临床试验，应标明“临床试验专用”；

(g) 若属于定制器械，应标明“定制器械”；

(h) 制造月份和年份；

(i) 安全使用或植入器械的时间限制的明确指示信息，至少明确至年份和月份；

(j) 检查使用说明，即若无菌包装损坏或在使用前不小心打开，该如何处理。

23.4. 使用说明中的信息

使用说明应包含以下全部详细规定：

(a) 第 23.2 节第 (a)、(c)、(e)、(f)、(k)、(l)、(n) 和 (r) 点所述的详细规定；

(b) 器械的预期用途，明确说明适应证、禁忌证、目标患者群体和预期使用者 (如适用)；

(c) 如适用，提供预期的临床受益；

(d) 如适用，按照第 32 条提供安全和临床性能总结链接；

(e) 器械的性能特征；

(f) 如适用，提供信息用于医疗保健专业人员验证器械是否合适，并选择相应的软件和附录；

(g) 任何剩余风险、禁忌证和任何不良副作用，包括传达给患者的关于这方面的信息；

(h) 使用者适当地使用器械的要求规范，例如，若器械具有测定功能，提供其准确度；

(i) 在准备使用之前或在其使用 (例如，灭菌、最终组装、校准等)

期间器械的任何预处理或处理的细节，包括确保患者安全所需的消毒水平和实现那些消毒水平所需的所有可用方法；

(j) 所有特殊设施的任何要求或特殊培训或器械使用者和/或其他人的特定资质；

(k) 验证器械是否正确安装并是否准备好安全使用以及能按制造商意图执行的信息(若相关)：

- 预防和定期维护以及任何预备清洁或消毒的性质和频率的详细信息；

- 任何消耗部件的标识和更换方法；

- 任何必要的校准信息，用以确保器械可在其预期寿命期间正常和安全地工作；

- 消除参与安装、校准或维修器械的人所遭受的风险的方法。

(l) 若提供的器械是无菌的，无菌包装于使用前被损坏或无意打开，应提供说明；

(m) 若提供的器械是非无菌的，并且需要在使用前进行灭菌，应提供适当的灭菌说明；

(n) 若器械可重复使用，提供重复必需的适当处理过程的相关信息，包括清洁、消毒、包装以及(如适当)经过验证的适用于器械上市所在成员国的重新灭菌方法。应提供信息以识别该器械何时不得再使用，例如，材料劣化迹象或允许重复使用的最大次数；

(o) 必要的指示信息，指示只有在制造商负责进行重新调整后符合通用安全性与有效性要求，方可重复使用该器械；

(p) 若器械带有一次性使用说明，在重复使用器械时，制造商已知的特性和技术因素相关信息可能会构成风险。此信息应基于制造商风险管理文档的特定部分，应详细说明这些特征和技术因素。若按照第 23.1 节第 (d) 点无需任何使用说明，该信息必须按要求提供给使用者；

(q) 对于旨在与其他器械和 / 或通用设备一起使用的器械：

- 提供信息用于识别这些器械或设备，以便获得安全组合；和 / 或

- 提供对于与有关器械和设备组合的任何已知限制的信息。

(r) 若器械发出辐射且用于医疗用途：

- 关于发出辐射的性质、类型、(如适当) 强度和分布的详细信息；

- 防止患者、使用者或其他人在使用器械期间受到意外辐射的方法。

(s) 有关允许向使用者和 / 或患者通知任何警戒、预防措施、禁忌证、待采取措施以及与器械有关的使用限制信息。在相关情况下，此信息应允许使用者向患者简述所有警戒、预防措施、禁忌证、待采取措施以及与器械有关的使用限制，该信息应酌情包括：

- 器械发生故障或可能会影响安全的性能变化时的警告、预防措施和 / 或待采取措施；

- 警告、预防措施和 / 或暴露于合理可预见的外部影响或环境条件下采取的措施 (例如磁场、外部电和电磁效应、静电放电、与诊断或治疗过程相关的辐射、压力、湿度、或温度)；

- 在特定诊断研究、评估或治疗处理或其他程序 (例如，由影响其他设备的器械所发出的电磁干扰) 期间，器械的合理可预见存在所造成的干扰风险的警告、预防措施和 / 或待采取措施；

- 若器械用于管理人或动物来源的药品、组织或细胞或其衍生物、或生物物质，则在选择交付物质时须考虑任何可能的限制或不相容性；

- 结合到器械中作为器械组成部分的药物或生物材料相关的警告、预防措施和 / 或限制；

- 与纳入器械的含有 CMR 或具有内分泌干扰性质或可致患者或使用者过敏或起过敏反应的材料相关的预防措施。

(t) 若由拟引入人体并由人体吸收或局部扩散在人体内的物质或物质组合构成，则提供该器械及其代谢产物产品与其他器械、药品和其他物质间相互作用的一般概况以及禁忌、不良副作用和过量风险的警戒和预防措施 (如适用)；

(u) 对于可植入器械，有关患者可暴露材料和物质的总体定性和定量信息；

(v) 为便于安全处理器械、其配件和与其一起使用的耗材 (如有)，应采取的警告或预防措施。该信息应酌情包括：

- 感染或微生物危害 (例如，被人源潜在感染性物质污染的外植体、针或手术器械)；

- 物理性危害 (例如来自尖锐物)。

若按照第 23.1 节第 (d) 点的要求不提供使用说明，则应根据要求将这些信息提供给使用者；

(w) 对于非专业人员使用的器械，使用者应咨询医护专业人员；

(x) 对于根据本法规第 1(2) 条涵盖的器械，关于缺乏临床受益以及与器械使用相关的风险信息；

(y) 使用说明的发布日期，若已修订，最新版本使用说明的发布日期和标识符；

(z) 向使用者和 / 或患者发出与器械有关的任何严重不良事件的通知，应报告给使用者和 / 或患者所在成员国的制造商和主管机构；

(aa) 根据第 18 条向植入 / 带有可植入器械的患者提供的信息；

(ab) 对于结合可编程电子系统的器械 (包括软件或器械本身是软件)，提供对于运行软件来说所必要的有关硬件、IT 网络特性和 IT 安全措施的最低要求 (包括防止未经授权的访问)。

附录Ⅱ 技术文件

如适用，制造商应以清晰、有序、易于检索和表达明确的方式提出其编制的技术文件及其摘要，并应特别包括本附录中所述的以下要素：

1. 器械说明与规范，包括变量和附件

1.1. 器械说明与规范

(a) 产品或商品名和器械的一般说明，包括其预期用途和预期使用者；

(b) 附录Ⅵ第 C 部分所述的制造商对所讨论器械分配的基本 UDI-DI，只要该器械的标识基于 UDI 系统，或依靠产品代码、目录编号或其他可追溯的明确参考号来明确标识；

(c) 待诊断、治疗和 / 或监测的预期患者群体和医学病症以及其他考虑因素，例如患者选择标准、适应证、禁忌证、注意事项；

(d) 器械操作原理及其进行科学证明的操作模式 (如有必要)；

(e) 器械产品的合格理由；

(f) 器械的风险等级和按照附录Ⅷ应用的分类规则的理由；

(g) 任何新颖特征的说明；

(h) 器械附件、其他器械和非器械的其他与之配合使用产品的说明；

(i) 拟投放市场的各种器械配置 / 变量的说明或完整列表；

(j) 关键功能元件的一般说明，例如其部件 / 组件 (包括软件，如适用)，其形成、组成、功能以及相关的定性和定量组成。在适当情况下，应包括带标记的图形表示 (例如图表、照片和图纸)，清楚指示关键部件 / 组件，包括充分说明理解图纸和图表；

(k) 结合到关键功能元件中的 (原) 材料说明以及与人体直接或间接接触的材料说明，例如在体液的体外循环期间；

(l) 器械技术规范 (特征、尺寸和性能属性) 以及通常出现在使用者可用产品规范中 (例如在小册子、目录和类似出版物) 的任何变量 / 配置和附录。

1.2. 对前一代和类似器械的引用

(a) 制造商生产的前一代或几代器械的概述，如有；

(b) 在欧盟或国际市场上发现的类似器械的概述，如有。

2. 制造商提供的信息

一整套：

- 器械及其包装 (在特定管理条件下的独立单元包装、销售包装、运输包装) 上的标签 (使用器械预期销售所在成员国可接受的语言)；

- 使用说明 (使用器械预期销售所在成员国可接受的语言)。

3. 设计与制造信息

(a) 用于理解器械设计阶段的信息；

(b) 完整信息和规范，包括制造过程及其验证、其佐药、连续监测和最终产品测试。应在技术文件中加入完整数据；

(c) 确定进行设计和制造活动的所有场地，包括供应商和分包商。

4. 通用安全性与有效性要求

文件应包含其符合附录Ⅰ提供的通用安全性与有效性要求的证明信息，这些均适用于器械并考虑到其预期用途，并包括符合那些要求而采用这些解决方案的理由、确认和验证。该合格证明应包括：

(a) 适用于器械的通用安全性与有效性要求和其他不适用的理由；

(b) 证明其符合通用安全性与有效性要求的方法；

(c) 协调标准、CS 或采用的其他解决方案；

(d) 受控文件的准确识别。该文件提供其符合各个协调标准、CS

的证据或其他证明其符合通用安全性与有效性要求的方法。本点所述信息应包含在完整的技术文件中，此类证据的位置的前后参照和摘要技术文件（如适用）。

5. 风险利益分析和风险管理

文件应包含以下信息：

(a) 附录 I 第 1 和第 8 节所述的风险利益分析；

(b) 所采用的解决方案和附录 I 第 3 节所述的风险管理结果。

6. 产品验证与确认

文件应包含所进行的所有验证与确认测试和 / 或研究的结果和关键分析，以证明器械符合本法规的要求，特别是证明其符合适用的通用安全性与有效性要求。

6.1. 临床前和临床数据

(a) 试验结果，如工程、实验室、模拟使用和动物试验，以及适用于器械的公开文献评估，并考虑其预期用途或与器械临床前安全性及其与规范一致性基本相似的器械；

(b) 关于测试设计、完整测试或研究方案、数据分析方法的详细信息，数据摘要和测试结论除外，尤其是以下相关内容：

- 器械生物相容性，包括与患者或使用者直接或间接接触的所有材料识别；

- 物理、化学和微生物表征；

- 电气安全和电磁兼容性；

- 软件验证和确认(说明软件设计和开发过程以及在成品器械中所用的软件验证证明)。此信息通常包括在最终发布前在内部以及在模拟或实际使用者环境中执行的所有确认、验证和测试的总结结果。其还应涉及所有不同的硬件配置，并在适用情况下，由制造商提供信息中所确定的操作系统；

- 稳定性，包括产品有效期；

- 性能和安全性。

在适用情况下，应证明符合欧洲议会和理事会第 2004/10/EC 号指令[1]的规定。

若未进行新测试，文件应包括该决策的基本原理，例如，当这些性能纳入已合法上市或投入使用的器械的先前版本中时，须对相同材料进行生物相容性测试；

(c) 根据第 61(12) 条和附录 XIV 第 A 部分的临床评价报告及其更新版本以及临床评价计划；

---

[1] 2004 年 2 月 11 日欧洲议会和理事会关于统一有关适用良好实验室规范原则的法律、法规和行政规定以及化学物质试验应用验证的第 2004/10/EC 号指令(OJ L50, 20.2.2004, p.44)。

(d) 根据附录 XIV 第 B 部分的 PMCF 计划和 PMCF 评估报告或为何 PMCF 不适用的任何合理性。

6.2. 在特定情况下要求的附加信息

(a) 若器械包含第 2001/83/EC 号指令第 1 条第 2 点规定含义内的药品物质 (若单独使用)，作为不可或缺部分，其中包括第 1(8) 条第一子段所述的人体血液或血浆来源药品，则应附有表明这一事实的说明。在此种情况下，本文件应确定该种物质来源，并包含测试数据以评估其安全性、质量和可用性，同时须考虑器械预期用途。

(b) 若根据第 1(6) 条 (f) 和第 (g) 点，利用本法规所涵盖的人体或动物来源的组织或细胞或其衍生物制造器械，或作为不可或缺部分，若器械包含人源组织或细胞或其衍生物，其具有辅助器械的功能并根据第 1(10) 条第一项涵盖在本法规中，则应附有表明这一事实的说明。在此种情况下，本文件应确定所有使用的人或动物源材料，并分别提供有关符合附录 I 第 13.1 节或第 13.2 节的详细信息。

(c) 由旨在引入人体并由人体吸收或局部扩散至人体中的物质或物质组合构成器械的情况下，包括测试设计、完全测试或研究方案、数据分析方法的详细信息 (数据摘要和测试结论)，有关研究包括：

- 吸收、分布、代谢和排泄；

- 考虑到目标人群及其相关医疗条件，该器械或人体内的物质或代谢产物与其他器械、药品或其他物质的可能相互作用；

● 局部耐受性；

● 毒性，包括单剂量毒性、重复剂量毒性、遗传毒性、致癌性和生殖发育毒性(根据器械总体暴露程度和性质选择)。

在无此类研究的情况下，应提供理由。

(d) 对于附录 I 第 10.4.1 节所述含有 CMR 或内分泌物质的器械，应按照该附录第 10.4.2 节进行论证。

(e) 对于在无菌或定义的微生物条件下投放于市场的器械，其相关制造步骤的环境条件的说明。对于在无菌条件下投放于市场的器械,所用方法的说明,包括有关包装、消毒和无菌维护的确认报告。确认报告应所述生物负荷测试、热原测试和消毒剂残留物测试(如适用)。

(f) 对于投放于市场的具有测定功能的器械，为确保规范准确性而用的方法的说明。

(g) 若器械需连接至其他器械以便按预期操作，则该组合 / 配置的说明须包括证明其在连接至任何符合制造商规定特性的此种器械时，该器械符合通用安全性与有效性要求。

附录Ⅲ 关于上市后监管的技术文件

应以清楚、有序、易搜索和明确方式呈现按照第 83~86 条由制造商草拟的关于上市后监管的技术文件，特别是应该包括本附录所述要素：

1.1. 根据第 84 条的上市后监管计划。

在上市后监管计划中，制造商应证明其履行了第 83 条所述的义务。

(a) 上市后监管计划将会处理可用信息的收集与利用，尤其是：

- 有关严重不良事件的信息，包括 PSUR 的信息和现场安全纠正措施；
- 所述非严重不良事件的记录和有关任何不良副作用的数据；
- 趋势报告的信息；

- 相关专家或技术文献、数据库和 / 或登记表；

- 信息，包括使用者、经销商和进口商提供的反馈和投诉；和

- 关于类似医疗器械的公用信息。

(b) 上市后监管计划至少应包括：

- 收集第 (a) 点所述的所有信息的前瞻性与系统化流程。该流程应正确地说明器械的性能，并将该器械与投放市场的类似产品进行比较；

- 有效且适当的方法与流程，用于评估所收集的数据；

- 合适的指标和阈值，用于风险利益分析和风险管理连续的重新评估，如附录 I 第 3 节所述；

- 有效且适当的方法和工具，用于研究现场收集的投诉并分析市场相关经验；

- 方法和方案，用于管理那些受制于趋势报告的事件，如第 88 条所提供的，包括在统计学意义上事件发生频率或严重程度以及观察期的显著增加；

- 方法和方案，用于与主管机构、认证机构、经营者和使用者有效沟通；

- 参考履行第 83、84 和 86 条规定的制造商义务步骤；

- 系统化程序，用于确定并采取适当的措施，包括纠正措施；
- 有效的工具，用于跟踪并确定需必要纠正措施的器械；
- 根据附录 XIV 第 B 部分的 PMCF 计划，或不适用 PMCF 的理由。

1.2. 如第 86 条所述的 PSUR 和第 85 条的上市后监管报告。

附录Ⅳ 欧盟符合性声明

欧盟符合性声明应包含以下所有信息：

1. 第 31 条所述的制造商的名称、注册商品名或注册商标和 SRN(如签发)及其授权代表(如适用)和注册营业地点的联系地址；

2. 由制造商自行负责发出的欧盟符合性声明；

3. 附录Ⅵ第 C 部分所述的基本 UDI-DI；

4. 产品和商品名、产品代码、目录编号或其他明确的参考号，包括欧盟符合性声明所涵盖的器械可识别性和可追溯性，如适用，例如照片及其预期用途。除产品或商品名称外，如第 3 点所述的基本 UDI-DI 提供允许可识别性和可追溯性的信息；

5. 按照附录Ⅷ提出的规则，器械风险等级；

6. 当前声明所涵盖的器械符合本法规和其他相关的欧盟立法以及

联盟立法 (规定发布欧盟符合性声明的要求)(如适用)；

7. 关于符合性声明所用的任何 CS 的参考文献；

8. 如适用，公告机构的名称和标识号，所执行的符合性评估程序的说明和所签发的证书的标识；

9. 如适用，额外的信息；

10. 签声明的签发地点和日期，签字人的姓名和职务，以及代理人的签名。

附录Ⅴ　CE 符合性标识

1. “CE”标识必须包含缩写“CE”，并以下列形式呈现：

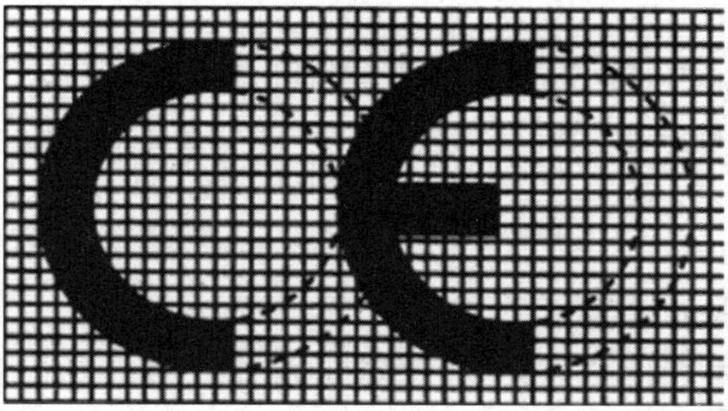

2. 若缩小或放大 CE 标识，应遵守上述刻度图的比例。

3. 在垂直方向上，CE 标识的各个组成部分应具有基本相同的尺寸，且不小于 5 mm。此最小尺寸限制不针对小型器械。

附录Ⅵ 根据第29(4)和31条提交器械和经营者的注册信息，根据第28和29条提供核心数据元素给UDI数据库连同UDI-DI，以及UDI系统

第A部分 根据第29(4)和31条提交器械和经营者的注册信息

制造商、授权代表(如适用)、进口商(如适用)应提交第1节所述的信息，还应确保第2节所述的有关其器械的信息是完整和正确的，并由相关方更新。

1. 与经营者有关的信息

1.1. 经营者的类型(制造商、授权代表或进口商)；

1.2. 经营者的名称、地址和联系方式；

1.3. 若信息由1.1节中的其他角色代为提交，还应提供提交人的姓名、地址和联系方式；

1.4. 第15条所述的法规符合性负责人的姓名、地址和联系方式；

2. 与器械有关的信息

2.1. 基本 UDI–DI；

2.2. 由公告机构签发证书的类型、编号和到期日以及该公告机构的名称或标识号，以及在证书上显示的并由公告机构输入电子系统中的公告机构及证书信息的链接；

2.3. 器械应投放或已经投放的市场所在的欧盟成员国；

2.4. 对于Ⅱa、Ⅱb 或Ⅲ类器械：该器械在该成员国中可用；

2.5. 器械的风险等级；

2.6. 回收一次性使用器械 (是 / 否)；

2.7. 存在某一单独使用时可认为是一种药品的物质以及该物质的名称；

2.8. 存在某一单独使用时可认为是一种人体血液或血浆来源药品的物质以及该物质的名称；

2.9. 存在人体源组织或细胞或其衍生物 (是 / 否)；

2.10. 存在第 722/2012 号 (EU) 法规所述动物源组织或细胞或其衍生物 (是 / 否)；

2.11. 如适用，与器械相关的临床试验唯一识别号 (或在电子系统中与临床试验有关的临床试验登记链接)；

2.12. 对于附录XVI所列器械，规定器械预期用途是否为医疗用途；

2.13. 若器械由第10(15)条所述的另一个法人或自然人设计和制造，法人或自然人的名称、地址和联系方式；

2.14. 对于Ⅲ类器械或可植入器械，安全和临床性能摘要；

2.15. 器械的状态(在销售、不再销售、召回、现场安全纠正措施启动)。

第B部分　根据第28和29条提供给UDI数据库的核心数据元素与UDI-DI

制造商应向UDI数据库提供UDI-DI以及与制造商和器械相关的以下信息：

1. 各程序包配置的数量；

2. 第29条所述的基本UDI-DI和额外UDI-D；

3. 控制器械生产的方式(到期日期或生产日期、批号或批数、序列号)；

4. 如适用,“UDI-DI”使用单位(未给器械标签UDI‘使用单位’时，应规定DI‘使用单位’，以便将器械的使用与患者关联起来)；

5. 制造商的名称和地址(如标签所示)；

6. 按照第 31(2) 条签发的 SRN；

7. 如适用，授权代表的名称和地址 (如标签所示)；

8. 第 26 条规定的医疗器械命名法规；

9. 器械的风险等级；

10. 如适用，商品名或商标名称；

11. 如适用，器械的型号、参考号或目录号；

12. 如适用，临床尺寸 (包括体积、长度、规格、直径)；

13. 额外的产品说明 (可选)；

14. 如适用，存储和 / 或处理条件 (如标签或使用说明所示)；

15. 如适用，器械的额外商品名；

16. 标记为一次性使用器械 (是 / 否)；

17. 如适用，重复使用最大次数；

18. 标记为无菌器械 (是 / 否)；

19. 使用前须消毒 (是 / 否)；

20. 标记为含胶乳 (是 / 否) ;

21. 如适用，按照附录 I 第 10.4.5 节标记的信息 ;

22. 额外信息的 URL，如电子使用说明 (可选) ;

23. 重要警告或禁忌 (如适用) ;

24. 器械状态 (在销售、不再销售、召回、现场安全纠正措施启动)

第 C 部分　UDI 系统

1. 定义

自动标识和数据捕获 (AIDC)

AIDC 是一种自动捕获数据的技术。AIDC 技术包括条形码、智能卡、生物识别和 RFID。

基本 UDI–DI

基本 UDI–DI 是器械模型的主要标识符。基本 UDI–DI 是在器械使用单元的层面上分配的 DI。基本 UDI–DI 是在 UDI 数据库中记录的关键，也应在相关的证书和欧盟符合性声明中引用。

使用单元 DI

当 UDI 未在个别器械使用单元级别上标记时，使用单元 DI 用于在某些情况下将器械的使用与患者关联，例如在相同器械的若干单元的情况下包装在一起。

可配置的器械

可配置的器械是一种由数个组件组成的器械。在多种配置中，这些组件可能由制造商组装。那些独立的组件可能本身就是器械。

可配置器械包括计算机断层扫描 (CT) 系统、超声系统、麻醉系统、生理监测系统、放射信息系统 (RIS)。

配置

配置是由制造商指定的设备项的组合，这些设备项一起运作相当于一台器械，以达到预期用途。可修改、调整或定制设备项的组合，以满足特殊需求。

除其他以外，配置还包括：

- 台架、管、工作台、控制台和其他可配置 / 组合以在计算机断层扫描中实现预期功能的设备组件；
- 提供组合呼吸机、呼吸管路、喷雾器用于麻醉的预期功能。

UDI-DI

UDI-DI 是专用于器械模型的唯一数字或字母数字码，也被用作 UDI 数据库所保存信息的“存取键”。

人可读解释 (HRI)

HRI 是 UDI 载体中编码的数据字符的易读解释。

包装等级

包装等级是指包含限定数量器械的各种等级器械包装，例如，各纸箱或箱子。

UDI–PI

UDI–PI 是一种数字或字母数字码，用于识别器械生产单元。

不同类型的 UDI–PI 包括序列号、批号、软件标识和 / 或制造和 / 或到期日或上述两种日期。

无线射频标识 RFID

RFID 是一种以标识为目的通过无线电波交换阅读器和电子追踪器之间的数据来进行通信的技术。

海运集装箱

海运集装箱是一种利用物流系统专用流程控制溯源的集装箱。

唯一器械标识 (UDI)

UDI 是通过全球接受的器械标识和编码标准来创建的一系列数字

或字母数字字符。在市场上，允许明确标识特定器械。UDI 由 UDI-DI 和 UDI-PI 组成。

“唯一”这个词并不意味着各生产单元的序列化。

UDI 载体

UDI 载体是通过使用 AIDC 及其 HRI(如适用) 传达 UDI 的工具。

除此以外，载体还包括 ID / 线性条形码、2D / 矩阵条形码、RFID。

2. 一般要求

2.1.UDI 的附注是额外要求——不可替换本法规附录 I 所述的任何其他标记或标签要求。

2.2. 制造商应指定并维护其器械的唯一 UDI。

2.3. 只有制造商可在其器械或包装上设置 UDI。

2.4. 根据第 27(2) 条，只能使用由委员会指定的颁发实体提供的编码标准。

3.UDI(唯一器械标识)

3.1.UDI 应位于器械本身或其包装上。更高级别的包装应有其自己的 UDI。

3.2. 海运集装箱应豁免第 3.1 节要求。例如，物流单元上无需有

UDI；当医疗服务机构订购多台使用 UDI 或单个器械型号的器械，而且制造商将这些器械放置在一个集装箱内运输或用以保护单独包装的器械时，不得要求集装箱(物流单元)上有 UDI。

3.3.UDI 应包含两部分：UDI–DI 和 UDI–PI。

3.4.UDI–DI 在各级别的器械包装上均是唯一的。

3.5. 若标签上出现批号、序列号、软件标识或过期日期，则其将是 UDI–PI 的一部分。若标签上同时还标有生产日期，则 UDI–PI 无需包含生产日期。若在标签上只有生产日期，则应将其用作 UDI–PI。

3.6. 被视为器械且可在市场上购买的各组件应有其单独 UDI，除非此类组件是以单独 UDI 销售的可配置器械的一部分。

3.7. 应分配第 22 条所述的系统和程序包并承担自身的 UDI。

3.8. 制造商应根据以下编码标准为器械分配 UDI。

3.9. 在有可能导致器械的错误识别和 / 或其追溯性不明确时，尤其是以下任何 UDI 数据库元素发生的变化需要新的 UDI–DI 时，将须要提供新的 UDI–DI。

(a) 名称或商标名称；

(b) 器械类型或型号；

(c) 标记为一次性使用；

(d) 无菌包装；

(e) 使用前需消毒；

(f) 包装所提供器械的数量；

(g) 重要警告或禁忌证：例如含胶乳或 DEHP。

3.10. 重新包装和 / 或重新安装器械的制造商，使用自身的标签，且应保留原始设备制造商 (OEM)UDI 的记录。

4.UDI 载体

4.1. 应将 UDI 载体 (UID 的 AIDC 和 HRI 标识) 放置在标签上或器械本体上以及所有更高级别的器械包装上。更高级别的包装不包括海运集装箱。

4.2. 若使用包装的器械上有明显的空间限制，UDI 载体可放置在下一个更高级别的包装上。

4.3. 对于单独包装和贴标签的Ⅰ类和Ⅱa 类一次性使用器械，不得要求 UDI 载体出现在包装上，但应出现在更高级别的包装上，如包含几个单独包装器械的纸箱。但当医疗保健提供者不能获得 (家庭保健设置) 更高级别的器械包装，UDI 应放置在个别器械的包装上。

4.4. 对于专门用于零售销售点 (POS) 的器械，AIDC 中的 UDI-PI

不需要出现在销售点包装上。

4.5. 当除 UDI 载体外的 AIDC 载体是产品标签的一部分时，UDI 载体应易于识别。

4.6. 若使用线性条形码，则 UDI–DI 和 UDI–PI 可在两个或更多的条形码中进行级联或非级联。线性条形码的所有部分和元素应是可区分和可识别的。

4.7. 若存在限制在标签上使用 AIDC 和 HRI 的显著约束，则标签上只需要出现 AIDC 格式。对于预期在医疗服务机构以外使用的器械 (例如家庭护理器械)，应在标签上使用 HRI 格式，即使会导致无空间留给 AIDC。

4.8.HRI 格式应遵循 UDI 代码颁发实体的规则。

4.9. 若制造商使用 RFID 技术，则应在标签上提供符合指定颁发实体所规定标准的线性或二维条形码。

4.10. 可重复使用的器械上应带有 UDI 载体。用于需要在患者使用之间进行清洁、消毒、灭菌或翻新的可重复使用器械的 UDI 载体，在执行每一个过程之后，都应是永久性的和可读的，以使该器械在预期寿命内随时可供后续使用。本节的规定不适用于满足以下任一条件的任何器械：

(a) 任何类型的直接标记将对器械的安全或性能造成干扰；

(b) 该器械不能直接标记，因为其在技术上并非切实可行。

4.11.UDI 载体在器械正常使用和预期使用寿命内应是可读的。

4.12. 若 UDI 载体容易通过器械的包装或在 AIDC 可扫描的情况下读取，则无须将 UDI 载体放置在包装上。

4.13. 若由多个部件组成且在首次使用前必须完成装配，单独成品器械，则其将 UDI 载体仅放置在各器械的一个部分上。

4.14.UDI 载体的位置应合理，以使在正常操作或储存期间可访问 AIDC。

4.15. 包括“UDI-DI”和“UDI-PI”的条形码载体还可包含器械操作的基本数据或其他数据。

5.UDI 数据库的一般原则

5.1.UDI 数据库应支持本附录第 B 部分所述的所有 UDI 数据库核心数据元素的使用。

5.2. 制造商应负责首次提交和更新 UDI 数据库中的识别信息和其他器械数据元素。

5.3. 应运用正确的方法和程序对提供的数据进行验证。

5.4. 制造商应定期对与其投放到市场上的器械相关的所有数据进行核实，除非这些器械从市场上撤出。

5.5.UDI 数据库中存在器械 UDI-DI 不得假设该器械符合本法规的规定。

5.6. 数据库应允许器械不同包装级别的链接。

5.7. 新的 UDI–DI 数据应在器械上市时可用。

5.8. 当对不需要新 UDI–DI 的元素进行更改时，制造商应在 30 天内更新相关的 UDI 数据库记录。

5.9. 在可能的情况下，UDI 数据库应使用国际公认的数据提交和更新标准。

5.10.UDI 数据库的使用者界面应适用于欧盟的所有官方语言。但为减少翻译，应尽可能减少自由文本字段的使用。

5.11. 与市场上不再使用的器械相关的数据应保存在 UDI 数据库中。

6. 特定器械类型的规则

6.1. 可植入器械：

6.1.1. 可植入器械应在其最低包装水平 (单元包装) 下用 UDI(UDI–DI + UDI–PI) 或 AIDC 识别或标记。

6.1.2.UDI–PI 应至少具有以下特征：

(a) 有源可植入器械的序列号；

(b) 其他可植入器械的序列号或批号；

6.1.3. 可植入器械的 UDI 在植入前应是可识别的。

6.2. 可重复使用的器械在使用期间需要清洁、消毒、灭菌或翻新

6.2.1. 此类器械的 UDI 应置于器械上，而且在各操作程序后都是可读的，以便于器械的下次使用。

6.2.2. 制造商应对 UDI-PI 的特性 (例如批号或序列号) 进行定义。

6.3. 第 22 条所述的系统和程序包

6.3.1. 第 22 条所述的自然人和法人应负责使用包括 UDI-DI 和 UDI-PI 的 UDI 来识别系统或程序包。

6.3.2. 系统或程序包的器械内件应将 UDI 载体置于其包装上或器械本身。

豁免：

(a) 对于系统或程序包内的单独使用的一次性器械，其用途一般为其拟使用的人所知，并且不适用于在系统或程序包范围以外的人员使用，则不需要在其上设置 UDI 载体；

(b) 豁免在相关级别包装上设置 UDI 载体的器械，在加入系统或程序包内时，其上无须设置 UDI 载体。

6.3.3.UDI 载体设置在系统或程序包上：

(a) 系统或程序包的 UDI 载体通常应贴在包装外面；

(b) 无论是放置在系统或程序包包装的外部，还是放在透明包装内，UDI 载体都应是可读的或可供 AIDC 扫描。

6.4. 可配置器械

6.4.1.UDI 应全部分配给可配置器械，并定名为可配置器械 UDI。

6.4.2. 可配置器械 UDI–DI 应分配给配置组，而不是组内的各配置。一组配置应定义为技术文件中所说明的给定器械的可能配置。

6.4.3. 应将可配置器械 UDI–PI 分配给各单独的可配置器械。

6.4.4. 可配置器械 UDI 的载体应放置在最不可能在系统使用期间进行更换的组件上，并且应认定为可配置器械 UDI。

6.4.5. 各可视为器械并且可自行购买的组件应分配一个单独的 UDI。

6.5. 器械软件

6.5.1.UDI 分配标准

应按软件的系统级别分配 UDI。只有可单独销售的软件和本身就是器械的软件才应遵循该要求。

软件标识应视为生产控制机制，并显示在 UDI–PI 中。

6.5.2. 每当修改改变时，需要新的 UDI–DI：

(a) 原始性能和疗效；

(b) 软件安全或预期用途；

(c) 数据解释。

此类变化可能包括新的或修改的算法、数据库结构、操作平台、架构、新的使用者界面或用于互操作性的新渠道。

6.5.3. 次要软件修订版本应需要一个新的 UDI-PI(而不是新的 UDI-DI)：

次要软件修订版本通常与错误修复、可用性增强，而非出于安全目的、安全补丁或运行效率相关。

次要软件修订版本应通过制造商的特定标识形式予以识别。

6.5.4. 软件的 UDI 配置标准

(a) 当软件以 CD 或 DVD 等物理介质进行交付时，各包装级别应以人类可读和完整 UDI 的 AIDC 表示。且应用于包含软件及其包装的物理介质的 UDI 应与分配给系统级软件的 UDI 相同；

(b)UDI 应以容易读取的纯文本格式 (例如，“关于”文件或包括在启动屏幕上) 提供在使用者容易访问的屏幕上；

(c) 缺少使用者界面的软件 (例如，用于图像转换的中间软件) 应能够通过应用程序编程接口 (API) 发送 UDI；

(d) 软件的电子显示器上只需要 UDI 的人类可读部分。使用 AIDC 标记的 UDI 不得用于电子显示器，如“关于”菜单、启动界面界面等；

(e) 软件 UDI 的人类可读格式应包括颁发实体所使用标准的应用标识符 (AI)，以便帮助使用者识别 UDI 并确定用来创建 UDI 的标准。

附录Ⅶ 公告机构需满足的要求

1. 组织和一般要求

1.1. 法人资格和组织结构

1.1.1. 应根据成员国的国内法，或根据与欧盟达成该方面协议的第三方国家的法律来建立各公告机构，并应对其法人资格和地位进行全面记录。此类记录应包括关于所有权和对公告机构行使控制权的法人或自然人的信息。

1.1.2. 若公告机构是作为较大组织一部分的法人实体，则该组织的活动及其组织结构和管理以及与公告机构的关系应清楚地记录在案。在这种情况下，第 1.2 节的要求适用于公告机构和其所属的组织。

1.1.3. 若公告机构全部或部分拥有在成员国或第三方国家建立的法人实体，或由另一法人实体所拥有，则应对这些实体的活动和责任，以及其与公告机构的法律和业务关系进行明确的定义和记录。根据本法规进行符合性评估活动的实体人员应遵守本法规的适用要求。

1.1.4. 公告机构的组织结构、责任分配、汇报程序和运作应能确保其对公告机构的性能所进行符合性评估活动的结果有信心。

1.1.5. 公告机构应清楚地记录其组织结构、高层管理人员和其他可能影响公告机构的性能以及符合性评估活动结果人员的职能、职责和权限。

1.1.6. 公告机构应确定对以下各项具有最高决策权和责任高层管理人员：

- 为符合性评估活动提供足够的资源；
- 制定公告机构运作程序和政策；
- 监管公告机构的监管程序、政策和质量管理体系；
- 监管公告机构的财务；
- 公告机构的活动和决议，包括合同协议；
- 在必要时向人员和(或)委员会授予执行既定活动的权力；和
- 与负责公告机构的主管机构的互动，以及与其他主管机构、委员会和其他公告机构沟通的义务。

1.2. 独立性和公正性

1.2.1. 公告机构应为独立于进行符合性评估活动的器械制造商的第三方机构。公告机构也应独立于对器械以及制造商的任何竞争对手有利害关系的任何其他经营者。这并不妨碍公告机构对竞争制造商的符合性评估活动。

1.2.2. 公告机构的组织和运作应保障其活动的独立性、客观性和公正性。公告机构应记录和实施一种结构和程序，以保障其公正性，并在其整个组织、人员和评估活动中促进和使用公正性原则。此类程序应可识别、研究和解决任何情况，其中可能发生利益冲突，包括在公告机构开展工作之前参与器械领域的咨询服务。研究、结果及其解决方案应记录在案。

1.2.3. 公告机构、其高层管理人员及负责执行符合性评估任务的人员不得：

(a) 是所评估器械的设计师、制造商、供应商、安装者、购买者、所有者或维护者，也不得是此类各方的授权代表。此类限制不妨碍购买和使用公告机构运营所必需的评估器械，以及进行符合性评估或为个人目的使用此类器械；

(b) 参与其指定器械的设计、制造或建造、营销、安装和使用或维护，也不得代表参与这些活动的各方；

(c) 参与可能与其指定的符合性评估活动相关的判断或诚信发生冲突的任何活动；

(d) 提供可能对其独立性、公正性或客观性的置信度产生损害的任何服务。特别是，其不得向制造商、其授权代表、供应商或商业竞争对手提供有关被评估器械或过程的设计、建造、销售或维护的咨询服务；

(e) 与任何本身能提供第 (d) 点所述咨询服务的组织相联系。这并不妨碍非客户特定并涉及器械法规或相关标准相关的一般培训活动。

1.2.4. 在公告机构开展工作之前参与医疗器械领域的咨询服务应在雇佣时充分记录在案，并且应根据本附录对潜在的利益冲突进行监控和解决。在公告机构开展工作之前，不得为特定客户的前雇员提供器械领域的咨询服务的人员指派于该特定客户或属于同一组的公司的符合性评估活动，限期 3 年。

1.2.5. 应保证公告机构、其高层管理人员和评估人员的公正性。公告机构和参与评估活动分包商的高层管理人员和评估人员的薪酬水平不取决于评估结果。公告机构应公开其高层管理人员的利益申报。

1.2.6. 若公告机构由公共实体或机构所有，则应确保和证明独立性和不存在任何利益冲突，一方面是负责公告机构和 / 或主管机构的机构，而另一方面是公告机构。

1.2.7. 公告机构应确保并记录其子公司、分包商或任何相关机构的活动，包括其所有者的活动，而且不影响其符合性评估活动的独立性、公正性或客观性。

1.2.8. 考虑到第 2003/361/EC 号建议关于费用部分所定义的中小型

企业的利益，公告机构应根据一套统一、公平合理的条款和条件运作。

1.2.9. 本节要求绝不会妨碍公告机构和进行符合性评估的制造商之间对技术信息和规章指南的交流。

1.3. 保密性

1.3.1. 公告机构应制定文件化程序，确保其人员、委员会、子公司、分包商、任何外部相关机构或人员在符合性评估活动执行期间遵守其所拥有信息的保密性，除非法律要求披露时。

1.3.2. 公告机构的人员应遵守有关根据本法规或任何生效的国家法律在实施其任务时的职业性秘密，有关负责公告机构的当局、负责成员国或委员会境内医疗器械的主管机构除外。所有权应受到保护。为此，公告机构应制定本节要求的合适的文件化程序。

1.4. 责任

1.4.1. 公告机构应为其合适评估活动办理适当的责任保险，除非根据国家法律由相关成员国承担责任，或成员国对符合性评估直接负责。

1.4.2. 责任保险的范围和总体财务价值应与公告机构活动的水平和地理范围相对应，并与公告机构所认证器械的风险状况相称。责任保险范围应包括公告机构可能有义务取消、限制或暂停证书的情况。

1.5. 财务要求

公告机构应拥有在其指定范围和相关业务活动中进行符合性评估

活动所需的财政资源。考虑到初始启动阶段内的具体情况，公告机构应在初始启动阶段考虑到相关的任何具体情况，记录并提供能证明其财政能力和长期经济可行性证据。

1.6. 参与协调活动

1.6.1. 公告机构应参与或确保其评估人员获悉所有相关标准化活动和第 49 条所述的公告机构协调小组的活动，并向评估和决策人员通报本法规框架内的所有相关立法、指南和最佳实践文件。

1.6.2. 公告机构应考虑到指南和最佳实践文件。

2. 质量管理要求

2.1. 公告机构应建立、记录、实施、维护和运行符合其符合性评估活动性质、区域和规模的质量管理体系，并能够符合和证明其与本法规要求的一致性。

2.2. 公告机构的质量管理体系至少应包括以下方面：

- 管理体系结构和文件，包括其活动的策略和目标；

- 有关活动人员分配及其职责的策略；

- 根据高层管理人员和其他公告机构人员的任务、职责和角色用进行的评估和决策过程；

- 计划、执行、评估和在必要时修改其合格评估流程；

- 文件控制；
- 记录控制；
- 管理评审；
- 内部审计；
- 整改与预防措施；
- 投诉和上诉；
- 持续培训。

若以多种语言使用文件，则公告机构应确保并控制此类文件具有相同的内容。

2.3. 公告机构高层的管理人员应确保整个公告机构组织(包括根据本法规参与符合性评估活动的子公司和分包商)都充分了解、实施和维护质量管理体系。

2.4. 公告机构应要求所有人员通过签字或类似形式正式承诺其会遵守公告机构规定的章程。该承诺应涵盖与商业和其他利益的保密性和独立性相关的方面，以及与客户现有或之前的任何关联。人员需要填写书面声明，表明其遵守保密性、独立性和公正原则。

3. 资源要求

3.1. 总则

3.1.1. 公告机构应能够以最高程度的职业操守和特定领域的必要能力来执行本法规赋予其的所有任务，无论此类任务是否有其自己或代表其执行，并属于其职责范围。

特别是，公告机构应拥有必要的人员，并拥有或能够使用指定符合性评估活动的技术、科学和行政任务所需的所有设备、设施和权限。

此类要求在任何时候和对于各合格评估流程及其指定的每种类型器械，均假定公告机构可永久获得相关器械和相应技术方面的知识和经验的足够行政、技术和科研人员。考虑到本法规的规定，特别是载于附录 I 的规定，此类人员应达充分数量以确保相关公告机构可进行符合性评估任务，包括对医疗功能性的评估、对临床评价和器械的性能和安全的评估。

公告机构的累积职权必须使其可评定其指定类型的器械。公告机构必须具有足够的内部能力来严格评估外部专家的评估。公告机构无法分包的任务列于本附录第 4.1 节。

参与公告机构对器械符合性评估活动的管理运作人员应具备适当的知识，以建立和运行用于选择评估和验证人员、验证其能力、授权及分配其任务、组织初始和持续培训、分配职责和监管其工作人员的系统，从而确保管理和执行评估和验证找错的人员有能力完成其所需的任务。

公告机构应确定至少一个其高级管理层内的个体，该个体对与器械有关的符合性评估活动负全责。

3.1.2. 公告机构应确保参与符合性评估活动的人员通过实施经验交流系统和持续培训以及教育计划能保持其资质和专业知识。

3.1.3. 公告机构应明确记录相关人员 (包括符合性评估活动中涉及的任何分包商和外部专家) 职责、责任和权限范围和限制，并相应地通知此类人员。

3.2. 相关人员的资格标准

3.2.1. 公告机构应建立并记录资格标准和程序，以便选择和授权参与符合性评估活动的人员 (包括所需的知识、经验和其他能力) 和所需培训 (初始和持续培训)。资格标准应涵盖符合性评估过程中的各种功能 (如审计、产品评估 / 测试、技术文件审核、决策) 以及器械、技术和指定范围内所涵盖的领域 (如生物相容性、消毒、人类和动物来源的组织和细胞、临床评价)。

3.2.2. 第 3.2.1 节所述的资格标准应根据第 42(3) 条中由成员国使用的通知范围说明所述公告机构的指定范围，并提供范围说明细分部分中所规定资格的足够详细信息。

应至少为以下评估确定具体的资格标准：

- 临床前评估；
- 临床评价；

● 人类和动物来源的组织和细胞；

● 功能安全；

● 软件；

● 包装；

● 作为药品主要部分并入的器械；

● 由人体吸收或局部喷洒在人体上的物质或组合物质组成的器械；和

● 不同类型的灭菌过程。

3.2.3. 由公告机构雇用负责制定资格标准和授权其他人员进行具体符合性评估活动的人员，且不得是外部专家或分包商。此外，此类人员应具备以下各方面的知识和经验：

● 欧盟器械法规和相关指导性文件；

● 符合本法规规定的合格评估流程；

● 器械技术和器械的设计和制造广泛基础知识；

● 公告机构质量管理体系、相关程序和所需的资格标准；

● 培训有关参与涉及器械的符合性评估活动的人员；

● 具备根据本法规或公告机构先前适用法律进行的符合性评估相关的足够经验。

3.2.4. 公告机构应拥有具有相关临床专业知识的永久性人员。此类人员尽可能由公告机构雇用。此类人员应在整个公告机构评估和决策过程中整合，以便：

● 确定需要专家投入到由制造商进行的临床评价的评定时间，以及确定相应合资格的专家；

● 按照本法规的相关规定、CS、协调标准适当训练外部临床专家并确保外部临床专家均充分了解环境和其评定和提出建议的影响；

● 能够审查并在科学上质疑包含在临床评价中的临床资料，以及任何相关的临床试验，并在制造商提供的临床评价的评定中适当引导外部临床专家；

● 能够科学评估，（如有必要）质疑提供的临床评价以及外部临床专家对制造商临床评价的评定结果；

● 能够确定由临床专家执行的临床评价的评定可比性和一致性；

● 能够评定制造商的临床评价且对外部专家提出的意见作出临床判断，并向公告机构的决策者提出建议；

● 能够制定记录和报告，以证明已执行相关的符合性评估活动。

3.2.5. 负责对产品进行相关审核（如技术文件审查或包括临床评

价、生物安全性、杀菌、软件验证等方面的类型检查）的人员（产品审查员）应具备以下经证明资格：

- 成功获得相关专业的大学或大专学位或同等学历资格，例如，医学、制药学、工程或其他相关学科；

- 在医疗保健品或相关领域（如制造、审计或研究）拥有4年专业经验，同时应在器械的设计、制造、测试或使用或进行评定或有关涉及科学方面评定的技术方面拥有两年经验；

- 拥有器械法规方面的知识，包括附录Ⅰ规定的一般安全性与有效性规定；

- 相关协调标准、CS和指导性文件的适当知识和经验；

- 拥有风险管理及有关医疗器械标准和指导性文件方面的相应知识和经验；

- 拥有临床评价方面的相应知识和经验；

- 与其正在评估的器械相关的适当知识；

- 附录Ⅸ～Ⅺ中所规定合格评估流程的适当知识和经验，特别获得授权的相关方面，以及执行此类评估的足够权限；

- 能够制定记录和报告，以证明已执行相关的符合性评估活动。

3.2.6. 负责对制造商的质量管理体系进行审核的人员（现场审核员）

应具有以下证明资格：

- 成功获得相关专业的大学或专科学院学位或同等学历资格，例如，医学、制药学、工程或其他相关学科；

- 在医疗保健产品或相关行业(如制造，审计或研究)领域拥有4年专业经验，同时在这些领域有2年的质量管理经验；

- 拥有器械法规及协调标准、CS和指导性文件方面的相应知识；

- 拥有风险管理及有关器械标准和指导性文件方面的相应知识和经验；

- 拥有质量管理体系及相关标准和指导性文件方面的相应知识；

- 附录Ⅸ～Ⅺ规定合格评估流程的适当知识和经验，特别获得授权的相关方面，以及执行此类审计的足够权限；

- 接受审计技术培训使其拥有质疑质量管理体系的能力。

- 能够制定记录和报告，以证明已执行相关的符合性评估活动。

3.2.7. 负责最终审查和认证决议的人员应当是公告机构本身的雇员，而非外部专家或分包合同人员。作为一个团体，所有这些人员，应具备以下经验证的知识和全面经验：

- 器械法规和相关指导性文件；

- 进行有关本法规的医疗器械符合性评估；

- 与器械符合性评估相关的资格类型、经验和专业知识；

- 在器械技术方面拥有广泛基础，包括符合性评估最终认证审查器械的充足经验、器械行业和器械的设计和制造方面；

- 公告机构质量管理体系、相关程序和涉及人员所需的资格；

- 能够制定记录和报告，以证明已执行的符合性评估活动。

3.3. 人员资格、培训和授权的证明文件

3.3.1. 公告机构应有一个程序，以充分记录参与符合性评估活动的各名人员的资格以及是否满足第 3.2 节所述的资格标准。在特殊情况下，如无法充分证明是否满足第 3.2 节规定的资格标准，公告机构应向负责公告机构的主管机构证明这些人员有权进行特定的符合性评估活动。

3.3.2. 对于第 3.2.3~3.2.7 节所述的所有人员，公告机构应建立并更新以下内容：

- 详细说明符合性评估活动方面人员的授权和责任的模块；

- 证明其已获得经授权的符合性评估活动所需的知识和经验的记录。记录文件应包括确定的各评估人员合理的责任范围和各人员进行的符合性评估活动的记录。

3.4. 分包商和外部专家

3.4.1. 在不影响第 3.2 节的限制的情况下，公告机构可转包符合性评估活动的某些已明确定义的组成部分。

不允许对整个质量管理体系或产品检验相关的审核进行分包，但这些活动的某些部分可由分包商和外部审核员以及专家代表公告机构执行。相关公告机构能够对分包商和专家执行其特定任务的能力的证据负全部责任，并保留对根据分包商评定做出决策应负的责任，以及对分包商和专家代表其进行的工作负有全部责任。

以下活动不得由公告机构转包：

- 审查外部专家的资格并监测其表现；
- 涉及相关分包的审计或认证组织的审计及认证活动；
- 将工作分配给外部专家进行具体的符合性评估活动；
- 最终审查和决策职能。

3.4.2. 若公告机构将某些符合性评估活动分包给某个组织或个人，则其应说明允许进行分包的条件的政策，并应确保：

- 分包商符合本附录的有关规定；
- 分包商和外部专家不再将工作转包给组织或人员；

- 上述要求已经告知申请符合性评估的自然人或法人。

外部人员的任何分包或咨询应有适当的文件记录，不得涉及任何中介人并应遵守直接的书面协议，其中包括保密性和利益冲突。相关公告机构应对分包商完成的任务承担全部责任。

3.4.3. 若由分包商或外部专家开展符合性评估(特别是有关异常性、侵入性和植入性的器械和技术)，相关公告机构自身应在指定的各产品领域具有足够能力以引导整体符合性评估，以核实专家意见的恰当性和有效性并做出认证决议。

3.5. 监测能力、培训和经验交流

3.5.1. 公告机构应制定程序，对符合性评估活动中涉及的所有内部、外部人员及分包商的能力、符合性评估活动和绩效进行初步评估和持续监测。

3.5.2. 公告机构应定期审查其人员的能力，确定培训需求并制定培训计划，以保持个体人员所需的资格和知识水平。审查应至少核实人员：

- 联盟以及有关器械的国家法律，相关的协调标准，CS，指导性文件，以及根据第 1.6 节的协调活动结果；

- 参与第 3.1.2 节所述的内部经验交流、持续培训及教育计划。

4. 程序要求

4.1. 总则

公告机构应有指定的各符合性评估活动的文件化流程和足够详细的程序，包括从预申请活动到决议及监督的各个步骤，并在必要时考虑到器械的相应特性。

应符合第 4.3、4.4、4.7 和 4.8 节所述的要求以作为公告机构的内部活动一部分，且不得转包。

4.2. 公告机构报价和预申请活动

公告机构应：

(a) 发布公开可用的申请程序说明，以便制造商通过说明获得公告机构认证。该说明应包括提交文件和任何相关信函可接受的语言；

(b) 记录与特定符合性评估活动所收取的费用以及与其器械评估活动相关的任何其他财务状况；

(c) 有关其符合性评估服务广告的书面程序。这些书面程序应确保广告或促销活动绝不暗示或可能导致推断其符合性评估将为制造商提供更早的市场准入，或者比其他公告机构更快、更容易或更不严格；

(d) 有文件化的程序，要求审查预申请的信息，包括在本法规所涵盖产品的初步验证及其分类，然后向制造商发出关于特定符合性评估的报价；

(e) 确保与本法规所涵盖的符合性评估活动有关的所有合同均直接在制造商与公告机构之间建立，而非与任何其他组织建立。

4.3. 申请审查与合同

公告机构应要求（申请人）提供由制造商或授权代表签署的正式申请，其中应包含相关符合性评估附录Ⅸ～Ⅺ要求的所有信息和制造商的声明。

公告机构与制造商之间的合同应采取双方签署的书面协议的形式。其应由公告机构保存。本合同应有明确的条款和条件，并包含使公告机构能够按照本法规的要求行事的义务，包括制造商有义务通知公告机构警戒报告，公告机构有权暂停、限制或取消发放的证书以及公告机构履行其信息义务的职责。

公告机构应有关于审查申请的书面程序，以便处理：

(a) 有关在请求批准下，在相应附录中所述的符合性评估程序要求的申请的完整性；

(b) 按照器械及其相应的分类对这些申请所涉及的产品进行资格验证；

(c) 申请人选择的符合性评估程序是否适用于本法规规定的有关器械；

(d) 公告机构根据其委任来审核申请表的能力；以及

(e) 充足和适当资源的可用性。

每次申请审查的结果均应记录在案。拒绝或撤销申请应通知第 57

条所述的电子系统，其他公告机构应当有权访问相关数据。

4.4. 资源分配

公告机构应有文件化程序，以确保所有符合性评估活动由经过适当授权和合格的人员进行，这些人员应具有足够的经验以对需要进行符合性评估的器械、系统和过程以及相关文档进行评估。

对于各应用，公告机构应确定所需资源，并指定某个人负责确保各应用的评估都根据相关程序进行并确保适当资源（包括人员在评估任务中的可用性）。作为符合性评估一部分进行所需的任务分配以及随后对此分配所做的任何更改都应记录在案。

4.5. 符合性评估活动

4.5.1 总则

公告机构及其人员应进行具有最高专业素质的符合性评估活动，并具备具体领域必要的技术和科学能力。

公告机构应具有足够的专业知识、设施和详细的文件化程序，以有效地进行相关公告机构指定的符合性评估活动，同时考虑到附录Ⅸ～Ⅺ中列出的具体要求，尤其是以下全部要求：

- 适当规划各项目的行为；

- 应确保所组成的评估小组有相关技术经验以及持续的客观性和独立性，并规定在适当的时间轮换评估小组成员；

- 指定确定符合性评估活动完成时限的理由；

- 评估制造商的技术文件和为满足附录 I 所列要求而采用的解决方案；

- 审查制造商有关临床前评估的程序和文件；

- 审查制造商有关临床评价的程序和文件；

- 论述制造商风险管理程序及其临床前和临床评价的评价与分析之间的借口，藉此评估其证实符合附录 I 要求的相关性；

- 执行附件Ⅸ第 5.2~5.4 节所述的“具体程序”；

- 在器械分成Ⅱa 或Ⅱb 类的情况下，评估选定的器械技术文件；

- 计划和定期进行适当的监督审核和评估，执行或要求进行某些测试，以验证质量管理体系的正常运作，并进行未事先通知的现场审核；

- 若涉及器械采样以验证制造的器械符合技术文件，此类要求应在采样前定义相关的采样标准和测试程序；

- 评估和验证制造商的活动是否符合相关附录的要求。

公告机构必要时应考虑可用的 CS(通用规范)、指导和最佳的实践文件和协调标准，即使制造商没有声明法规符合性。

4.5.2. 质量管理体系审核

(a) 作为质量管理体系评估的一部分，公告机构应在审计之前根据其书面程序：

● 根据相关符合性评估附录提交的文件进行评估并建立审核计划。该计划应清楚地显示完全覆盖制造商的质量管理体系所需的评估活动数量及顺序，并确定其是否符合本法规的要求；

● 识别各个生产场所之间的链接和责任分配，以及识别制造商的相关供应商和 / 或分包商，并考虑是否需要对这些供应商或分包商或两者进行专门审计；

● 为审计计划中确定的每项审计明确界定审计的目标、标准和范围；并拟订一项审计计划，以充分处理和考虑到所涉器械、技术和过程的具体要求；

● 对于Ⅱa 和Ⅱb 类器械，制定并保持最新的计划以评定附录Ⅱ和Ⅲ所述的技术文件，该文档涉及制造商申请所包含的这些范围的器械。该计划应确保证书所涵盖的所有器械在证书有效期内进行抽样；

● 选择和指派适当的合格授权人员进行个人审计。应清楚地定义和记录团队成员各自的职位、职责和权限。

(b) 依照制定的审计计划，公告机构应根据其书面程序：

● 审计制造商的质量管理体系，以便验证所涵盖的器械符合本规定的相关规定，本规定适用于从设计到最后质量控制直至持续监督的每一个阶段，并应确定是否达到本法规的规定；

● 根据相关技术文件，确定制造商是否符合相关符合性评估附录中所述的要求，并审查和审核制造商的过程和子系统，特别是：

★ 设计和开发
★ 生产过程控制
★ 产品文档
★ 采购控制，包括购买器械的检验
★ 矫正和预防措施，包括上市后监管
★ PMCF

并审查和审核制造商通过的要求和规定，包括与履行附件 I 所载的一般安全性与有效性要求有关的要求和规定。

应对文档进行抽样，以发现与器械的预期使用相关的风险、制造技术的复杂性、生产器械的范围和类别以及任何可用的上市后监控信息；

● 若尚未被审核计划覆盖，当成品器械的法规符合性受到多个供应商活动的显著影响时，尤其是制造商不能证明其对供应商拥有足够的控制权时，则将对制造商的供应商场所进行流程控制审核；

● 根据既抽样计划进行技术文件的评估，并考虑本附录第 4.5.4 节和第 4.5.5 节的临床前和临床评价；

● 依照本法规的要求，并依照相关标准或由 MDCG 编订或通过的最佳实践文件，公告机构应确保审计结果进行适当且一致的分类。

4.5.3. 产品验证

技术文件评估

为评估依据附录Ⅸ第Ⅱ章而执行的技术文件，公告机构应具有足够的专业知识和设施，并提供详细书面程序：

- 具有合适资格和授权的人员的委任，以进行各个方面的检查，例如器械使用、生物相容性、临床评价、风险管理、杀菌等；

- 评估是否符合本法规规定的设计并考虑第 4.5.4~4.5.6 节规定。该评估应包括检验进货、制程中和最终检查的执行情况和结果。若需要进一步测试或其他证据，以评估其是否符合本法规的要求，相关公告机构应当实施与器械有关的适当物理或实验室测试，或要求制造商实施这些测试。

型式检验

公告机构应具有用于器械型式检验（按照附录Ⅹ进行）的书面程序、充分专业知识和设施，包括以下能力：

- 考虑本附录第 4.5.4~4.5.6 节，检查和评估技术文件，并验证该类型已按照符合技术文件的要求制造；

- 建立一个测试计划，确定公告机构需要测试或在其职责范围之内的所有相关和关键参数；

- 记录选择这些参数的理由；

- 进行适当的检验和测试，以验证制造商采用的解决方案是否满足附录Ⅰ规定的通用安全性与有效性要求。此种检验和测试应该包括所有必要的测试，以验证该制造商实际已选择使用的相关标准；

- 若公告机构不直接进行这些测试，则需要与申请人协定必要测试的执行地点；

- 对测试结果承担全部责任。若其由具有资质以及独立于制造商的法规符合性评估机构颁发，应可考虑制造商提交的测试报告。

通过检查和测试每一个产品批次来进行验证，公告机构应该：

(a) 具有记录程序、足够的专业知识和设施，已根据附录Ⅺ第 B 部分，通过检查和测试每一件产品来进行验证；

(b) 建立一个测试计划，确定公告机构需要测试或在其职责范围之内的所有相关和关键参数，以便：

- 对于Ⅱb 类器械：验证器械是否符合欧盟型式检验证书说明的类型，及本法规中适用的要求；

- 对于Ⅱa 类器械：确认是否符合附录Ⅱ和Ⅲ所述的技术文件，及本法规中适用于这些器械的要求，并记录其对这些参数的选择理由；

(c) 记录选择第 (b) 点所述参数的理由；

(d) 有文件程序进行适当的评估和测试，以根据附录Ⅺ第 15 节的规定，通过检查和测试每一件产品，验证器械符合法规要求；

(e) 若公告机构自身不执行这些必要测试，则应具有与申请人达成执行这些必要测试的时间和地点有关的书面程序协议；

(f) 按照书面程序，对测试结果承担全部责任。可考虑制造商提交的测试报告，若它们由具有资质以及独立于制造商的法规符合性评估机构颁发。

4.5.4. 临床前评估的评定

公告机构应有文件程序，以对制造商进行有关临床前评价方面的程序和文件的审查。公告机构应检查、验证和确认制造商的程序和文件充分解决以下问题：

(a) 计划、执行、评估、报告，并在适当时更新临床前评价，特别是

- 科学的临床前文献检索；和

- 实验室测试、模拟使用测试、计算机模拟、使用动物模型的临床前试验；

(b) 身体接触的性质和持续时间，和特定的相关生物风险；

(c) 与风险管理程序的接口；和

(d) 可用的临床前数据及其相关性的评价和分析，以证实符合附录Ⅰ的有关要求。

公告机构对临床前评价程序和文件的评估，应说明文献检索结果

和所有批准、验证和进行的测试、得出的结论，并应通常考虑替代材料和物质，及成品器械的包装、稳定性 / 保质期。若制造商没有进行新的测试或偏离了程序，相关公告机构应严格审查制造商提出的理由。

4.5.5. 临床评价的评估

公告机构应当有文件程序，规定制造商的临床评价程序和文件评估，包括初始符合性评估，以及进行中评估。公告机构应检查、验证和确认制造商的程序和文件充分解决了以下问题：

● 根据附录 XIV 来规划、执行、评估、报告和更新临床评价；

● 上市后监管和 PMCF；

● 与风险管理流程的相互作用；

● 可用数据及其相关性分析和评估，以便证明符合附录 I 中相关要求；

● 关于临床证据和制定临床评价报告得出的结论。

第一段所述程序应包含现有 CS、指导和最佳规程文件。

根据附录 XIV，公告机构临床评价的评估应包括：

● 制造商指定的预期用途，及其定义的器械声明；

- 临床评价的规划；
- 文献检索方法；
- 从文献检索得到的相关文件；
- 临床试验；
- 验证声称与其他相关器械等效的陈述，等效性证明，同等和类似器械的适用性和结论；
- 上市后监管和 PMCF；
- 临床评价报告；
- 不执行临床试验或 PMCF 的理由。

关于从临床评价包含的临床试验中得到的临床数据，依据提交的批准临床试验计划，相关公告机构应确保制造商得出的结论是有效的。

公告机构应确保临床评价充分说明了附录Ⅰ规定的相关安全性与有效性要求，这与按照附录ⅩⅣ执行的风险管理、要求应适当一致，还应确保其适当反映在器械提供的信息中。

4.5.6.“特殊流程”

针对附录Ⅸ的第 5 和 6 节，附录Ⅹ的第 6 节和附录Ⅺ的第 16 节委任给公告机构的流程，公告机构应有相应的书面程序、足够的专业知识和设施。

若要利用第 722/2012 号 (EU) 法规中所述的动物源组织或细胞制造的器械，如 TSE 易危种，公告机构应有文件程序，遵守以上法规的要求，并应编制总结评价报告，提交至有关主管机构。

4.6. 报告

公告机构应：

- 确保记录了法规符合性评估中的所有步骤，使得这些评估结论明确以及证明其符合本法规要求，为未参与评估的人提供客观证据，如指定主管机构的工作人员；

- 确保足以提供清晰审核线索的质量管理体系审核记录可用；

- 在临床评估的评定报告中清楚地记录对临床评价的评估结论，

- 对各具体项目，提供一份详细报告，该报告应基于标准格式，包含 MDCG 决议的最少一组元素。

公告机构报告应：

- 清楚地记录其评估结果，对制造商是否符合本法规要求给出明确结论；

- 公告机构给出最终审查建议和最终决议；此建议应由公告机构的负责人明确签字；

- 提供给相关制造商。

4.7. 最终审查

在做出最后决定之前，公告机构应确保：

- 对偶于负责特定项目的最终审查和决定工作的人员应慎重选派，且不可与评估执行人员为同一人；

- 验证做出决定所需的报告和支持文件，包括有关评估过程中对所申请范围内容提出的不符合项；

- 验证是否存在任何悬而未决的、阻止欧盟证书签发的不符合项。

4.8. 决议和认证

公告机构应当有关于决策的文件程序，包括签发、吊销、限制和撤销证书的责任分配。这些程序应包括根据本法规第Ⅴ章规定的通知要求。这些程序应允许相关公告机构：

- 基于评估文件和其他可获得的信息，判断是否满足法规要求；

- 基于其对临床评价和风险管理的评估结果，判断 PMS 计划 (包括 PMCF) 是否充分；

- 判断是否满足具体的里程碑要求，以供公告机构对最新临床评价进一步审查；

- 判断是否需要定义特定的条件或条款；

- 基于新颖性、风险分级、临床评价和器械风险分析的结果，决议一个不超过 5 年的认证周期；
- 清楚地记录决议和审批的步骤，包括相关负责人员的签字批准；
- 清楚地记录决议通讯的职责和机制，特别是，若证书的最后签署者与决议者不同或不符合第 3.2.7 节规定的要求；
- 按照附录Ⅻ规定的最低要求签发证书，有效期不超过 5 年，并应说明是否有与认证相关的特定条件或限制；
- 只为申请人签发证书，并且不得颁发覆盖多个实体的证书；
- 确保将评估结果和最终决议通知制造商，并输入到第 57 条所述的电子系统。

4.9. 变更和修改

关于信息责任和变化的评估，公告机构与制造商之间应该具有适当的书面程序和合同安排：

- 经批准的质量管理体系或覆盖的产品范围；
- 经批准的器械设计；
- 预期器械用途或对器械提出的要求；
- 经批准的器械类型；

- 纳入器械或用于制造器械的任何物质，并且根据第 4.5.6 节，受到“具体程序”的制约。

第 1 段所述程序和合同协议应包括检查第 1 段所述变更的意义过程。

根据其书面程序，相关公告机构应：

- 确保制造商在批准计划之前，第 1 段所述变更提交计划以及与此类变更相关的信息；

- 对提议的变化进行评估，并验证做出这些变化之后，质量管理体系或器械的设计或类型是否仍符合本法规的要求；

- 将其决议通知制造商并提供一份报告或补充报告（视情况而定），其中应包含其评估 / 审核的合理结论。

4.10. 监管活动和认证后监控

公告机构应具有书面程序：

- 确定制造商如何以及何时执行监管活动。这些程序应包括，对制造商以及实时的分包商和供应商，进行突击现场审核，实时产品测试并监控制造商的任何条件是否符合相关的认证决议，例如，在特定的时间间隔，临床数据的更新；

- 用于筛选相关来源的科学和临床数据，以及其型号范围内相关的上市后信息。在规划和开展监管活动时，应考虑此类信息；

- 根据第 92(2) 条审查可获取的警戒数据，以便估计其对现有证书有效性的影响(如有)。评估的结果和做出的任何决议，应全面记录。

相关公告机构收到来自制造商或主管机构的警戒案件信息之后，应对以下应用选项做出决议：

- 无需采取行动，因为警戒案件与授权认证无清晰关联；
- 观察制造商和主管机构活动，制造商研究结果以便确定授权认证是否遭受威胁或是否已执行适当的纠正措施；
- 执行特殊监管措施，例如文件审查、临时通知或突击的审核、产品测试，以确定授权的认证是否遭受威胁；
- 加大监管审核的频率；
- 在对制造商的下一次审核中，审查特定产品或工艺；或
- 采取任何其他相关的措施。

关于制造商的监管审核，公告机构应具有书面程序：

- 对制造商的监管审核至少每年进行一次，并且其规划和实施应符合第 4.5 节的相关要求；
- 确保充分地评估制造商的文件和应用，包括警戒规定和上市后监管和 PMCF；

- 在审计期间，根据预定义的采样标准和测试程序，采样并测试器械和技术文件，以确保制造商持续采用经批准的质量管理体系；

- 确保制造商符合本法规中相关附录所规定的文件和信息责任，并且其程序考虑到推行质量管理体系的最佳规程；

- 确保制造商以正确的方式使用质量管理体系或器械审批；

- 收集足够多的信息，以确定质量管理体系是否持续符合本法规的要求；

- 若检测到不符合性，应要求制造商进行整改，当预防性措施可用时，采取纠正措施；并且

- 必要时，对相关证书施加特别的限制或中止或撤销。

若归类为认证的条件之一，该公告机构应：

- 基于上市后监管、PMC和有关器械治疗和类似器械的临床文献，开展制造商最新临床评价的深入审查；

- 清楚地记录本次深度审查的结果，并解决制造商的任何具体问题或施加任何具体情况；

- 确保最新的临床评价适当地反映在使用说明及安全性与有效性数据总结中。

4.11. 再认证

关于再认证审查和证书的续办，公告机构应具有适当的书面程序。对批准的质量管理体系或欧盟技术文件，评估证书或欧盟型式检验证书的再认证，至少应每五年进行一次。

对于欧盟技术文件评估的续办证书和欧盟型式检验证书，公告机构应具有相关的书面程序，这些程序要求制造商对做出的更改提交一份总结以及该器械的科学发现，包括：

(a) 对原始批准器械做出的更改，包括尚未通知的更改；

(b) 从上市后监管获取的经验；

(c) 从风险管理获取的经验；

(d) 从更新证据，使之符合附录 I 规定的通用安全性与有效性要求获取的经验；

(e) 临床评价审查的经验，包括任何临床试验的结果和 PMCF；

(f) 要求、器械零部件、科学或监管环境的变化；

(g) 已经采用的或新 (协调) 标准，CS 或同等文件的变化；

(h) 医疗、科学和技术知识的变化，例如：

- 新疗法；

- 测试方法的变化；
- 材料和零部件的新科学发现，包括生物相容性；
- 从类似器械研究获取的经验；
- 登记人 / 登记数据；
- 同类器械的临床试验经验。

公告机构应有文件程序，评估第 2 段所述的信息，并应特别注意自上一次认证或再认证以来的上市后监管和 PMCF 活动的临床数据，包括适当更新制造商的临床评价报告。

对于再认证决议，相关公告机构应采用与原始证书决议相同的方法和原则。如必要，应建立独立再认证的形式，并考虑到上述步骤，例如，应用和应用审查。

附录Ⅷ 分类规则

第Ⅰ章 分类规则的具体定义

1. 使用持续时间

1.1.“短暂”是指预期正常连续使用不超过 60 分钟。

1.2.“短期”是指预期正常连续使用 60 分钟到 30 天之间。

1.3.“长期”是指预期正常连续使用超过 30 天。

2. 侵入性器械和有源器械

2.1.“身体自然腔道”是指身体的任何天然开口，以及眼球的外表面，或者任何永久性人工开口，如孔口。

2.2.“外科侵入性器械”是指：

(a) 侵入性器械从身体表面穿透进身体，包括外科手术时通过身体自然腔道的黏膜穿透；

(b) 一种不通过身体自然腔道穿透的器械。

2.3.“可重复使用的外科器械”是指通过切割、钻、锯、刮、削、夹、收缩、剪切或类似方式用于外科使用的器械，不连接到任何有源医疗器械，制造商预期可通过适当的处理之后再次使用，如实施清洁、消毒和灭菌。

2.4.“有源治疗器械”是指任何有源器械，无论是单独使用或与其他器械联合使用，以支持、更改、替换或恢复生物学功能或结构，以期疾病、损伤或残障得到治疗或缓解。

2.5.“用于诊断和监测的有源器械”是指任何有源器械，无论是单独使用或与其他器械组合使用，用于为检测、诊断、监测或治疗生理病症、健康状况、疾病或先天畸形。

2.6.“中央循环系统”是指以下血管：肺动脉、升主动脉、主动脉弓、动脉分岔的降主动脉、冠状动脉、颈总动脉、颈外动脉、颈内动脉、脑动脉、头臂干、心静脉、肺静脉、上腔静脉、下腔静脉。

2.7.“中枢神经系统”是指脑、脑膜和脊髓。

2.8.“损伤的皮肤或黏膜”是指皮肤或黏膜呈现病理变化或带来疾病或伤口变化的区域。

第Ⅱ章　实施规则

3.1. 分类规则的使用应基于器械的预期目的。

3.2. 若相关器械将与其他器械共同使用，分类规则应分别适用于各器械。医疗器械和附录XVI所列产品的附件，应根据其自身因素进行分类，独立于它们所适用的器械。

3.3. 驱动某一器械或影响器械使用的软件，应与该器械归为同一类别。

若该软件独立于任何其他器械，则应按照其本身进行分类。

3.4. 若该器械并不预期单独或主要作用于身体的特定部位，则它应基于其最关键的特定用途来考虑和分类。

3.5. 基于器械的预期目的,若多个规则(或同一规则的多个子规则)同时适用于同一器械，则应采用能带来更高分类等级的最严格规则和子规则。

3.6. 依据第1节所述的持续时间，持续使用是指：

(a) 使用相同器械的整个持续时间，而不考虑使用过程中的暂时中断，或有目的暂时移除，如器械的清洁或消毒。使用的中断或移除是否是临时性的，应根据中断使用或器械移除的这段时间之前和之后的持续使用时间来判断；

(b) 器械累积使用，即制造商预期器械使用过程中会由另一相同型号迅速替换。

3.7. 当器械本身提供相关疾病或病情的诊断时，或能够提供诊断的决议性信息时，器械可被认为允许提供直接诊断。

第Ⅲ章　分类规划

4. 无创器械

4.1. 规则 1

所有非侵入性器械归为Ⅰ类，除非下文列出的某条规则适用。

4.2. 规则 2

用于引导或储存血液、体液、细胞或组织、液体或气体，以便最终输注、施用或引入进入体内的所有非侵入器械归为Ⅱa类、Ⅱb类或Ⅲ类有源器械：

- 若其可连接至Ⅱa类或更高类别的有源医疗器械；

- 若其用于输送或储存血液或其他体液或用于储存器官、器官的某个部分或身体细胞和组织，则归为Ⅱb类(血袋除外)。

在所有其他情形下，此类器械均归为Ⅰ类。

4.3. 规则 3

所有用于更改人体组织或细胞、血液、其他体液或其他植入或注入体内的液体的生物或化学成分的非侵入性器械均归为Ⅱb类，除非该治疗包含过滤、离心或气体交换、加热，此类情形归为Ⅱa类。

对于所有含某种物质或混合物质的非侵入性器械，若其用于体外直接接触从人体或人类胚胎取下体外使用的人体细胞、组织或器官，之后再植入或注入体内，则归为Ⅲ类。

4.4. 规则 4

对于所有接触受伤皮肤或黏膜的非侵入性器械按以下归类：

- 若其作为机械屏障使用，或用于压缩或渗液吸收，则归为Ⅰ类；

- 若其主要用于伤及真皮且需要二期愈合治愈的皮肤或黏膜伤口，则归为Ⅱb 类；

- 在其他所有情形下，均归为Ⅱa 类，包括主要用于管理受伤皮肤或黏膜微环境的器械；

- 在其他所有情形下均归为Ⅱa 类。

本规则亦适用于接触受伤黏膜的侵入性器械。

5. 侵入性器械

5.1. 规则 5

除外科侵入性器械以外，所有不用于连接有源医疗器械或用于连接Ⅰ类有源医疗器械且与身体孔口相关的侵入性器械：

- 若其为短暂使用，则归为Ⅰ类；

- 若其为短期使用，则归为Ⅱa 类，但用于咽部以上的口腔、耳鼓以外的耳道或鼻腔时除外，在此情形下应归为Ⅰ类；

- 若其为长期使用，则归为Ⅱb 类，但用于咽部以上的口腔、耳鼓以外的耳道或鼻腔且不易通过黏膜吸收时除外，在此情形下应归为Ⅱa 类。

除外科侵入性器械以外，所有用于连接Ⅱa 类、Ⅱb 类或Ⅲ类的有源器械，且与身体孔口相关的侵入性器械均归为Ⅱa 类。

5.2. 规则 6

所有短暂使用的外科侵入性器械均归为Ⅱa 类，除非其：

- 专门用于通过直接接触身体的某个部位，以控制、诊断、监测或纠正心脏或中央循环系统的缺陷，在此情形应下应归为Ⅲ类；

- 可重复使用的外科器械，在此情形下应归为Ⅰ类；

- 专门用于直接接触心脏或中央循环系统或中央神经系统，在此情形下应归为Ⅲ类；

- 用于以电离辐射形式供应能量，在此情形下应归为Ⅱb 类；

- 具有生物效应或能够被完全吸收或大部分被吸收，在此情形下应归为Ⅱb 类；

- 用于通过传输系统的方法来施用医药产品，并且若考虑到应用方法，施用此类医药产品的执行方式存在潜在危险，在此情形下应归为Ⅱb 类。

5.3. 规则 7

所有短期使用的外科侵入性器械均归为于Ⅱa 类，除非其：

- 专门用于通过直接接触身体的某个部位，以控制、诊断、监测或纠正心脏或中央循环系统的缺陷，在此情形下应归为Ⅲ类；

- 专门用于直接接触心脏或中央循环系统或中枢神经系统，在此情形下应归为Ⅲ类；

- 用于以电离辐射形式供应能量，在此情形下应归为Ⅱb 类；

- 具有生物效应或能够被完全吸收或大部分被吸收，在此情形下应归为Ⅲ类；

- 用于在体内产生化学变化，但该器械放置在牙齿上除外，在此情形下应归为Ⅱb 类；

- 用于施用药物时，在此情形下应归为Ⅱb 类。

5.4. 规则 8

所有植入式器械和长期外科侵入性器械均归为Ⅱb 类，除非其：

- 放置在牙齿上，在此情形下应归为Ⅱa 类；

- 用于直接接触心脏或中央循环系统或中枢神经系统，在此情形下应归为Ⅲ类；

- 具有生物效应或能够被完全吸收或大部分被吸收，在此情形下应归为Ⅲ类；

- 用于在体内产生化学变化，但该器械放置在牙齿上除外，在此情形下应归为Ⅲ类；

● 用于施用医疗产品时，在此情形下应归为Ⅲ类；

● 为有源植入式器械或其相关附件，在此情形下应归为Ⅲ类；

● 为乳房植入物或心脏修补网状织物，在此情形下应归为Ⅲ类；

● 为完整或部分关节置换物，在此情形下应归为Ⅲ类，但辅助部件除外，如螺钉、楔、板和仪表；

● 为直接与脊柱接触的椎间盘置换植入物或为植入器械，在此情形下应归为Ⅲ类，但辅助部件除外，如螺钉、楔、板和仪表。

6. 有源器械

6.1. 规则 9

用于注入或交换能量的所有有源治疗器械均归为Ⅱa类，除非它们向 / 从人体注入 / 吸收能量或与人体交换能量的同时可能会造成危害，并考虑到能量应用的密度和部位，此类器械应归为Ⅱb类。

所有用于控制或监测有源治疗Ⅱb类器械性能或用于直接影响此类器械性能的有源器械均归为Ⅱb类。

所有针对治疗目的释放电离辐射的有源器械均归为Ⅱb类，这其中包括控制或监测此类器械或直接影响其性能的器械。

所有用于控制、监测或直接影响有源植入式器械性能的有源器械均归为Ⅲ类。

6.2. 规则 10

用于诊断和监测的有源器械均归为Ⅱa 类：

- 若其用于提供可被人体吸收的能量，但用于通过可见光谱照亮患者身体的器械除外，在此情形下应归为Ⅰ类；
- 若其用于生成放射性药物的体内分布图像；
- 若其用于直接诊断或监测重要生理过程，除非其专门用于监测重要生理参数，且这些参数变化性质可导致患者面临紧急危险，包括在患者面临紧急危险的临床情况下心脏功能、呼吸、中枢神经系统活动或诊断的变化，在此情形下应归为Ⅱb 类。

用于释放电离辐射和预期用于诊断或治疗放射的有源器械，包括介入放射器械以及控制或监测此类器械或直接影响其性能的器械，均归为Ⅱb 类。

6.3. 规则 11

用于提供诊断或治疗目的决策信息的软件均归为Ⅱa 类，除非此类决策会导致以下影响：

- 死亡或人员健康状况的不可逆恶化，在此情形下应归为Ⅲ类；
- 人员健康状况严重恶化或需要外科干预，在此情形下应归为Ⅱb 类。

用于监测生理过程的软件均归为Ⅱa类，除非其专门用于监测重要生理参数，且这些参数变化的性质可导致患者面临紧急危险，在此情形下应归为Ⅱb类。

所有其他软件均归为Ⅰ类。

6.4. 规则 12

所有向身体施用和/或从身体去除医疗产品、体液或其他物质的有源器械均归为Ⅱa类，除非考虑到所涉及的物质性质、所涉及的身体任何部位以及应用方法，其执行方式具有潜在的风险，在此情形下应归为Ⅱb类。

6.5. 规则 13

所有其他有源器械均归为Ⅰ类。

7. 特殊规则

7.1. 规则 14

所有包括某种作为其构成整体所必需的部分的物质的器械，而这种物质根据第 2001/83/EC 号指令第 1 条第 2 点规定，在单独使用时，可被视为一种医疗产品，包括该指令第 1 条第 10 点所定义的衍生自人体血液或血浆的医疗产品，且对该器械具有辅助作用，此类器械均归为Ⅲ类。

7.2. 规则 15

所有用于避孕或预防性病传播的器械均归为Ⅱb类，除非其为植入式或长期侵入性器械，在此情形下应归为Ⅲ类。

7.3. 规则 16

所有专门用于隐形眼镜的消毒、清洗、漂洗或水合（如适用）的器械均归为Ⅱb 类。

所有用于医疗器械消毒或灭菌的器械均归为Ⅱa 类，除非其作为处理终点，是专门用于侵入性器械消毒的消毒溶液或清洗消毒器，在此情形下应归为Ⅱb 类。

本规则并不适用于仅通过物理方法清洗，除隐形眼镜以外的器械。

7.4. 规则 17

专门用于记录 X 射线辐射生成的诊断图像的器械均归为Ⅱa 类。

7.5. 规则 18

所有利用非活性或处理为非活性的人体或动物源组织或细胞或其他衍生物制成的器械均归为Ⅲ类，除非此类器械仅用于直接接触无损皮肤。

7.6. 规则 19

所有纳入或包含纳米材料的器械应归为：

- 若其潜在内照射高或中等，则归为Ⅲ类；
- 若其潜在内照射低，则归为Ⅱb 类；
- 若可忽略其潜在内照射，则归为Ⅱa 类。

7.7. 规则 20

除外科侵入性器械外，所有预期通过吸入方式施用的，且与身体孔口相关的侵入性器械，属于Ⅱa 类，除非其作用方式对所施用的医疗产品的有效性和安全性具有显著影响以及那些预期用于治疗危及生命的情形的产品，在此情形下应归为Ⅱb 类。

7.8. 规则 21

由某种物质或混合物组成并通过身体孔口被引入人体或施加到皮肤上且可由人体吸收或局部喷洒在人体上的器械应归为：

- 若其或其代谢物由人体系统性地吸收以实现预期用途，则归为Ⅲ类；

- 若其于胃或下消化道实现其预期用途或者其代谢物由人体系统性地吸收，则归为Ⅲ类；

- 若其施用于皮肤或若其应用于鼻腔或咽部以上的口腔并于此类腔体内实现其预期用途，应归为Ⅱa 类；

- 在其他所有情形下，均归为Ⅱb 类。

7.9. 规则 22

集成或合并诊断功能，此功能是患者采用此器械治疗的主要因素，如闭环系统或自动体外除颤器，应归为Ⅲ类。

附录IX 基于质量管理体系和技术文件评估的符合性评估

第 I 章　质量管理体系

1. 如第 10(9) 条所述，制造商应建立、记录和实施质量管理体系，并保持其在相关器械的整个生命周期内的有效性。制造商应确保质量管理体系的运行，如第 2 节规定，并根据第 2.3 和 2.4 节的规定进行审核，以及根据第 3 节的规定进行监管。

2. 质量管理体系评估

2.1. 制造商应向公告机构提出申请，评估自己的质量管理体系。申请应当包括：

- 制造商企业的名称和注册办公室地址以及质量管理体系覆盖的任何其他生产场所，若制造商申请由授权代表提出，同时也需要提供授权代表的姓名以及其注册营业地点的地址；

- 质量管理体系覆盖的器械或器械组的所有相关信息；

● 一份书面声明，表明没有向其他公告机构就同一器械相关的质量管理体系提交申请，或给出同一器械相关的质量管理体系以往的信息；

● 一份依据第 19 条和附录Ⅳ的欧盟符合性声明的草稿，针对符合性评估流程所覆盖的器械型号；

● 制造商质量管理体系的文件；

● 一份相关程序的书面说明，其中包括履行质量管理体系中提出的义务及本法规所载的要求，以及相关制造商对使用这些程序的保证；

● 一份相关程序的说明，以确保保持质量管理体系的正确性和有效性，以及制造商对使用这些程序的保证；

● 制造商上市后监管体系和 PMCF 计划 (如适用) 的文档及适当的程序以保证其符合第 87~92 条警戒规定的义务；

● 一份相关程序的说明，以保持最新的上市后监管体系和 PMCF 计划 (如适用)，及适当的程序以保证其符合第 87~92 条警示规定的义务，以及制造商对使用这些程序的保证；

● 临床评估计划的文件；

● 一份相关程序的说明，以保持临床评估计划的更新，并考虑目前的工艺水平。

2.2. 质量管理体系的实施应确保遵守本法规的规定。制造商为其质量管理体系而采用的所有要素、要求和规定，必须以系统和有序的方式记录在质量手册、书面政策和程序之中，例如质量程序、质量计划和质量记录。

此外，为质量管理体系的评估而提交的文件应包括适当的说明，特别是：

(a) 制造商的质量方针；

(b) 组织架构，特别是：

● 对关键程序、管理人员的职责和其组织权力具有明确任务分配的组织架构；

● 监管质量管理体系是否有效运行的方法，特别是其实现预期的设计和器械质量的能力，包括管理未符合要求的器械；

● 器械的设计、制造和 / 或最终验证和测试，或这些程序的任何部分，由另一方承担，质量管理体系有效运行的监管方法，特别是对其中一方施加的控制类型和程度；

● 若制造商在某个成员国没有注册营业地址，需提供一份授权草稿，任命一位授权代表，并且授权代表出具意向书，愿意接收这个授权；

(c) 用于监控、验证、确认和控制器械设计的程序和技术，相应的文件以及这些程序和技术所产生的数据和记录，这些程序和技术应具体着眼于以下几方面：

● 法规符合性策略，包括确定相关法律要求、资质、分类、等效性处理、符合性评估流程的选取和遵守的过程；

● 确定适用的一般安全性与性能要求以及解决这些问题的方案，考虑采用适用的 CS 以及协调标准或其他适当的解决方案(如选择);

● 附录Ⅰ第 3 节所述的风险管理；

● 临床评估，根据第 61 条和附录ⅪⅤ的规定，包括上市后的临床跟踪；

● 对于设计和构造，满足适用的具体要求，其解决方案包括适当的临床前评估，特别针对附录Ⅰ第Ⅱ章要求；

● 对于和器械一同提供的信息，满足适用的具体要求的解决方案，特别针对附录Ⅰ第Ⅲ章要求；

● 草拟器械识别程序，在生产的每一个阶段，与图纸、规范或其他相关文件保持同步；

● 设计的管理或质量管理体系的变更；

(d) 生产环节的验证和质量保证技术，特别是：

● 将要使用的过程和流程，尤其是灭菌相关及相应文件；

(e) 制造前、制造中和制造后将要实施的适用的测试和试验，其发生的频率和使用的测试设备，并应能充分地追溯测试设备的校准情况。

此外，制造商应给予公告机构权利，获取附录Ⅱ及其所述的技术文件。

2.3. 审核

公告机构应审核质量管理体系，以确定它是否满足第 2.2 节所述的要求。关于质量管理体系，若制造商使用了协调标准或 CS，公告机构应符合这些标准或 CS。对于满足相关协调标准或 CS 的质量管理体系，公告机构应假设其符合这些标准或 CS 涵盖的要求，除非有充分证据证明不可如此行事。

根据附录Ⅶ的第 4.3~4.5 节，公告机构的审核小组应至少包括一位具有相关技术评估经验的成员。若这种经验不直观或不适用，公告机构应该提供包含该审核团队的书面理由。评估流程应包括，基于制造商而做出的审核，如适用，应基于制造商的供应商和 / 或分包商，以验证制造和其他相关过程。

此外，若为Ⅱa 或Ⅱb 类器械，质量管理体系评估应伴随着器械技术文件的评估，按照第 4.4~4.8 节的规定，器械的选择应具有代表性。在选择代表性样本的过程中，公告机构应考虑 MDCG 根据第 105 条而设计和发布的指南，特别是技术创新性，包括设计、技术、制造和灭菌方法、预期用途以及之前有关评估的结果 (如就物理、化学、生物或临床属性而言) 执行。相关公告机构应记录其样品选择的理由。

若质量管理体系符合本法规的有关规定，公告机构将出具欧盟质量管理体系证书。公告机构应通知制造商其签发证书的决议。该决议应包括审核结论和理由报告。

2.4. 相关制造商应通知公告机构（批准制造商的质量管理体系），其质量管理体系的任何重大变更计划，或涵盖的器械范围的变化。公告机构应评估拟定修改，确定是否需要额外审核，并核实这些更改后的质量管理体系是否仍符合第 2.2 节所述的要求。此外，应将包括评估结论的决议通知制造商，或在适用情况下，包括额外审核结论。对于质量管理体系或器械覆盖范围的重大改变，其批准过程应采取欧盟质量管理体系证书的补充形式。

3. 适用于Ⅱa、Ⅱb 和Ⅲ类器械的监管评估

3.1. 监管目的是确保制造商充分履行批准后的质量管理体系所规定的义务。

3.2. 制造商应授权公告机构进行所有必要的审核，包括现场审核，并提供所有相关信息，特别是：

- 质量管理体系的文件；

- 使用上市后监管计划而获取的任何调查结果和结论，包括器械代表性样品，进行 PMCF 计划，以及第 87~92 条所述的警戒规定；

- 与设计相关的质量管理体系部分所规定的数据，例如分析、计算、试验的结果以及针对附录 I 第 4 节所述风险管理所采用的解决方案；

● 与制造相关的质量管理体系部分所规定的数据，例如，质量管理报告和试验数据、校准数据、相关人员的资质记录等。

3.3. 公告机构应定期，至少每隔 12 个月开展一次适当的审核和评估，以确保相关制造商采用批准的质量管理体系和上市后监管计划。该审核和评估应包括对制造商经营场所的审核，必要时，还包括对制造商的供应商和 / 或分包商经营场所的审核。在进行现场审核时，若必要，公告机构应进行或要求进行试验，以便检查质量管理体系是否恰当发挥了作用。并应为制造商提供监管审核报告。若已进行试验，则其应为制造商提供试验报告。

3.4. 公告机构至少应每隔五年随机对制造商进行一次现场突击审核，必要时，还应对制造商的供应商和 / 或分包商进行此类审核，并可结合第 3.3 节所述的定期监管评估或进行该监管评估以外的评估。公告机构应制定此类现场突击审核的计划，但不得向制造商披露。

在进行此类现场突击审核时，公告机构应选取适当的生产器械或制造工艺的适当样品进行试验，以验证所制造的器械是否符合技术文件的要求，但第 52(8) 条第 2 段所述器械除外。在进行现场突击审核前，公告机构应规定相关取样标准和检验程序。

除了第 2 段所述的取样以外，公告机构还应进行器械的市场取样，以验证所制造的器械是否符合技术文件的要求，但第 52(8) 条第 2 段所述的器械除外。在取样前，相关公告机构应规定相关取样标准和检验程序。

公告机构应为相关制造商提供现场审核报告，如适用，其中还应包括样品试验的结果。

3.5. Ⅱa 和Ⅱb 类器械的监管评估还应包括第 4.4~4.8 节所述的相关器械技术文件的评估。评估须基于更具代表性的样品选取。而这些样品的选择依据是公告机构根据第 2.3 节第 2 段所述之基本原理。

若为Ⅲ类器械，则监管评估亦应包括对于器械完整性至关重要的批准零件和 / 或材料的测试，包括 (如适用) 应检验生产或采购的零件和 / 或材料数量以及相应的成品器械数量之间的一致性。

3.6. 公告机构应确保审核小组的成员是否具备充分的器械、系统以及相关工艺的评估经验，且其评估具有持续的客观性和中立性，这应包括评估小组成员以适当的时间间隔轮流进行评估。一般而言，审核组组长连续领导和参与审核同一制造商的时间不得超过三年。

3.7. 若公告机构发现生产器械或市场样品与技术文件或批准设计所规定的规格之间存在差异，则将吊销或撤销相关证书或对其施加限制。

第Ⅱ章　技术文件评估

4. 适用于第 52(4) 条第 2 子段所述的Ⅲ类和Ⅱb 类器械的技术文件评估

4.1. 除第 2 节所规定的义务以外，制造商还应向公告机构申请进行相关器械技术文件评估。这些器械包括制造商计划出售或交付使用的器械以及第 2 节所述质量管理体系所涵盖的器械。

4.2. 申请书应说明相关器械的设计、制造和性能。其应包括附录Ⅱ和Ⅲ所述的技术文件。

4.3. 公告机构应针对相关技术和临床应用方面的公认知识和经验来审查职员聘任申请。公告机构可要求提供根据进一步实施的试验或请求其他证据所填写的申请书，以使评估符合本法规的相关要求。公告机构应进行与器械相关的充分的物理或实验室试验，或要求制造商进行此类试验。

4.4. 公告机构应对制造商在临床评估报告中提交的临床证据，及相关临床评价报告进行审查。就该审查而言，公告机构应聘任临床专业知识丰富的器械审查员以及在相关器械临床应用方面或对器械所应用的临床病症方面具有直接和现有经验的外部临床专家。

4.5. 公告机构应部分或全部基于与评估器械等同器械的临床证据，评估此类数据的适用性，同时还应考虑到新适应证和创新性等因素。公告机构应明确记录其对于所公布数据的等效性、相关性和充分性的结论，以证明数据符合要求。对于制造商宣称的器械创新特征或新适应证，公告机构应通过特定的临床前和临床中数据及风险分析进行评估。

4.6. 公告机构应验证临床证据和临床评价是否充分，并验证制造商所得出的结论是否符合一般安全性与有效性要求。该验证应包括考虑分析与受益 – 风险评估充分性、风险管理、使用说明书、使用者培训以及制造商的 PMCF 计划，如适用，还应包括审查拟定上市后临床跟踪的必要性和充分性。

4.7. 根据其对产品临床证据、临床评估及受益 – 风险评估，公告机构应考虑是否需要确定特定节点，以便公告机构根据上市后监管和 PMCF 数据对更新的临床证据进行审查。

4.8. 公告机构应在临床评估的评定报告中明确记录其评价结果。

4.9. 欧盟公告机构应向制造商提供技术文件评估报告，包括临床评估的评定报告。若器械符合本法规相关规定，则公告机构应颁发 EU 技术文件评估证书。证书中应包括技术文件评估结论、证书有效性条件、确定合格设计所需资料及 (如适用) 对器械预期目的的说明。

4.10. 若已批准器械发生会影响器械安全性与有效性的变更或器械的使用条件发生变更，则这些变更应需要获得颁发 EU 技术文件评估证书的公告机构的批准。若制造商计划进行任何上述变更，则其应通知本文件所述颁发 EU 技术文件评估证书的公告机构。公告机构应评估申请变更并确定是否需要根据第 52 条对申请变更重新进行符合性评估，或是否可通过 EU 技术文件评估证书的附件的形式予以说明。对于后者情况，公告机构应评估变更，并将其决议告知制造商，且若这些变更获得批准，则公告机构还应为制造商提供 EU 技术文件评估证书的附件。

5. 特殊程序

5.1. 特定Ⅲ类和Ⅱb 类有源植入式器械的评估过程

(a) 对于Ⅲ类可植入装置，以及用于如在附录Ⅷ第 6.4 节 (规则 12) 所述的用于施用和 / 或去除药品的Ⅱb 类有源装置。公告机构应参考第 61(12) 条制造商提供的临床评价核实临床数据质量，并编制临床评估的评定报告，特别针对受益 – 风险评估及与预期用途证据的一致性，包括医学指征，以及第 10(3) 条和附录 XIV 第 B 部分所述 PMCF 计划，生成临床评估的评定报告，就制造商提供的临床证据得出结论。

公告机构应将其临床评估的评定报告，与附录 II 第 6.1 节第 (c) 和 (d) 点所述制造商的临床评价文档一起提交给欧盟委员会。

欧盟委员会应立即将这些文档发送至第 106 条所述的有关专家小组。

(b) 公告机构可能被要求向相关专家小组出示第 (a) 点所述的评估结论。

(c) 专家小组基于以下全部标准，在欧盟委员会的监督下做出决议：

(i) 器械的创新性或可能涉及和主要临床影响或健康影响的相关临床操作；

(ii) 从特定品类器械或器械组受益风险比上观察产生的显著有害变化，是由有关组件或原材料，或有关器械故障的情况下对健康有影响的，科学有效的健康隐患所引起；

(iii) 根据第 87 条，与特殊品类器械或器械组有关的严重不良事件报告的显著增加。

若根据制造商提供的临床证据，针对公告机构的临床评估的评定报告发表科学意见，特别是关于受益 – 风险评估，及与医疗指征证据和 PMCF 计划的一致性。该科学意见应，自委员会提供第 (a)

点所述的文件 60 天内给出。决议根据 (i)、(ii) 和 (iii) 点所列标准提供科学意见的原因也应包括在科学意见内。若所提交的信息不够充分，专家小组无法得出结论，应在科学意见中予以说明。

(d) 专家小组可基于第 (c) 点规定的标准，在欧盟委员会的监督下，决议不提供科学的意见，这种情况应在收到委员会第 (a) 点所述的文档后 21 天内尽快通知公告机构。专家小组应在期限内向公告机构和欧盟委员会说明该决议原因，使公告机构可继续该器械的认证程序。

(e) 专家小组应在收到欧盟委员会文档后 21 天内，通过欧盟医疗器械数据库确定是否根据第 (c) 点提供科学意见，或根据第 (d) 点不提供科学意见。

(f) 如未在 60 天内提出意见，则公告机构可继续相关器械的认证程序。

(g) 公告机构应适当考虑专家小组的科学意见表达的观点。若专家小组发现临床证据不足以判断受益 – 风险评估、是否与预期用途证据的一致性，包括医学适应证和 PMCF 计划，或所产生的相关严重问题，必要时，公告机构应建议制造商限制器械用于特定患者或特定医学指征，和 / 或限制证书的有效期，进行特定 PMCF 研究以适应使用说明或安全性和临床总结，或限制其一致性评估报告 (如适用)。在公告机构未遵照其一致性评估报告时，应提供充分理由，且欧盟委员会应在不影响第 109 条的情况下，通过欧盟医疗器械数据库公开专家小组的科学意见和公告机构的书面理由。

(h) 欧盟委员会与成员国及相关专家咨询后，应在 2020 年 5 月 26 日前向专家小组提供指导，并基于第 (c) 点标准达成一致。

5.2. 与药物一同使用的器械的认证程序

(a) 如器械结合根据第 2001/83/EC 号指令第 1 条第 2 点内容可视为药品的物质一同使用时，包括人血或人血浆源医疗产品，须根据第 2001/83/EC 号指令附录 I 指定的方法对该物质的质量、安全性和有效性进行验证。

(b) 颁发欧盟技术文件评估证书前，公告机构应核实该物质作为器械一部分的有用性，考虑到器械的预期用途，寻求成员国根据第 2001/83/EC 号指令指定的主管机构或 EMA 提供的科学意见，特别本节根据此点咨询的“药品产品权威咨询”，包括器械结合物质使用的收益 / 风险。结合人血或人血浆衍生物使用时，如器械被视为欧洲委员会第 726/2004 号 (EC) 法规附录范围内的医疗产品，则公告机构应咨询 EMA 意见。

(c) 发布意见时，医疗产品咨询主管机构应考虑到公告机构确定的器械中所采用材料的可用性相关的制造工艺和数据。

(d) 医疗产品咨询主管机构应在收到所有必要文档 210 天内向公告机构提供意见。

(e) 医疗产品咨询主管机构的科学意见及可能的更新应包含在公告机构有关该器械的文档中。公告机构做出决议时，应适当考虑其科学意见所表达观点。如其科学意见表示反对，则公告机构不可颁发证明，且应向咨询过的医药产品当局传达最终决议。

(f) 器械中结合的辅助物质发生改变之前，特别是其制造过程发生改变前，制造商应通知公告机构相应的变更。公告机构应寻求医疗产品咨询主管机构意见已确保该辅助物质的质量和安全性保持不变。医疗产品咨询主管机构应考虑有关公告机构确定该物质纳入器械的可用性数据，以便确保这些变更不会对先前建立的与器械添加物质相关的临床受益或风险产生负面影响。医疗产品咨询主管机构应在收到有关变更的所有必要文档后 60 天内提出意见。如对医疗产品咨询主管机构的科学意见表示反对，则公告机构不可提出 EU 技术文件评估报告之增补。公告机构应向相关主管机构传达最终决议。

(g) 若医疗产品咨询主管机构获得有关辅助物质的以下信息：该物质可能会对先前建立的器械中添加该物质相关的临床受益或风险产生影响，应提供建议给公告机构，该信息是否影响已建立的器械中添加物质相关的临床受益或风险。在重新审核的法规符合性评估流程中，公告机构应考虑该建议。

5.3. 利用非活性或处理为非活性的人体或动物源组织或细胞及其衍生物制造器械时的认证程序

5.3.1. 人体源组织或细胞及其衍生物

(a) 根据本法规第 1(6) 节第 (g) 点，利用人体组织或细胞衍生物制造器械，或结合第 2004/23/EC 号指令，使用组织或人体细胞及其衍生物的器械，公告机构应在颁发欧盟技术文件评估证书之前，应向成员国第 2004/23/EC 号指令指定的主管机构之一（“人体组织和细胞主管机构”）寻求有关人体组织或细胞或其衍生物的捐赠、采购和检测方面的科学意见。公告机构应提交初步符合性评估总结，说明及相应捐赠、采购和检测的人体组织或细胞无存活能力，以及结合人体源组织或细胞及其衍生物使用的器械的风险或收益等相关信息：

(b) 在收到所有必要文档后 120 天内，人体组织和细胞主管机构应向公告机构提供意见。

(c) 人体组织和细胞主管机构的科学意见及可能更新都应包含在公告机构有关器械的文档中。公告机构做出决议时，应适当考虑人体组织和细胞主管机构的科学意见所表达的观点。如科学意见表示反对，则公告机构不可签发证书。应向相关人体组织和细胞主管机构传达最终决议。

(d) 在器械中结合的非活性人体源组织或细胞及其衍生物发生变更之前，特别是其捐赠、检验或采购过程发生变更前，制造商应通知公告机构相应变更。公告机构应咨询主管机构有关初次咨询的内容，以确保人体组织或细胞或其衍生物的质量和安全性。相关人体组织和细胞主管机构应考虑由公告机构所确定的与人体组织或细胞及其衍生物一同使用器械的可用性数据，以确保该项变更对器械中增加的人体组织或细胞及其衍生物已确定的受益 – 风险比无负面影响。应在收到有关预期变更的所有必要文档后 60 天内提出意见。若科学意见表示反对，则公告机构不可颁发 EU 技术文件评估报告的增补件，并应向相关人体组织和细胞主管机构传达最终决议。

5.3.2. 动物源组织或细胞及其衍生物

根据第 722/2012 号 (EU) 法规对于利用源自动物组织的非活性或

处理为非活性医疗产品制造的器械，公告机构应采用该法规规定的相关要求。

5.4. 对于包含可被人体吸收或局部喷洒在人体上的物质或物质组合的器械

(a) 器械包含可通过身体孔口进入人体，或涂敷在皮肤上被人体吸收，或局部喷洒在人体上的物质或物质组合时，应根据第2001/83/EC 号指令附录 I 中关于器械吸收、分布、代谢、排泄、局部耐受性、毒性、与其他器械或医疗产品或其他物质相互作用及潜在不良反应的相关要求，验证该器械的质量和安全性是否适用于本法规，且不限于本法规的要求；

(b) 同时，器械或其代谢产物可被人体吸收以实现预期用途时，公告机构应当就器械与第 2001/83/EC 号指令向 EMA 寻求科学意见，任一个在本节中称为“咨询的药品产品权威”，验证该器械是否符合第 2001/83/EC 号指令附件 I 中规定的相关要求；

(c) 医疗产品咨询主管机构应在收到所有必要文档后 150 天内提出意见；

(d) 医疗产品咨询主管机构的科学意见及可能更新应包含在公告机构有关该器械的文档中。公告机构做出决议时，应适当考虑科学意见所表达观点，并应向医疗产品咨询主管机构传达最终决议。

6. 在器械包括药用物质作为组成部分的情况下的批量验证，若单独使用，可认为其是第 1(8) 条所述的人血或人血浆医疗产品。

当结合人血或血浆源医疗产品使用时，根据第 1(8) 条第 1 段，器械制造完成后，制造商应告知公告机构器械批号，并向公告机构发送成员国国家实验室或根据第 2001/83/EC 号指令第 114(2) 条由成员国指定实验室所颁发的使用人血或血浆衍生物器械的官方证明。

第Ⅲ章　行政管理规定

7. 制造商或其授权代表(如制造商在成员国内未登记营业场所)应在最后一个器械上市至少 10 年内(植入式器械为至少 15 年内)，按照主管机构指示，保管以下文件：

- EU 符合性声明；

- 第 2.1 节第 5 段所述的文件，尤其是第 2.2 节第 2 段第 (c) 点所述程序所产生的数据和记录；

- 第 2.4 节所述变更；

- 第 4.2 节所述文档；以及

- 如本附录所述公告机构的决议和报告。

8. 各成员国应要求，若制造商或其在职权范围内所确定的授权代表在前段第一句所示期限到期前破产或停止其业务活动，则第 7 节所述文件在上述期间由主管机构保管。

附录X 基于型式检验的符合性评估

1. 欧盟型式试验指的是欧盟公告机构验证器械性能并颁发合格证书的过程，包括其技术文件及相应符合本法规相关规定的器械代表性产品样品。

2. 申请表

制造商应向认证机构提交评估申请。申请表应当包括：

- 制造商名称和注册地址，如由授权代表进行申请表，还须提供授权代表名字及其注册营业地点的地址；

- 附录Ⅱ和Ⅲ所述技术文件。申请人应提供相关代表性器械生产样品，适用于公告机构的“型式”。必要时，公告机构可要求申请人提供其他样品；

- 未向任何其他公告机构提出同一型式申请表的书面声明，或先前由另一公告机构驳回或在其他公告机构进行最终评估前制造商或其授权代表撤回的任何同一型式申请表的相关信息。

3. 评估

公告机构应：

(a) 现场检查制造商的雇员是否具有相关技术及其临床应用知识与丰富经验。欧盟公告机构可要求提供进行的进一步测试或请求提供其他证据评估器械是否符合法规有关规定，从而完成申请表。公告机构应进行与器械相关的适当物理或实验室试验，或要求制造商进行此类试验；

(b) 审查和评估技术文件是否符合本法规中适用于器械的要求，并验证所生产的型式是否符合文件的要求；还应记录所设计的项目是否符合第 8 条或适用的 CS 所述标准的相关规范要求，以及记录未涉及的项目是否基于第 8 条或相关 CS 所述标准的相关规定；

(c) 按照附录 XIV 第 4 节审查制造商提交的临床评价报告中的临床证据。欧盟公告机构应聘请具有足够临床经验的器械审查员以及在必要时使用具有相关器械或使用该器械的临床条件的直接和当前经验的外部临床专家；

(d) 若临床证据全部或部分基于所公布器械的数据，且这些器械与所评估的器械类似或相同，则公告机构应评估此类数据的适用性，并考虑新趋势和创新等因素。公告机构应明确记录其对于所公布数据等效性、相关性和充分性的结论，以证明数据符合要求；

(e) 根据第 (i) 点在临床前和临床评价报告中清楚记录评估结果，

加入欧盟型式试验报告中；

(f) 进行或安排相应的评估以及必要的物理或实验室试验，以验证在未采用第 8 条或 CS 所述标准的情况下，制造商所采用的解决方案是否满足本法规的通用安全性与有效性要求；若器械运行需与其他器械相连接，则应证明在其与具有制造商所规定特性的任何此类器械相连接时，其符合通用安全性与有效性要求；

(g) 进行或安排相应的评估以及必要的物理或实验室试验，以验证制造商所选择采用的相关协调标准是否得到了实际采用；

(h) 与申请人商定进行必要评估和试验的场所；以及

(i) 根据第 (a)~(g) 点进行评估和测试，基于相关结果编制欧盟型式试验报告。

4. 证书

若型式符合本法规的规定，则公告机构应颁发 EC 型式检验证书。证书应包含制造商的名称和地址、型式试验评估结论、证书有效性条件以及批准型式标识所需的数据。根据附录Ⅻ编制证明。文件的相关部分应附于证书之后，且公告机构应保存其副本。

5. 型式变更

5.1. 申请人应将批准型式或其预期用途和使用条件的任何计划变更通知颁发 EC 型式检验证书的公告机构。

5.2. 经认可器械的变化，包括预期用途限制和使用条件等，如影响与通用安全性与有效性要求的一致性或产品的特定使用条件，则应需要经过欧盟公告机构的审批，由欧盟公告机构颁发 EC 型式检验证书。公告机构应审查计划的变更，将其决议告知制造商，并为其提供 EU 型式检验报告的附录。对批准型式任何变更的批准应作为 EC 型式检验证书的附录附于其后。

5.3. 批准器械预期用途和使用条件 (预期用途和使用条件的限制除外) 的变更应必需重新申请以进行符合性评估。

6. 具体程序

附录Ⅸ第 5 节应适用，但条件是应参考欧盟技术文件，且认定证书应理解为参考 EC 型式检验证书。

7. 行政管理规定

制造商或其授权代表 (如制造商在成员国内未登记营业地) 应在最后一个器械上市至少 10 年内 (植入式器械为至少 15 年内)，按照主管机构指示，保管以下文件：

- 第 2 节第 2 段所述的文件；
- 如第 5 节所述的变更信息；
- EC 型式检验证书副本、科学意见与报告及其附录 / 附录。

附录Ⅸ第 8 节应适用。

附录XI 基于产品合规性验证的符合性评估

1. 基于产品合规性验证的符合性评估的目的是确保器械符合已发布 EC 型式检验证书中所说明的形式，并满足本法规中的适用规定要求。

2. 如已根据附录Ⅹ颁发 EC 型式检验证书，制造商可申请表第 A 部分所述流程（生产质量保证），或本附录第 B 部分所述流程（产品验证）。

3. 通过豁免上述第 1 节和第 2 节，本附录所述程序加上附录Ⅱ和Ⅲ所述技术文件也可适用于Ⅱa 类器械制造商。

第 A 部分　生产质量保证

4. 制造商应确保实施批准的相关器械生产质量管理体系，并按照第 6 节的规定进行最终验证，且接受第 7 节所述的监管。

5. 制造商在履行第 4 节所规定的义务时，应根据第 19 条和附录

Ⅳ起草并保存符合性评估流程所涵盖器械型号的 EU 符合性声明。通过发布 EC 符合性声明，制造商被视为确定并声明有关器械符合 EC 型式检验证书中所说明的型式，并符合本法规的适用规定要求。

6. 质量管理体系

6.1. 制造商应向公告机构提出质量管理体系评审申请。申请表应当包括：

● 附录Ⅸ第 2.1 节所列的所有要素；

● 附录Ⅱ和Ⅲ所述批准型式的技术文件；

● 附录Ⅹ第 4 节所述 EC 型式检验证书副本；若提出申请表后，EC 型式检验证书由同一公告机构颁发，则技术文件及其更新信息和所签发证书的参考资料应包含在申请中。

6.2. 质量管理体系的实施应确保器械是否符合 EC 型式检验证书说明的型式，以及是否满足本法规中的适用于各阶段器械的规定要求。制造商为其质量管理体系而采用的所有要素、要求和规定，必须以系统和有序的方式记录在质量手册、书面政策和程序之中，例如质量程序、质量计划和质量记录。

该文件尤其应包括对附录Ⅸ第 2.2 节第 (a)、(b)、(d) 和 (e) 点所列所有要素的充分说明。

6.3. 附录Ⅸ第 2.3 节第 1 和第 2 段的规定适用。

若质量管理体系可确保器械符合 EC 型式检验证书中所说明的形式，并满足本法规中的适用规定要求，则欧盟公告机构应出具欧盟质量保证证书。公告机构应将该决议通知制造商。该决议应包含公告机构审核的结论和合理评估。

6.4. 附录Ⅸ第 2.4 节规定应适用。

7. 监测

附录Ⅸ第 3.1 节，第 3.2 节第 1 段、第 2 段和第 4 段，第 3.3 节，第 3.4 节，第 3.6 节和第 4.7 节的规定适用。

对于Ⅲ类器械，监管还应包括检查生产或购买原材料或批准用于该类型的关键部件的数量，且应与成品器械数量相对应。

8. 当器械结合药物作为一个整体共同使用时，根据第 1(8) 条，药物成分若单独使用，可被视为人血样或血浆源医药产品按批次进行验证。

若器械结合药物共同使用，根据第 1(8) 条第 1 子段，药物成分若单独使用，可被视为整体部分的人血样或血浆源药品，则器械生产完成后，制造商应通知欧盟公告机构器械批号，并向欧盟公告机构发送成员国国家实验室或根据第 2001/83/EC 号指令第 114(2) 条由成员国指定实验室颁发的使用人血液或血浆衍生物器械的官方证明。

9. 行政管理规定

制造商或其授权代表 (如制造商在成员国内无注册地址) 应在最

后一个器械上市至少 10 年内 (植入式器械为至少 15 年内) 按照主管机构指示，保管以下文件 :

- EU 符合性声明 ;
- 附录Ⅸ第 2.1 节第五段所述的文件 ;
- 附录Ⅸ第 2.1 节第 8 段所述的文件，包括附录 X 所述的 EC 型式检验证书 ;
- 附录Ⅸ第 2.4 节所述的变更信息 ; 以及
- 附录Ⅸ第 2.3、3.3 和 3.4 节所述的公告机构决议和报告。

附录Ⅸ第 8 节应适用。

10. 适用于Ⅱa 类器械

10.1. 通过豁免第 5 节，制造商可根据 EC 符合性，确定并声明相关Ⅱa 类器械是否符合附录Ⅱ和Ⅲ所述技术文件，以及是否满足本法规的适用规定要求。

10.2. 对于Ⅱa 类器械，作为第 6.3 节所述评估的一部分，欧盟公告机构应评估附录Ⅱ和Ⅲ所述技术文件所选器械是否符合本法规规定。

在选择器械的代表性样品时，欧盟公告机构应考虑到技术的创新性，设计、工艺、生产和灭菌方法的相似性，预期用途和之前根据本法规进行的有关评估结果（如物理、化学、生物或临床特性）。欧盟公告机构应记录其选择器械样品的理由。

10.3. 如按照第 10.2 节进行评估，结果确认Ⅱa 类器械符合附录Ⅱ和Ⅲ所述技术文件，并满足本法规本部分中的适用规定要求，欧盟公告机构应根据本附录该节出具证明。

10.4. 作为第 7 节所述监管评估的一部分，欧盟公告机构应对器械进行再次抽样评估。

10.5. 通过豁免第 6 节，制造商或其授权代表应在最后一个器械上市至少 10 年内，按照主管机构指示，保管以下文件：

- EC 符合性声明；
- 附录Ⅱ和Ⅲ所述技术文件；
- 第 10.3 节所述证书。

附录Ⅸ第 8 节应适用。

第 B 部分　产品验证

11. 产品验证应理解为一个过程，即指产品经检查后，通过根据第 19 条和附录 IV 出具的 EU 符合性声明，制造商应被视为保证并声明符合第 14 节和 15 节所述程序规范的器械即符合 EC 型式检验证书所说明的型式，并满足本法规适用规定要求。

12. 制造商应采取一切必要措施，以确保生产的器械均符合 EC 型式检验证书中所说明的形式，并满足本法规中适用规定的要求。生产开始前，制造商应规定文档定义生产流程，特别是与必要灭菌和所有预先确定的日常规定有关的流程，以确保同类产品的生产，并确保符合 EC 型式检验证书中所说明的型式，且满足本法规中适用规定的要求 (如适用)。

此外，对于上市的无菌器械以及用于确保和维护无菌条件的生产过程，制造商应适用第 6 节和第 7 节的规定。

13. 制造商应组织并不断更新上市后监管计划，其中包括 PMCF 计划和确保遵守制造商义务的程序，详见第Ⅶ章警戒与上市后监管体系规定。

14. 欧盟公告机构应根据第 15 条所述方法进行适当的检查和测试，以验证器械符合法规要求。

本节第 1 段所述的检查和试验不适用于确保无菌条件的生产过程。

15. 通过检查和测试验证器械的符合性

15.1. 各器械应进行单独检验，并应进行第 8 条相关标准定义的适用的物理试验或实验室试验，或进行等同性测试和评估，以确定器械符合 EC 型式检验证书所说明的型式，且满足本法规中适用规定的要求 (如适用)。

15.2. 欧盟公告机构应给每台获批器械贴上标识号，并根据所进行的测试和评估出具欧盟产品验证证书。

16. 当器械结合药物作为整体共同使用时，根据第 1(8) 条药物成分若单独使用可被视为人血样或血浆源药品按批次进行验证。

结合药物作为一个整体共同使用，根据第 1(8) 条第 1 子段可被视为人血样或血浆源药品的器械生产完成后，制造商应通知欧盟公告机构器械批号，并向欧盟公告机构发送成员国实验室或根据第 2001/83/EC 号指令第 114(2) 节由成员国指定实验室颁发的使用人血液或血浆衍生物器械的官方证明。

17. 行政管理规定

制造商或其授权代表应在最后一个器械上市至少 10 年内 (植入式器械为至少 15 年内)，按照主管机构指示，保管以下文件：

- EU 符合性声明；
- 第 12 节所述文件；
- 第 15.2 节所述证书；
- 附录Ⅹ所述 EC 型式检验证书；

附录Ⅸ第 8 节应适用。

18. 适用于Ⅱa 类器械

18.1. 通过豁免第 11 节，制造商可根据 EU 符合性声明，确定并声明Ⅱa 类器械是否符合附录Ⅱ和Ⅲ所述技术文件，以及满足本法规的相应规定要求。

18.2. 由欧盟公告机构按照第 14 节进行的器械验证是用于确认Ⅱa 类器械是否符合附录Ⅱ和Ⅲ所述技术文件，以及是否满足本法规的相应规定要求。

18.3. 如按照第 18.2 节进行验证，结果确认Ⅱa 类器械是否符合附录Ⅱ和Ⅲ所述技术文件，以及是否满足本法规的相应规定要求，欧盟公告机构应根据本附录该节出具证明。

18.4. 通过豁免第 17 节，制造商或其授权代表应在最后一个器械上市至少 10 年内，按照主管机构指示，保管以下文件：

- EU 符合性声明；

- 附录Ⅱ和Ⅲ所述技术文件；

- 第 18.3 节所述证书。

附录Ⅸ第 8 节应适用。

附录Ⅻ 由公告机构签发的证书

第Ⅰ章 一般要求

1. 应用欧盟的其中一种官方语言起草证书。

2. 各证书均应仅参考一种符合性评估流程。

3. 证书应仅颁发给一家制造商证书中包含的制造商名称和地址应与在第 30 条中所述的电子系统中注册的信息相同。

4. 证书适用范围的内容应明确说明所涵盖的器械：

(a)EU 技术文件评估证书、EU 型式检验证书和 EU 产品验证证书应包含明确的标识，包括器械名称、型号、类型、预期用途（制造商在使用说明中包含的并已通过符合性评估流程进行评定的预期用途）、风险分类以及第 27(6) 条所述的基本 UDI–DI 号；

(b)EU 质量管理体系证书和 EU 质量保证证书应包括器械标识或器

械组别、风险分类和 IIb 类器械的预期用途。

5. 公告机构应能够应要求说明证书所涵盖的 (单一) 器械。公告机构应说明能够确定证书所涵盖器械 (包括其分类) 的方法。

6. 如适用，证书应包含本证书所涵盖器械的上市记录，还需根据本法规颁发的另一证书。

7. 根据第 52(7) 条规定 I 类器械的 EU 质量管理体系证书和 EU 质量保证证书涉及的公告机构应包含一份声明，声明该公告机构已审核质量管理体系涉及该段要求的方面。

8. 若本证书代替先前证书，即增补、修改或重新签发证书时，新证书应包含先前证书的参考资料及其颁发日期以及变更标识。

第 II 章　证书的必需内容

1. 公告机构名称、地址和标识号 ;

2. 制造商和授权代表 (如适用) 的名称和地址 ;

3. 证书的唯一标识号 ;

4. 第 31(2) 条所述的制造商单一注册号 (SRN) ;

5. 颁发日期 ;

6. 失效日期 ;

7. 符合第Ⅰ部分第 4 节规定的器械明确标识所需数据 (如适用)；

8. 如适用，参照在第Ⅰ章第 8 节指定的先前证书；

9. 符合所进行符合性评估要求的本法规和相关附录参考资料；

10. 所进行的检验和试验，例如相关 CS、统一标准、检验报告和审核报告的参考资料；

11. 涵盖器械上市所需技术文件相关部分或其他证书的参考资料 (如适用)；

12. 公告机构的监管信息 (如适用)；

13. 公告机构针对相关附录的符合性评估结论；

14. 证书有效性的条件或限制；

15. 符合相关国家法律要求且具有法律约束力的公告机构签名。

附录XIII 定制器械的步骤

1. 对于定制器械，制造商或其授权代表应起草声明，并包含以下信息：

- 制造商的名称和地址，以及其他生产场所；
- 法定代表的姓名和地址（如适用）；
- 允许识别有关器械的数据；
- 声明器械经用于特定患者或使用者，按名称首字母缩写或数字代码标识；
- 开处方者的姓名，并由国家法律授权所需具备的专业资格，及有关医疗机构的名称（如适用）；
- 规定所述产品的具体特征；

● 声明所述器械符合附录 I 所述通用安全性与有效性要求，说明未完全符合的通用安全性与有效性要求 (如适用) 及理由 ；

● 该器械如欧盟委员会第 722/2012 号 (EU) 法规所述包含药械组合，人血液或血浆的衍生物，人或动物来源的组织或细胞。

2. 制造商应保证国家主管机构可随时查阅文档，说明生产场所，帮助理解产品的设计、生产和性能 (包括预期性能)，以便允许评估是否符合本法规要求进行评估。

3. 制造商应采取一切必要的措施，确保依据生产工艺生产出的产品在生产过程中遵守第 2 节所述文件的要求。

4. 本附录有关声明中所含信息应在器械上市后保存至少 10 年的时间。对于植入性器械，此期限应至少为 15 年。

附录IX第 8 节应适用。

5. 制造商应承诺审查并记录在生产后阶段中获得的经验，包括附录XIV第 B 部分所述的 PMCF，并采取适当的手段落实任何必要的纠正措施。该承诺应包括制造商在获悉任何严重不良事件和 / 或现场安全纠正措施之后，立即根据第 87(1) 条向主管机构发送通知的义务。

附录XIV 临床评价和上市后临床跟踪

第A部分 临床评价

1. 为计划、持续进行并记录临床评价，制造商应：

(a) 建立并更新临床评价计划，该计划至少应包括：

- 标识通用安全性与有效性要求 (需要相关临床数据的支持)；
- 器械的预期用途说明；
- 明确预期使用者以及明确适应证和禁忌证；
- 对患者预期临床受益的详细说明以及相关和指定的临床结果参数；
- 用于临床安全性的定性和定量方面的检查方法说明，并明确说明对剩余风险和副作用的确定方法；

● 根据医学中最先进的技术确定器械各种适应证和预期用途的受益–风险比的可接受性所使用的参数的指示性清单和说明；

● 如何解决特定方面(如药物、非活性动物或人体组织的使用)相关的风险利益问题的指示；

● 一份用于指示从探索性研究(如首次人体研究、可行性研究、先导研究)到验证性研究(如关键的临床试验)进展过程的临床研发计划，以及符合本附录第B部分所述的PMCF，此PMCF需列出里程碑并说明潜在验收标准；

(b) 确定器械相关的可用临床资料及其预期用途，以及通过系统的科学文献检索找到临床证据的缺口；

(c) 通过评估临床数据在构建器械安全性和性能方面的适用性，对全部相关临床数据做出评价；

(d) 根据临床研发计划，通过合理设计的临床试验，生成解决现存问题所需的任何新的或额外的临床数据；

(e) 分析所有相关临床数据，以便得出器械的安全和临床性能(包括临床受益)方面的结论。

2. 临床评价应深入且客观，并同时兼顾有利和不利数据。其深度和程度应与所述器械的性质、分类、预期用途、器械风险、制造商对该器械的声明相称。

3. 临床评价只能基于可证明与所述器械等同的相关器械的临床数

据。在证明等同性的过程中应考虑以下技术、生物和临床特点：

- 技术特点：具有类似设计的器械；在类似条件下使用；具有类似规格和特性，包括物理化学特性，如能源强度、拉伸强度、粘度、表面特征、波长、软件算法等；使用类似部署方法（如相关）；具有类似工作原理和关键性能要求；

- 生物特点：对于类似类型、类似接触时间和类似的物质释放特征，包括降解产物和可溶出物，该器械使用相同的材料或物质接触相同的人体组织或体液；

- 临床特点：该器械用于同一临床情况或目的，包括类似的疾病严重程度和阶段，针对身体的同一部位，用于类似人群，包括年龄、解剖学和生理学；具有相同类型的使用者，具有根据预期临床效果得出的类似的针对某一特定预期用途的相关关键性能；

第 1 段列出特点的类似程度应使得器械的安全性和临床性能方面无显著的临床差异。对等同性的考虑必须始终基于合理的科学根据。为便于考察等同性，必须能够清楚地表明制造商有充分的条件获取具有等同性的相关器械数据。

4. 临床评价的结果和其所基于的临床证据应记录在临床评价报告中，而此报告应作为器械符合性评估的证明。

临床证据和非临床检测方法得到的非临床数据以及其他相关文件一起，应足以允许制造商证明所述器械符合通用安全性与有效性要求，并应加入所述器械技术文件中。

临床评价中参考的有利和不利数据也应全部包含在技术文件中。

第 B 部分　上市后临床跟踪

5.PMCF 是一个更新本附录 A 部分第 61 条所述的临床评价的持续过程，并应加入制造商上市后监管计划中。在执行 PMCF 时，制造商应主动收集并评估器械的临床数据，此器械应有 CE 标识，上市后或在相关符合性申请表评估流程中所述的其预期用途范围内投入使用，旨在验证在整个器械的预期使用寿命中器械的安全性和性能、确定已识别风险的持续可接受性，以及旨在基于事实证据检测新出现的风险。

6.PMCF 的执行应当遵循 PMCF 计划规定并记录的方法。

6.1.PMCF 计划应规定方法和程序，以便主动收集和评估临床数据，旨在：

(a) 确认器械在其预期使用寿命内的安全性与有效性；

(b) 识别之前未知的副作用并监控已识别的副作用和禁忌证；

(c) 在事实证据的基础上标识并分析突发风险；

(d) 确保在附录 I 第 1 节和第 9 节所述的受益 – 风险比的持续可接受性；以及

(e) 确定器械可能的操作不当或超出标示使用，以验证其预期用途是否正确。

6.2.PMCF 计划至少应包含：

(a) 待采用的 PMCF 通用方法和流程，如收集所获得的临床经验和使用者反馈，筛选科学文献和临床数据的其他来源；

(b) 待采用的 PMCF 专用方法和流程，如对相应注册人员或 PMCF 研究的评估；

(c)(a) 和 (b) 所述的方法和流程的适当理由；

(d) 对第 4 节所述临床评价报告相关部分和附录 I 第 3 节所述的风险管理的引用；

(e) 需通过 PMCF 完成的具体目标；

(f) 对同等或类似器械的相关临床数据的评估；

(g) 参考制造商使用的任何相关 CS、协调标准和 PMC F 相关指南；

(h) 对由制造商执行的 PMCF 活动 (如对 PMCF 数据的分析和报告) 的详细且充分合理的时间安排。

7. 制造商应分析 PMCF 的结果，并在 PMCF 评估报告中记录结果，而此 PMCF 评估报告应加入临床评价报告和技术文件中。

8. 本附录第 A 部分第 61 条所述的临床评价以及附录 I 第 3 节所述的风险管理应考虑 PMCF 评估报告的结论。若通过 PMCF 确定了预防和 / 或纠正措施的必要性，则制造商应实施此等措施。

附录XV 临床试验

第Ⅰ章 一般要求

1. 伦理学原则

临床试验中的每一步，从首先考虑研究的必要性和正当性到公布结果，均应符合公认的伦理原则。

2. 方法

2.1. 临床试验应在反映最新的科学和技术知识的适当研究方案的基础上进行，并进行定义以证实或驳斥第62(1)条所述器械相关的安全性、性能和有关风险－收益要求的制造商声明；这些临床试验应有足够的观察数量，来保证结论的科学有效性。设计和选择的统计方法的基本原理应按照本附录第Ⅱ章第3.6节进一步说明的进行说明。

2.2. 执行临床试验所用的流程应适合所研究的器械。

2.3. 执行研究所用的研究方法应适合所研究的器械。

2.4. 临床试验应由足够数量的预期使用者按照临床试验计划在可代表目标患者人群使用器械的预期正常条件的临床环境中执行。这些临床试验应与附录XIV第 A 部分所述的临床评价计划一致。

2.5. 器械的一切合适的技术和功能特征(特别是涉及安全性和性能方面的特征)以及其预期的临床结果的影响应由研究设计进行适当解决和检验。应提供一份列表，列明器械的技术和功能特征和相关预期的临床结果。

2.6. 临床试验的终点应确定器械的预期用途、临床受益、性能和安全性。终点必须使用科学有效的方法来进行确定和评估。主要终点应与器械和临床相关性匹配。

2.7. 研究者应有权使用器械相关的技术和临床数据。参与研究的人员应接受关于正确使用试验用器械、临床试验计划和《医疗器械临床试验质量管理规范》方面的指导和培训。此等培训应予以核实，并(在必要时)由申办方安排并正确记录。

2.8. 由研究者签字的临床试验报告，应包括对临床试验过程中收集到的所有数据的严格评价，且应包括所有负面结果。

第Ⅱ章　临床试验申请表的有关文件

对于第 62 条涵盖的试验用器械，申办方应当根据第 70 条之要求拟定并提交申请，且与下列文件一起递交：

1. 申请表

申请表应填写完整，包含以下信息：

1.1. 申办方的名称、地址和联系方式，以及根据第 62(2) 条指定的其欧盟联络人和法定代理人的姓名、地址和联系方式 (如适用)。

1.2. 临床试验器械的制造商和其授权代表 (如适用) 的名称、地址和联系方式 (若第 1.1 节不适用)。

1.3. 临床试验的题目。

1.4. 临床试验申请表的状态 (即第一次提交、再次提交和重大修改)。

1.5. 临床评价计划的详情和 / 或说明。

1.6. 关于同一器械，若重新提交之前已提交过的申请，则先前提交申请的日期和参考编号，或在有重大修改的情况下，应参考原始申请。申办方应确定上次申请的所有变更以及此等变更的理由，特别是主管机构或伦理委员会此前的审查结果是否有任何更改。

1.7. 若申请与根据欧盟第 536/2014 号法规进行的临床试验申请并行提交，请参考临床试验的正式注册号。

1.8. 提交申请时，请明确作为多中心或多国研究的一部分而进行的临床试验所在的成员国和第三国的标识信息；

1.9. 试验用器械的简要说明、分类和标识器械和器械类型所必要的其他信息。

1.10. 器械是否使用药用物质，包括人体血液或血浆的衍生物，或者是否在生产时采用非活性人体或动物组织或细胞或其衍生物的相关信息。

1.11. 临床试验计划的总结，包括临床试验的对象、受试者的数量和性别、受试者选择标准、未满 18 周岁的受试者、研究的设计 (如对照研究和 / 或随机研究) 以及开始和完成临床试验的计划日期)。

1.12. 若适用，关于比对器械的信息，用于标识比对器械所必需的分类信息和其他信息。

1.13. 申办方提供的证据，证明临床试验者和试验场所具备按照临床试验计划进行临床试验的能力。

1.14. 研究的预期开始日期和持续时间的详细信息。

1.15. 用于确定公告机构的详细信息，若在临床试验申请阶段已涉及。

1.16. 确认申办方知悉主管机构可与正在评估或已评估申请的伦理委员会取得联系。

1.17. 第 4.1 节所述的声明。

2. 研究者手册

研究者手册 (IB) 应包含与研究相关以及在提交申请时可获得的试验用器械的临床和非临床信息。对新出版的 IB 或其他相关信息的任何更新，应及时提请研究者注意。应明确标识 IB，并特别包含以下信息 :

2.1. 器械的标识和说明，包括关于预期目的的信息、根据附录Ⅷ的风险分类和适用的分类规则、器械的设计和生产以及对前一代器械和类似器械的引用。

2.2. 制造商的安装、维护、维护卫生标准和使用说明（包括储存和处理要求），以及在提供此信息时，要贴在标签上的信息，以及在市售上时用于与器械一起提供的说明。此外，需要任何有关相关培训的信息。

2.3. 临床前评估基于相关的临床前试验和实验数据，特别是设计计算、体外试验、半体内试验、动物试验、机械或电气试验、可靠性试验、灭菌验证、软件验证和确认、性能测试以及对生物相容性和生物安全性的评估（如适用）。

2.4. 现有临床数据，特别是：

- 器械和 / 或等同或类似器械的安全性、性能、患者的临床受益、设计特性和预期用途相关的现有相关科学文献；

- 同一制造商的等同或类似器械的安全性、性能、患者的临床受益、设计特性和预期用途相关的其他现有临床数据，包括上市时长与性能评价、临床效果与安全性相关问题以及采取的纠正措施。

2.5. 风险利益分析与风险管理的总结，包括已知或可预见的风险相关的信息、任何不良反应、禁忌证和警告。

2.6. 对于药械组合的器械，包括人体血液或血浆的衍生物，或生产时利用非活性人体或动物组织或细胞或其衍生物，该药物或者组织或细胞或其衍生物的详细信息，或对通用安全性与有效性要求或药物、组织或细胞或其衍生物相关的特定风险管理的遵从性的详细信息，以及掺入这些成分对器械的临床受益和 / 或安全性的附加价值的证据。

2.7. 详细说明附录 I 所列相关一般安全性和性能要求的列表，包括全部或部分适用的标准和 CS，以及符合 (或不符合 / 仅部分符合这些标准和 CS/ 缺乏) 相关一般安全性和性能要求的解决方案说明。

2.8. 对临床试验过程中使用的临床流程和诊断测试的详细说明，以及 (特别是) 正常临床实践的任何相关偏差信息。

3. 临床试验计划

临床试验计划 (CIP) 应规定临床试验的理论基础、目标、设计方法、监控、执行、记录保存以及临床试验分析方法。其应特别包含本附录所述的信息。若这部分资料以一份单独文件的方式提交，应在 CIP 中说明。

3.1. 总则

3.1.1. 第 70(1) 条所述的临床试验的唯一标识号。

3.1.2. 根据第 62(2) 条，提供来自欧盟的申办方的标识信息——申办方联系人的名称、地址和联系方式，或指定的其法定代理人的姓名、地址和联系方式 (如适用)。

3.1.3. 各试验机构的主要研究者以及协调研究者的信息、各试验机构的地址信息以及各机构主要研究者的紧急联系方式。各类研究者的任务、职责和资质应在 CIP 中做出规定。

3.1.4. 对临床试验费用的简要说明以及对申办方与机构之间达成协议的简要说明。

3.1.5. 采用成员国确定的欧盟官方语言编写的临床试验概要。

3.2. 器械的标识和说明(包括其预期用途、制造商、可追溯性、预期使用者、接触人体的材料、在使用过程中涉及的医疗或外科手术以及必要的使用培训和使用体验)、新器械的背景文献综述、应用领域中临床医学的现有技术发展水平和拟议效果。

3.3. 待检验器械的风险和临床受益，包括在临床试验计划中相应预期临床结果的适当证明。

3.4. 在临床实践的现有技术发展水平下对临床试验相关性的说明。

3.5. 临床试验的目标和假设。

3.6. 临床试验的设计，包括对其科学的可靠性和有效性的适当证明。

3.6.1. 基本信息，如研究的类型，并须说明临床评价计划中规定的各项选择、指标、变量的选用理由。

3.6.2. 临床试验中使用的试验用器械、任何比对器械和任何其他器械或药物的相关信息。

3.6.3. 受试者相关的信息、选择标准、研究人群的规模、与目标人群相关的研究人群的代表性，以及(如适用)所涉及弱势受试者相关的信息，例如孕妇、儿童、免疫力低下者和老年人等。

3.6.4. 尽量减少偏差(例如随机化)需采取的措施和对潜在混杂因素的管理的详细信息。

3.6.5. 对临床试验相关临床流程和诊断方法的说明，并特别突出与正常临床实践的任何偏差。

3.6.6. 监测计划。

3.7. 统计方面的考虑，并说明其理由，包括样本量的检验效能计算(如适用)。

3.8. 数据管理。

3.9. 对 CIP 的任何修改信息。

3.10. 试验机构跟踪和管理与 CIP 的任何偏差并明确禁止 CIP 豁免的相关政策。

3.11. 对器械的责任，特别是控制对器械的使用，对临床试验中使用器械的追踪以及退还未使用、注册到期或有故障的器械。

3.12. 遵守涉及人类的医学研究公认伦理原则、《医疗器械临床试验质量管理规范》以及适用的法规要求的声明。

3.13. 对知情同意过程的说明。

3.14. 安全性报告，包括对不良事件和严重不良事件的定义、待报告器械的缺陷、流程和时间表。

3.15. 结束、暂时中断或提前终止研究后对受试者进行跟踪、对撤回知情同意书的受试者进行跟踪，以及对失联受试者进行跟踪的准则和流程。对于植入性器械，此类流程必须包含可追溯性。

3.16. 对临床试验结束后受试者照护安排的说明(当受试者参与临床试验使得额外照护很有必要时，或当情况偏离所述医疗条件的正常预期时)。

3.17. 按照第Ⅰ章第1节所述的法律要求和伦理原则制定临床试验报告并公布结果方面的政策。

3.18. 器械的技术和功能特征列表，列明研究所涵盖的技术和功能特征。

3.19. 参考书目。

4. 其他信息

4.1. 负责生产试验用器械的自然人或法人签字的声明，声明除了临床试验所涵盖的方面外，所述器械的其他方面均符合通用安全性与有效性要求，并声明对于临床试验所涵盖的方面，也已采取一切预防措施来保护受试者的健康和安全。

4.2. 根据国家法律规定(如适用)提交的一份相关伦理委员会的意见副本。如根据国家法律规定，不需要在提交申请表时提交伦理委员会的意见时，应在获得后尽快提交一份伦理委员会的意见副本。

4.3. 在受试者受到人身伤害的情况下，根据第 69 条和相应的国家法律规定提交的投保或赔偿证明。

4.4. 用于获得知情同意书的文件，包括患者信息表和知情同意文件。

4.5. 遵守个人资料保护和保密适用规则的安排说明，特别是：

- 将实施的组织和技术安排说明，以避免未经授权地访问、披露、传播、变更或丢失已处理的信息和个人数据；

- 为确保受试者的记录和个人资料保密而将被实施的各项措施的说明；

- 说明在数据安全漏洞的情况下将采取的措施，以减少可能的不利影响。

4.6. 技术文件的全部细节 (例如详细的风险分析 / 管理文件或特定测试报告) 应按要求提交给主管机构，以便其审查申请表。

第Ⅲ章　申办方的其他义务

1. 申办方应承诺继续向国家主管机构提供必需的任何文件，以便为本附录第Ⅱ章所述的文件提供证据。若申办方并非负责生产试验用器械的自然人或法人，则这一义务也可由申办方的法定代理人履行。

2. 申办方应达成一份协议，用来确保研究者及时向申办方报告第 80(2) 条所述的严重不良事件或任何其他事件。

3. 本附录所述的文件应在所述器械的临床试验结束后保存至少 10 年，或者如果器械随后上市，则应在最后一个器械上市至少 10 年内(植入式器械为至少 15 年内)妥善保存。

各成员国应要求，本文件应保存第 1 子段所述明的期限以供主管机构处置，以防申办方或其联系人或根据第 62(2) 条指定的在其境内的法定代理人在此期限结束之前破产或停止其商业活动。

4. 申办方应任命一名独立于试验机构的监查员，以确保研究按照 CIP、《医疗器械临床试验质量管理规范》和本法规的原则进行。

5. 申办方应完成对研究受试者的跟踪。

6. 申办方应提供证据，以确保研究按照《医疗器械临床试验质量管理规范》进行，例如通过内部或外部检查。

7. 申办方应编写一份临床试验报告，该报告应至少包含以下内容：

- 封面 / 前言列出研究题目、试验用器械，唯一标识码、CIP 数量和详细信息并由各试验场所协调研究者和主要研究者签字；

- 报告的作者和日期等详细信息；

- 研究总结应包括题目、研究目的、研究说明、所使用的研究设计和方法、研究结果和研究结论。研究的完成日期和(特别是)研究的提前终止、中断或暂停的具体信息；

- 试验用器械的说明，特别是明确界定的预期用途；

- 临床试验计划总结应包括目标、设计、伦理方面、监控和质量措施、选择标准、目标患者人群、样本量、治疗方案、跟踪持续时间、伴随治疗、统计计划书，包括假设、样本量计算和分析方法以及正当性证明；

- 临床试验的结果包括，依据和正当性证明、受试者人口统计学、对所选终点结果的分析、亚组分析的详细信息、对 CIP 的遵从性以及对丢失数据的跟踪和对退出研究 / 失联患者的跟踪；

- 对严重不良事件、不良器械反应和器械缺陷以及任何相关的纠正措施的总结；

- 讨论和总体结论——安全性和性能结果、风险和临床受益的评估，按照临床技术发展水平对临床相关性的讨论、特定患者人群的任何针对性预防措施，对试验用器械的影响和研究的局限性。

附录XVI 在第1(2)条中所述无预期医疗目的产品分组清单

1. 预期用于放入眼睛内或放到眼睛上的隐形眼镜或其他物品。

2. 为修改解剖学或固定身体部位通过手术创伤的方式整体或部分放入人体内的产品，但纹身产品和穿孔产品除外。

3. 预期通过皮下、黏膜下或皮内注射的方式或其他进入方式用于面部或其他皮肤或黏膜填充的物质、物质组合或物品，但不包括纹身所用的物质。

4. 预期用于减少、去除或破坏脂肪组织的器械，如吸脂术、脂肪分解或抽脂所用的器械。

5. 发射高强度电磁辐射（例如，红外线、可见光和紫外线）用于在人体上进行磨皮、纹身或脱毛或其他皮肤治疗的器械，包括相干和非相干光源、单色光谱和广谱，如激光和强脉冲光器械。

6. 预期使用电流或磁场或电磁场穿透颅骨来修改大脑中的神经元活动，以刺激脑部的器械。

附录 XVII 对比表

理事会第 90/385/EEC 号指令	理事会第 93/42/EEC 号指令	本法规
第 1(1) 条	第 1(1) 条	第 1(1) 条
第 1(2) 条	第 1(2) 条	第 2 条
第 1(3) 条	第 1(3) 条第 1 子段	第 1(9) 条第 1 子段
–	第 1(3) 条第 2 子段	第 1(9) 条第 2 子段
第 1(4) 条和第 (4a) 条	第 1(4) 条和第 (4a) 条	第 1(8) 条第 1 子段
第 1(5) 条	第 1(7) 条	第 1(11) 条
第 1(6) 条	第 1(5) 条	第 1(6) 条
–	第 1(6) 条	–
–	第 1(8) 条	第 1(13) 条
第 2 条	第 2 条	第 5(1) 条
第 3 条第 1 子段	第 3 条第 1 子段	第 5(2) 条
第 3 条第 2 子段	第 3 条第 2 子段	第 1(12) 条
第 4(1) 条	第 4(1) 条	第 24 条
第 4(2) 条	第 4(2) 条	第 21(1) 和 (2) 条
第 4(3) 条	第 4(3) 条	第 21(3) 条
第 4(4) 条	第 4(4) 条	第 10(11) 条

（续表）

理事会第 90/385/EEC 号指令	理事会第 93/42/EEC 号指令	本法规
第 4(5) 条 (a)	第 4(5) 条第 1 子段	第 20(6) 条
第 4(5) 条 (b)	第 4(5) 条第 2 子段	–
第 5(1) 条	第 5(1) 条	第 8(1) 条
第 5(2) 条	第 5(2) 条	第 8(2) 条
第 6(1) 条	第 5(3) 条和第 6 条	–
第 6(2) 条	第 7(1) 条	第 114 条
第 7 条	第 8 条	第 94~97 条
–	第 9 条	第 51 条
第 8(1) 条	第 10(1) 条	第 87(1) 条和第 89(2) 条
第 8(2) 条	第 10(2) 条	第 87(10) 条和第 87(11) 条第 1 子段
第 8(3) 条	第 10(3) 条	第 89(7) 条
第 8(4) 条	第 10(4) 条	第 91 条
第 9(1) 条	第 11(1) 条	第 52(3) 条
–	第 11(2) 条	第 52(6) 条
–	第 11(3) 条	第 52(4) 和 (5) 条
–	第 11(4) 条	–
–	第 11(5) 条	第 52(7) 条
第 9(2) 条	第 11(6) 条	第 52(8) 条
第 9(3) 条	第 11(8) 条	第 11(3) 条
第 9(4) 条	第 11(12) 条	第 52(12) 条
第 9(5) 条	第 11(7) 条	–
第 9(6) 条	第 11(9) 条	第 53(1) 条
第 9(7) 条	第 11(10) 条	第 53(4) 条
第 9(8) 条	第 11(11) 条	第 56(2) 条
第 9(9) 条	第 11(13) 条	第 59 条
第 9(10) 条	第 11(14) 条	第 4(5) 条和第 122 条第 3 子段

（续表）

理事会第 90/385/EEC 号指令	理事会第 93/42/EEC 号指令	本法规
–	第 12 条	第 22 条
–	第 12a 条	第 17 条
第 9a(1) 条第 1 项	第 13(1)(c) 条	–
第 9a(1) 条第 2 项	第 13(1)(d) 条	第 4(1) 条
–	第 13(1)(a) 条	第 51(3)(a) 条和第 51(6) 条
–	第 13(1)(b) 条	第 51(3)(b) 条和第 51(6) 条
第 10 条	第 15 条	第 62~82 条
第 10a(1) 条、第 10a(2) 条第 2 句和第 10a(3) 条	第 14(1) 条、第 14(2) 条第 2 句和第 14(3) 条	第 29(4) 条、第 30 条和第 31 条
第 10a(2) 条第 1 句	第 14(2) 条第 1 句	第 11(1) 条
第 10b 条	第 14a 条	第 33 条和第 34 条
第 10c 条	第 14b 条	第 98 条
第 11(1) 条	第 16(1) 条	第 42 条和第 43 条
第 11(2) 条	第 16(2) 条	第 36 条
第 11(3) 条	第 16(3) 条	第 46(4) 条
第 11(4) 条	第 16(4) 条	–
第 11(5) 条	第 16(5) 条	第 56(5) 条
第 11(6) 条	第 16(6) 条	第 56(4) 条
第 11(7) 条	第 16(7) 条	第 38(2) 条和第 44(2) 条
第 12 条	第 17 条	第 20 条
第 13 条	第 18 条	第 94~97 条
第 14 条	第 19 条	第 99 条
第 15 条	第 20 条	第 109 条
第 15a 条	第 20a 条	第 102 条
第 16 条	第 22 条	–
第 17 条	第 23 条	–
–	第 21 条	–

Ⅱ
体外诊断试剂法规
(IUD)

欧洲议会和理事会于 2017 年 4 月 5 日签发的关于体外诊断医疗器械第 2017/746 号 (EU) 法规，并废除了第 98/79/EC 号指令和欧盟委员会第 2010/227/EU 号决议 (EEA 相关性文本)

欧洲议会和理事会，考虑到《欧盟运作条约》，特别是其中第 114 条和第 168(4)(c) 条之规定，以及欧盟委员会之提案，在立法草案转交各国议会后，考虑到欧洲经济和社会委员会之意见[1]，在咨询各地区委员之后，根据一般立法程序运作[2]。

鉴于：

(1) 欧洲议会和理事会签发的第 98/79/EC 号指令[3]构成了欧盟体外诊断医疗器械的监管框架。但需要对该指令进行大幅修订，以便建立稳健、透明、可预测且可持续的体外诊断医疗器械监管框架，以确保高水平的安全和健康，同时为创新提供支持。

(2) 本法规旨在确保区域内体外诊断医疗器械市场的顺利运作，在为患者和使用者提供高水平健康保护的基础上，同时考虑到活跃于本行业的中小型企业利益。同时，该法规为体外诊断医疗器械制定了高质量和安全性标准，以涵盖这些产品的常见安全问题。这两个目标相辅相成、不可分割地联系在一起，并且在达成过程中没有主次顺序。针对《欧盟运作条约》(TFEU) 第 114 条，本法规协调了体外诊断医疗器械及其附件在欧盟市场的上市和使用规则，而市场可允许其从货物自由流通原则中受益。针对 TFEU 第 168(4) 条第 (c) 点，本法规通过确保性能研究中产生的数据的可靠性和稳健性，来保障体外诊断医疗器械的高质量和安全标准，并保障参与性能研究受试者的安全。

---

[1] 2013 年 2 月 14 日意见 (OJ C133, 9.5.2013, p.52)。

[2] 2014 年 4 月 2 日的欧洲议会主张（尚未在官方公告内公布）以及 2017 年 3 月 7 日首次审阅时理事会的主张（尚未在官方公告内公布）。

[3] 欧洲议会和理事会于 1998 年 10 月 27 日签发之关于体外诊断医疗器械第 98/79/EC 号指令 (OJ L331, 7.12.1998, p.1)。

(3) 本法规并不寻求协调有关体外诊断医疗器械投入使用后，在市场上进一步提供的规则，例如二手销售。

(4) 应大大加强对现有监管方法的关键要素的监管，例如公告机构监管、风险分类、符合性评估流程、性能评估和性能研究、警戒和市场监管，同时引入确保体外诊断医疗器械透明度和可追溯性之规定，以改善其健康和安全性。

(5) 如有可能，应当考虑为体外诊断医疗器械制定国际指导准则，特别是全球协调工作队及其后续行动即“国际医疗器械监管机构论坛”(IMDRF)，以便推动世界范围内利于提高安全防护标准以及促进贸易之相关法规的全球化进程，特别是关于唯一器械标识、通用安全性与有效性要求、技术文件、分类标准、符合性评估流程和临床证据等方面的规定。

(6) 体外诊断医疗器械本身存在一些具体特征，例如风险分类、符合性评估流程和临床证据等，而体外诊断医疗器械行业 (该行业不同于其他医疗器械，需要特殊立法) 同样如此，因此两个领域的共通内容应当协调一致。

(7) 本法规的适用范围应明确区别于其他有关产品的法规，例如用于一般实验室的和仅供研究使用的医疗器械产品。

(8) 成员国有责任根据具体情况决定，各产品是否属于本法规范围。为确保所有成员国的判断力一致，特别是存在灰区临界的情况下，应允许委员会主动或经成员国提出适当请求时，咨询医疗器械协调小组 (MDCG)，逐案决定某一具体产品、类别或产品组是否属于本法规适用范围。在审议涉及药品、人体组织和细胞、生物灭活产品或食品之临界案例所辖产品之监管状况时，委员会应确保欧洲药品管理局、欧洲化学品管理局和欧洲食品安全局的适当咨询水平。

(9) 不同国家关于基因检测的信息提供和咨询的规则似乎仅能在有限程度上影响内部市场的顺利运作。因此，为确保始终遵守适当性和辅助性原则，本法规仅在这方面规定了限制性要求。

(10) 应明确指出，提供关于某种医疗状况或疾病倾向信息的所有测试 (例如基因检测) 以及提供用于疗效预测的信息的测试 (如伴随诊断) 均属于体外诊断医疗器械。

(11) 伴随诊断的重要性在于，通过定量或定性测定某特定标志物来判断受试者是否适合某种药物特异性治疗，所述标志物可识别出对特定药品产生不良反应的高风险受试者，或识别出治疗产物经过充分研究，发现可安全有效适用的患者群体。此类生物标志物也可能存在于健康受试者和 / 或患者中。

(12) 为确保人体中相关物质浓度处于治疗窗口期，而监控某一医疗产品疗效的器械，不可视为伴随诊断。

(13) 应考虑公认的现有医药领域技术水平来实现尽可能降低风险要求。

(14) 欧洲议会和理事会第 2014/30/EU 号指令[1] 涵盖的安全问题属

---

[1] 欧洲议会和理事会于 2004 年 2 月 26 日签发的关于电磁兼容性的成员国协调法案的第 2014/30/EU 号指令 (OJ L96, 29.3.2014, p.79)。

于本法规中器械通用安全性与有效性要求的一部分。因此，本法规应被视为与该指令有关的特别法。

(15) 本法规应包括关于设计和制造发射电离辐射器械的要求，但不影响理事会第 2013/59/Euratom 号指令[1]的适用范围 (旨在达成其他目标)。

(16) 本法规包括考虑到防止职业伤害的器械的安全性与有效性特性相关要求，包括辐射防护。

(17) 有必要明确的是，当制造商的软件专用于体外诊断医疗器械定义中所述的一种或多种医学目的时，软件本身可视为体外诊断医疗器械，而用于一般目的的软件，即使在医疗保健环境中使用，或用于健康应用的软件，均不视为体外诊断医疗器械。作为器械或附件的软件的资格评定不得依赖于这个软件和器械之间的物理位置或互连类型决定。

(18) 本法规中，关于器械本身、器械供应、经营者、使用者和具体过程、符合性评估、临床证据、上市后监管、警戒和市场监管、标准和其他技术规范等定义应当符合欧盟和国际上本领域的既定做法，以提高法律确定性。

(19) 应明确指出，通过欧洲议会和理事会第 2015/1535 号 (EU) 指

---

[1] 委员会于 2013 年 12 月 5 日签发的第 2013/59/Euratom 号指令规定了防止因电离辐射引起危险的基本安全标准，并废除了第 89/618/Euratom、90/641/Euratom、96/29/Euratom、97/43/Euratom 和 2003/122/Euratom5 号指令等标准 (OJ L13, 17.1.2014, p.1)。

令[1]规定的信息服务，向欧盟人员提供的器械以及在商业活动范围内用于为欧盟内人员提供诊断或治疗服务的器械，当在欧盟境内上市或提供服务时，必须符合本法规要求。

(20) 为认识到标准化在体外诊断医疗器械领域中的重要作用，符合欧洲议会和理事会第 1025/2012 号 (EU) 法规[2]规定的协调标准之相关证据，应是制造商证明其产品符合通用安全性与有效性要求以及其他法律要求 (如本法规所述质量和风险管理) 的手段。

(21) 第 98/79/EC 号指令，允许委员会对特定类别体外诊断医疗器械采用通用技术规范。在没有协调标准或协调标准不够充分的地区，委员会应有权制定规范，以规定符合通用安全性与有效性要求的手段，以及本法规要求之性能研究和性能评估和 / 或上市后跟踪的相关要求。

(22) 在咨询利益相关者并考虑欧洲和国际标准后，应制定通用规范 (“CS”)。

(23) 适用于器械的规则应酌情与《产品营销新立法框架》保持一致，

---

[1] 欧洲议会和理事会于 2015 年 9 月 9 日签发的关于在信息服务技术标准和法规领域提供信息的流程的第 2015/1535 号 (EU) 指令 (OJ L241, 17.9.2015, p.1)。

[2] 欧洲议会和理事会于 2012 年 10 月 25 日签发的有关欧洲标准化的第 1025/2012 号 (EU) 法规，修订了欧洲理事会第 89/686/EEC 和 93/15/EEC 号指令以及欧洲议会和理事会第 94/9/EC、94/25/EC、95/16/EC、97/23/EC、98/34/EC、2004/22/EC、2007/23/EC、2009/23/EC 和 2009/105/EC 号指令，并废除了欧洲理事会第 87/95/EEC 号决议和欧洲议会和理事会第 1673/2006/EC 号决议 (OJ L316, 14.11.2012, p.12)。

其中包括欧洲议会和理事会第 765/2008 号 (EC) 法规 [1] 以及欧洲议会和理事会第 768/2008/EC 号决议 [2]。

(24) 针对进入欧盟市场的产品，欧洲委员会第 765/2008 号 (EC) 法规规定的欧盟市场监管和控制规则，同样适用于本法规所涵盖的器械，但这不妨碍成员国自行选择主管机构来执行这些任务。

(25) 根据《产品营销新立法框架》，在不影响本法规不同部分规定的具体义务的情况下，明确规定不同经营者 (包括进口商和经销商) 的一般义务，加强对本法规要求的理解，从而提高相关运营商的法规符合性。

(26) 就本法规而言，经销商的活动应视为包括获取、持有和供应器械。

(27) 制造商的一些义务，例如性能评估或警戒报告，仅为第 98/79/EC 号指令的附录中列出的内容，这些应纳入本法规颁布条款中，以便于应用。

(28) 为确保最高健康保护水平，应澄清并强化关于生产和使用仅在单一健康机构内使用的体外诊断医疗器械的相关规定。这一用

---

[1] 欧洲议会和理事会于 2008 年 7 月 9 日签发的关于与产品营销有关的认证和市场监管的要求的第 765/2008 号 (EC) 法规，废除了第 339/93 号 (EEC) 法规 (OJ L218, 13.8.2008,p.30)。

[2] 欧洲议会和理事会于 2008 年 7 月 9 日签发的关于产品营销通用框架的第 768/2008/EC 号决议，并废除理事会第 93/465/EEC 号决议 (OJ L218, 13.8.2008, p.82)。

途应理解为包括如何测定以及结果报告。

(29) 卫生机构应可在内部 (而不是在工业规模上) 制造、修改和使用器械，从而解决目标患者群体的具体需求，这些需求往往无法通过市场上适当性能水平的等效器械来满足。在这种情况下，适当的做法是在本法规中规定特定的豁免条款，这就是关于仅在卫生机构 (含医院以及支持卫生保健系统和 / 或解决患者需求但可能不会直接治疗或照顾患者之实验室和公共卫生机构等) 内部制造和使用器械的豁免条例，这样本法规就可以适当方式予以满足。应注意，卫生机构的概念不包括主要追求健康利益或健康生活方式的机构，例如健身房、水疗中心、健康与健身中心。因此，适用于卫生机构的豁免条例不适用于这些机构。

(30) 鉴于自然人或法人可根据适用的欧盟和国家法律，就缺陷器械造成的损害提出索赔，因此，可要求制造商采取适当措施，就其在第 85/374/EEC 号指令[1]规定的潜在责任提供足够的保险范围。这些措施应与器械的风险等级、类型和企业规模成比例。在本文中，还应规定有关主管机构向可能因缺陷器械而受伤的人员提供信息的规则。

(31) 为确保批量生产的器械继续符合本法规的要求，并且将生产的器械的使用经验纳入生产过程中，所有制造商均应具备质量管理体系和上市后监管体系，此类系统应与上述器械的风险级别和分类对应。此外，为尽可能降低器械相关的风险或防止与之相关事故的发生，制造商应建立风险管理体系，以及报告事故和现场安全纠正措施的系统。

---

[1] 委员会于 1985 年 7 月 25 日签发的有关成员国缺陷产品责任的相似法律、法规和行政规定的第 85/374/EEC 号指令 (OJ L210, 7.8.1985, p.29)。

(32) 风险管理体系应与器械的性能评估过程保持一致，并在该评估过程中得以反映，包括作为性能研究、性能评估和上市后性能跟踪的一部分需解决的临床风险。风险管理和性能评估过程应相互依存，并应定期更新。

(33) 应确保由器械制造商组织内部负责法规符合性的人员 (该人员符合最低资格条件)，进行与之相关的制造以及上市后监管和警戒活动的监督和控制。

(34) 对于欧盟以外的制造商，授权代表在确保此类制造商生产的器械符合性，以及作为其在欧盟建立的联系人方面发挥关键作用。鉴于这种关键作用，若欧盟以外的制造商未遵守其一般义务，出于执法目的，其授权代表依然应当对有缺陷的器械负法律责任。本法规规定的授权代表的法律责任并不影响第 85/374/EEC 号指令的规定，因此授权代表应对进口商和制造商承担连带责任。应在书面指令中确定授权代表的职责。鉴于授权代表的角色，应明确规定其应满足的最低要求，包括提供满足最低资格条件的人员的要求，此类资格条件应与制造商处负责法规符合性的人员的资格条件类似。

(35) 为确保经营者义务的法律确定性，有必要说明何时将经销商、进口商或其他人视为器械制造商。

(36) 根据《欧盟运作条约》(TFEU) 第 34 条的规定，该规定以 TFEU 第 36 条规定的健康和安全保护需求以及知识产权保护需求带来的限制性规定为准，已经上市的产品的平行贸易是内部市场的一种合法贸易形式。但这一平行贸易原则的适用性在成员国有不同解释。因此，应在本法规中特别规定重贴标和重包装的要求，同时考虑到其他相关行业的法院案例法[1]和体外诊断医疗器械领域的现有良好实践。

(37) 一般来说，器械应具有 CE 标识，表明其符合本法规，以便其在欧盟内自由流通并根据其预期目的投入使用。成员国不得对符合本法规规定要求的器械，在其上市或投入使用方面制造障碍。不过，应允许成员国决定是否限制使用本法规未涵盖的任何特定类型的器械。

(38) 由于改进的事故报告、有针对性的现场安全纠正措施以及主管机构更好的监督机制，通过基于国际指导的唯一器械标识系统 (UDI 系统) 实现的器械的可追踪性，应显著提高器械上市后安全相关活动的有效性。它还有助于减少医疗失误，以及对虚假器械的打击。UDI 系统的应用还应改善卫生机构和其他经营者的采购和废物处置政策以及库存管理，并在可能的情况下，与这些设置中存在的其他验证系统兼容。

(39)UDI 系统应适用于市场上的所有器械 (除用于性能研究的器械之外)，并基于国际公认的原则，包括与主要贸易伙伴相一致的定义。为使 UDI 系统及时起作用，并适用于本法规，应在本法规和欧洲议会和理事会第 2017/745 号 (EU) 法规[2]做出详细规定。

---

[1] 2011 年 7 月 28 日法院对案件 C-400/09 和 C-207/10 的判决，ecli:eu:c:2011:519。

[2] 欧洲议会和理事会于 2017 年 4 月 5 日签发的关于医疗器械第 2017/745 号 (EU) 法规，修订第 2001/83/EC 号法规、欧盟第 178/2002 号 (EC) 法规以及第 1223/2009 号 (EC) 法规，并废除理事会第 90/385/EEC 号指令和第 93/42/EEC 号指令 (详见《官方公报》第 1 页)。

(40) 为保护公众健康，赋予患者和医疗保健专业人员自主权以及确保其能够做出明智的决定，为向监管决策提供良好的基础，确保为预期使用者提供信息的透明度和充分性对于公众利益至关重要。

(41) 为达成本法规目标，其中一个关键点是建立欧洲医疗器械数据库 (Eudamed)，该数据库应整合不同的电子系统，以核对和处理关于上市的体外诊断医疗器械以及相关经营者、符合性评定问题、公告机构、证书、性能研究、警戒和上市后监管等相关信息。数据库的目标是提高总体透明度，包括通过更好地为公众和卫生保健专业人员提供信息，以避免多重报告要求、加强成员国之间的配合、简化和促进经营者、公告机构或申办方和成员国之间的信息流通，以及成员国之间和欧盟委员会之间的信息流通。在内部市场中，只能在欧盟级别有效确保这一点，因此欧盟委员会应进一步开发和管理委员会第 2010/227/EU 号决议 [1] 设置的医疗器械数据库。

(42) 为促进欧洲医疗器械数据库 (Eudamed) 的运作，国际公认的医疗器械命名应免费提供给制造商和其他自然人或法人，且本法规要求相关人员必须使用该命名。此外，在合理可行的情况下，也应向其他利益相关者免费提供此类命名。

(43)Eudamed 数据库中关于市场上的器械有关的电子系统，相关经营者和证书应确保公众充分了解欧盟市场上的器械。性能研究电子系统应作为工具，确保成员国之间合作以及申办方能够在自

[1] 委员会于 2010 年 4 月 19 日就欧洲医疗器械数据库签署的第 2010/227/EU 号决议 (OJ L102, 23.4.2010, p.45)。

愿基础上向若干成员国提交单项申请，并报告严重不良事件、器械缺陷和相关更新。电子警戒系统应确保制造商能够报告严重不良事件和其他异常事件，并支持主管机构协调此等事故和事件的评估。市场监管相关电子系统应作为主管机构之间进行信息交流的工具。

(44) 关于通过 Eudamed 电子系统核对和处理的数据，欧洲议会和理事会第 95/46/EC 号指令[1]适用于在成员国主管机构（特别是成员国指定的公共独立机构）的监督下，由成员国进行个人数据处理。欧洲议会和理事会第 45/2001 号 (EC) 法规[2]适用于在欧洲数据保护管理程序的监督下，由委员会在本法规框架内处理个人数据。根据第 45/2001 号 (EC) 法规，应指定委员会作为 Eudamed 及其电子系统的管理者。

(45) 对于 C 类和 D 类器械，制造商应在公开提供的文件中总结器械的主要安全性与有效性方面以及性能评估的结果。

(46) 公告机构的正常运作对于确保高水平的健康和安全保护以及公民对系统的信心至关重要。因此，成员国根据详细和严格的标准对公告机构进行的指定和监测，应在欧盟级别实行控制。

(47) 公告机构对制造商的技术文件的评估，特别是其临床性能评

---

[1] 1995 年 10 月 24 日欧洲议会和理事会关于保护个人在处理个人数据和数据自由流通方面的第 95/46/EC 号指令 (OJ L281, 23.11.1995, p.31)。

[2] 2000 年 12 月 18 日欧洲议会和理事会关于保护个人在欧共体机构和机构处理个人数据自由流通方面的第 45/2001 号 (EC) 法规 (OJ L8, 12.1.2001, p.1)。

估文件，应由负责公告机构的主管机构进行严格评估。此类评估是一种基于风险的手段，用于监督和监测公告机构活动，评估时可采用相关文件抽样的方法。

(48) 应加强公告机构对制造商的监管，包括其进行突击飞行检查和对器械进行物理或实验室测试的权利和义务，以确保制造商在收到原始证书后持续合规。

(49) 为提高国家主管机构监督公告机构的透明度，公告机构的主管机构应公布其用于指定和监测器械公告机构的国家评估监管措施的信息。根据良好的行政实践，主管机构应该及时更新这些信息，特别是反映上述流程的相关、重大或实质性变更。

(50) 公告机构所在的成员国应负责执行本法规关于该公告机构的要求。

(51) 特别是考虑到成员国对组织提供保健服务和医疗护理的责任，允许其制定有关公告机构的其他要求，此类机构用于器械的符合性评估，并且基于本法规未规定问题的领域。制定的任何额外要求不会影响欧盟针对公告机构的更为具体的横向欧盟立法以及平等对待公告机构。

(52) 对于 D 类器械，制造商应向主管机构通报公告机构颁发的证书，并授权主管机构审查由公告机构出具的评估报告。

(53) 对于无 CS 的 D 类器械，若是首创的器械，市场上无类似产品具有相同预期用途和检验原理的特定类型器械，除了针对制造商声称的性能进行检测和在欧盟参考实验室检测试剂的符合性之外，公告机构有义务要求专家小组审查其性能评估与评定报告。专家小组对于性能评估咨询应通过分享性能方面的专业知识，并在经过咨询过程的器械类别上开发 CS，促进高风险体外诊断医疗器械的协调评估。

(54) 为保证患者安全并适当考虑技术进步，应当根据国际惯例从根本上改变目前根据第 98/79/EC 号指令制定的器械的分类系统，并调整相应的符合性评估流程。

(55) 根据符合性评估流程需要，必须将器械分为四个风险级别，并根据国际惯例建立一套健全的基于风险的分类规则。

(56) 一般情况下，应由制造商全权负责 A 类器械的符合性评估流程，因为此类器械对患者造成危害的风险较低。对于 B、C 和 D 类器械，应强制要求公告机构适当程度地参与。

(57) 应进一步加强和简化器械符合性评估流程，同时应明确规定公告机构对其评估执行情况的要求，以确保公平竞争的环境。

(58) 自由销售证书包含的信息，应该能够使用 Eudamed，以便获得相关器械的信息，尤其是关于器械是否上市、从市场撤出或召回，以及其具备何种合格证。

(59) 必须说明关于最高风险器械批签发验证的要求。

(60) 当存在 CS，或由制造商选择其他方案，该方案应确保安全水平与性能不低于 CS 时，欧盟参考实验室应具备相应的检验能力，以验证存在高风险的器械是否符合适用 CS 要求。

(61) 为确保高水平安全性与有效性，符合本法规规定的通用安全性与有效性要求的证明应基于临床证据。必须说明临床证据的证实要求应基于科学有效性的数据，分析性能评估资料以及临床性能。为获得一个结构化和透明的流程，生成可靠稳定的数据，获取与评估可用的科学信息与性能研究得到的数据等应基于性能评估计划。

(62) 一般来说，临床证据应获取自申办方负责的性能研究。应当能够由制造商和另一法人或自然人负责性能研究。

(63) 必须确保在器械整个生命周期内对其临床证据进行更新。此等更新需要制造商定期监控医疗实践的科学发展和变化。然后，相关的最新信息应当促使对器械的临床证据的重新评估，从而通过连续的性能评估过程确保安全性与有效性。

(64) 应当认识到，体外诊断医疗器械临床效益的概念与药物或治疗性医疗器械临床效益的概念完全不同，因为体外诊断医疗器械的优势在于提供关于患者的准确医疗信息，并在适当时评估通过使用其他诊断方法和技术获得的医疗信息，而患者的最终临床结果取决于可用的进一步的诊断和 / 或治疗方法。

(65) 若特定的器械无分析性能或临床性能又或特定性能要求不适用，则需在性能评估计划和相关报告中证明与此等要求相关的缺失是合理的。

(66) 性能研究规则应符合本领域成熟的国际指导原则，例如关于人类受试者医疗器械临床试验的临床试验质量管理规范 (ISO 国际标准 14155:2011)，以促使将在欧盟内进行的性能研究结果成为欧盟境外得到认可的文件规范，并促使根据国际准则在欧盟之外进行的性能研究结果可在欧盟内获得认可。此外，这些规则应符合世界医学协会《赫尔辛基宣言》关于涉及人类受试者医学研究伦理原则的最新版本。

(67) 应由开展性能研究的成员国决定参与评估申请进行性能研究的适当管理机构，并组织伦理委员会在本法规设定的性能研究授权的时间期限内参与。这些决定属于各成员国的内部组织问题。在这种情况下，成员国应确保非专业人员，特别是患者或患者组织的参与。此外，其还应确保提供必要的专门知识。

(68) 应在欧盟级别创建电子系统，以确保在可公开访问的数据库中记录和报告各干预性临床性能研究和涉及研究的受试者风险的其他性能研究。为保护《欧盟基本权利宪章》(简称《宪章》) 第 8 条承认的个人资料保护权，不得在电子系统中记录参与性能研究的受试者的个人资料。为确保与医药产品临床试验领域的协同作用，性能研究的电子系统应该与用于人用药品的临床试验的欧盟数据库互通。

(69) 若干预性临床性能研究或涉及受试者风险的另一项性能研究将在多个成员国进行，申办方应可以提交单项申请，以减轻行政负担。为允许资源共享并确保用于性能研究的器械以及性能研究的科学设计在卫生安全方面的一致性，这种单项申请的评估流程应在成员国之间在协调成员国指导下进行协调。协调评估不得包括对性能研究的国家、地方和伦理方面的评估，包括知情同意。对于自法规生效之日起的前七年，成员国应能够自发参加协调评估。在这一时期过后，所有相关成员国应有义务参加这一协调评估。委员会应基于从成员国之间的自发性协调获取的经验，应当制定一份报告，介绍涉及协调评估流程的相关规定的应用。一旦报告结论是否定的，则欧盟委员会应提交一份提案，以延长自愿参与协调评估流程的期限。

(70) 申办方应向开展研究的成员国报告干预性临床性能研究期间发生的某些不良事件和器械缺陷以及涉及受试者风险的其他性能研究。若认为必要，成员国可终止或暂停此类研究或者吊销这些研究的授权，以确保为此类研究中的参与受试者提供高水平的保护。这些信息应该传达给其他成员国。

(71) 性能研究申办方应在适当时间内，为预期使用者提供易于理解的性能研究的结果总结，以及性能研究报告 (如适用)。若由于科学原因不能在本法规规定的时间内提交结果总结，申办方应证明这一点，并表明何时提交结果。

(72) 除某些一般要求外，本法规应仅涵盖旨在收集科学数据并证明器械符合性目的之性能研究。

(73) 必须说明使用剩余标本的性能研究不需要授权批准。不过，关于数据保护的一般要求和其他附加要求以及适用于根据各国法律 (如伦理审查) 执行的流程要求，同样适用于所有性能研究，包括使用剩余样本的研究。

(74) 应遵守欧洲议会和理事会第 2010/63/EU 号指令 [1] 所规定的动物实验领域的替换、减少和完善原则。特别是，应避免不必要的重复测试和研究。

---

[1] 欧洲议会和理事会于 2010 年 9 月 22 日签发关于保护用于科学目的动物的第 2010/63/EU 号指令 (OJ L276, 20.10.2010. p.33)。

(75) 制造商应在售后阶段发挥积极作用，通过系统和积极地根据其器械售后体验收集信息，以更新其技术文件，并与负责警戒和市场监管活动的国家主管机构合作。为此，制造商应根据质量管理体系并基于上市后监管计划，建立一个综合的上市后监管体系。且应借助在上市后监管中收集的相关数据和信息，以及从任何执行的预防和 / 或纠正措施中吸取的经验教训，更新技术文件的任何相关部分，如风险评估相关文件和性能评估，还应确保文件透明度。

(76) 为更好地保障上市器械相关健康和安全问题，应当通过创建欧盟级别的中央门户网站报告严重不良事件和现场安全纠正措施，使得用于器械的电子警戒系统更有效。

(77) 成员国应采取适当措施，提高医护专业人员、使用者和患者对报告事件的重要性的认识。应该鼓励医护专业人员、使用者和患者使用统一格式在国家级别报告可疑的严重不良事件。国家主管机构应通知制造商任何疑似严重不良事件，并且当制造商确认此等事故发生时，相关主管机构应确保采取适当的跟踪措施，以尽量避免此类事件的再次发生。

(78) 应在国家级别评估报告的严重不良事件和现场安全纠正措施，但应确保在类似事件发生时进行协调，或者必须在多个成员国间都进行现场安全纠正措施，目的是共享资源并确保纠正措施的一致性。

(79) 在事故调查背景中，主管机构应酌情考虑利益相关者 (包括患者和医护专业人员组织和制造商协会) 提供的信息和意见。

(80) 应清楚区分涉及受试者风险的干预性临床性能研究和其他性能研究中的严重不良事件或器械缺陷报告与器械上市之后发生的严重不良事件的报告，以避免重复报告。

(81) 本法规应包含市场监管规则，以加强国家主管机构的权利和义务，确保市场监管活动的有效协调，并说明适用的流程。

(82) 可能对风险利益分析产生重大影响，并且可能导致不可接受风险的，不严重或预期副作用事件，如数量或严重程度出现显著增加，均应向主管机构报告，以便允许其进行评估和采取适当的措施。

(83) 委员会应当基于欧盟第 2017/745 号 (EU) 法规定义的条件和模式成立一个由成员国指派的专家 [根据其在医疗器械 (包括体外诊断医疗器械) 领域中的职务和专长] 组成的专家委员会即 MDCG，以完成本法规、欧洲议会和理事会第 2017/745 号 (EU) 法规赋予该小组的任务，向委员会提供建议，以及协助委员会和成员国确保本法规的协调实施。 MDCG 应当能够建立其分小组，以便在医疗器械 (包括体外诊断医疗器械) 领域获得必要的、有见地的专门技术知识。在建立分小组时，应适当考虑在医疗器械领域中加入现有欧盟级别团体的可能性。

(84) 通过在协调机构指导下的信息交流和协调评估，国家主管机构之间进行的更密切的协调，对于在内部市场，特别是在性能研究和警戒领域内确保统一高水平的健康和安全保护至关重要。协调交流和评估的原则也应适用于本法规中说明的其他机构活动，例如公告机构名称，并应在器械的市场监管领域中鼓励使用该原则。活动的协作、协调和沟通也应在国家层级上引领更有效地利用资源和专门知识。

(85) 委员会应向协调国家主管机构提供科学、技术和相应的后勤支持，并确保器械的监管制度在欧盟层级基于可靠的科学证据能够得以有效且统一地实施。

(86) 欧盟及成员国应酌情积极参与器械领域的国际监管合作，以促进器械安全相关信息的交流，并促进国际监管准则的进一步发展，从而推动其他法规的司法管辖区采用与本法规所规定的卫生和安全保障水平同等的法规。

(87) 成员国应采取一切必要措施，确保本法规的规定得到执行，包括针对违反行为制定有效、相符和劝诫性的处罚。

(88) 同时，本法规不得影响成员国对国家级活动征收费用的权利，但成员国在决定相关费用级别和结构之前应通知欧盟委员会和其他成员国，以确保透明度。为进一步确保透明度，应根据要求公开费用结构和级别。

(89) 本法规尊重基本权利，并遵守《宪章》所认可的原则，尤其是人类尊严、人身完整性、个人资料的保护、艺术和科学自由、开展业务的自由和财产权。成员国应根据这些权利和原则应用本法规。

(90) 根据 TFEU 第 290 条，应当授予委员会批准授权法案的权限，以便修订本法规的某些非必要规定。特别重要的是，委员会在其筹备工作期间，包括在专家层级上进行适当的咨询，且应根据 2016 年 4 月 13 日签发的《关于更好的立法的机构间协议》所规定的原则[1]进行这些咨询。特别是,为确保平等参与制订授权法案,欧洲议会和理事会将与成员国专家同时收到所有文件，并且其专家可系统地参加委员会专家组会议，以讨论授权法案的制订。

(91) 为确保执行本法规的条件一致，应向委员会授予执行权力。应根据欧洲议会和理事会第182/2011号(EU)法规[2]行使这些权力。

(92) 实施细则应借助咨询程序，细则规定了制造商安全性与有效性总结性的数据要素形式和表述，并建立了自由销售证书模式，鉴于实施细则具有程序性，并且不会直接对欧盟层级的卫生与安全产生影响。

(93) 若存在紧急理由，即涉及欧盟领土扩张，而相关国家豁免适当符合性评估流程，则委员会应采取立即适用的实施细则。

(94) 为使其能够任命签发机构、专家小组以及欧盟参考实验室，应在委员会上授予其执行权。

(95) 为使经营者，特别是中小型企业、公告机构、成员国和委员会能够适应本法规引入的变化并确保其适当的应用，适当的做法是为这种适应和后期的组织安排提供充分的过渡期。但应当尽快实施法规中直接影响成员国和委员会的特定部分。特别重要的是，在本法规生效之日，应根据新的要求指定足够数量的公告机

---

[1] OJ L123, 12.5.2016, p.1。

[2] 欧洲议会和理事会2011年2月16日签发的欧盟第182/2011号(EU)法规，其中规定行使这些权力，规定成员国管制委员会行使其执行权力机制的规则和一般原则(OJ L55, 28.2.2011, p.13)。

构，以避免市场上器械的任何短缺。尽管如此，在法规实施日期前，有必要根据本法规要求任命一个公告机构，但不得影响按照第 98/79/EC 号指令任命这些公告机构的有效性，并且不影响其按照该指令继续签发有效证书的权限，直至本法规生效。

(96) 为确保顺利过渡至器械和证书注册的新规定，按照本法规，向在欧盟层级别设置的电子系统提交相关信息的义务 (若已根据计划开发了相应的 IT 系统) 应当在本法规实施日期后的 18 个月后才完全有效。在此过渡期内，第 98/79/EC 号指令的某些条款应继续有效。但根据本法规在欧盟层级设立的相关电子系统中注册的经营者和公告机构应视为符合成员国根据条款所采取的注册要求，以避免多次注册。

(97) 为使 UDI 系统顺利引入，将 UDI 载体加在器械标签上的义务的生效时间应当在本法规生效日期后 1~5 年之间完成，具体取决于相关器械的类别。

(98) 应废除第 98/79/EC 号指令，以确保只有一套法规适用于市场流通的体外诊断医疗器械且本法规已涉及相关问题。制造商依然有义务为已上市器械提供相关文件，而制造商和成员国依然有义务按照该指令开展已上市器械的监管活动。虽然应当由成员国决定如何组织监管活动，但他们非常期望能够依照此指令报告已上市器械相关的不良事件，与依照本法规报告已上市器械时使用的工具一致。但该指令以及理事会第 90/385/EEC[1] 及 93/42/EEC[2] 号

---

[1] 委员会于 1990 年 6 月 20 日签发的关于有源可植入医疗器械成员国相似法案的第 90/385/EEC 号指令 (OJ L189, 20.7.1990, p.17)。

[2] 委员会于 1993 年 6 月 14 日签发的关于医疗器械第 93/42/EEC 号指令 (OJ L169, 12.7.1993, p.1)。

指令实施时通过的第 2010/227/EU 号决议，应于 Eudamed 完全生效之日起废除。

(99) 本法规的要求应适用于自本法规生效之日起上市或投入使用的所有器械。但为提供平稳过渡，应能够允许器械自该日期起的有限期限内，根据第 98/79/EC 号指令颁发的有效证书上市或投入使用。

(100) 欧洲数据保护主管根据欧洲委员会第 45/2001 号 (EC) 法规第 28(2) 条发表了意见[1]。

(101) 出于本法规的目标，即确保医疗器械境内市场的顺利运转并确保体外诊断医疗器械的高质量和安全性，若要患者、使用者及其他人员的健康与安全得到高水平的保护，而此点无法由成员国充分实现，由于规模和效果，可更好地在欧盟层级中实现时，欧盟可根据《欧盟条约》第 5 条规定的辅助性原则采取措施。按照该条款中规定的比例原则，本法规将不会超出实现该目标所需的范围，

已经通过本法规：

[1] OJ C358, 7.12.2013, p.10。

第 I 章　序文条款

第 1 节　范围及定义

第 1 条　主题与范围

1. 本法规规定了在欧盟市场上市、在市场上流通或投入使用的用于人体的器械及其附件的规则。本法规也适用于在欧盟进行的体外诊断医疗器械及其附件的性能研究。

2. 就本法规而言，体外诊断医疗器械及其附件在下文中将称为“器械”。

3. 本法规不适用于：

(a) 一般实验室使用的产品或仅限研究使用的产品，除非这些产品（鉴于其特性）由其制造商声称专门用于体外诊断检查；

(b) 侵入性取样器械或为获取样本直接用于人体的器械；

(c) 国际有证参考物质；

(d) 用于外部质量评估方案的材料。

4. 投放在市场上或投入使用的作为欧盟第 2017/745 号 (EU) 法规第 2 条第 1 点所定义的医疗器械及组成的一部分应按该法规管理。本法规要求应适用于体外诊断医疗器械组成部件。

5. 本法规属于第 2014/30/EU 号指令第 2(3) 条欧盟特别立法所监管的范围。

6. 受欧洲议会和理事会第 2006/42/EC 号[1]指令第 2 条第 2 段 (a) 点所管辖的器械，在存在该法令所述的相关风险的情况下，应同样满足该指令附录Ⅰ中规定的基本健康与安全要求，这些要求比本法规附录Ⅰ第Ⅱ章所规定的通用安全性与有效性要求更为具体。

7. 本法规不影响第 2013/59/Euratom 号指令的应用。

8. 若本法规未涵盖某特定类型的器械，则本法规不影响成员国覆盖限制使用该类型器械的权利。

9. 本法规不影响有关健康服务和医疗保健的组织、供应或融资的国家法律，例如要求某些器械必须依照医疗处方提供，要求只有某些卫生专业人员或卫生护理机构可提供或使用某些特定器械，或者要求其使用时必须伴随特定的专业咨询。

10. 在欧盟及其成员国境内，本法规不得损害有关获得官方文件

[1] 欧洲议会和理事会于 2006 年 5 月 17 日签发之有关机械的第 2006/42/EC 号指令 (OJ L157, 9.6.2006, p.24)。

的公共途径以及新闻报道和其他媒体的言论自由的国家法律，特别是《欧盟基本权利宪章》第 11 条赋予的基本权利。

第 2 条　定义

就本法规而言，应适用以下定义：

(1)“医疗器械”是指欧盟第 2017/745 号 (EU) 法规第 2 条第 (1) 点中定义的“医疗器械”。

(2)“体外诊断医疗器械”是指任何医疗器械包括试剂、试剂产品、校准品、质控品、试剂盒、仪器、器具、仪器组件、软件或系统，无论是单独使用还是组合使用，其制造目的用于体外检测来自人体的血液和组织样本，仅用于或主要用于提供以下一类或几类信息：

(a) 关于生理或病理过程或状态；

(b) 关于先天性身体或精神损伤；

(c) 关于医学病症或疾病的倾向；

(d) 测定潜在接受者的安全性和相容性；

(e) 预测治疗效果或反应；

(f) 定义或监测治疗措施。

样本容器应归为体外诊断医疗器械；

(3)“样本容器”是指其制造商旨在专门用于收集和保存来自人体的样本以用于体外诊断，无论是否为真空型。

(4)“体外诊断医疗器械附件”是指虽然不是体外诊断医疗器械，但制造商旨在与一个或多个特定的体外诊断医疗器械一起使用以使其实现预期用途，或根据其预期用途专门和直接地辅助体外诊断医疗器械实现其医疗功能。

(5)“自测器械”是指由非专业人员使用的任何器械，包括用于通过社会信息服务向非专业人员提供测试服务的器械。

(6)“床旁检测器械”是指非自测器械，但旨在由专业医护人员在实验室环境外，通常靠近患者或在患者旁边进行测试的任何器械。

(7)“伴随诊断”是指对于相应药品的安全和有效使用而言必不可少的器械，以便：

(a) 在治疗之前和 / 或治疗期间识别最可能受益于相应药品的患者；

(b) 在治疗之前和 / 或治疗期间识别可能由于使用相应药品治疗而导致严重不良反应风险增加的患者。

(8)“通用器械组”是指具有相同或类似预期目的或技术共同性的一组器械，允许其在不反映特性的情况下按照通用方式对其进行分类。

(9)“一次性使用器械”是指只能使用一次的器械。

(10)“虚假器械”是对指其特性和 / 或来源和 / 或 CE 标识证书与 CE 认证相关文件进行了错误的陈述的器械。此定义不适用因无意导致的错误，并且不涉及知识产权的侵犯。

(11)“试剂盒”是指包装在一起并且旨在用于或部分用于进行特定的体外诊断测试的一组试剂。

(12)“预期用途”是指根据制造商提供的数据在产品标签上、使用说明书中、市场推广或销售材料或声明中写明的用途，并且是制造商通过性能评估确定的。

(13)“标签”是指出现在器械本身，或单只包装上或多个器械包装上的编写、印刷或以图形表示的信息。

(14)“说明书”是指由制造商提供，向器械使用者介绍该产品的预期用途、正确使用方法和注意事项等的材料。

(15)“唯一器械标识”(UDI) 是指通过国际认可的器械标识和编码标准创建的一系列数字或字母数字符号，可用来识别市场上的特定器械。

(16)“风险”是指伤害发生概率和其伤害严重性的组合。

(17)“受益 – 风险评估”是指器械在根据预期用途使用时，对可能产生的所有效益和风险进行全面评估分析。

(18)“兼容性”是当根据其预期用途与一个或多个其他器械联合使用时，器械 (包括软件) 的以下能力 ：

(a) 在使用时不失去或损害其预期使用目的；和 / 或

(b) 整合和 / 或操作中无须修改或与调整组合器械的任何部分；和 / 或

(c) 在没有冲突 / 干扰或不良反应的情况下一起使用。

(19)“互用性”是指来自相同制造商或不同制造商的两个或多个器械 (包括软件) 的以下能力：

(a) 交换信息和执行指定功能已交换的信息而不改变数据内容；和 / 或

(b) 相互通信；和 / 或

(c) 按照预期用途运行。

(20)“器械销售 / 供应”是指在商业活动过程中向欧盟市场上进行的以医疗器械分销、消费或使用为目的 (除了用于性能研究的器械之外) 的任何医疗器械的供应 (不论付费或免费)。

(21)“上市”是指首个在欧盟市场上市的医疗器械，用于性能研究的器械除外。

(22)“投入使用”是指器械 (用于性能研究的器械除外) 在欧盟市场上已经供应给最终使用者，并可按照其预期用途首次使用的阶段。

(23)“制造商”是指制造或全面翻新器械或拥有经设计、制造或全面翻新后的器械，并以其名称或商标销售该器械的自然人或法人。

(24)“全部翻新”，基于制造商的定义，是指对已上市或投入使用的器械进行全面重建，或利用已使用的器械制造新器械，使其符合本法规，并赋予翻新的器械新的生命周期。

(25)“授权代表”是指在欧盟境内的任何自然人或法人，其收到并接受位于欧盟以外的制造商的书面授权，代表该制造商履行本法规对制造商规定的义务。

(26)“进口商”是指将来自第三国的器械投放于欧盟市场的在欧盟境内的任何自然人或法人。

(27)“经销商”是指负责供应链的除了制造商或进口商之外的任何自然人或法人，负责从器械上市到投入使用的整个过程。

(28)“经营者”是指制造商、授权代表、进口商或经销商。

(29)“卫生机构”是指主要目的是照顾或治疗患者或促进公众健康的组织机构。

(30)“使用者”是指使用器械的任何医护专业人员或非专业人员。

(31)“非专业人员”是指未在相关医护或医学学科领域接受过正规教育的个人。

(32)“符合性评估”是指证明器械是否满足本法规中相关国家要求的过程。

(33)“符合性评估机构”是指执行第三方符合性评估工作的机构，

工作内容包括校准、测试、认证和检查。

(34)“公告机构”是指根据本法规指定的符合性评估机构。

(35)“CE 符合性标识”或“CE 标识”是指制造商为表明该器械符合本法规和其他适用的欧盟协调立法中对标识相关要求而使用的标识。

(36)“临床证据”是指足够数量和质量的与该器械相关的临床数据和性能评估结果，可用来证明当按照制造商要求使用时，器械是否安全性，能否实现预期临床受益。

(37)“临床受益”是指与器械功能，例如筛检、监测、诊断或辅助诊断，相关的积极影响或对患者管理或公共健康的积极影响。

(38)“分析物的科学有效性”是指分析物与临床状况或生理状态的关联。

(39)“器械的性能”是指器械实现制造商声称的预期用途的能力，包括支持预期用途的分析性能和临床性能 (如适用)。

(40)“分析性能”是指器械正确检测或测量特定分析物的能力。

(41)“临床性能”是指器械从处于特定的临床状况，或生理 / 病理的过程或状态下的目标人群和预期使用者获得相关结果的能力。

(42)“性能研究”是指为建立或确认器械的分析或临床性能而进行的研究。

(43)“性能研究计划”是指阐明性能研究的原理、目标、设计方法学、监测、统计考虑要素、组织和执行的文件。

(44)“性能评估”是指对数据的评估和分析，以建立或验证器械的科学有效性、分析性能和临床性能(如适用)。

(45)“性能研究器械”是指制造商预期用于性能研究的器械。

预期仅用于研究目的而不用于任何医用目的器械不视为性能研究的器械。

(46)“干预性临床性能研究”是指研究结果可能影响患者管理决定和/或用于指导治疗的临床性能研究。

(47)“受试者”是指参与性能研究的个体，其样本用于性能研究的器械和/或用于对照的器械的体外检查。

(48)“研究者”是指在性能研究场地负责执行性能研究的人。

(49)“诊断特异性”是指器械识别与特定疾病或状况相关的目标标记物不存在的能力。

(50)“诊断灵敏度”是指器械确定与特定疾病或状况相关的目标标记物存在的能力。

(51)“预测值”是指研究中具有特定属性的人为阳性测试结果或不具有特定属性的人为阴性测试结果的概率。

(52)“阳性预测值”是指器械鉴别特定群体中特定属性的真阳性结果与假阳性结果的能力。

(53)“阴性预测值”是指器械鉴别特定群体中特定属性的真阴性结果与假阴性结果的能力。

(54)“似然比”是指在具有目标临床状况或生理状态的个体产生的某一特定检测结果的可能性，与不具有该临床状况或生理状态的个体产生的该检测结果的可能性比值。

(55)“校准品”是指在器械的校准中使用的测量基准材料。

(56)“质控品”是指制造商用于验证器械性能特征的物质、材料或物品。

(57)“申办方”是指负责启动、管理性能研究和设立性能研究融资的任何个人、公司、机构或组织。

(58)“知情同意”是指将性能研究中所有影响受试者做出决定的内容告知受试者后，他或她自由和自愿地表达是否参与某一特定性能研究的意愿，或者对于未成年人和无行为能力的受试者，若要将其纳入性能研究中，必须获得法定代表的授权或允许。

(59)“伦理委员会”是指根据成员国的法律在该成员国设立的有权为本法规提供意见一个独立机构，该机构应综合考虑非专业人员，特别是患者或患者组织的意见。

(60)“不良事件”是指在性能研究的背景下，发生的受试者、使用者或其他人中的任何未预期的医疗事件、不适当的患者管理决定、意外的疾病或损伤或任何不良临床症状，包括异常的实验室结果，无论是否与性能研究器械相关。

(61)“严重不良事件”是指导致以下任一状况的不良事件：

(a) 患者管理决定对正在测试的个体造成生命威胁的状况，或者导致该个体后代死亡；

(b) 死亡；

(c) 使正在测试的个体或接受了经过测试的捐献物或材料的个体的健康严重恶化，导致以下任一状况：

(i) 危及生命的疾病或损伤；

(ii) 造成身体结构或身体机能的永久损伤；

(iii) 住院或延长患者的住院时间；

(iv) 需要医疗或手术干预以防止危及生命的疾病或损伤或身体结构或机能的永久性损伤；

(v) 慢性疾病；

(d) 胎儿窘迫、胎儿死亡或先天性身体或精神损伤或先天缺陷。

(62)“器械缺陷”是指性能研究器械的标识、质量、耐久性、可靠性、安全性或性能的任何缺陷，包括制造商提供的信息的故障、使用错误或缺陷。

(63)“上市后监管”是指制造商与其他经营者合作开展的所有活动，目的是建立并保持最新的系统化程序，以主动收集和总结从已上市、供应或投入使用的器械获得的经验，以确定是否需要立即采取任何必要的纠正或预防措施。

(64)“市场监管”是指政府当局执行的活动和采取的措施，目的是检查和确保器械符合相关欧盟协调立法中规定的要求，并且不危害健康、安全或公共利益的其他任何方面。

(65)“召回”是指收回已提供给最终使用者的器械的任何措施。

(66)“撤回”是指阻止供应链中的器械进一步在市场上供应的任何措施。

(67)“事件”是指市场上供应的器械特性或性能的任何故障或劣化，包括因人体工程学特性导致的使用错误、制造商提供的信息和医疗决定而导致任何缺陷以及依据器械提供的信息或结果采取或不采取行动导致的任何损害。

(68)“严重不良事件”是指直接或间接导致、本可能导致或可能会导致以下任一状况的任何事件：

(a) 患者、使用者或其他人员死亡；

(b) 患者、使用者或其他人员健康状况的暂时性或永久性严重恶化；

(c) 严重的公众健康威胁。

(69)“严重公众健康威胁”是指可能导致危及生命的风险、人员健康状况的严重恶化或严重疾病，这种疾病可能需要立即救治或可能在人群中有较高发病率或死亡率或在特定时间和地点引发意外情况。

(70)“纠正措施”是指为消除潜在或实际的不合格或其他不良情况而采取的措施。

(71)“现场安全性纠正措施”是指制造商出于技术或医疗原因采取的纠正措施，目的是防止或降低发生与市场上供应的器械有关的严重不良事件的风险。

(72)“现场安全通知”是指制造商向使用者或客户发送的与现场安全性纠正措施相关的信息。

(73)“协调标准”是指欧盟第 1025/2012 号 (EU) 法规第 2 条第 (1) 第 (c) 点规定的欧盟标准。

(74)“通用规范”是指不属于标准的技术和 / 或临床要求文件，这个文件提供了如何遵守器械、流程或系统相关的法律义务的方法。

第 2 节　产品监管现状与咨询

第 3 条　产品监管现状

1. 欧盟委员会收到成员国提出充分证据的请求并咨询按照欧盟第 2017/745 号 (EU) 法规第 103 条成立的医疗器械协调小组 (MDCG)

后，应通过实施细则确定特定产品或产品类别是否满足体外诊断医疗器械或体外诊断医疗器械附件的定义。这一细则的实施应按照本法规第 107(3) 条所述的审查规程进行。

2. 欧盟委员会也可在咨询 MDCG 之后，自行决定通过实施细则确定本条第 1 段所述的问题。这一细则的实施应按照本法规第 107(3) 条所述的审查规程进行。

3. 欧盟委员会应确保成员国之间共享体外诊断医疗器械、医疗器械、医药产品、人体组织和细胞、美容产品、灭菌剂、食品和其他产品 (如必要) 领域的专业知识，以便判定产品或产品类别恰当的监管状态。

4. 在审议涉及医药、人体组织和细胞、灭菌剂或食品的产品器械的可能监管状况时，委员会应适当咨询欧洲药品管理局 (EMA)、欧洲化学品管理局和欧洲食品安全局。

第 4 条　遗传信息、咨询和知情同意

1. 在欧盟议会和理事会第 2011/24/EU 号指令[1]第 3 条第 (a) 点所指医疗保健环境下，当对个体实施基因测试时，出于诊断、提高治疗效果、预测试验或产前检查等医疗目的，各成员国应确保接受测试人员的法定代表已提供基因测试的性质、意义和影响的相关信息。

2. 在第 1 段所规定的义务下，当基因测试显示有目前医疗技术无

---

[1] 欧盟议会和理事会于 2011 年 3 月 9 日签发的关于患者跨境医疗权利的第 2011/24/EU 号指令 (OJ L88, 4.4.2011, p.45)。

法治愈的病史和 / 或疾病的基因倾向时，各成员国应特别确保有合理的咨询通道。

3. 第 2 段条款不适用于在基因检测或使用伴随诊断的情况下确诊已证实的医疗状况和 / 或疾病的情况。

4. 本条款的任何规定不得妨碍成员国在国家层面上采取或维持更好保护患者、更具体或处理知情同意的措施。

第Ⅱ章 器械的上市供应和投入使用、经营者的义务、CE 标识、自由流通

第 5 条 上市和投入使用

1. 仅当器械遵循本法规合规供应并根据其预期使用目的正确安装、维护和使用时，该器械方可上市或投入使用。

2. 器械应满足相关的附件Ⅰ规定的通用安全性与有效性要求，同时考虑到其预期使用目的。

3. 通用安全性与有效性要求的遵从性证明应包含符合第 56 条的性能评估。

4. 应将在卫生机构制造和使用的器械（不包括性能研究用器械）视为已投入使用。

5. 除了附录Ⅰ中的相关通用安全性与有效性要求外，此法规的规定不适用于仅在欧盟卫生机构内部生产和使用的器械，前提是能够满足以下所有条件：

(a) 该器械不被转移到另一个法律实体；

(b) 在质量达标的管理体系中制造和使用器械；

(c) 卫生机构的实验室符合 EN ISO 15189 标准或适用的国家规定的要求，包括官方认证的相关国家规定；

(d) 卫生机构在其文件中已证明，市场上的等效器械无法达到目标患者群体需要的适当性能水平；

(e) 卫生机构向其主管机构提供了这些器械的使用信息，包括生产、改装和使用的理由；

(f) 卫生机构拟定了一份公之于众的声明，包含了：

(i) 制造器械的卫生机构的地址和名称；

(ii) 识别器械的详细信息；

(iii) 一份器械满足本法规附录 I 中设定的通用安全性与有效性要求的声明，未满足相关要求时，声明中还有相关合理理由；

(g) 根据附录Ⅷ的规则将器械归为 D 类，卫生机构起草了一份文件，助于理解生产器械、生产过程、器械的设计和性能资料，包括使用目的，以及帮助主管机构确定器械是否满足本法规附录 I 中的通用安全性与有效性要求的各种关键详细信息。根据附录Ⅷ的规则，成员国也可将此规定应用于 A、B、C 类器械；

(h) 卫生机构会采取一切必要措施，以确保所有器械均按照第 (g) 点所述文件中的规定进行生产；且

(i) 卫生机构会审查器械的临床使用体验，并采取一切必要的纠正措施。

成员国可要求卫生机构向主管机构提供更多在其领土上生产和使用器械的相关信息。各成员国有权限制特殊型号器械的生产和使用，且应允许成员国检查卫生机构的活动。

本段不适用于按工业规模生产的器械。

6. 为确保附录Ⅰ统一得到应用，委员会可采用实施细则，此等细则应可达到能够解决误解和实际应用上的问题的程度。应按照第 107(3) 条述及的审查规程通过这些实施细则。

第 6 条　远程销售

1. 如第 2015/1535 号 (EU) 指令第 1(1) 条第 (b) 点所规定的，通过信息社会服务提供给位于欧盟境内的自然人或法人的器械应遵循本法规的要求。

2. 在不违反国家法律对医疗专业活动所做规定的情况下，对于未上市但用于商业活动的器械，无论有偿还是无偿使用，只要是如第 2015/1535 号 (EU) 指令第 1(1) 条第 (b) 点所规定的通过资讯社会服务或其他沟通媒介直接或间接提供给位于欧盟境内的自然人或法人的诊断服务和治疗服务均应遵循本法规的要求。

3. 应主管机构要求，根据第 1 段提供器械或根据第 2 段提供服务

的自然人或法人应遵守器械的相关要求，提供一份相关器械的EC 符合性声明。

4. 如第 2015/1535 号 (EU) 指令第 1(1) 条第 (b) 点所规定，成员国可以保护公众健康为由，要求资讯社会服务供应商停止其活动。

第 7 条　索赔

在贴标签、使用说明、提供服务、投入使用和为器械做广告时，禁止使用误导使用者或患者器械预期使用目的、安全性和性能的文字、名称、商标、图片、图形或其他类似标识，误导手法有：

(a) 虚假器械不具备的功能和性质；

(b) 制造器械有其没有的治疗或诊断功能或其他功能和性质的假象；

(c) 未通知使用者或患者以器械预期使用目的之相关风险；

(d) 符合性评估完毕后，表明器械的用途与预期使用目的不符。

第 8 条　使用协调标准

1. 符合相关协调标准或标准相关部分的器械，其附于《欧盟官方公报》中的参考资料应符合本法规的全部和部分要求。

根据本法规，第 1 子段也应适用于经营者或申办方应履行的系统要求或过程要求，包括质量管理体系、风险管理、上市后监管体系、性能研究、临床证据或上市后性能追踪 (PMPF) 的相关要求。

当前法规引用的协调标准参考资料应理解为与发表在《欧盟官方

公报》上的参考资料一致。

2. 本法规中协调标准的参考资料还包括根据欧洲药典惯例而采纳的欧洲药典专著(前提是这些专著的参考资料已发表在《欧盟官方公报》上)。

第 9 条　通用规范

1. 若无协调标准或相关协调标准不充分，或有必要处理公共健康问题时，委员会可在咨询 MDCG 后通过实施细则采纳关于以下内容的通用规范 (CS)：附录Ⅰ的通用安全性与有效性要求、附录Ⅱ和Ⅲ的技术文件、附录XⅢ的性能评估和 PMPF 或附录XⅢ的性能研究要求。应根据第 107(3) 条所述的审查程序来采纳实施细则。

2. 应假定符合第 1 段所述的 CS 的器械符合本法规中的相关 CS 要求(全部或相关部分)。

3. 制造商应遵守第 1 段所述的 CS，除非其能证明其已采纳的方法能够确保等效的安全性和性能水平。

第 10 条　制造商的义务

1. 当将其器械上市或投入使用时，制造商应确保所有器械均按本法规的要求进行设计和生产。

2. 制造商应如附录Ⅰ第 3 节所述，确立、记录、执行和维护风险管理体系。

3. 制造商应按照附录XⅢ和第 56 条的要求进行性能评估，包括 PMPF。

4. 制造商应制定并不断更新这些器械的技术文件。技术文件允许评估器械是否符合本法规的要求。技术文件应包含附录Ⅱ和Ⅲ中的要素。

委员会应按照技术进展，有权根据第 108 条修订附录Ⅱ和Ⅲ采纳授权法案。

5. 若适用的符合性评估程序证明器械符合适用的要求，则器械 (非性能研究用器械) 制造商应根据第 17 条的要求制定欧盟符合性声明，并根据第 18 条的要求附上标有符合性标识的 CE。

6. 制造商应遵守第 24 条所述的 UDI 系统相关义务，以及第 26 和 28 条所述的注册义务。

7. 制造商应保存技术文件、欧盟符合性声明、适用时还有根据第 51 条颁发的相关证书的副本，包括所有修改和补充，在欧盟符合性声明中所涵盖的最后一件器械上市后，该文档应至少向主管机构开放 10 年。

经主管机构要求，制造商应根据本文要求提供完整的技术文件或摘要。

为使授权代表能够完成第 11(3) 条所述的任务，在欧盟境外注册营业的制造商应确保授权代表有永久可用的必要文档。

8. 制造商应确保采取必要流程，以使系列产品的生产符合本法规的要求。应及时充分考虑产品设计或特性的更改和协调标准或产品符合性所声明的 CS 的更改。以与风险等级和器械类型成比例的方式，器械（非性能研究用途器械）制造商应以最有效的方式确立、记录、实现、维护、不断更新和不断改善一个能确保器械符合本法规规定的质量管理体系。

质量管理体系包括制造商组织的所有处理流程、程序和器械质量的组成部分。它管理着必要的结构、职责、程序、流程和管理资源，以贯彻必要的原则和行动，以遵守本法规的规定。

质量管理体系应至少包括以下方面：

(a) 法规符合性策略，包括符合性评估流程的遵守和系统所涵盖的器械的变更管理；

(b) 确定适用的通用安全性与有效性要求，寻找满足这些要求的选项；

(c) 管理责任；

(d) 资源管理，包括选择和管理供应商和分包商；

(e) 附录 I 第 3 节规定的风险管理；

(f) 性能评估，根据第 56 条和附录 XIII 的规定，包括上市后的性能追踪；

(g) 产品实现规划，包括规划、设计、研发、生产和服务提供；

(h) 根据第 24(3) 条为所有相关器械的 UDI 分配验证，并确保根据

第 26 条提供的信息的一致性和有效性；

(i) 根据第 78 条的要求，建立、实施和维护上市后监管体系；

(j) 与主管机构、公告机构、其他经营者、客户和 / 或其他利益相关人沟通；

(k) 警戒情况下的严重不良事件和现场安全纠正措施的报告流程；

(l) 纠正措施和预防措施的管理及其有效性的验证；

(m) 产品，数据分析和产品改进的监督和评估流程。

9. 器械制造商应实施并不断更新第 78 条所述的上市后监管体系。

10. 制造商应确保器械附有附录 I 第 20 节所要求的信息，而且信息采用器械上市国 (同时也是成员国) 指定的欧盟官方语言编写。标签上的详情不得能拭除、容易识别并且预期使用者和患者能够清楚理解。

对于自测或床旁检测器械，根据附录 I 第 20 条所提供的信息应易懂，且为器械上市国 (同时也是成员国) 指定的欧盟官方语言。

11. 认为或有理由认定其投放于市场或交付使用的器械未遵照本法规的制造商，应立即采取必要纠正措施使器械符合要求，并适时撤回或召回。其应通知该器械的经销商，并适时通知授权代表和相应进口商。

若器械出现严重风险，制造商应立即通知使用医疗器械各成员国主管机构以及根据第 51 条为器械签发证书的公告机构，特别是未遵守要求及其采取的纠正措施。

12. 制造商应有一套如第 82 和 83 条所述，记录和报告意外事件和现场安全的纠正措施系统。

13. 制造商应根据主管机构要求，由相关成员国用官方欧盟语言确定，提供其一切必要信息和文档以证明器械符合要求。如制造商有其注册的营业地点，所在成员国主管机构可要求制造商免费提供器械样品，如不可行，则授予其器械访问权。制造商应与主管机构合作，按其要求，采取纠正措施以消除风险，如不可行，则减轻其已上市或投入使用的器械所导致的风险。

如制造商合作失败或提供的信息和文档不完整或不正确，则主管机构为确保保护公众卫生和患者安全，将采取一切必要措施，以禁止或限制在国内市场购得该器械，从该市场撤回或召回器械直至制造商与主管机构合作，或提供完整且正确的信息。

若主管机构认为或有理由认定器械已造成损害，应当根据要求，协助提供有关第 1 子段的信息和文档，在不影响数据保护规则，除非披露凌驾性公众利益，且不影响知识产权保护的前提下，给潜在受伤患者或使用者、患者或使用者的所有权继承人、受伤患者或使用者的医疗保险公司或经受伤患者，或使用者影响的其他第三方。若第 1 子段所述的信息和文件披露一般是按法律程序进行，则主管机构无须遵守在第 3 子段中规定的义务。

14. 如制造商将其器械交由其他法人或自然人设计或制造，则按照第 27(1) 条，其法人或自然人的身份信息将成为待提交信息的一部分。

15. 自然人或法人可按照适当欧盟和国家法律，要求对由缺陷器械引起损害进行赔偿。

根据第 85/374/EEC 号指令制造商应以与风险等级、器械类型和企业规模相应的方式采取措施为其潜在责任提供充分的财务保障，但不影响国家法律规定的更多保护措施。

第 11 条　授权代表

1. 当器械在所有成员国都没有确立制造商时，仅当制造商指定单一授权代表时，该器械方可投放于欧盟市场。

2. 委任应构成授权代表的授权书，只有在授权代表书面许可时，且至少在相同通用器械组的所有器械有效时，才有效。

3. 授权代表应执行其与制造商之间授权同意的指定任务。授权代表应根据要求向主管机构提供授权书副本。

授权书应要求且制造商应允许授权代表至少执行相关器械的以下任务：

(a) 确认欧盟符合性声明和技术文件的已拟定，且在适当时核实制造商已实施适当符合性评估流程；

(b) 保留一份可用的技术文件、欧盟符合性声明副本，如适用，保留一份包括所有修订和补充的相关证书副本，并按照第 51 条，在第 10(7) 条指定时期，由主管机构签发；

(c) 遵守第 28 条规定的注册义务，并确认该制造商已遵守第 26 条规定的注册义务；

(d) 响应主管机构的要求，提供所有必要信息和文档，使用相关成员国确定的欧盟官方语言，证明器械符合要求；

(e) 向制造商转达，授权代表业务注册地成员国主管机构对于样品及获取仪器的所有要求，并确认主管机构已收到样品或器械；

(f) 配合主管机构采取任何预防或纠正措施以消除或减轻由器械导致的风险；

(g) 立即通知制造商来自医护专业人员、患者和使用者与有关指定器械可疑事件的投诉和举报；

(h) 如制造商违反本法规义务，则终止授权书。

4. 本条第 3 段所述的授权书不得授权第 10 条第 (1)、(2)、(3)、(4)、(5)、(6)、(8)、(9)、(10) 和 (11) 点所规定制造商的义务授权。

5. 在不影响本条第 4 段的情况下，当所有成员国的制造商都未确立，且未遵守第 10 条规定义务时，授权代表应与制造商按照共同或各自的相同基准，为缺陷器械承担法律责任。

6. 根据第 3 段第 (h) 点所述的理由终止授权书的授权代表应立即通知确定其为授权代表的成员国的主管机构，如适用，通知参与因本终止授权器械符合要求评定的公告机构。

7. 本法规中任何对制造商其注册营业地成员国主管当局的提及，应理解为对制造商在第 1 段中授权代理人其注册营业地成员国主管当局的提及。

第 12 条　授权代表变更

授权代表变更的详细安排应在制造商之间的协议中明确定义，本协议应对即将卸任与新任的授权代表有效。本协议应至少解决以下几个方面：

(a) 即将卸任的授权代表，其授权的终止日期为新任授权代表的授权开始日期；

(b) 直至授权代表将卸任的日期可在由制造商提供的，包括任何宣传材料的信息上注明；

(c) 文件传输，包括保密性方面和产权；

(d) 授权结束后，即将卸任的授权代表将来自医护专业人员、患者和使用者的与由授权代表指定器械相关可疑事件的投诉和举报义务转交给制造商或新任授权代表。

第 13 条　进口商的一般义务

1. 仅当器械遵照本法规时，进口商才能将器械投入欧盟市场。

2. 为将器械上市，进口商应核实以下事项：

(a) 该器械已作 CE 标识，且器械的欧盟符合性声明已起草完毕；

(b) 制造商已确定，按照第 11 条，授权代表由制造商来指定；

(c) 该器械按照本法规和要求的使用说明进行标记；

(d) 按照第 24 条，UDI 由制造商指定 (如适用)。

若进口商认为或有理由相信器械不符合本法规要求，则在器械符合要求前不得将其上市，并应通知制造商及其授权代表。若进口商认为或有理由相信该器械出现严重的风险，或为虚假器械，其还应通知进口商登记成立的成员国的主管机构。

3. 进口商应注明其名称、注册商号或注册商标，及其可联系的经营注册地址，和其可建立于器械或者器械附随包装或文档的位置。其应确保任何附加标签，且不得掩盖制造商提供标签上的任何信息。

4. 进口商应核实该器械具有按照第 26 条的电子系统注册。进口商应按照第 28 条，将其详细资料添加注册。

5. 进口商应确保器械在其责任下、储存或运输条件不损害其遵守附录Ⅰ所列的通用安全性与有效性要求，且如适用应遵守制造商所列条件。

6. 进口商应保存不合格器械和召回及撤回投诉记录，并提供制造商、授权代表和经销商以其所要求的所有信息，以便于其调查投诉。

7. 如进口商认为或有理由相信其投放到市场上的器械不符合本法规，应立即通知制造商及其授权代表。进口商应与制造商、其授权代表及主管机构合作，确保已采取必要的纠正措施，如使器械符合要求，撤回器械或召回器械。当器械出现严重风险，其也应立即通知已有这些器械的各成员国主管机构，如适用，公告机构应按照第 51 条签发证书，至于有问题的器械，应给出细节，特别是未遵守要求及其采取的纠正措施。

8. 如进口商收到来自医护专业人员、患者和使用者，关于投放于市场器械的相关可疑事件的投诉和举报，应立即通知制造商及其授权代表。

9. 进口商应在第 10(7) 条所指期间，保留欧盟符合性声明副本，如适用，保留根据第 51 条发出的副本，包括所有校正和补充的相关证书副本。

10. 进口商应与主管机构合作，按后者要求，采取任何行动以消除或，降低其投放于市场器械导致的风险。进口商所在成员国按主管机构要求，若进口商有其经营注册地，应提供免费器械样品或，如不可行，则应允许访问该器械。

第 14 条　经销商的一般义务

1. 在其活动范围内，使器械上市时，经销商应适当谨慎地执行适用的要求。

2. 使器械可于市场购得前，经销商应核实是否满足所有以下要求：

(a) 该器械已有 CE 标识，且器械的欧盟符合性声明已起草完毕；

(b) 该器械与制造商按照第 10(10) 条提供的信息相符；

(c) 关于进口器械，进口商已遵守第 13(3) 条列出的要求；

(d) 如适用，制造商已指定 UDI。

为满足第 1 子段第 (a)、(b) 和 (d) 点所述要求，经销商可申请由抽样获得的代表器械。

如经销商认为或有理由相信器械不符合本法规的要求，在器械符合要求之前不可将器械推向市场，同时应通知制造商及 (如适用) 其授权代表与进口商。如经销商认为或有理由相信该器械出现严重的风险，或为虚假器械，其还应通知其所在成员国的主管机构。

3. 经销商应确保器械在其责任范围内时，储存或运输条件应符合制造商规定。

4. 如经销商认为或有理由相信，上市的器械不符合本法规，应立即通知制造商和 (如适用) 制造商授权代表和进口商。经销商应与制造商、主管机构和 (如适用) 制造商授权代表与进口商合作，以确保已采取必要的纠正措施，以使器械符合要求、撤回器械或召回器械。如经销商认为或有理由相信该器械出现严重风险，其也应立即通知器械销售所在成员国的主管机构，给出细节，特别是未遵守要求及其采取的纠正措施。

5. 如经销商收到来自医护专业人员、患者和使用者，关于可购得器械相关可疑事件的投诉和举报，应立即将此信息通知制造商和 (如适用) 制造商授权代表和进口商。其应保存不合格器械和召回及撤回投诉记录，并通知制造商和 (如适用) 授权代表及经销商此种监控，并按其要求向其提供所有信息。

6. 应主管机构请求，经销商应自主提供足以证明器械符合性的所有资料和文件。

当制造商或 (如适用) 授权代表针对上述器械提供所需信息时，应视为经销商已履行第 1 子段所述之义务。经销商应主管机构要求，配合主管机构，采取任何行动以消除其在市场上所提供器械带来的风险。经销商应主管机构要求提供免费的器械样品，或者若无法提供免费样品，则授予对器械的访问权。

第 15 条　负责法规符合性的人员职责

1. 制造商应在其组织内至少拥有一名在体外诊断医疗器械领域具有必要专业知识的人员负责法规符合性。必要的专业知识应表现为以下任一一种资格：

(a) 在完成有关成员国确认为同等学历的法律、医学、药学、工程或其他相关科学学科大学学历或学习课程后颁发的文凭、证书或其他正式资格证书，以及在体外诊断医疗器械相关法规事务或质量管理体系方面具有至少一年专业经验；

(b) 在体外诊断医疗器械法规事务或质量管理体系方面具有四年的专业经验。

2. 在委员会第 2003/361/EC 号建议[1]含义范围内的微型和小型企业在其组织内无需有负责法规符合性的人员，但应有可永久且持续听其调遣的人员。

---

[1] 2003 年 5 月 6 日关于微型、小型和中型企业的委员会建议 (OJ L124, 20.5.2003, p.36)。

3. 负责法规符合性的人员至少应负责确保：

(a) 根据制造这些器械的质量管理体系，在器械上市之前适当检查器械符合性；

(b) 制定技术文件和欧盟符合性声明书并保持其最新版本；

(c) 遵守第 10(9) 条规定的上市后监管义务；

(d) 履行第 82~86 条规定的报告义务；

(e) 在打算将用于性能研究的器械用于干预性临床性能研究或涉及受试者风险的其他性能研究的情况下，发布附录 XIV 第 4.1 节所述的声明。

4. 若根据第 1、2 和 3 段规定，多人共同负责法规符合性，则其各自的责任领域应以书面形式规定。

5. 在制造商组织内负责法规符合性的人员，不论其是否属于该组织的雇员，在履行其职责方面不得有任何不利。

6. 授权代表应至少有一名可永久且持续听其调遣的负责法规符合性的人员，其在欧盟境内的体外诊断医疗器械监管要求方面拥有必要的专业知识。必要的专业知识应表现为以下任何一种资格：

(a) 在完成有关成员国确认为同等学历的法律、医学、药学、工程或其他相关科学学科大学学历或学习课程后颁发的文凭、证书或其他正式资格证书，以及在体外医疗器械相关监管事务或质量管理体系方面具有至少 1 年专业经验；

(b) 在体外诊断医疗器械监管事务或质量管理体系方面具有四年的专业经验。

第 16 条　制造商的义务适用于进口商、经销商或其他人的情况

1. 经销商、进口商或其他自然人或法人若做出以下任何行为，则应承担制造商相应义务：

(a) 在市场上流通以其名字、注册商标名称或注册商标命名的器械，除非经销商或进口商与标签上标明的制造商签订协议，仅由制造商承担本法规对制造商规定的要求；

(b) 变更已上市或投入使用的器械的预期用途；

(c) 更改已上市或投入使用的器械，若按照适用要求影响符合性。

第 1 子段不适用于为个别患者组装或改装已上市器械 (且未更改器械之预期用途) 的任何人员 (此等人员并不视为第 2 条第 (23) 点所定义之制造商)。

2. 对于第 1 段第 (c) 点而言，以下情况不得视为器械更改可能影响其适用要求的合规情况：

(a) 提供附录 I 第 20 节规定之已上市器械的制造商信息，以及用于在相关成员国推销器械所需的进一步信息，包括此类信息的译文；

(b) 对已上市器械的外包装改变，若为在相关成员国推销该器械而有必要重新包装且若重新包装不会影响器械原始状态，包括改变包装尺寸。对于无菌上市的器械，若应维持无菌状态的包装因重新包装而打开、破损或者受到其他负面影响，则应推定该器械的原始状态受到不利影响。

3. 任何进行第 2 段第 (a) 及 (b) 点活动的经销商或进口商应在器械上或者 (如不可行) 在其包装上或器械所附的文件上标明进行活动的名称、注册商标名或者注册商标、注册营业地址及有效联系地址，以方便确认其位置。

经销商和进口商应确保具有一套质量管理体系，其中的流程可适当保证信息译文准确且及时更新，该体系还能够保证以保持器械原始状态不变的方式和条件进行第 2 段第 (a) 和 (b) 点的活动以及保证重新包装的器械包装应没有缺陷，质量良好且整洁。质量管理体系应特别涵盖以下流程：确保经销商或进口商了解任何有关制造商为反馈安全问题或使器械符合本法规规定对有关讨论器械所采取的任何纠正行动。

4. 至少在对所提供器械重贴标签或重新包装的 28 日之前，市场上开展第 2 段第 (a) 和 (b) 点所述活动的经销商或进口商应通知制造商和计划供应器械的成员国的主管机构，其准备销售重新贴标签或重新包装的器械，并根据要求应向制造商和主管机构提供一个重贴标签或重新包装器械的样品或实体模型，其中包含翻译版本的标签和使用说明。在同一 28 日期限内，经销商或进口商应向主管机构提交一份证书。该证书由公告机构颁发给用于进行第 2 段第 (a) 和 (b) 点所述活动的器械，以用于证明经销商或进口商的质量管理体系符合在第 3 段规定的要求。

第 17 条 欧盟符合性声明

1. 欧盟符合性声明应说明已履行本法规规定要求。制造商应当持续对其进行更新欧盟符合性声明。这一欧盟符合性声明最低限度内容列于附录 IV。应将其翻译成欧盟官方语言或者器械销售所在成员国所要求的语言。

2. 就本法规未涵盖的相关问题，若器械需遵守其他欧盟立法机构要求 (该立法机构要求制造商发布一份证实已履行该立法机构所规定要求的欧盟符合性声明书)，只需要起草有关所有欧盟法案均适用该器械的单独符合性声明书。声明书中包含所有标识声明书相关欧盟立法机构的必要信息。

3. 通过起草欧盟符合性声明书，制造商应承担遵守本法规和适用于器械的所有其他欧盟立法机构要求的责任。

4. 委员会应有权按照第 108 条规定通过授权法案，基于技术进步来修订附录 V 规定的欧盟符合性声明的最低限度内容。

第 18 条 CE 符合性标识

1. 除了用于性能研究的器械之外，视为符合本法规要求的器械应加贴如附录 V 中所示的合规 CE 标识。

2.CE 标识应遵守欧洲委员会第 765/2008 号 (EC) 法规第 30 条要求所载的一般原则。

3. 标签应明显、清晰和不可磨灭地添加在器械或其无菌包装上。考虑到器械性质，无法或不适合将标签或添加到器械上时，应将 CE 标识添加在包装上。CE 标识也应出现在使用说明书中和销售包装上。

4. 应在器械上市前添加 CE 标识。其可能跟随在任何一个表示特殊危险或用途的象形图或任何其他标记后面。

5. 如适用，CE 标识应紧跟在负责进行列于第 48 条的符合性评估流程的公告机构标识号后面。也应在任何宣传材料 (其中所述器械满足 CE 标识的要求) 中说明标识号。

6. 若器械需遵守其他欧盟立法机构要求添加 CE 标识的规定，则 CE 标识还应表明该器械符合其他立法机构要求。

第 19 条　用于特殊用途的器械

1. 若对供应给实验室或其他机构进行性能研究的器械满足第 57~76 条规定的条件，以及按照第 77 条通过的实施细则规定的条件，则成员国不得为此等器械制造任何障碍。

2. 第 1 段所述的器械 (在第 70 条所述的器械除外) 不得加贴 CE 标识。

3. 在交易会、展览会、展示会或类似活动上，成员国不得制造任何障碍，表明器械不符合本法规要求，但前提是在器械上清楚标明该器械仅用于展示或演示目的且在未按照本法规规定制造之前不可投入使用的明显记号标识。

第 20 条　部件和组件

1. 任何在市场上流通专门用于取代相同或类似的有缺陷或磨损器械组成部分或组件的物项，以维持或恢复器械功能的自然人或法人，应在不改变器械性能或安全特征或其预期用途情况下，保证该物项对器械安全性与有效性没有不利影响。支持证据应可供成员国主管机构随时获取。

2. 专门用于替代器械部件或组件和显著改变器械性能或安全特征或预期用途的物项，应视为器械且应满足本法规规定的要求。

第 21 条　自由流通

除非本法规另有规定，否则成员国不得拒绝、禁止或限制在其领土内上市或使用符合本法规要求的器械。

第Ⅲ章 器械的标识和可追溯性、器械和经营者的登记、安全和临床性能总结、欧洲医疗器械数据库

第 22 条 供应链中标识

1. 经销商和进口商应与制造商或授权代表合作，以实现器械适当水平的可追溯性。

2. 在第 10(7) 条所述期限，经营者应能够向主管机构确定以下内容：

(a) 其直接提供器械的任何经营者；

(b) 直接向其提供器械的任何经营者；

(c) 其直接提供器械的任何卫生机构或卫生保健专业人员。

第 23 条 医疗器械的命名

为协助根据欧盟第 2017/745 号 (EU) 法规第 33 条所述的欧洲医疗器械数据库 (Eudamed) 的运作，委员会应确保国际公认的医疗器械命名应按照本法规要求，免费提供给需要使用命名的制造商和其他自然人或法人。委员会还应努力确保在合理可行的情况下免

费向其他利益相关方提供这一命名。

第 24 条　唯一器械标识系统

1. 除用于性能研究的器械外，附录Ⅵ第 C 部分中说明的唯一器械标识系统 (UDI 系统) 应能对器械进行标识并辅助医疗器械进行溯源管理，此外还应包括以下内容：

(a)UDI 的产生包括以下几点：

(i) 特定于某一制造商和某种器械的 UDI 器械标识 (UDI–DI)，提供附录Ⅵ第 B 部分所述信息访问途径；

(ii)UDI 生产标识 (UDI–PI)，用于标识器械生产单品包装以及附录Ⅵ第 C 部分中规定的销售包装器械 (若适用)；

(b) 将 UDI 应用于器械的标签或其包装上；

(c) 经营者、医疗机构及以医护人员分别根据第 8 和 9 段的规定相应要求保存 UDI；

(d) 根据欧盟第 2017/745 号 (EU) 法规第 28 条建立唯一器械标识电子系统 (UDI 数据库)。

2. 委员会应通过实施细则指定一个或多个机构，该机构根据本法规规定进行 UDI 工作系统运行及日常工作 (签发机构)。该等机构应满足以下所有标准：

(a) 实体是应具有法人资格的组织；

(b) 其 UDI 工作系统足以根据本法规要求，在从分销到使用的整个过程中对器械进行标识；

(c) 其 UDI 工作系统应符合相关国际标准；

(d) 该机构可根据一组预定的和透明的条款和条件，将 UDI 工作系统的访问权限提供给所有相关使用者；

(e) 该机构需做出以下几点承诺：

(i) 在得到委任后，应能够运作其 UDI 工作系统至少 10 年；

(ii) 提供给委员会和各成员国使用，并应要求，提供 UDI 工作系统的相关信息；

(iii) 符合相应的工作标准及相应条款要求。

委任签发机构时，委员会应努力确保无论签发机构使用何种系统，UDI 编码载体作为附件Ⅵ第 C 部分均能通过通用的方式读取，为经营者、医疗卫生机构和医疗保健专业人士减少财务和行政负担。

3. 在将器械 (性能研究器械除外) 投放于市场之前，制造商应向器械和 (如适用) 所有较高包装等级医疗器械进行 UDI 编码，该编码应符合委员会根据第 2 段委任的签发机构颁布之规定。

制造商将器械 (性能研究用器械除外) 上市之前，须确保附录Ⅴ第 B 部分中所列的与器械有关的资料准确提交且上传至第 25 条所述的 UDI 数据库。

4.UDI 载体应添加在器械标签和所有较高等级包装的器械上。较高包等级装的器械不得理解为包括海运集装箱。

5. 根据第 82 条规定，UDI 应能用于报告严重不良事件及现场安全纠正措施。

6. 第 17 条所述的欧盟符合性声明应说明该器械的基本 UDI–DI(定义见附录Ⅵ第 C 部分)。

7. 制造商应及时更新所有适用的已指定 UDI 的清单，并作为附录Ⅱ中所述技术文件的一部分。

8. 若器械属于第 11 段第 (a) 点所述方法确定的器械类别或器械组别，经营者应优先通过电子方式存放和保管其已提供或获取的器械 UDI。

9. 成员国应鼓励，并可要求医疗卫生机构优先通过电子手段存放并保管提供给其器械的 UDI。

成员国应鼓励，并可要求健康护理人员优先通过电子手段存放并保管提供给其器械的 UDI。

10. 委员会应有权根据第 108 条通过以下授权法案：

(a) 从技术进步的角度修订附录Ⅵ第 B 部分列表信息；及

(b) 按照唯一器械标识领域的国际发展及技术进步修订附录Ⅵ。

11. 委员会可通过实施细则来规定 UDI 系统的详细安排及程序，以此来确保适用以下几个方面：

(a) 判定用于第 8 段所规定义务适用的器械类别或器械组别；

(b) 指定特定器械或器械组别的 UDI-PI 所包含的数据。

应按照第 107(3) 条所述的审核方式来通过第 1 子段所述的实施细则。

12. 采用第 11 段所述措施时，委员会应考虑以下所有事项：

(a) 第 102 和 103 条分别所述的保密性和数据保护；

(b) 基于风险的方法；

(c) 成本效益的措施；

(d) 以国际水准开发 UDI 系统；

(e) 避免 UDI 系统重复的需求；

(f) 成员国对医疗系统的需要，及在尽可能的情况下，与利益相关方使用的其他医疗器械的识别系统的兼容性。

第 25 条　UDI 数据库

在咨询 MDCG 后，委员会应根据欧盟第 2017/745 号 (EU) 法规第 8 条设立的条件及详细安排设立并管理 UDI 数据库。

第 26 条　器械注册

1. 器械上市之前，制造商应按第 24(2) 条所述的签发机构相关规则，为器械指定一个附录Ⅴ第 C 部分要求的“基本 UDI-DI”，并将其连同附件Ⅵ第 B 部分所述的器械相关核心数据要素提交至 UDI 数据库。

2. 对于受第 48(3) 和 48(4) 条、第 48(7) 条第 2 子段、第 48(8) 条以及第 48(9) 第 2 子段所述的符合性评估限制的器械，在相关制造商向公告机构申请该评估流程前，应指定本条第 1 段所指基本 UDI-DI。

对于第 1 子段所述的器械，公告机构应引用根据附录Ⅻ第 4 节第 (a) 点签发证书的基本 UDI-DI，并在 Eudamed 中确认附录Ⅵ第 A 部分第 2.2 节所述资料。相关证书签发后，在器械上市之前制造商应将基本 UDI-DI 连同附件Ⅵ第 B 部分中所述的器械相关其他核心数据要素提交至 UDI 数据库。

3. 将器械上市之前，制造商应向 Eudamed 录入或 (若已存在) 验证附录Ⅵ第 A 部分第 2 节 (除第 2.2 节外) 所述的资料，并应及时更新资料。

第 27 条　经营者注册电子系统

1. 在咨询 MDCG 后，委员会应当建立并管理电子系统以创建第 28(2) 条所述的单一注册号。与制造商、授权代 及进口商 (如适用)

识别相关的重要信息的收集并整理。有关经营者提供给该电子系统的资料详见附录Ⅵ第 A 部分第 1 节。

2. 成员国可维持或引用有关其领土范围内允许使用的器械的经销商注册的国家规定。

3. 器械上市两周内，进口商应核实制造商或授权代表已将第 1 段中所述的资料提交至电子系统中。

若第 1 段资料未上传或不正确，在适用的情况下，进口商应通知相关授权代表或制造商。进口商应将其详细资料添加到相关条目。

第 28 条 制造商、授权代表和进口商的注册

1. 在器械上市前，制造商、授权代表和进口商为完成登记，应当向第 30 条所述的电子系统提交附录Ⅵ第 A 部分第 1 节所述资料。如符合性评估流程需公告机构按照第 48 条参与，应在向公告机构申请前向电子系统提交附录Ⅵ第 A 部分第 1 节所述的资料。

2. 在根据第 1 段要求输入的数据经过核实后，主管机构应从第 27 条所述的电子系统取得单一注册号 (SRN) 并签发给制造商、授权代表或进口商。

3. 制造商向公告机构申请符合性认证及访问 Eudamed(为履行第 26 条下的义务) 时需要用到 SRN。

4. 若有关本条第 1 段所述的资料于 1 周内发生任何变动，经营者应更新第 27 条所述的电子系统中的数据。

5. 在按照第 1 段所述的要求提交资料后 1 年内及此后的每两年，经营者应确认数据的准确性。在 6 个月到期日内未满足此要求的情况下，任何成员国可于其领土范围内采取适当的纠正措施，直至该等经营者遵守相关义务。

6. 在不影响经营者对数据的责任的情况下，主管机构应核实附录Ⅵ第 A 部分第 1 条所述的已确认的数据。

7. 第 27 条所述的电子系统中，按照本条第 1 段输入的数据应向公众开放。

8. 根据第 104 条，主管机构可利用这些数据向制造商、授权代表或进口商收取一笔费用。

第 29 条　安全性和性能总结

1. 对于 C 类和 D 类器械，除性能研究器械外，制造商应制定安全性和性能总结。

该安全性和性能总结对预期使用者及（如相关）患者应足够清晰，并应通过 Eudamed 向公众开放。

依据第 48 条，该安全性和性能总结的草案应当是包含在提交给公告机构的符合性评估文件的一部分，并由该机构来确认。确认后，公告机构应将该总结上传到 Eudamed。制造商应在标签或使用说明记述总结可获得的地址。

2. 安全性和性能总结应至少包括以下方面：

(a) 器械和制造商标识，包括基本 UDI-DI 和 (若已经签发)SRN ；

(b) 该器械的预期用途以及任何适应证、禁忌证和适用人群；

(c) 该器械的说明，包括前一代或变体 (如存在) 的参考文件、差异说明，以及 (如相关) 附件、其他器械和产品等与该器械配套使用物品的说明；

(d) 协调标准和适用的 CS 的参考文件；

(e) 附录ⅩⅢ所述的性能评估总结和有关 PMPF 的相关资料；

(f) 赋值的计量学溯源性；

(g) 为使用者提供的建议简况和培训；

(h) 有关任何剩余风险和任何不良影响、警戒和预防措施的信息。

3. 委员会可通过实施细则，将纳入安全性和性能总结的数据进行公示。应按照第 107(2) 条规定的审查规程实施细则。

第 30 条　欧洲医疗器械数据库

1. 委员会咨询 MDCG 后，应按照欧盟第 2017/745 号 (EU) 法规的第 33 及 34 条设立的条件和详细安排制定、维持及管理欧洲医疗器械数据库 (Eudamed)。

2.Eudamed 应包括以下电子系统：

(a) 第 26 条所述的器械注册电子系统；

(b) 第 25 条所述的 UDI 数据库；

(c) 第 27 条所述的经营者备案登记电子系统；

(d) 第 52 条所述的公告机构和证书电子系统；

(e) 第 69 条所述的性能研究电子系统；

(f) 第 87 条所述的警戒和上市后监管电子系统；

(g) 第 95 条所述的市场监管电子系统。

第Ⅳ章 公告机构

第 31 条 负责公告机构的主管机构

1. 成员国如计划指定符合性评估机构为公告机构，或已指定一家公告机构来根据本法规开展符合性评估活动，则应任命一个主管机构（“负责公告机构的主管机构”）。该主管机构由多个单独实体依照国家法律组建而成，负责建立和实施符合性评估机构的评估、指定和通告相关的必要流程以及对公告机构的监督管理（包括该机构的分包商和分支机构）。

2. 负责公告机构的主管机构应当妥善建立、组织和运作，以保障其活动的客观性和公正性，并避免与符合性评估机构的任何利益冲突。

3. 负责公告机构的主管机构应当妥善组织，以保证与指定或公告相关的每一个决定均由不同于评估的其他人员做出。

4. 负责公告机构的主管机构不得参与公告机构按商业或竞争形式开展的任何活动。

5. 负责公告机构的主管机构应对其获得的信息进行保密。但可与其他成员国、委员会及其他监管机构（在需要时）交换有关信息。

6. 负责公告机构的主管机构应维持足够数量的专业人员来保障其工作正常进行。

若负责公告机构的主管机构为不同于体外诊断医疗器械主管机构的机构，其须确保就相关事宜向体外诊断医疗器械的负责机构做出咨询。

7. 成员国应公开一些基本信息，包括管理符合性评估机构评估、任命和公告等方面工作的措施，以及公告机构监管方面的信息，还有对这些工作有重大影响的变化。

8. 负责公告机构的主管机构应参与第 44 条规定的同行评审活动。

第 32 条　公告机构的相关要求

1. 公告机构应当满足本规范指定的任务。其应当满足组织及基本要求，以及满足这些任务所需的对于质量管理、资源和程序的要求。公告机构特别需要满足附录Ⅵ的任务。

为满足第 1 子段指定的要求，公告机构应（按照附录Ⅶ第 3.1.1 条的规定）维持充足的行政、技术和科研人员，以及相关临床专业人员（按照附录Ⅶ第 3.2.4 条的规定）；如有可能，可由公告机构自行聘用。

附录Ⅶ第 3.2.3 及 3.2.7 条所述的人员应由公告机构自行雇佣，且不得担任外部专家或分包商。

2. 公告机构应准备并在需要时向负责该公告机构的主管机构提供所有相关文件（包括制造商文件），使其能够开展评估、指定、通告、监管及监督活动，并辅助在本章节内列出的评估活动。

3. 为确保统一应用附录Ⅶ所列要求，必要情况下为解决误解和实际应用上的问题，委员会需要颁布实施细则。这些实施细则应根据第 84(3) 条所述的检测程序来审批通过。

第 33 条　分支机构和分包

1. 若公告机构要把与符合性评估相关的特定任务外包，或者分派给分支机构，则应确认分包商或分支机构符合附录Ⅶ中规定的相应要求，并应通知负责公告机构的主管机构。

2. 分包商或分支机构如代表公告机构履行任务，则公告机构需对其所履行的任务承担全部责任。

3. 公告机构应公开其分支机构名单。

4. 在相应告知申请符合性评估的法人或自然人的前提下，符合性评估活动可由分包商或分支机构开展。

5. 在公告机构的主管机构安排下，公告机构应保留关于分包商或分支机构的资格验证及其根据本法规开展工作的所有相关文件。

第 34 条　符合性评估机构提交的委任申请

1. 符合性评估机构应向负责公告机构的主管机构提交委任申请。

2. 该申请应明确本法规中规定的符合性评估活动以及申请委任的

器械类型，并由证明符合附录Ⅵ要求的所有证明文件提供证明。

关于组织及基本要求以及附录Ⅶ中第 1 节和第 2 节所规定的质量管理要求，国家委任机构根据欧洲委员会第 765/2008 号 (EC) 法规提交的有效任命证书和相应的评估报告，并应在第 35 条所述的评估中予以考虑。但是，申请人应提供第 1 子段所述的完整文件，用来证明符合这些要求。

3. 为确保负责公告机构的主管机构能够监督和查证该公告机构是否符合附录Ⅶ中的所有要求，该公告机构应就任何相关变化更新第 2 段中所述的文件。

第 35 条　申请评估

1. 负责公告机构的主管机构应在 30 天内确认是否完成第 34 条所述的申请，并应要求申请机构提供所有缺失的信息。一旦申请完成，负责公告机构的主管机构应将其交送给委员会。

国家主管机构应按照自己的流程审查申请表和支持文件，并起草一份初步评估报告。

2. 负责公告机构的主管机构应向委员会提交初步评估报告，委员会应立即将其转交给 MDCG。

3. 按照本条第 2 段要求提交资料后 14 天内，委员会配合 MDCG，从第 36 条所述清单中选出三位专家组成联合评估小组，如遇特殊情况，可更改数量。其中一位专家应为委员会的代表，协调联合评估小组的活动。另外两名专家应来自成员国，而不是申请机构所在地的其他成员国。

联合评估小组应由能胜任符合性评估活动并了解申请中的器械类型的专家组成，特别是根据第 43(3) 条启动该评估流程后，确保专业的问题可得到正确评估。

4. 联合评估小组应在委任后的 90 天内，审核根据第 34 条提交的申请文件。联合评估小组可向负责公告机构的主管机构提供关于申请及现场评估的反馈或要求其予以澄清。

负责公告机构的主管机构以及联合评估小组应计划并实施对申请符合性评估的机构以及参与符合性评估过程的任何分支机构或分包商 (欧盟内外) 进行的现场评估。

申请机构的现场评估应当由负责公告机构的主管机构主导。

5. 在评估过程中如发现符合性评估申办机构不符合附录Ⅶ的要求，则负责公告机构的主管机构和联合评估小组应予以重视，并本着达成共同意见的原则，弥合不同意见来评估该申请。

在现场评估结束时，负责公告机构的主管机构将向符合性评估申请机构列出评估产生的不符合项清单，并总结联合评估小组提供的评估意见。

在规定的时间内，符合性评估申请机构应向国家主管机构提交纠正和预防性措施计划，以解决不符合项。

6. 联合评估小组应在现场评估完成后 30 天内记录所有评估中存留的分歧意见，并将这些告知负责公告机构的主管机构。

7. 负责公告机构的主管机构应当在收到申请机构提供的纠正和预防措施计划后，判断评估过程中发现的不符合项是否已经合理解决。该计划应指明已发现的不合格项的根本原因，并应加入一个执行纠正和预防措施的时间表。

负责公告机构的主管机构在确认纠正和预防措施计划后，应将其以及相关意见转交给联合评估小组。联合评估小组可要求负责公告机构的主管机构进一步澄清和修改。

负责公告机构的主管机构应拟定其最终的评估报告，其中应包括：

- 评估结果；
- 确认已正确采取纠正和预防措施；
- 任何存留与联合评估小组有分歧的意见；(在适用的情况下)
- 建议的委任范围。

8. 负责公告机构的主管机构应向委员会、MDCG 和联合评估小组提交最终评估报告和委任草案 (如适用)。

9. 联合评估小组应在收到由负责公告机构的主管机构编制的评估报告和委任草案 (如适用) 后 21 天内，向委员会提供关于这些文件的最终意见，而委员会应立即将该最终意见提交给 MDCG。在收到联合评估小组的意见后 42 天内，MDCG 应对委任草案提出建议，负责公告机构的主管机构应在其做出委任决定时对此建议予以适当考虑。

10. 委员会可通过实施细则，采取措施，制定第 34 条规定所指的申请委任的流程和报告详细安排，以及本条所规定的申请的评估。具体实施细则应按照第 107(3) 条所述的审查规程进行。

第 36 条　公告申请联合评估专家的提名

1. 成员国和委员会应提名医疗器械领域内具备符合性评估机构评估资格的专家参与第 35 和 44 条所述的活动。

2. 委员会应维护根据本条第 1 段提名的专家名单，以及专家的具体领域任职资格和专业能力的资料。该名单应当通过第 52 条所述的电子系统与成员国主管机构共享。

第 37 条　语言要求

根据第 34 和 35 条要求，所需的所有文件应由一种或多种语言拟定，具体语言由成员国决定。

各成员国在应用第一段时，应考虑在全部或部分有关文件中使用医学领域通用易懂的语言。

委员会应根据第 29 和 30 条的规定提供文件的必要翻译，或者将部分语言转换成欧盟官方语言，使按照第 30(3) 条要求指派的联合评估小组能够读懂并理解该文档。

第 38 条　委任和公告程序

1. 成员国只能委任已经按照第 35 条的要求进行评估并符合附录Ⅶ所列要求的符合性评估机构。

2. 成员国应使用委员会开发和管理的公告机构数据库内的电子公

告工具 (NANDO)，将其委任的符合性评估机构通知委员会和其他成员国。

3. 使用本条第 13 段所述的代码，该通知应明确规定本法规所定义的符合性评估活动的委任范围，以及授权公告机构评估的器械类型，并在不影响第 40 条的情况下，明确所有与委任相关的情况。

4. 公告应附有负责公告机构的主管机构的最终评估报告，第 35(9) 条所指联合评估小组的最终意见和 MDCG 的建议。若公告成员国不遵守 MDCG 的建议，应提供充分证据和理由。

5. 公告成员国在不影响第 40 条的情况下，应向委员会和其他成员国通报与委任有关的任何情况，并提供关于现有安排的书面证据，以确保公告机构被定期监督并持续满足附录Ⅶ规定的要求。

6. 在第 2 段所指通知后 28 天内，成员国或委员会可就关于公告机构或负责公告机构的主管机构对其进行的监督提出书面异议并附以论据。若无反对意见，委员会应在接到第 2 段所指通知后 42 天内，在 NANDO 中发布该通知。

7. 当成员国或委员会根据第 6 段提出异议时，委员会应在第 6 段所述的期限到期后 10 天内将该事项提交 MDCG。经各方协商后，MDCG 应至少在其收到该事项后 40 天内给出意见。若 MDCG 的意见是接受此类通知，则委员会应在 14 天内，在 NANDO 中发布该通知。

8. 若 MDCG 在根据第 7 段进行磋商后，确认现有异议或提出另一异议，公告成员国应在收到 MDCG 意见后 40 天内做出书面答复。

其答复内容应包括异议的解决办法，并将指定或不予指定该符合性评估机构的原因通知成员国。

9. 若公告成员国赞成委任符合性评估机构，并根据第 8 段给出其理由，委员会应在收到通知后 14 天内在 NANDO 中发布。

10. 当在 NANDO 中发布通知时，委员会还应在第 52 条所述的电子系统中增加该公告机构的公告信息，本条第 4 段所述的文件，以及本条第 7 段和第 8 段所述的意见和答复。

11. 在 NANDO 中公布该通知之日起该委任命令即生效。发布的公告应注明公告机构的合法符合性评估活动。

12. 相关的符合性评估机构只有在委任命令按照第 11 条规定生效之后才能执行公告机构的认证活动。

13. 委员会应在 2017 年 11 月 26 日，通过实施细则，起草一份包括代码和相应器械类型的清单，以指定成员国公告机构的委任范围。这些实施细则应按照第 107(3) 条所述的审查流程来实施。委员会在咨询 MDCG 之外，还可根据第 44 条所述的交流活动提供的信息更新本清单。

第 39 条　标识号和公告机构名单

1. 各公告机构在根据第 38(11) 条规定生效后，则委员会应为其分配一个标识号。即使该机构已经在欧盟多个法案中被指定，委员会也应为其指定一个单独的标识号。若根据本法规某机构成功被委任，同时其也是第 98/79/EC 指令指定的机构，则应保留原指令给其分配的标识号。

2. 委员会将依据本法规制定公告机构名单，包括已经分配给它们的标识号、本法规定义的符合性评估活动以及公告的器械类型，这些在 NANDO 中向公众公开。该名单还应在第 52 条所述的电子系统中公布。委员会应确保实时对列表进行更新。

第 40 条　公告机构的监督和重新评估

1. 对于可能影响其遵守附录Ⅶ所列要求的相关变化，或影响其执行被指定的符合性评估活动的能力的变化，公告机构应最迟在 15 天内尽快通知负责公告机构的主管机构。

2. 负责公告机构的主管机构应负责监督其境内公告机构及其分支机构和分包商，以确保其持续符合本法规的规定并履行其义务。公告机构应根据负责公告机构的主管机构的要求，向主管机构、委员会和其他成员国提供能够证明其符合要求所需的所有信息和文件。

3. 若委员会或成员国主管机构向另一成员国境内设立的公告机构提出涉及该公告机构执行的符合性评估的请求，则其应向另一成员国公告机构的主管机构，发送一份该请求的副本。收到该要求后，相关公告机构应立即回复，最迟不超过 15 天。成员国内负责公告机构的主管机构应确保任一其他成员国主管机构或委员会向其境内设立的公告机构提交的要求得到公告机构解决，除非有合法理由拒绝，此时可提交给 MDCG(医疗器械协调小组) 处理。

4. 负责公告机构的主管机构对于各责任辖区内的公告机构 (且在适当时应包含此等公告机构的分支机构及由其负责的分包商) 是否仍然符合要求，以及是否履行了附录Ⅶ列出的职责，应至少每年重新审查一次。评审应包含对每一家公告机构 (必要时，也包括对其分支机构和分包商）的现场审核。

负责公告机构的主管机构应按照年度评审计划执行监管和评审活动，以有效监督公告机构，确保其一直遵守本法规的要求。该计划应确定一个合理的时间表，对公告机构，特别是相关分支机构和分包商的受审频率做出规定。该主管机构应就其管辖的每家公告机构向 MDCG 和委员会提交年度监管或评审计划。

5. 负责公告机构的主管机构对公告机构的监管应包括对公告机构员工的现场监督审核，必要时还包括分支机构和分包商的员工（等同于在制造商的工厂内进行质量管理体系评估的人员）。

6. 负责公告机构的主管机构对公告机构执行的监管应考虑其市场监管、警戒和上市后监管方面的数据，以对其进行帮助和指导。

负责公告机构的主管机构应制订一个追踪系统，用来处理投诉和其他信息（包括来自其他成员国的），这些信息可能反映公告机构未履行的义务，较常规或最佳行为准则的偏离。

7. 负责公告机构的主管机构除了定期监测或现场评审外，还可采取临时通知、飞行检查或"有因"核查的行动以便在必要时解决特定问题或查证合规情况。

8. 负责公告机构的主管机构将评审公告机构对制造商的技术文件，特别是性能评估文档的评估报告（第 41 条将做进一步规定）。

9. 负责公告机构的主管机构应记录并存档有关公告机构不符合附录Ⅶ所列要求的任何调查结果并监督其及时采取补救和预防措施。

10. 自公告机构被委任之日起 3 年后，以及其后每隔 4 年一次，成员国负责公告机构的主管机构以及按照第 34 和 35 条所述程序任命的联合评审小组应全面重新评估设立于该国境内的公告机构，以确认其是否仍然符合附录Ⅶ的要求。

11. 委员会应有权按照第 108 条采纳授权法案以修订本条第 10 段进而修订待执行的该段所述的全面重新评估的频率。

12. 成员国应当至少一年一次向委员会和 MDCG 报告有关对公告机构 (适用时，包含其分支机构和分包商) 开展监督和现场评估活动的情况。该报告应提供详细的记述这些活动的结果，包括根据第 7 段进行的活动，并且 MDCG 和委员应对报告履行保密义务，只将摘要部分予以公开。

该报告摘要应上传至第 52 条所述的电子系统。

第 41 条　对公告机构所评估的技术文件和性能评估报告的评审

1. 作为对公告机构现行监管的一部分，负责公告机构的主管机构，应审查一定数量的公告机构所评估的制造商技术文件，特别是性能评估文档报告，以验证公告机构根据制造商提供的信息所得出的结论。这些由负责公告机构的主管机构进行的评审包括现场和场外评审。

2. 经规划后，按照第 1 段审查的文件采样，并且由公告机构出具器械在类别和风险上应具有代表性的证明，尤其是高风险器械，抽样计划要恰当合理，负责公告机构的主管机构在需要时可将文件提交给 MDCG。

3. 负责公告机构的主管机构应审核公告机构所做的评估是否恰当，并对流程、相关的文档及公告机构得出的结论进行检查。此等检查应包括公告机构作为评估依据的制造商的技术文件和性能评价文档。审核应使用 CS 进行。

4. 此等审核也应包括在公告机构的重新评估内，这与第 40(10) 条，和第 43(3) 条所述的联合评估活动一致。执行这些审核应使用相应的专业知识。

5. 根据负责公告机构的主管机构或联合评估小组所做的审核和评审报告，和第Ⅶ章中所述来自市场监管、警戒和上市后监管活动的信息，或根据对技术发展的连续监测或有关器械安全性与有效性的关注点和突发事件，MDCG 可建议根据本条进行的抽样，应扩大或降低公告机构对技术文件和性能评估评审的比例。

6. 委员会可通过实施细则，制订本条所述技术文档和性能评估文档评审报告审查的详细安排、相关文件以及协调活动。这些实施细则应按照第 107(3) 条述及的审查规程实施。

第 42 条 委任与公告变更

1. 负责公告机构的主管机构应通知委员会和其他成员国关于公告机构委任的任何相关变更。

第 35 和 38 条扩大委任范围的程序应适用。

除扩大范围之外的委任变更，以下段落所述程序应适用。

2. 委员会应立即在 NANDO 中公布修订通告。委员会应立即就公告机构委任的变更录入相关信息到第 52 条所述的电子系统中。

3. 若公告机构决定停止其符合性评估活动，应当尽快告知负责公告机构的主管机构和相关制造商，并且在停止评估活动前一年拟定停止计划。若另一公告机构已书面确认对这些证书涵盖的器械承担责任，则其资格证书在停止公告机构活动后 9 个月的期限内暂时有效。新的公告机构应在上述期限结束前完成对受影响器械的全面评估，方可为给这些器械签发新的证书。在公告机构终止其活动的情况下，负责公告机构的主管机构应撤销这一委任。

4. 若负责公告机构的主管机构已经确定公告机构不再符合列于附录Ⅶ的要求，或其未能履行自身义务，或没有执行必要的补救措施，主管机构则应依照其未达要求或不履行义务的严重程度，做出暂停、限制、或全部或部分撤销对该机构的委任的决定。一次暂停期限不得超过 1 年，但可追加一次同样期限的暂停。

负责公告机构的国家主管机构应立即通知委员会和其他成员国关于任何暂停、限制或撤销委任的情况。

5. 若委任已暂停、限制或全部或部分撤销，公告机构最迟应当在 10 天内告知相关制造商。

6. 若发生限制、暂停或撤销委任的情况，负责公告机构的主管机构应当采取适当措施，以确保有关公告机构的文件保留并提供给负责公告机构的其他成员国主管机构以及相关负责市场监管的主管机构。

7. 一旦出现限制、暂停或撤销委任的情况，负责公告机构的国家主管机构应该：

(a) 评估对公告机构签发证书的影响；

(b) 在发出委任变更通知的 3 个月内向委员会和其他成员国报告调查结果；

(c) 要求公告机构在主管机构决定的合理期限内暂停或撤销任何不当签发的证书以确保市场上的器械安全；

(d) 将其要求暂停或撤销的证书的相关信息录入第 52 条所述的电子系统；

(e) 将其要求暂停或撤销的证书通过第 52 条所述的电子系统通知制造商注册地址所在成员国的体外诊断医疗器械的主管机构。该主管机构应当采取适当措施，以在必要时避免给患者、使用者或其他人的健康或安全带来潜在风险。

8. 除了不当签发的证书外，当公告机构的委任被暂停或限制，证书在以下情况应该仍然有效：

(a) 负责公告机构的主管机构已经确认，暂停或限制期间的 1 个月内，受暂停或限制影响的证书没有出现安全问题，而且负责公告机构的主管机构已有相应的时间及行动计划以补救暂停或限制期间的公告机构的问题；或者

(b) 负责公告机构的主管机构已经确认在暂停或限制期间将不会签发、修订或重新签发证书，并且指出公告机构是否有能力继续监

管或是否有能力对暂停或限制期间已签发的证书负责。若负责公告机构的国家主管机构认定公告机构没有能力支持现有已签发的证书，制造商应在暂停或限制3个月的时间内向证书覆盖的器械制造商登记营业的成员国境内体外诊断医疗器械主管机构书面确认，有其他合格的公告机构可临时承担公告机构的职能，监督并继续负责暂停或限制期间的证书。

9. 除了不当签发的证书外，当撤销公告机构的委任时，下列情况证书仍有9个月的有效期限：

(a) 若证书覆盖的器械制造商登记营业的成员国的体外诊断医疗器械主管机构已经确认没有发生与上述器械相关的安全问题；且

(b) 另一公告机构已书面确认，将立即承担这些器械的直接责任，并会在委任撤销起12个月内完成对它们的评估。

在第1子段所指情况下，证书覆盖的器械制造商登记营业的成员国的体外诊断医疗器械主管机构可将证书的临时有效期进一步延长3个月(总共不得超过12个月)。

如主管机构或公告机构认为委任变更可能会影响公告机构职能，应立即通知委员会、其他成员国及其他相关公告机构。

第43条 对公告机构资格的挑战

1. 委员会与MDCG应联合调查公告机构(或其一个/多个分支机构或分包商)在持续履行附录Ⅶ所列要求或其应承担的义务时发生的问题。负责公告机构的主管机构应知悉这些问题并可做出调查。

2. 发出通告的成员国应按要求向委员会提供关于该公告机构委任的所有信息。

3. 若对公告机构或分支机构或公告机构的分包商在持续履行附录Ⅶ所列要求方面有合理顾虑，而且主管机构的调查认为问题并没有被完全解决，或者应负责公告机构的主管机构的要求，委员会与 MDCG 一同，可启动 (若适用的话) 第 35(3) 和 (5) 条所述的评审规程。该报告和这一评估的结果应遵循第 35 条的原则。另外，根据问题的严重程度，委员会与 MDCG 可请求负责公告机构的主管机构允许最多两位专家 (来自第 36 条规定的专家列表) 参与现场评估，作为监察及监督计划的一部分，按照第 40 条以及第 40(4) 条所述年度计划开展。

4. 若委员会确定公告机构不再符合其委任要求，应当相应地通知认证成员国，要求其采取必要的纠正措施，包括暂停、限制或必要时撤消委任。

凡成员国未能采取必要的纠正措施，委员会可通过实施细则来暂停、限制或撤销委任。细则的实施应按照第 107(3) 条述及的审查规程。委员会应当将相关决定通知有关成员国，并更新 UANDO 以及第 52 条所指电子系统。

5. 委员会应对调查过程中所获得的所有保密信息具有相应义务。

第 44 条　同行评审和负责公告机构的主管机构之间的经验交流

1. 委员会应为负责公告机构的主管机构提供经验交流及实践合作的机会。该交流应包括以下内容：

(a) 负责公告机构的主管机构的最佳工作指导文件的编制；

(b) 与本法规实施相关的公告机构指导性文件的开发；

(c) 第 36 条所述专家的培训和资格认定；

(d) 监控有关公告机构委任变更的动态趋势及公告机构之间证书撤销和转让的动态趋势；

(e) 监控第 38(13) 条所述的范围代码的申请和适用情况；

(f) 制定主管机构与委员会之间的同行评审机制；

(g) 向公众传播主管机构和委员会对公告机构的监管和警戒活动的方法。

2. 负责公告机构的主管机构应当通过根据本条第 1 段所述的机制每三年参与一次同行评审。这些评审通常应在第 35 条说明的现场联合评估期间同步进行。此外，作为第 40 条所述监测活动的一部分，国家主管机构可选择是否进行此等评审。

3. 委员会应参加该组织，并为同行评审机制的实施提供支持。

4. 委员会应编制同行评审活动的年度总结报告并公开发表。

5. 委员会可通过实施细则，采取措施，制定本条所述的同行评审机制、培训和资格认定的详细安排与相关文件。应按照第 107(3) 条述及的审查规程来颁布实施细则。

第 45 条　公告机构的协调

委员会应确保公告机构之间适当的协调与合作落实到位，并按照第 2017/745 号 (EU) 法规第 49 条所述的公告机构协调小组的形式操作。

根据本法规所述公告机构应参与该小组的工作。

第 46 条　收费标准列表

公告机构应制定其所进行的符合性评估活动收费标准列表，并公开此列表。

第Ⅴ章 分类及符合性评估

第1节 分类

第47条 器械分类

1. 根据器械的预期目的及其内在风险，将器械分为A、B、C和D类。分类应按照附录Ⅷ进行。

2. 由于使用附录Ⅷ而产生的制造商和相关公告机构之间的任何争议，应提交至制造商注册地所在成员国主管机构做出决定。对于在欧盟未注册也未指定授权代表的制造商，该事宜应提交至在附录Ⅸ第2.2节第2段第(b)点最后一项所述的授权代表注册地址所在成员国的主管机构。当有关公告机构和制造商成立于不同的成员国时，主管机构应在咨询委任该公告机构的成员国主管机构后方可通过其决定。

制造商业务注册地所在国的主管机构应将相关决定通知MDCG及委员会。应根据要求公布分类决定。

3. 应成员国要求，委员会应在咨询 MDCG 后，通过实施细则就以下项目做出决定：

(a) 将附录Ⅷ应用于器械、器械类别或分组，这些器械确定其分类；

(b) 基于公共健康科学研究的新进展，或者基于在警戒和市场监管活动过程中发现的降低附录Ⅷ的任何证据，可对器械、器械类别或分组进行重新分类。

4. 委员会也可在咨询 MDCG 后，通过实施细则，自行决定第 3 段第 (a) 和 (b) 点涉及的问题。

5. 为保证附录Ⅷ的统一适用，并考虑到相关科学委员会的相关科学性意见，委员会可采用实施细则，以解决实际应用中出现分歧问题。

6. 按照第 107(3) 条的审查程序采用本条第 3、4 和 5 段所述的实施细则。

第 2 节　符合性评估

第 48 条　符合性评估流程

1. 在器械上市前，依照附录Ⅸ～Ⅺ的符合性评估流程，制造商应对该器械符合性进行评估。

2. 在器械未上市前，除按照第 5(5) 条生产的内部器械外，依照附录Ⅸ～Ⅺ的符合性评估流程，制造商应对器械进行符合性评估。

3. 非性能研究用 D 类器械的制造商应按照附录Ⅸ的第Ⅰ、Ⅱ(不包括第 5 节)和 III 章的规定进行符合性评估。

除了第 1 子段所述的规程，对于自测和床旁检测器械，制造商应遵循附录Ⅸ第 5.1 节规定的技术文件评估流程。

除了第 1 和 2 子段所述的规程，对于伴随诊断，公告机构应根据附录Ⅸ第 5.2 节规定的流程，咨询由成员国根据欧洲议会和理事会第 2001/83/EC 号指令[1]指定的主管机构或者欧洲药品管理局(EMA)(如适用)。

4. 非性能研究用 D 类器械的制造商，除了选用第 3 段规定的适用符合性评估流程外，还可选择应用附录Ⅹ规定的符合性评估配合附录Ⅺ规定的符合性评估。

对于伴随诊断，公告机构应根据附录Ⅹ第 3 节第 (k) 点规定的流程，特别咨询由成员国根据欧洲议会和理事会第 2001/83/EC 号指令指定的主管机构，或者欧洲药品管理局 (EMA)(如适用)。

5. 特别是，在不影响第 3 和 4 段所述其他规程规定的义务之外，根据第 100 条，如指定一个或多个参考实验室，执行符合性评估的公告机构将要求其中一家欧盟参考实验室根据适用的 CS、通过实验室测试验证制造商所声称的性能和承诺，或按照制造商选择的至少与附录Ⅸ第 4.9 节和附录Ⅹ第 3 节第 (j) 点所述等效的其他方法来确保安全性与有效性水平。由参考实验室执行的实验室测

---

[1] 欧洲议会和理事会有关人用医疗产品的共同体守则的第 2001/83/EC 号指令，2001 年 11 月 6 日 (OJ L311, 28.11.2001, P.67)。

试应使用可获得的最佳参考品，并将分析的重点放在分析和诊断灵敏度上。

6. 除了第 3 和 4 段所述适当规程之外，若某 D 类器械无 CS 且该器械类型首次进行认证，公告机构应就制造商的性能评价报告咨询欧盟第 2017/745 号 (EU) 法规第 106 条涉及的相关专家。为此，公告机构应在收到制造商性能评估报告的五天内将其提供给专家小组。有关专家应当在委员会的监督下，根据附录Ⅸ第 4.9 节或附录Ⅹ第 3 节第 (j) 点适当规定，参考实验室递交科学性意见的限期内向公告机构提供自己的意见。

7. 非性能研究用 C 类器械制造商应根据附录Ⅸ第Ⅰ和第Ⅲ章规定，接受符合性评估，并且各同类器械组应评估至少一个典型器械的技术文件，如该附录第 4.4~4.8 节的规定。

除了第 1 子段所述的规程，对于自测类和床旁检测器械，制造商应遵循附录Ⅸ第 5.1 节规定的技术文件评估流程。

除了第 1 和 2 子段所述的规程，对于伴随诊断，公告机构应为各器械，遵循附录Ⅸ第 5.2 节规定的技术文件评估流程，并应用附录Ⅸ第 4.1~4.8 节规定的技术文件评估规程，同时应咨询由成员国按照第 2001/83/EC 号指令委任的主管机构，或按照附录Ⅸ第 5.2 节规定的流程咨询欧洲药品管理局 (EMA)(如适用)。

8. 非性能研究用 C 类器械制造商，可选择应用附录 X 规定的符合性评估配合附录Ⅺ (第 5 节除外) 规定的符合性评估，而非第 7 段规定的适用符合性评估流程。

对于伴随诊断，公告机构应特别为各器械，根据附录Ⅸ第 3 节第 (k) 点的规定流程，咨询由成员国根据欧洲议会和理事会第 2001/83/EC 号指令指定的主管机构，或者欧洲药品管理局 (EMA)(如适用)。

9. 非性能研究用 B 类器械制造商，应根据附录Ⅸ第Ⅰ和Ⅲ章规定接受符合性评估，并且各器械类别应评估至少一个典型器械的技术文件，如该附录第 4.4~4.8 节的规定。

除了第 1 子段所述的规程，对于自测和床旁检测器械，制造商应遵循附录Ⅸ第 5.1 节规定的技术文件评估流程。

10. 非性能研究用 A 类器械制造商在拟定附录Ⅱ和Ⅲ规定的技术文件后，将通过签发第 17 条所述的 EC 符合性声明，以声明其产品的符合性。

但是，若器械在无菌条件下上市，制造商应遵循附录Ⅸ或附录Ⅺ规定的流程。公告机构的参与仅限于建立、保护和保持无菌条件等方面。

11. 性能研究用器械应符合第 57~77 条的要求。

12. 成员国境内的公告机构可要求与第 1~10 段所述流程相关的所有或某些文件 (包括技术文件、审查、评估和检验报告) 应使用成员国决定的欧盟官方语言编写。如缺少此等要求，这些文件应该使用公告机构可接受的欧盟官方语言编写。

13. 委员会可通过实施细则规定详细安排和流程等方面，以确保公告机构在以下方面可协调应用符合性评估流程：

(a) 按照附录Ⅸ第 2.3 节第 3 段和第 3.5 节规定的代表性技术文件评估基础确定的 C 类器械的抽样频率及基本要求；

(b) 根据风险级别和器械类型，由公告机构按照附录Ⅸ第 3.4 节进行的飞行检查和抽样测试的最低频率；

(c) 拟送到按照附录Ⅺ第 4.12 节第 100 条和附录Ⅺ第 5.1 节指定的欧盟参考实验室的 D 类器械生产样品或批次样品的抽样频率；或

(d) 在进行抽样测试、技术文件评估和型式检验时，公告机构按照附录Ⅸ第 3.4 和 4.3 节以及附录Ⅹ第 3 节第 (f) 和 (g) 点进行的物理、实验室或其他测试。

应按照第 107(3) 条的检查流程实施第 1 子段所述的细则。

第 49 条　公告机构参与符合性评估流程

1. 如符合性评估流程需要公告机构的参与，制造商可申请选择公告机构，前提是该选定机构已被安排开展器械类别相关符合性评估活动。制造商不能为同一符合性评估流程平行申请其他公告机构。

2. 在做出关于符合性评估决定前，有关公告机构应通过第 52 条所述的电子系统将撤销其申请的制造商通知给其他公告机构。

3. 在按照第 1 段向公告机构申请时，制造商应在该公告机构决定之前声明其已经撤销了其他公告机构的申请，且 / 或提供先前已被其他公告机构拒绝的同一符合性评估的申请信息。

4. 公告机构可要求制造商提供任何信息或数据，以开展既定的符合性评估流程。

5. 公告机构以及公告机构人员必须具备执行符合性评估活动的最高级别职业操守、必备技术及专业领域的科学技能，并且能够抵抗一切压力和诱惑，特别是可能会影响其判断或符合性评估活动结果的资金问题，特别是对于这些活动的结果有利益关系的个人或集体。

第 50 条　D 类器械的符合性评估的审查机制

1. 公告机构应通知颁布证书的主管机构其已批准的 D 类器械，但无需通知补充或延续现有证书的情况。此类通知需参照第 52 条通过电子系统进行，并应增加第 20.4 节附录 I 所述的使用说明、第 29 条所述的安全性与有效性总结、公告机构的评估报告以及 (如适用) 第 48(3) 条第 2 子段欧盟参考实验室的实验室测试和科学性意见，以及 (如适用) 依据第 48(4) 条的专家意见 (参见欧盟第 2017/745 号法规第 106 条之规定)，包括在公告机构和专家之间出现意见分歧时的完整论证。

2. 主管机构以及 (在适当情况下) 委员会可根据合理原因，根据第 40、41、42、43 或 89 条，开展进一步审查流程，并且在必要时，根据第 90 和 92 条采取适当的措施。

3. 在适当情况下，MDCG 和委员会可出于合理原因，要求专家小组就任何器械的安全性和性能给出科学建议。

第 51 条　符合性证书

1. 由公告机构根据附录Ⅸ、Ⅹ和Ⅺ所颁发的证书应使用该公告机构所在成员国的欧盟官方语言或该公告机构可接受的其他欧盟官方语言编写。证书的最简内容见附录Ⅻ。

2. 证书的有效期为其列明的期限，不得超过 5 年。经制造商申请，证书的有效期可延长，但每次延期不得超过 5 年，同时需按照适用的符合性评估流程重新评估。证书的任何补充内容应与其补充的证书具有相同有效期。

3. 公告机构可限制器械应用于某些特定患者或使用者的预期目的，或要求制造商承担按照附录 XⅢ 第 B 部分规定进行上市后性能跟踪研究。

4. 若公告机构认定制造商不再满足本法规的要求，需考虑均衡原则，暂停或撤销颁发的证书或对其施加限制，除非制造商在公告机构规定的时间内采取合适的措施保证遵守要求。该公告机构需给出其所作决定的理由。

5. 公告机构将所签发证书的相关信息录入第 52 条所述的电子系统，包括修订和补充以及证书的暂停、恢复、撤销或拒绝以及对证书的限制。此信息应向公众开放。

6. 随着技术进步，委员会有权按照第 108 条修订附录Ⅻ所列的证书最简内容。

第 52 条　公告机构和符合性证书的电子系统

为达成本法规目的，需按照欧盟第 2017/745 号 (EU) 法规第 57 条，在电子系统中核对并处理下列信息：

(a) 第 33(2) 条所述分支机构名单；

(b) 第 36(2) 条所述专家名单；

(c) 第 38(10) 条所述公告和第 42(2) 条所述修订公告相关信息；

(d) 第 39(2) 条所述公告机构名单；

(e) 第 40(12) 条所述总结报告；

(f) 第 50(1) 条所述符合性评估公告及证书；

(g) 附录Ⅶ第 49(2) 条和第 4.3 节所述证书申请的撤回或拒绝；

(h) 第 51(5) 条所述证书相关信息；

(i) 第 29 条所述安全性与有效性总结。

第 53 条　公告机构的自愿变更

1. 对于同一器械的符合性评估，若制造商终止与一家公告机构的合同，而与另一家公告机构签订合同，公告机构的变更详细安排需在制造商与即将达成协议的公告机构以及即将终止协议的公告机构之间的协议 (如可行) 中明确定义。协议应至少包含以下几个方面：

(a) 即将终止协议的公告机构颁发的证书失效日期；

(b) 在制造商提供的信息包括任何宣传资料中声明的即将终止协议的公告机构的标识号日期；

(c) 文件传输，包括保密性方面和产权；

(d) 即将终止协议的公告机构符合性评估任务委托给即将达成协议的公告机构的日期；

(e) 即将终止协议的公告机构负责的最后一个序列号或批号。

2. 在失效日期当日，即将终止协议的公告机构应撤销其为相关器械颁发的证书。

第 54 条　符合性评估流程的豁免

1. 通过豁免第 48 条，任何主管机构在正当理由要求下，可在成员国境内授权特定器械的市场投放或使用，无须执行该条所述流程，但其使用有利于公共健康或者患者安全或健康的要求。

2. 成员国在按照第 1 段做出授权任何器械上市和使用的决定后，应通知委员会和其他成员国，此类授权是批准使用而不针对单一患者。

3. 在按照本条第 2 段发布公告后，委员会针对公共健康或者患者安全或健康的特殊情况，可通过实施细则，在一定程度上延长成员国根据本条第 1 段在欧盟境内授权的时限，并设置器械可被上市或使用的条件。这些细则的实施应按照第 107(3) 条涉及的审查流程进行。

若存在攸关人类健康与安全的紧迫性理由，委员会应按照第 107(4) 条涉及的流程立即采取适用的实施细则。

第 55 条　自由销售证书

1. 为出口目的，应制造商或授权代表要求，制造商或授权代表注册地所在成员国需签发一份自由销售证书，声明制造商或授权代表（如适用）依法在其境内登记营业地，并且根据本法规带有 CE 标记的器械可在欧盟上市销售。自由销售证书应列明提交至第 26 条规定的 UDI 数据库的器械基本 UDI–DI。若公告机构颁发了符合第 51 条要求的证书，根据附录Ⅻ第Ⅱ章第 3 节，自由销售证书应列出公告机构签发的唯一识别号以标识此证书。

2. 委员会可通过实施细则，建立一个自由销售证书模板，并考虑自由销售证书的国际使用惯例。应按照第 107（2）条涉及的审查流程通过这些实施细则。

第Ⅵ章 临床证据、性能评估和性能研究

第 56 条 性能评估和临床证据

1. 与附录Ⅰ规定的相关通用安全性与有效性要求符合性的确认，特别是第Ⅰ章和附录Ⅰ第 9 节所指性能特征相关要求，在正常使用条件下的预期用途，以及附录Ⅰ第 1 节和第 8 节涉及的干扰、交叉反应以及受益 – 风险比可接受性的评估，须基于科学有效性、分析和临床性能数据提供足够的临床证据（包括适用的附录Ⅲ所指相关数据）。

制造商应规定并评价临床证据的水平，使其足以证明符合相关安全性与有效性基本要求。临床证据水平应适合器械特性及其预期用途。

为此，制造商应根据本条款及附录XⅢ第 A 部分计划、实施并记录性能评估。

2. 临床证据应支持器械制造商声称的预期用途，并应基于按照性能评估计划实施的一个持续的性能评估过程。

3. 根据本条款和附录 XIII 第 A 部分，性能评估应遵循明确的方法学上合理可行的程序证明以下内容：

(a) 科学有效性；

(b) 分析性能；

(c) 临床性能。

从这些要素评估中得出的数据和结论即构成该器械的临床证据。临床证据应当科学地证明在目前的医药水平下预期的临床效益是可实现的，并且器械足够安全。从性能评估得出的临床证据应当提供科学的有效保证，即在正常使用条件下满足附录 I 所列的通用安全性与有效性要求。

4. 应根据附录 XIII 第 A 部分第 2 节进行临床性能研究，除非有经充分验证的其他来源的临床性能数据。

5. 科学有效性数据、分析性能数据和临床性能数据，其评估和由此衍生的临床证据，应参照附录 XIII 第 A 部分第 3.2 节的性能评估报告进行记录。性能评估报告是附录 II 器械相关技术文档的一部分。

6. 根据附录 XIII 第 B 部分，在器械的整个生命周期内，使用制造商 PMPF 计划获得的数据更新性能评估及其文件记录，将作为第 79 条上市后监管计划的一部分。

C 类和 D 类器械的性能评估报告应在必要时进行更新，但至少每年更新一次第 1 子段所述的数据。第 29(1) 条涉及的安全性与有效性总结必须尽快更新。

7. 在需确保附录 XIII 的统一应用时，委员会可因技术和科学进步的原因，采用实施细则解决分歧和实际应用中的问题。根据第 107(3) 条述及的审查规程颁布实施细则。

第 57 条　关于性能研究的一般要求

1. 除了性能研究所覆盖的内容以外，制造商还应保证器械的性能研究符合附录 I 规定的安全性与有效性基本要求，并且保证采取了一切预防措施来保障患者、使用者和其他人员的健康和安全。

2. 在适当情况下，性能研究应在与器械正常使用相似的环境中进行。

3. 性能研究的设计和实施必须在参与性能研究受试者的权利、安全、尊严和福祉得到保护并且优先于所有其他利益的基础上开展，产生的数据应科学有效、可靠、可信。

性能研究 (包括使用剩余样品的性能研究) 须依照数据保护的适用法律进行。

第 58 条　特定性能研究的附加要求

1. 任何性能研究

(a) 采集的外科有创标本只用于性能研究目的；

(b) 第 2 条第 (46) 点定义的干预性临床性能研究；或者

(c) 研究的开展涉及对受试者的额外侵入性流程或其他风险。

除了须满足第 57 条和附录 XIII 要求外，还应当根据本条、第 59~77 条和附录 XIV 进行设计、授权、实施、记录和报告。

2. 涉及伴随诊断的性能研究应执行与第 1 段相同的要求。这并不适用于使用剩余样本进行的伴随诊断研究，但此类性能研究应通知主管机构。

3. 性能研究必须经过科学和伦理审查。伦理审查应当由伦理委员会根据国家法律进行。各成员国应确保伦理委员会的审查流程与本法规对性能研究授权申请的评估流程一致。至少有一个非专业人士参加伦理审查。

4. 在性能研究的申办方未在欧盟境内登记时，该申办方应确保有一个在欧盟依法登记的自然人或法人作为其法定代表。该法定代表应负责确保申办方遵守本法规规定的义务，并成为本法规规定的申办方的所有通信的收件人。任何与法定代表的通信应视为是与申办方的通信。

成员国在其领土或第三国领土上单独进行性能研究时可选择不遵循第 1 子段要求，只要其保证申办方在其领土上至少设立一个联络人，该联络人作为本法规规定申办方的所有通信收件人。

5. 在满足以下所有条件的情况下方可展开第 1 段所述的性能研究：

(a) 除非另有说明，根据本法规规定，性能研究需要待开展性能研究的成员国授权管辖；

(b) 根据国家法律成立的伦理委员会，未根据该国法律在全体成员国范围内有效开展性能研究发表反对意见；

(c) 依据第 4 段，申办方或其法定代表或联系人在欧盟境内依法成立；

(d) 根据第 59~64 条，将对弱势群体或受试者进行适当保护；

(e) 证明对受试者或公众健康的预期利益超过其可预见的风险和不便，并持续监控该条件的符合性；

(f) 根据第 59 条，受试者或其法定代表 (在受试者不能进行知情同意时) 已给出知情同意。

(g) 向受试者或其法定代表 (在受试者不能进行知情同意时) 提供可在需要时接收更多信息的实体联系方式；

(h) 根据第 95/46/EC 号指令，保障受试者身心健康的权利、隐私权，并保护受试者个人数据；

(i) 在设计性能研究时应尽可能减少受试者的疼痛、不适、恐惧及其他可预见风险，在性能研究计划中应明确风险阈值和压力水平并对其进行持续监控；

(j) 在性能研究条件下，由有适当资质的医生负责向受试者提供医疗服务，或在适合时由国家法律授权的其他个人提供相关患者医疗服务；

(k) 受试者或其法定代表在参与性能研究时，不得受到不正当影响

(包括财务方面);

(l) 在适当情况下，已对包括反映最新科学知识的生物安全性测试或鉴于器械使用目的其他必要测试进行测试;

(m) 考虑到现有技术水平，在进行临床性能研究时已对分析性能进行验证;

(n) 考虑到现有技术水平，在进行干预性临床性能研究时已证明其分析性能和科学有效性。对于尚未建立科学有效性的伴随诊断，应当提供生物标识物使用的科学依据;

(o) 考虑到现有技术水平以及在职业安全和事故预防方面的规定，已对器械使用的技术安全性进行证明;

(p) 符合附录XIV的要求。

6. 任何受试者或其法定代表(在受试者不能进行知情同意时)，在不会产生损害的情况下，无需提供任何理由，可随时通过撤销其知情同意退出性能研究。在不违反95/46/EC指令情况下，知情同意的撤回不得影响已经开展的活动以及已经使用的在撤离前基于知情同意而获得的数据。

7. 研究者应从事相关成员国承认的职业，因其在患者护理或实验室医学方面具有必要的科学知识和经验而认定其作为具有资格的研究者资质。为完成任务，参与性能研究的其他个人，应当在教育、培训或相关医疗领域和临床试验方法的经验方面具有合适资格。

8. 在合适的情况下，受试者参与的性能研究中使用的工具应适用于性能研究，并与器械预期使用的工具相似。

第 59 条 知情同意

1. 知情同意须由第 2 段 (c) 所述的进行面试的人员以及受试者或其法定代表 (不能够给出知情同意时) 在根据第 2 段进行充分知情后编写、注明日期并签名。当受试者不能编写时，可在至少有一名见证人在场的情况下，使用适当的替代方法记录，以给予同意。在这种情况下，见证人应在知情同意书上签名并注明日期。应当向受试者或其法定代表 (在受试者不能给予知情同意时) 提供该文件或记录 (如适用) 的副本以表示给予知情同意。知情同意应记录在案。应当给受试者或其法定代表充足的时间来考虑其是否决定参与性能研究。

2. 为获得知情同意而给予受试者或其法定代表 (在受试者不能给予知情同意时) 的信息应当：

(a) 使受试者或其法定代表理解；

(i) 性能研究的性质、目的、效益、含义、风险和不便；

(ii) 受试者关于其受保护的权利和保障，尤其是其可在不产生任何损害的情况下拒绝参与并随时从性能研究中退出且无需提供任何理由的权利；

(iii) 性能研究进行的条件，包括受试者参与性能研究的预期持续时间；以及

(iv) 可能的治疗替代方案，包括受试者中止参与性能研究时的后续措施；

(b) 保持全面、简洁、清晰、相关和受试者或其法定代表的可理解性；

(c) 在事先面试中须提供一位根据国家法律具有合适资格的调查小组成员；和

(d) 包括第 65 条所述的适用的损伤赔偿制度的信息；

(e) 包括第 66(1) 条所指性能研究的欧盟范围唯一识别编号，以及根据本条第 6 段有关性能研究结果可用的信息。

3. 第 2 段涉及的信息应以书面形式编写并提供给受试者或其法定代表 (在受试者不能给予知情同意时)。

4. 在第 2 段第 (c) 点所述的面试期间，应当特别注意特殊患者人群及个别受试者的信息以及提供信息的方式。

5. 在第 2 段第 (c) 点所述的面试期间，应该确保受试者已经理解了信息。

6. 应告知受试者，根据第 73(5) 条，无论性能研究的结果如何，性能研究和汇总报告将提交至第 69 条所述的性能研究电子系统中，该报告采用预期使用者可理解的术语编订，并且在报告可用时通知受试者。

7. 本法规要求，在不违背国家法律的前提下，参与性能研究除须获得法定代表的知情同意外，也须要取得能够给出意见并对给予的信息进行评估的未成年人的同意。

第 60 条 针对无行为能力受试者的性能研究

1. 无行为能力的受试者在其无行为能力发生前没有给予或拒绝给予知情同意时，除满足第 58(5) 条规定的条件外，还需符合以下所有条件方可进行性能研究：

(a) 已获得其法定代表的知情同意；

(b) 无行为能力受试者以使其足以理解的方式获得第 59(2) 条所述的信息；

(c) 研究者应当尊重一个能够形成观点并对第 59(2) 条的信息进行评估的无行为能力受试者明确拒绝参与或在任何时候退出性能研究的意愿；

(d) 除对参与性能研究直接相关的费用和收入损失进行补偿外，不得对受试者或其法定代表进行奖励或财务利诱；

(e) 性能研究对无行为能力受试者是必不可少的，且通过对能够给出知情同意的个人的性能研究或其他研究方法不能获得同等有效性数据；

(f) 性能研究与受试者所患疾病直接相关；

(g) 预期参与性能研究将产生的结果是有科学根据的：

(i) 无行为能力受试者的直接利益抵消了所涉及的风险和负担；或者

(ii) 相比于对无行为能力受试者的标准疗法，当性能研究对相关无行为能力个体只会造成最小风险及负担时，相关无行为能力受试者所代表群体的一些利益。

2. 受试者应尽可能参与知情同意过程。

3. 第 1 段第 (g)(ii) 点不得违背更严格的国家法规，即在没有科学依据预期参与性能研究对受试者产生的直接利益大过其所涉及的风险和负担的情况下，禁止对无行为能力受试者进行性能研究。

第 61 条　针对未成年人的性能研究

1. 除了第 58(5) 条规定的条件外，对未成年人的性能研究必须满足以下所有条件时方可开展：

(a) 已获得了其法定代表的知情同意；

(b) 未成年人以适应其年龄和心智成熟度的方式接受第 59(2) 条涉及的信息，由经过培训或对儿童工作有经验的研究者或研究组提供；

(c) 研究者应当尊重一个能够形成观点并对第 59(2) 条的信息进行评估的未成年人明确拒绝参与或在任何时候退出性能研究的意愿；

(d) 除对参与性能研究直接相关的费用和收入损失进行补偿外，不得对受试者或其法定代表进行奖励或财务利诱；

(e) 性能研究旨在考察仅在未成年人中出现的临床治疗，或者性能研究对未成年人是必须的以验证在对能够给出知情同意个体的性能研究中或通过其他研究方法获得的数据；

(f) 性能研究与相关未成年人的医疗状况直接有关，或本质上仅出现于未成年人；

(g) 预期参与性能研究将产生的结果是有科学根据的：

(i) 未成年人的直接利益抵消了所涉及的风险和负担；或者

(ii) 相比于对未成年人的标准疗法，当性能研究对相关未成年人只会造成最小风险及负担时，相关未成年人可以获益。

(h) 未成年人以适应其年龄和心理成熟度的方式参与知情同意过程；

(i) 若在性能研究期间，未成年人达到国家法律规定的能够给予知情同意的法定行为能力年龄，应当在受试者可继续参加性能研究之前取得其明确的知情同意。

2. 第 1 段第 (g)(ii) 点不得违背更严格的国家法规，即在没有科学依据预期参与的性能研究对受试者产生的直接利益大过其所涉及的风险和负担的情况下，禁止对未成年人进行性能研究。

第 62 条　针对孕妇或哺乳期妇女的性能研究

针对孕妇或哺乳期妇女的性能研究，除须符合第 58(5) 条设定的条件外，仅在满足以下条件时才能进行：

(a) 性能研究有可能对涉及的孕妇或哺乳期妇女，或其胚胎、胎儿或新生儿产生直接好处，且超过其所承担的风险和负担；

(b) 若此类性能研究对涉及的孕妇或哺乳期妇女，或其胚胎、胎儿或新生儿没有直接好处，则只能在满足下列条件时开展：

(i) 不得对非孕妇或哺乳期妇女进行可比有效性的性能研究；

(ii) 性能研究致力于使孕妇或哺乳期妇女、或其他育龄妇女、或其他胚胎、胎儿或儿童受益；和

(iii) 性能研究对涉及的孕妇或哺乳期妇女或其胚胎、胎儿或新生儿造成最小的风险和负担；

(c) 对进行研究的哺乳期妇女进行特殊护理，以避免对孩子的健康造成任何不利影响；

(d) 除对参与性能研究直接相关的费用和收入损失进行补偿外，不得对受试者进行奖励或财务利诱。

第 63 条　补充国家措施

对执行强制性兵役的人员、被剥夺自由的人员、因司法决定不能参加性能研究的人员或由社区福利院机构收容的人员，成员国可为其制定补充措施。

第 64 条　紧急情况下的性能研究

1. 通过豁免第 58(5) 条第 (f) 点、第 60(1) 条第 (a) 和 (b) 点以及第 61(1) 条第 (a) 和 (b) 点，可在决定入组受试者参加性能研究后，获

取受试者参加性能研究的知情同意并提供性能研究信息，前提是该决定是在受试者接受首次干预治疗时做出的，且依据该性能研究的临床性能研究计划须满足以下所有条件：

(a) 由于突然危及生命或其他突发性严重医学状况造成的紧急情况，受试者不能先提供知情同意，也不能先获取性能研究的信息；

(b) 参与性能研究对受试者可能产生直接临床受益的期望是具有科学依据的，如可测量的健康相关性改善，减轻痛苦和/或提高受试者的健康水平或疾病诊断；

(c) 在治疗窗口期内，无法先向其法定代表提供所有信息，并先获取知情同意；

(d) 研究者证明受试者此前未拒绝参与性能研究；

(e) 性能研究直接关系到受试者的健康状况，致使在治疗窗口期内无法事先获得受试者或其法定代表的知情同意并提供信息，而且性能研究还具有可能在紧急情况下单独进行的特性；

(f) 与受试者疾病的标准治疗相比，性能研究对受试者的风险和负担最小。

2. 按照本条第 1 段开展干预后，应根据第 59 条获得知情同意以便受试者能继续参与性能研究，并且应按照下述要求提供性能研究的相关信息：

(a) 对无行为能力的受试者及未成年人，研究者应获得其法定代理人的知情同意，不得拖延，并应尽快向受试者及其法定代表人提供第 59(2) 条涉及的信息；

(b) 对于其他受试者，研究者应获得受试者或其法定代表人的知情同意 (以较快者为准)，不得拖延，并应尽快向受试者或其法定代表人提供第 59(2) 条涉及的信息 (以较快者为准)。

在根据 (b) 获得法定代表知情同意的情况下，一旦受试者能够提供知情同意，应获得其对继续参与性能研究的知情同意。

3. 若受试者或其法定代表 (如有) 未同意，应告知其有反对使用性能研究所得数据的权利。

第 65 条　损害赔偿

1. 成员国应确保受试者在其领土上因参与性能研究而受到损害时有完善系统对其进行补偿，补偿形式包括保险、担保或具有相同目的并且与风险性质及程度相符的类似安排。

2. 申办方和研究者必须在其开展性能研究的成员国中以适用的形式使用第 1 段所述的系统。

第 66 条　申请性能研究

1. 第 58(1) 和 (2) 条所述的性能研究申办方应输入并递交申请至性能研究拟开展的成员国 (就本条目的而言，称为“相关成员国”)，并按照附录 XIII 第 2 和 3 节和附录 XIV 的要求提交文件。

申请书应通过第 69 条所述的电子系统提交，其将为该性能研究生成一个在欧盟范围内的唯一标识号，所有与性能研究相关的通讯都应使用此标识号。收到申请之日起 10 天内，根据附录ⅪⅤ第Ⅰ章，相关成员国应告知申办方该性能研究是否处于本法规范围内，以及申请卷宗是否完整。

2. 在附录ⅪⅤ第Ⅰ章涉及的文件发生变化后一周内，申办方应在第 69 条所述的电子系统中更新相关数据并明确标示更改内容。应通过该电子系统告知有关成员国文件已更新。

3. 在相关成员国发现申请的性能研究不属于本法规范围或申请未完成时，应通过第 69 条所述电子系统通知申办方并给出最长 10 天时限供申办方回复意见或完成申请。成员国可酌情将该期限延长至 20 天。

若申办方未在上述时限内回复意见或完成申请，则该申请将视为失效。若申办方认为申请处于法规范围内和 / 或已完成，但相关成员国不同意，则视为申请被拒绝。相关成员国应提供申请被拒后的申诉流程。

相关成员国应在收到意见或要求补充的信息后五天内通知申办方性能研究是否处于本法规范围内和申请是否完成。

4. 有关成员国还可将第 1 段和第 3 段的期限再延长 5 天。

5. 根据本章规定，按照第 1 段或第 3 段通知申办方的日期即为申请的确认日期。若申办方未收到通知，则确认日期应分别为第 1、3 和 4 段所述时间段的最后一天。

6. 在申请评估期间，成员国可要求申办方补充信息。首次提出要求至收到补充信息的时间将不计入第 7 段第 (b) 点所规定的到期期限内。

7. 申办方可在下列情况下开始性能研究：

(a) 若性能研究根据第 58(1) 条第 (a) 点进行且样品采集未对研究受试者带来重大临床风险，除非国家法律另有说明，否则在本条第 5 段所述的申请确认日期后并且有关成员国的性能研究主管伦理委员会未根据国家法律提出对整个成员国的否定意见后可开始；

(b) 若性能研究根据第 58(1) 条第 (b) 和 (c) 点第 58(2) 条进行，或其不是本段第 (a) 点所述的性能研究，则在有关成员国向申办方发出授权通知并且有关成员国的性能研究主管伦理委员会未根据国家法律提出对整个成员国的否定意见后可开始。成员国应在第 5 段所述的申请确认日期后 45 天内向申办方发出授权通知。成员国可将该期限延长 20 天以进行专家咨询。

8. 鉴于技术进步和全球法规发展，委员会有权按照第 108 条采用授权法案，对附录 XIV 第 I 章所列的要求进行修订。为保证附录 XIV 第 I 章所列要求的统一适用性，委员会可采用实施细则，以解决分歧和实际应用中的问题。

9. 这些实施细则应根据第 107(3) 条所述的检测规程采用。

第 67 条　成员国评估

1. 成员国应确保对申请进行核实和评估的人员，不存在利益冲突，独立于申办方、相关研究者和为性能研究提供资金的自然人或法人，且无其他任何不正当的影响。

2. 成员国应确保评估由适当数量的具有资质和经验的人员共同完成。

3. 成员国应评估性能研究是否将对受试者或第三者的潜在剩余风险降至最低，在风险最小化后证明达到其预期临床效果的时间。应在考虑适用 CS 或统一标准后，特别审查：

(a) 除了性能研究已覆盖的内容外，还需证明性能研究的器械符合适用的通用安全性与有效性要求，以及在这些方面是否已采取保护受试者健康和安全的预防措施。这包括性能研究中的分析性能评估，干预性临床性能研究中的分析性能、临床性能和科学有效性评估，评估时应考虑现有技术的状态；

(b) 申办方是否采取了协调标准中的风险最小化方案，若申办方未使用协调标准，是否提供了与协调标准等效保护水平的风险最小化解决方案；

(c) 计划用于器械安全安装、投入使用和维护的性能研究的测量合理性是否合适；

(d) 性能研究产生数据的可靠性和稳定性，注意考虑统计方法、性能研究设计和方法论方面 (包括样本量、对照和试验终点)；

(e) 是否满足附录ⅩⅣ的要求。

4. 如存在下列情况，成员国应拒绝对性能研究进行授权：

(a) 根据第 66(3) 条递交的申请卷宗仍未完成；

(b) 器械或递交的文件，特别是性能研究计划和研究者手册与科学知识不符，以及性能研究无法为器械受试者或患者的安全性、性能特性或益处提供证据，或；

(c) 不满足第 58 条的要求，或

(d) 根据第 3 段进行的某些评估得出负面结果。

按照第 1 子段，成员国应提供此类申请被拒的申诉流程。

第 68 条　性能研究的实施

1. 申办方和研究者应确保性能研究按照经批准的性能研究计划进行。

2. 为确保受试者的权利、安全和福利得到保障、报告数据的可靠和稳定，以及性能研究的实施符合本法规的要求，申办方应确保对性能研究的实施进行充分监管。监管的程度和性质应由申办方根据对性能研究所有特性的评估来确定，所评估的特性包括：

(a) 性能研究的目标和方法；以及

(b) 与正常临床干预的偏离程度。

3. 申办方或研究者应对所有性能研究信息进行记录、加工、处理和保存 (如适用)，并在准确记录、解释和验证的同时，按照有关个人数据保护的适用法律保护所记录信息和受试者个人数据的保密性。

4. 应采取适当的技术和组织措施保护信息和个人资料免受非法侵

入、披露、传播、修改、破坏或意外丢失，尤其是当处理过程涉及网络传输时。

5. 成员国应对适当水平的性能研究中心进行检查，确定性能研究是否根据本法规和所批准的研究计划要求进行。

6. 申办方应制定应急程序，确保能立即识别在研究中使用的器械并在必要时立即召回。

第 69 条　性能研究电子系统

1. 委员会应该与成员国合作，建立、管理和维护电子系统：

(a) 为第 66(1) 条所指性能研究生成唯一的标识号；

(b) 作为提交第 66、70、71、74 条涉及的所有性能研究的申请或公告和提交所有其他数据或数据处理的入口；

(c) 用于在成员国之间、成员国与委员会之间根据本法规进行与性能研究相关的信息交流（包括第 72 和 74 条涉及的信息交换）；

(d) 供申办方按照第 73 条的规定提供相关信息，包括性能研究报告以及本条第 5 段要求提供的总结；

(e) 用于报告第 76 条所述的严重不良事件、器械缺陷及相关更新。

2. 在设置本条第 1 段所述的电子系统时，委员会应确保其与欧盟人用医药产品临床试验数据库能够共同使用，该数据库按照欧洲议会和理事会第 536/2014 号 (EU) 法规[1]第 81 条建立，同时废除了关于伴随诊断性能研究的第 2001/20/EC 号指令。

3. 对于第 1 段第 (c) 点所述的信息，只能对各成员国和委员会开放。该段其他要点应向公众开放，除非该信息的全部或部分因以下原因而需要进行合理保密：

(a) 按照欧盟第 45/2001 号 (EC) 法规保护个人数据；

(b) 保护商业机密信息，尤其是在研究者手册中特别考虑到器械符合性评估的状态，除非公开内容中有凌驾公共利益的信息；

(c) 成员国认为有利于对性能研究进行有效监管。

4. 不得公开受试者的个人数据。

5. 第 1 段所述的电子系统使用者界面应具有欧盟所有官方语言的版本。

第 70 条　携带 CE 标识的器械性能研究

1. 若在预期目的范围内，开展性能研究，以便进一步评估已经根据第 18(1) 条粘贴 CE 标识的器械 (PMPF 研究)，并且若性能研究会对受试者带来器械正常使用条件下不会引发的手术，并且手术会引起创伤或相当复杂，则申办方应通过第 59 条所述的电子

---

[1] 欧洲议会和理事会于 2014 年 4 月 16 日签发之关于人用医药产品的临床试验问题的第 536/2014 号 (EU) 法规，并废除第 2001/20/EC 号指令 (OJ L158, 27.5.2014, p.1)。

系统在其开始前至少 30 天通知相关成员国。还应根据附录Ⅻ第 A 部分第 2 节和附录ⅩⅢ提交相关文件。申办方应加入附录ⅩⅢ第 A 部分第 2 节和附录ⅩⅣ所述的卷宗。第 58(5) 条第 (b)~(l) 和 (p) 点和第 71、72 和 73 条和第 76(5) 条以及附件ⅩⅢ和ⅩⅣ相关规定应适用于 PMPF 研究。

2. 若根据第 18(1) 条已经携带 CE 标识的器械，在非预期目的范围内开展性能研究，则第 58~77 条应适用。

第 71 条　性能研究的实质性修改

1. 若申办方拟对性能研究提出可能对受试者的安全、健康或权利，或者研究数据的稳定性或可靠性产生重大影响的修改，则其应在一周内通过第 69 条所述的电子系统，通知开展或即将开展性能研究成员国修改的理由及性质。申办方应加入附录ⅩⅣ所述相关文件的更新版本作为通知的一部分。相关卷宗更改应予以明确。

2. 成员国应按照第 67 条规定的程序评估性能研究的实质性修改。

3. 申办方可在收到第 1 段所指通知后 38 天内实施第 1 段所述的修改，除非：

(a) 开展或即将开展性能研究的成员国根据第 67(4) 条或者出于对公共健康、受试者和使用者安全或健康或公共政策的考虑通知申办方拒绝该修改；或者

(b) 该成员国伦理委员会根据该成员国法律发布对整个成员国有效的否定对性能研究做出的实质修改意见。

4. 有关成员国可将第 3 段规定的期限延长 7 天以进行专家咨询。

第 72 条　成员国纠正措施和成员国之间性能研究的信息交流

1. 在开展或即将开展性能研究的成员国认为无法满足本法规的规定时，其至少应在其领土范围内采取以下措施：

(a) 撤销对性能研究的授权；

(b) 暂停或终止性能研究；

(c) 要求申办方修改性能研究的任何方面。

2. 在有关成员国采取第 1 段所述的任何措施之前，除需立即采取行动外，应征询申办方和 / 或研究者的意见并在 7 日内给出意见。

3. 如某成员国已采取本条第 1 段所述的措施，或已拒绝性能研究，或已收到申办方通知因安全问题提前终止性能研究，该成员国应使用第 69 条所述的电子系统，向所有成员国和委员会传达相应决定及其理由。

4. 凡申办方在成员国做出决定之前撤回的申请，应使用第 69 条所述的电子系统通知所有成员国和委员会。

第 73 条　在性能研究结束、暂停或提前终止时由申办方提供的信息

1. 若申办方已暂停性能研究或已提前终止性能研究，则应在 15 天内通过第 69 条所述的电子系统通知已暂停性能研究或已提前终止性能研究的成员国该暂停或提前终止。若申办方因安全问题

暂停或提前终止性能研究，则应在 24 小时内通知即将开展性能研究的所有成员国。

2. 最后一位受试者的最后一次随访应视为性能研究结束标识，除非性能研究计划规定了试验终点的其他时间点。

3. 申办方应通知开展性能研究的成员国该性能研究的结束。通知应在与该成员国有关的性能研究结束的 15 日内发出。

4. 若在一个以上的成员国进行研究，申办方则应将性能研究结束的信息通知所有开展性能研究的成员国。通知应在性能研究结束的 15 日内发出。

5. 无论性能研究结果如何，在性能研究终止 1 年内或者在提前终止或临时暂停 3 个月内，申办方应向开展性能研究的成员国提交附录XⅢ第 A 部分第 2.3.3 节所述的性能研究报告。

与性能研究报告同时提交易于预期使用者理解的摘要。报告及摘要均由申办方使用第 69 条所述的电子系统提交。

如因科学原因，无法在研究结束 1 年内提交性能研究报告，则应在报告完成后尽快提交。在这种情况下，附录XⅢ第 A 部分第 2.3.2 节所述的临床性能研究计划应注明提交性能研究结果的时间及正当理由。

6. 委员会应发布性能研究报告摘要关于内容和结构的指导原则。

此外，委员会可发布关于原始数据格式和共享的指导原则，以供申办方自愿共享原始数据时参考。这些指导原则可作为基础并适用于现有性能研究领域原始数据共享指导原则(如可能)。

7. 根据第 5 段，最迟在医疗器械上市前或按照第 26 条进行注册时，摘要和性能研究报告将通过第 69 条所述的电子系统被公开访问。在提前终止或暂停的情况下，摘要和报告提交后可立即被公开访问。

若在摘要和报告根据第 5 段录入电子系统 1 年内，器械未按照第 26 条注册，也将被公开访问。

第 74 条　性能研究的协调评估流程

1. 按第 66 条的规定，拟在多个成员国进行性能研究的申办方可通过第 69 条所述的电子系统提交单项申请，回复可通过电子方式传送给即将开展性能研究的所有成员国。

2. 进行第 1 段所指单项申请时，申办方应提议即将开展性能研究的成员国之一担任协调成员国。即将开展性能研究的成员国应在提交申请 6 天之内，商定其中一国担任协调成员国的角色。若各有关成员国未商定协调成员国，则由申办方提议的成员国担任。

3. 在第 2 段所述的协调成员国的指示下，有关成员国应协调其申请评估，特别是按照附录 XIV 第 I 章提交的文件。

但是，附录 XIV 第 I 章第 1.13、4.2、4.3 和 4.4 节以及附录 XIII 第 A 部分第 2.3.2 节所指卷宗的完整性应由各成员国分别按照第 66(1)~(5) 条评估。

4. 对于并非第 3 段第 2 子段所指卷宗，协调成员国应：

(a) 在收到单项申请6天之内通知申办方其为协调成员国(通告日期)；

(b) 对于本申请的批准，应考虑通告日期 7 天内由相关成员国提交的注意事项；

(c) 在通告日期起 10 日内，评估性能研究是否属于本法规范围内及该申请是否完整，并应通知相应申办方。第 66(1) 和 (3)~(5) 条应适用于评估相关的协调成员国；

(d) 在评估报告草案中给出其评估结果，并在有关成员国确认日期后 26 日内传播。直至确认日期后第 38 日，其他有关成员国可将评估报告草案和初始申请的相关意见和建议提交至协调成员国，且应在最终评估报告最后定稿时充分考虑这些备注和提案，并在申办方和有关成员国确认日期后 45 日内进行提交。

所有相关成员国在根据第 66(7) 条决定申办方申请时，应考虑最终评估报告。

5. 在第 3 段第 2 子段所指相关文件的评估由各成员国单独进行，个别情况下，各相关成员国可要求申办方提供额外信息。申办方应在有关成员国规定的期限内提交要求的额外信息，该日期不得超过收到请求之日起 12 天。第 4 段第 (d) 点规定的最后一个截止期限应从收到请求之日起暂停至收到额外信息。

6. 对于归为 C 类和 D 类的器械，协调成员国可将第 3 段规定的期限延长 50 天以进行专家咨询。

7. 委员会可通过实施细则，进一步规定协调评估流程和时间表，在决定申办方申请时，有关成员国应将此纳入考虑。实施细则还可包括有关本条第 12 段重大更改的协调评估流程和时间表，有关第 76(4) 条的不良事件报告，并且涉及伴随诊断的性能研究，根据欧盟第 536/2014 号法规通过临床试验对医疗产品进行的协调评估。应按照第 107(3) 条规定的审查流程通过这些实施细则。

8. 当涉及协调评估领域的协调成员国的结论为可接受进行性能研究或可接受的符合特定条件的受试者参加试验，该结论应视为所有相关成员国的结论。

尽管有第 1 子段规定，有关成员国可对协调成员国协调评估的结论提出异议，但仅限于以下理由：

(a) 当其认为参与性能研究将导致受试者在有关成员国接受的治疗低于正常临床治疗；

(b) 违反国家法律；或

(c) 存在对受试者安全性和根据第 4 段第 (d) 点提交数据的可靠性和稳定性的顾虑。

在本段第 2 子段基础上，凡有关成员国之一对结论持有异议的，应通过第 51 条所述的电子系统向委员会、所有其他有关成员国及申办方传达其异议及详细理由。

9. 若关于协调评估的协调成员国报告的结论为性能研究不可接受，该结论应被视为所有相关成员国的结论。

10. 若有关成员国因第 8 段第 2 子段的任何理由，对协调成员国的结论持有异议，则应拒绝授权性能研究，或若其发现(且理由正当)，即未遵守附录ⅩⅣ第Ⅰ章第 1.13、4.2、4.3 及 4.4 节强调的各方面，或伦理委员会已给出关于性能研究的否定意见，且该意见按照国家法律对整个成员国有效。成员国应提供此类申请被拒后的申诉流程。

11. 各有关成员国应通过第 69 条所述的电子系统通知申办方：是否已授权性能研究、是否授权受条件限制或是否拒绝授权。应从提交之日起 5 天内，由负责最终评估报告的协调成员国根据本条第 4 段第 (d) 点，通过单一决定的方式发送通告。若性能研究是基于条件的授权，则仅限于授权时不能满足其性质的条件。

12. 第 71 条所述的实质性修改应通过第 69 条所述的电子系统通知相关成员国。对于本条第 8 段第 2 子段所述是否有理由拒绝任何评估，应在协调成员国的指导下进行，对附录ⅩⅣ第Ⅰ章第 1.13、4.2、4.3 和 4.4 节以及附录ⅩⅢ第 A 部分第 2.3.2 节第 (c) 点的内容做出的实质性修改应由相关成员国单独评估。

13. 委员会应在协调成员国完成本章规定的任务时向其提供行政支持。

14. 本条给出的流程在 2029 年 5 月 27 日前，仅适用于待开展性能研究且同意应用本法规的成员国。在 2029 年 5 月 27 日后，要求所有成员国应用该流程。

第 75 条　审查协调评估流程

截止 2028 年 5 月 27 日，委员会应向欧洲议会和理事会提交一份关于应用第 74 条所获经验的报告，并在必要时提出对第 74(14) 条和第 113(3) 条第 (g) 点的审查。

第 76 条 记录并报告性能研究期间发生的不良事件

1. 申办方应充分记录以下所有情况：

(a) 在性能研究计划中发现对性能研究结果的评估至关重要的任何不良事件类型；

(b) 任何严重不良事件；

(c) 任何如未采取适当措施、未发生干预或情况不利时，可能导致严重不良事件的器械缺陷；

(d) 任何与第 (a) 点 ~ 第 (c) 点所述的任何事件有关的新发现。

2. 申办方应通过第 69 条所述的电子系统，向进行性能研究的所有成员国报告以下内容，且不得有任何延误：

(a) 任何与该器械、对照产品或研究流程具有因果关系的严重不良事件，或者其他有可能发生类似因果关系的情况；

(b) 任何如未采取适当措施、未发生干预或情况不利时，可能导致严重不良事件的器械缺陷；

(c) 任何与第 (a) 和 (b) 点所述的任何事件有关的新发现。

报告的时间周期应考虑事件的严重性。必要时，为确保及时报告，申办方可先提交初步的不完整报告，后续提交完整报告。

根据任何即将开展性能研究的成员国要求，申办方应提供第 1 段所述的所有信息。

3. 申办方还应通过第 69 条所述的电子系统方式，向即将开展性能研究的成员国报告本条第 2 段所述的任何已发生事件，包括用相同临床性能研究计划在第三方国家进行的性能研究中出现的此类事件。

4. 对于申办方根据第 74 条所述的单项申请而执行的性能研究，申办方应通过第 69 条所述的电子系统报告本条第 2 段涉及的任何事件。一旦收到后，本报告应以电子方式传送给所有即将开展性能研究的成员国。

在第 74(2) 条所述协调成员国的指导下，成员国应协调其对严重不良事件和器械缺陷的评估，以确定是否需要对性能研究进行修改、暂停、终止或取消该性能研究的授权。

本段不得影响其他成员国为确保对公共卫生和患者安全的保障，根据本法规自行执行评估和采取措施的权利。并应随时通知协调成员国和委员会任何此类评估的结果以及采取的全部措施。

5. 对于第 70(1) 条所述的 PMPF，应执行第 82~85 条以及根据第 86 条采取的实施细则规定的有关警戒的规定，而非本条。

6. 尽管有第 5 段的规定，本条适用于在严重不良事件和上述性能研究之间已经确立因果关系的情况。

第 77 条　实施方案

委员会可通过实施方案，建立实施本章所需的详细安排和程序，包括以下内容：

(a) 用于第 66 和 74 条所述的性能研究及其评估申请的统一电子表格，要考虑到具体类别或器械组别；

(b) 第 69 条所述电子系统的运行；

(c) 用于通告第 70(1) 条所述的 PMPF 和第 71 条所述的实质性修改的统一电子表格；

(d) 第 72 条所述成员国之间的信息交流；

(e) 用于报告第 76 条所述严重不良事件和器械缺陷的统一电子表格；

(f) 考虑到第 76 条所述报告事件的严重性，用于报告严重不良事件和器械缺陷的时间表；

(g) 有关临床证据 / 数据要求的统一应用，以证明符合附录 I 所规定的通用安全性与有效性要求。

第 1 段所指实施方案应在与第 107(3) 条述及的审查流程保持一致的条件下施行。

第Ⅶ章 上市后监管、警戒和市场监管

第 1 节 上市后监管

第 78 条 制造商的上市后监管体系

1. 根据第 10(8) 条的规定，对于任何器械，制造商应采用与风险等级相称并且适用于该器械类型的方式来计划、建立、记录、实施、维护和更新上市后的监管体系，该体系应属于制造商质量管理体系的组成部分。

2. 上市后的监管体系应积极和系统地适用于收集、记录并分析器械在其整个生命周期内的质量、性能和安全相关数据，以得出必要的结论，并确定、实施和监测任何预防及纠正措施。

3. 由制造商的上市后监管体系收集的数据应着重用于：

(a) 如附录 I 第 I 章所述，更新受益 – 风险评估，改善风险管理；

(b) 更新设计和制造信息、使用和标签说明；

(c) 更新性能评估；

(d) 更新第 29 条所述的安全性与有效性概要；

(e) 用于确定预防、整改或现场安全纠正措施的要求；

(f) 用于确立提高器械的可用性、性能和安全性的意见；

(g) 有助于相关其他器械的上市后监管；及

(h) 根据第 83 条要求监测并报告趋势。

技术文件应进行相应的更新。

4. 若在上市后监管的过程中确定需要采取预防和 / 或纠正措施，制造商应实施适当的措施，并通知相关主管机构和公告机构 (如适用)。当发现严重不良事件或实施现场安全纠正措施时，应按照第 82 条所述进行报告。

第 79 条　上市后监管计划

第 78 条所述的上市后监管体系应以上市后监管计划为基础，其要求位于附录Ⅲ的第 1 节。上市后监管计划应属于附录 II 所规定技术文件的一部分。

第 80 条　上市后监管报告

A 类和 B 类器械的制造商应编制一份上市后监管报告，总结根据第 79 条所述上市后监管计划收集的上市后监管数据的分析结果和结论，以及采取的所有预防和纠正措施的理由和说明。

应在必要时对报告进行更新，并应按照相应要求提供给公告机构和主管机构。

第 81 条　定期安全性更新报告

1.C 类和 D 类器械的制造商应为每种器械以及相关的各类别或组别的器械编制定期安全性更新报告 (PSUR)，总结根据第 79 条所述上市后监管计划所收集的上市后监管数据的分析结果和结论，以及采取的所有预防和纠正措施的理由和说明。

在该器械的整个生命周期内，该 PSUR 应列出：

(a) 受益 – 风险评估的结论；

(b) 上市后性能跟踪报告 (PMPF) 的主要结果；以及

(c) 器械的销售量和使用器械的群体规模与其他特性的评估，以及实际运行时器械的使用频率。

C 类和 D 类器械的制造商应至少每年对 PSUR 进行更新。PSUR 应属于附录Ⅱ和Ⅲ所规定技术文件的一部分。

2.D 类器械的制造商应通过第 87 条所述电子系统的方式，并根据第 48 条所述向参与符合性评估的公告机构提交 PSUR。公告机构应审查该报告，并将其评估添加到该电子系统中，评估中应包括采取所有措施的细节。PSUR 和公告机构的评估通过电子系统提供给主管机构。

3.C 类器械制造商应向参与符合性评估的公告机构提交 PSUR，并应主管机构要求向其提供报告。

第 2 节　警戒

第 82 条　报告严重不良事件和现场安全纠正措施

1. 在欧盟市场提供器械的制造商，除了应报告器械进行的性能研究外，还应根据第 87(5) 和 (7) 条规定，向相关主管机构报告以下内容：

(a) 任何涉及在欧盟市场上流通器械的严重事件，除了在产品信息和技术文件中清楚记录并量化的预期错误结果外，此类事件应根据第 83 条进行趋势报告；

(b) 任何有关欧盟市场上销售器械的现场安全纠正措施，若现场安全纠正措施的原因并不仅限于在第三国销售的器械，则包括第三国对在欧盟市场上合法提供的器械所采取的所有现场安全纠正措施。

在第 1 子段内所述的报告应通过第 87 条所述的电子系统提交。

2. 作为一般规则，第 1 段所述的报告时间段应考虑到严重事件的严重性。

3. 制造商应在确认事件与其器械因果关系或者此类因果关系是合理可能之后，且不得迟于其察觉到严重不良事件后的 15 天立即报告第 (a) 点所述的任何严重事件。

4. 尽管有第 3 段的规定，若出现第 1 段所述的严重的公共卫生威胁，则应立即报告，且不迟于制造商察觉到此威胁后 2 天。

5. 尽管有第 3 段的规定，若出现人员死亡或意外的健康状况严重恶化，该报告应在制造商确认或怀疑器械与严重不良事件之间的因果关系后立即提供，且不迟于察觉到该严重不良事件之日后 10 天。

6. 必要时，为确保报告的及时性，制造商可先提交初步的不完整报告，后续提交完整报告。

7. 若在察觉到潜在可报告事件，但制造商不确定该事件是否应报告，制造商依然应在第 2~5 段规定时限内提交报告。

8. 除非紧急情况下制造商需要立即采取现场安全纠正措施，否则制造商应在报告第 1 段第 (b) 点所述的现场安全纠正措施之后，实施现场安全纠正措施。

9. 对于使用相同或相同类型器械出现的类似严重不良事件，并且已经确定了其根本原因或实施了现场安全纠正措施，或者该事件属于较常见并且已经记录完好，制造商可提供定期汇总报告，代替个别严重不良事件报告，但条件是第 84(9) 条所述的协调主管机构已经向第 87(8) 条第 (a) 和 (b) 点所述的主管机构咨询，并同意制造商提供定期汇总报告的格式、内容和频率。若第 87(8) 条第 (a) 和 (b) 点仅所述单一主管机构，则制造商可根据与该主管机构达成的协议，提供定期汇总报告。

10. 成员国应采取适当措施，例如组织有针对性的宣传活动，以鼓励并使得医护专业人员、使用者和患者能够向其主管机构报告第 1 段第 (a) 点所述的可疑严重不良事件。

主管机构应记录其在国家层面集中收到的来自医护专业人员、使用者和患者的报告。

11. 若成员国的主管机构获得此类来自健康专业人士、使用者和患者的有关第 1 段第 (a) 点所述的可疑严重不良事件的报告，应采取必要步骤，确保立即向相关器械制造商通报可疑的严重不良事件。

若相关器械制造商认为该事件属于严重等级，应根据本条第 1~5 段，向发生严重不良事件的成员国主管机构提供有关该等严重不良事件的报告，并应根据第 84 条采取适当的后续行动。

若相关器械制造商认为事件并不属于严重不良事件，则该事件将涵盖第 83 条的趋势报告，并提供相应解释性说明。

若主管机构不同意解释性说明的结论，则可能要求制造商根据本条第 1~5 段提供报告，并要求制造商根据第 84 条确保采取适当跟踪措施。

第 83 条　趋势报告

1. 制造商应通过第 87 条所述的电子系统报告任何统计学上显著增加的非严重事件发生频率或严重程度，这些事件可能对附录 I 第 1 节和第 5 节所述风险效益分析产生重大影响，且已经导致或可能对患者、使用者或其他人的健康或安全造成不可接受的风险，或者与器械规定性能 [根据附录 I 第 9.1 节第 (a) 和 (b) 点以及在技术文件和产品信息的规定] 相比已确认预期错误结果的任何显著增加。

在参照第 79 条制订的上市后监管计划中，制造商应定义如何管理第 1 子段所述的此类事件和用于确定此类事件频率或严重程度在统计学上显著增加的方法或性能变化，以及观察期长度。

2. 主管机构可对第 1 段所述的趋势报告自己进行评估，并要求制造商根据本法规采取适当措施，确保保护公众健康和患者安全。主管机构应向委员会、其他主管机构以及签发证书的公告机构，通知此类评估结果和采取的此类措施。

第 84 条　严重事件分析和现场安全纠正措施

1. 在根据第 82(1) 条报告严重事件后，制造商应立即对严重事件和相关器械进行必要的相关调查。这应包括对事件和现场安全纠正措施的风险评估，并酌情考虑本条第 3 段所述标准。

在将此类措施通知主管机构之前，制造商应在第 1 子段所述调查期间与主管机构以及在适当时间与相关的公告机构合作，并且不得执行任何涉及更改器械或相关批次样品的调查，因为这可能会影响后续对事件原因的评估。

2. 成员国应采取必要措施，确保任何有关在其境内出现严重不良事件的信息或在其境内已经或将要执行的现场安全纠正措施，这些措施均根据其理解并按照第 82 条的说明，在国家层面由其主管机构评估，如可能可与制造商、相关公告机构在适当时一起进行集中评估。

3. 在第 2 段所述的评估范围内，主管机构应评估所报告严重不良事件的风险，评估现场安全纠正措施所产生的风险，并同时考虑公共卫生的防护和标准，例如问题复发的因果关系，可检测性和概率、器械的使用频率、直接或间接伤害的发生概率和严重程度、器械的临床效益、预期和潜在使用者以及受影响人群。

同时主管机构还应评估制造商设想或采取现场安全纠正措施的充分性和其他纠正措施的必要性，特别应考虑到附录 I 所规定的本质安全原则。

根据国家主管机构的要求，制造商应提供风险评估所需的所有文件。

4. 主管机构应监控制造商对严重不良事件的调查。必要时，主管机构可干预制造商的调查或独立进行调查。

5. 制造商应通过第 87 条所述的电子系统，向主管机构提供陈述其调查结果的最终报告。该报告应列出结论及采取纠正措施之处。

6. 若为伴随诊断，本条第 9 段所述的评估主管机构或协调主管机构应根据公告机构是否按照附录VIX 第 5.2 节和附录 X 第 3.11 节规定的流程，咨询管理医疗产品的成员国相关主管机构或欧洲药品管理局 (EMA)，并适当通知国家主管机构或 EMA。

7. 在根据本条第 3 段实施评估后，评估主管机构应通过第 87 条所述的电子系统，立即通知其他主管机构由制造商采取或要求制造商采取的措施，以尽量减少严重不良事件的复发风险，包括潜在不良事件及其评估结果等信息。

8. 制造商应使用现场安全通告，及时将有关现场安全纠正措施的信息提请有关器械使用者注意。现场安全通告应采用欧盟官方语言或由采用现场安全纠正措施的成员国确定的语言编辑。除紧急情况外，现场安全通告草案的内容应提交评估主管机构，或对于第 9 段所述的情况，提交给协调主管机构并允许其提出意见。除非个别成员国有正当理由，否则现场安全通告的内容在所有成员国中应保持一致。

现场安全通告应能够正确识别所涉及的器械，特别是包括相关UDI，以及执行现场安全纠正措施的制造商，特别是包括 SRN(若已签发)。现场安全通告不应淡化风险等级，应按条理清楚解释有关器械故障的现场安全纠正措施的原因，以及患者、使用者或其他人员的相关风险，应清楚表明使用者应采取的所有措施。

制造商应在第 87 条所述的电子系统中输入现场安全通告内容，并向公众开放。

9. 主管机构应主动参与相关程序，以便根据第 3 段所述协调评估以下情况 ：

(a) 在特定严重事件，或在多个成员国内同生产商的某个器械或某类器械引发的多个严重事件的情况 ；

(b) 若制造商在多个成员国提出的现场安全纠正措施的妥当性存在问题。

该协调程序应涵盖以下内容 ：

- 必要时，根据具体情况委任协调主管机构 ；

- 定义协调评估过程，包括协调主管机构以及其他主管机构参与的任务和责任。

除非主管机构另有协议，否则协调主管机构应为制造商注册营业地点所在成员国的主管机构。

协调主管机构应通过第 87 条所述的电子系统通知制造商、其他主管机构和委员会其已经承担了协调机构的角色。

10. 协调主管机构的指定不得影响其他主管机构为确保保护公共卫生和患者安全而根据本法规执行评估和采取措施的权利。并应随时通知协调主管机构和委员会任何此类评定的结果以及采取的措施。

11. 委员会应在协调主管机构根据本章完成任务时提供行政支持。

第 85 条　警戒数据分析

委员会应与成员国合作，落实体系和程序，主动监测第 87 条所所述电子系统中可用的数据，以发现数据中可能发现的新风险或安全问题的趋势、模式或信号。

当识别出先前未知的风险或预期风险的频率将对受益 – 风险评估产生显著不利的改变时，主管机构或协调主管机构应适时通知制造商或授权代表，随后采取必要的纠正措施。

第 86 条　实施细则

委员会可通过实施法规，并在咨询 MDCG 后采取实施第 80~85 条和 87 条所需的模式和流程，其中应涉及以下方面：

(a) 严重不良事件和现场安全纠正措施的类型和有关特定器械或器械类别或组别的关联；

(b) 第 80、81、82、83 和 84 条分别所述严重事件和现场安全纠正措施的报告和现场安全通告，以及提供定期汇总报告、上市后监管报告、定期安全性更新报告 (PSUR) 以及趋势报告；

(c) 用于电子和非电子报告的标准结构表格，包括由医护专业人员、使用者和患者所报告可疑严重不良事件的最小资料集；

(d) 考虑到第 82 条所述事件的严重性，用于报告现场安全纠正措施、制造商提供定期汇总报告和趋势报告的时间表；

(e) 第 84 条所述主管机构之间交流信息的协调表格；

(f) 指定协调主管机构的流程；协调评估过程；协调主管机构以及其他主管机构参与这一进程，包括任务和责任。

应按照第 107(3) 条所述的审查规程通过第 1 段所述的实施细则。

第 87 条　有关警戒和上市后监管的电子系统

1. 委员会应与成员国合作，设置并管理电子系统以整理并处理以下信息：

(a) 制造商关于第 82(1) 条和第 84(5) 条所述严重不良事件和现场安全纠正措施的报告；

(b) 第 82(9) 条所述制造商的定期汇总报告；

(c) 制造商关于第 83 条所述的趋势报告；

(d) 第 81 条所述的定期安全更新报告 (PSUR)；

(e) 第 84(8) 条所述制造商的现场安全通告；

(f) 根据第 84(7) 和 (9) 条，成员国主管机构之间以及它们与委员会之间的信息交换。

该电子系统应加入去往 UDI 数据库的链接。

2. 本条第 1 段所述的信息应通过电子系统提交给成员国主管机构和委员会。根据第 49 条，公告机构还应拥有访问权限，可访问其所签发证书的器械的相关信息。

3. 委员会应确保医护专业人员和公众对第 1 段所述的电子系统具有适当的访问权限。

4. 根据委员会与第三方国家或国际组织主管机构之间的约定，委员会可授予此类主管机构或国际组织在适当级别访问第 1 段所述的电子系统。这些约定应以互惠为基础，并提供等同于适用欧盟的保密和数据保护。

5. 第 82(1) 条第 (a) 点所述的严重不良事件报告应在收到后通过本条第 1 段所述电子系统自动传送至发生事件的成员国主管机构。

6. 第 83(1) 条所述的趋势报告应在收到后通过本条第 1 段所述的电子系统自动传送至发生事件的成员国主管机构。

7. 第 82(1) 条第 (b) 点所述的现场安全纠正措施报告应在收到后通

过本条第 1 段所述的电子系统自动传送至下列成员国的主管机构：

(a) 正在或将要执行现场安全纠正措施的成员国；

(b) 制造商拥有其注册营业地点的成员国。

8. 第 82(9) 条所述的定期汇总报告应在收到后通过本条第 1 段所述的电子系统自动传送至下列主管机构：

(a) 根据第 84(9) 条参与协调程序并同意定期汇总报告的成员国；

(b) 制造商拥有其注册营业地点的成员国。

9. 本条第 5~8 段所述的信息应在收到后通过本条第 1 段所述的电子系统自动传送至根据第 51 条为有关器械签发证书的公告机构。

第 3 节　市场监管

第 88 条　市场监管活动

1. 主管机构应对器械的合规性和性能执行适当的检查，包括酌情审查文件以及基于适当样品的物理或实验室检查。主管机构应特别考虑到有关风险评估和风险管理、警戒数据和投诉的既定原则。

2. 主管机构应制定年度监管活动计划，并分配充足的物资和胜任人员以执行这些活动，同时应根据第 99 条和当地条件执行由 MDCG 制定的欧洲市场监管方案。

3. 为满足第 1 段规定的义务，主管机构：

(a) 可特别要求经营者提供开展主管机构规定活动所必需的文件和信息，在必要时提供必要的器械或可免费使用的器械；和

(b) 对经营者以及供应商和 / 或分包商的营业场所，对专业使用者的设施 (必要时), 进行通知和突击检查 (如有必要)。

4. 主管机构可在必要时起草监管活动结果的年度汇总，并通过第 95 条所述的电子系统提供给其他主管机构。

5. 主管机构为保护公共卫生利益，对于具有不可接受的风险或虚假器械进行没收、销毁等。

6. 根据第 1 段所述的目的执行每次核查后，主管机构应起草核查结果报告，该报告在法规要求下合法且符合技术要求。报告应给出所需的纠正措施。

7. 执行检查的主管机构应将本条第 6 段所述的报告内容传达给作为检查对象的经营者。在最终检查报告通过前，主管机构应给予该经营者提交意见的机会。该最终检查报告应输入第 95 条规定的电子系统。

8. 成员国应审查并评估其市场核查活动的运行情况。此类审查和评估应至少每 4 年进行一次，并将结果告知其他成员国和委员会。各成员国应通过第 95 条所述的电子系统向公众公布结果和总结。

9. 成员国主管机构应协调其市场监管活动，彼此合作、分享，并与委员会分享市场监管结果，以便为所有成员国提供协调一致保持高水平的市场监管。

在适当情况下，成员国主管机构应同意工作共享、共同进行市场监管和专业化。

10. 若有超过一个成员国的主管机构负责市场监管和外部边境控制，这些机构应通过分享与其工作和职能相关的信息而相互合作。

11. 在适当情况下，成员国主管机构应与第三国主管机构合作，以便交流信息和提供技术支持，促进有关市场监管的活动。

第 89 条　对涉嫌不可接受风险或其他不合规的器械的评估

若成员国的主管机构根据警戒或市场监管活动或其他途径获得的数据，怀疑器械：

(a) 可能对患者、使用者或他人的健康和安全，或对保障公众健康的其他方面带来不可接受的风险；或者

(b) 该器械不符合本法规的要求。

则主管机构应就相关器械进行评估，评估内容涵盖本法规中关于器械施加的风险或其他不符合项。相关经营者应与主管机构合作。

第 90 条　对健康和安全带来不可接受风险的器械的处理程序

1. 当根据第 89 条执行评估后，若主管机构发现该器械可能对患者、使用者或其他人的健康和安全，或对保障公众健康的其他方面带来不可接受的风险，则主管机构应立即要求相关器械的制造商、其法人代表和其他所有相关经营者采取一切适当且合理的纠正措施，使该器械符合本法规与器械施加风险相关的要求，并以与风险程度相对应的方式来限制该器械在市场的流通，或使该器械在

特定条件下流通，或将该器械撤出市场，或在合理期限内召回该器械，该期限应予以明确确定，并传达给相关经营者。

2. 主管机构应通过第 95 条所述的电子系统，将评估结果及其要求经营者采取的行动立即告知委员会、其他成员国，在根据第 51 条的规定签发相关器械证书的情况下，也应通知签发该证书的公告机构。

3. 对于已投放至整个欧盟市场的所有相关器械，第 1 段所述的经营者应在欧盟立即采取所有适当的纠正措施。

4. 若第 1 段所述的经营者未于第 1 段规定的期限内采取充分的纠正措施，则主管机构应采取一切适当措施，禁止或限制该器械在本国市场的流通，将该器械撤出市场或将其召回。

该主管机构应通过第 95 条所述的电子系统，立即向委员会、其他成员国和本条第 2 段所述的公告机构告知此类纠正措施。

5. 第 4 段所述的通知应包括所有可用的详细信息，特别是识别和追踪不合规器械所必需的数据、器械来源、器械不合规项的性质和原因以及相关风险、国家所采取的措施的性质和持续时间，以及相关经营者提出的意见。

6. 成员国 (发起流程的成员国除外) 应通过第 95 条所述的电子系统，立即通知委员会和其他成员国处置相关器械不合规项以及针对相关器械所采取的纠正措施的任何额外相关信息。

若不同意所通知成员国采取的措施，则该成员国应通过第 95 条所述的电子系统，立即通知委员会和其他成员国其反对意见。

7. 在收到第 4 段所述的通知后的两个月内，若成员国或委员会均未对某一成员国所采取的任何措施提出反对意见，则此类措施应视为合理。在这种情况下，则所有成员国应立即对相关器械采取相应的适当限制性或禁止性措施，包括撤回、召回或限制其在本国市场的流通。

第 91 条　在欧盟层面评估国家级措施的流程

1. 在收到第 90(4) 条所指的通知的 2 个月内，若某一成员国对另一成员国采取的措施提出反对意见，或委员会认为该措施违反欧盟法律，则在咨询相关主管机构和相关经营者 (如有必要) 后，委员会应评估该国家措施。基于该评估结果，委员会可通过实施细则来决定该国家措施是否合理。应按照第 107(3) 条述及的审查流程来通过这些实施细则。

2. 若委员会认为本条第 1 段所述的该国家措施合理，则应适用第 90(7) 条第 2 子段。若委员会认为该国家措施不合理，则有关成员国应撤销该措施。

在收到第 90(4) 条所述通知的 8 个月内，若委员会未按照本条第 1 段采纳任何一项决议，则该国家措施应视为合理。

3. 若某一成员国或委员会认为，由于某个器械对健康和安全造成的风险无法通过相关成员国采取的措施得到满意地缓解，则委员会可在某一成员国的要求下或自行决定通过实施细则采取必要且正当合理的措施以保障健康和安全，该措施包括限制或禁止将相关器械上市或投入使用。应按照第 107(3) 条述及的审查流程采纳这些实施细则。

第 92 条　其他不合规项

1. 当根据第 89 条执行评估后，若某一成员国的主管机构发现某个器械不符合本法规要求，但不会对患者、使用者或其他人的健康和安全、对保障公众健康的其他方面带来不可接受的风险，则该成员国可要求相关经营者在合理期限内解决相关不合规项，该期限应予以明确并传达给经营者，且与不符合项正相关。

2. 若经营者未于本条第 1 段所述的期限内解决该不合规项，则相关成员国应及时采取一切适当措施，限制或禁止该产品在市场上流通，或确保其从市场上召回或撤回。该成员国应通过第 95 条所述的电子系统，立即向委员会和其他成员国通知此类措施。

3. 委员会可通过实施细则明确由主管机构采取的适当措施，来应对特定不合规项，以确保以统一尺度执行本条规定。应按照第 107(3) 条述及的审查规程采纳这些实施细则。

第 93 条　预防性健康保护措施

1. 当执行一项评估，且评估表明某个器械或某类器械分组存在潜在风险，若成员国认为为保障患者、使用者或其他个人的健康和安全或公众健康的其他方面，应当禁止或限制该器械或该类器械在市场上流通或投入使用，或使其符合特定要求，或将该器械或该类器械从市场上撤出或召回，该成员国可采取一切必要且合理的措施。

2. 第 1 段所述的成员国应通过第 95 条所述的电子系统，立即告知委员会和其他所有成员国，并给出其决定的理由。

3. 委员会应与 MDCG 或有关经营者 (必要时) 磋商，对国家采取的措施进行评估。委员会可通过实施细则来决定该国家级措施是否合理。若委员会未于接到通知的 6 个月内做出决定，则该国家级措施应视为合理。应按照第 107(3) 条述及的审查流程采纳这些实施细则。

4. 若本条第 3 段所述的评估表明，为保障患者、使用者或其他个人的健康和安全或公众健康的其他方面，应禁止或限制某个器械或某类的器械在市场上流通或投入使用，或应使其符合特定要求，或应将该器械或该类器械从市场上撤出或从各成员国召回，委员会可通过实施细则，以执行必要且适当合理的措施。这些实施细则的采纳应根据第 107(3) 条所述的审查流程。

第 94 条　良好行政管理规定实践

1. 对于成员国主管机构根据第 90~93 条的规定采取的任何措施，应说明其所依据的确切理由。若此等措施针对某个特定的经营者，则主管机构应立即通知相关经营者，同时向经营者告知依据法律或相关成员国的行政管理规定实践的补救措施，以及此类补救措施的期限。若该项措施普遍适用，则应在适当范围内公布。

2. 除因对人类健康或安全带来不可接受的风险而必须采取即时行动情况之外，在采取任何措施之前，应给予相关经营者机会，在前文明确规定的适当期限内向主管机构提交意见书。

若在经营者没有机会提交第 1 子段所述文件的情况下，已经采取了措施，则应给予该经营者机会，以尽快提交意见书，之后应立即对已采取的措施进行审查。

3. 一旦经营者证明其已采用更为有效的纠正措施，且该器械已符合本法规的要求，则应立即撤回或修订已采取的措施。

4. 若根据第 90~93 条采取的措施涉及公告机构参与符合性评估的器械，则主管机构应通过第 95 条所述的电子系统，向相关公告机构和负责该公告机构的当局通知所采取的措施。

第 95 条　市场监管中的电子系统

1. 委员会应与成员国合作，建立并管理一套电子系统，以整理和处理以下信息：

(a) 第 88(4) 条所述的监管活动的结果总结；

(b) 第 88(7) 条所述的最终检查报告；

(c) 第 90(2)、(4) 和 (6) 条所述的、可能对健康和安全带来不可接受风险的相关器械的信息；

(d) 第 92(2) 条所述产品不合规项的相关信息；

(e) 第 93(2) 条所述的预防性保健措施的相关信息；

(f) 第 88(8) 条所述的成员国市场监管活动的审查和评估结果总结。

2. 本条第 1 段所述的信息应通过电子系统及时传送给所有相关主管机构，如适用，也可传送至根据第 51 条签发相关器械证书的公告机构，并向成员国和委员会公开。

3. 若成员国之间的信息交换可能损害市场监管活动与成员国之间的合作，此等行为不得对外公开。

第Ⅷ章 成员国、医疗器械协调小组、欧盟参考实验室、器械注册机构间的合作

第 96 条 主管机构

成员国应指定主管机构或负责本法规实施的官方机构。成员国应根据本法规的要求向其机构授予所需的权力、资源、设备和知识，以便适当履行其任务。成员国应向委员会告知主管机构的名称和联系方式，再由委员会公布主管机构名单。

第 97 条 合作

1. 成员国的主管机构应相互合作并与委员会合作，委员会应提供组织交流的必要信息，使本法规以统一尺度实施。

2. 成员国应在委员会的支持下，在适当时候以国际层面进行倡议，以确保监管机构在医疗器械领域开展合作。

第 98 条 医疗器械协调小组

根据欧盟第 2017/745 号 (EU) 法规第 103 条和第 107 条确定的条件和方式所设立的医疗器械协调小组 (MDCG) 应在欧盟第 2017/745 号 (EU) 法规第 104 条规定的委员会的支持下履行根据本

法规及欧盟第 2017/745 号 (EU) 法规指派的任务。

第 99 条　MDCG 的任务

根据本法规，MDCG 的工作任务如下：

(a) 根据第Ⅳ章规定，帮助评估申请人符合性评估机构和公告机构；

(b) 根据第 45 条确立的关于公告机构的协调小组事宜，向委员会提供意见；

(c) 帮助制定旨在确保此法规有效和协调实施的指南，特别是关于公告机构的指定和监管、通用安全性与有效性要求的应用、由制造商进行的性能评估的应用、由公告机构进行的评估和警戒活动；

(d) 帮助持续监控技术进展和评估本法规及欧盟第 2017/745 号 (EU) 法规的通用安全性与有效性要求是否充分，以确保器械的安全性与有效性，从而有助于确认是否需要修订本法规附录Ⅰ；

(e) 帮助制定器械标准和 CS；

(f) 协助成员国主管机构开展协调活动，特别是器械的分类和法规现状、性能研究、警戒和市场监管等领域，包括根据第 88 条规定，以欧盟市场监管的效率和协调为目标，制定和维护欧盟市场监管计划的框架；

(g) 在本法规实施的任何相关问题评估中，主动或在委员会的要求下，提供意见；

(h) 帮助协调成员国器械相关的行政法规实施。

第 100 条 欧盟参考实验室

1. 对于特定器械，或一类或一组器械，或与一类或一组器械相关的特定风险，委员会可通过实施细则指定满足第 4 段提出标准的单个或多个欧盟参考实验室 (以下简称“EU 参考实验室”)，委员会仅为已提交指定申请的成员国或委员会联合研究中心指定 EU 参考实验室。

2. 在其指定范围内，(如适当) 欧盟参考实验室的工作任务如下：

(a) 验证制造商所声称的性能，以及 D 类器械与适用的 CS(如有) 的符合性，或如第 48(3) 条第 3 子段规定的由制造商选择的其他方案，以确保同一水平的安全性与有效性；

(b) 根据附录Ⅸ第 4.12 节和附录Ⅺ第 5.1 节规定，对 D 类器械样品或 D 类器械批次进行适当测试；

(c) 向委员会、MDCG、成员国和公告机构提供关于实施本法规的科学和技术援助；

(d) 就特定器械、一类或一组器械相关的现有技术水平提供科学建议；

(e) 与国家主管机构协商后，建立和管理国家参考实验室网络，并公布参与国家参考实验室的成员名单及各自任务；

(f) 帮助制定适用于符合性评估流程和市场监管的合理测试和分析方法；

(g) 与公告机构合作，制定符合性评估性能评估的最佳方案；

(h) 就合适的参考物质和较高计量等级的参考测量流程提出建议；

(i) 帮助制定 CS 和国际标准；

(j) 根据本法规对公告机构的咨询提供科学意见，并考虑到国家保密条款规定，通过电子方式公布。

3. 应某一成员国的请求，委员会也可指定欧盟参考实验室，该成员国希望通过此实验室，确保有能力验证制造商声称的性能，以及 C 类器械适用的 CS(如有) 的符合性，或由制造商选择的其他方案，以确保有同一水平的安全性与有效性。

4. 欧盟参考实验室应满足以下标准：

(a) 拥有足够且有适当资质的工作人员，其在被指定的体外诊断医疗器械领域具有足够的知识和经验；

(b) 拥有必要的设备和参考材料来执行分配的任务；

(c) 理解必要的国际标准和最佳操作；

(d) 具有适当的行政组织和架构；

(e) 确保其工作人员在执行任务时遵守信息和所获数据的保密性规定；

(f) 以公共利益为重，独立运营；

(g) 确保其工作人员在体外诊断医疗器械产业中无任何可能影响其公正性的财务往来或其他利益往来，声明其在体外诊断医疗器械产业中的任何直接或间接利益，并在发生相关变化时更新声明。

5. 欧盟参考实验室应形成一个网络，以在测试和评估的工作方法中合作和协调，该协调涉及到：

(a) 采用协调的方法、流程和过程；

(b) 同意使用相同的参考物质、通用测试样品和血清转换盘；

(c) 制定通用评估和解释标准；

(d) 采用通用测试方案，并用标准化协调一致的评估方法评估测试结果；

(e) 采用标准化协调一致的测试报告；

(f) 开发、应用和维护同行评审系统；

(g) 定期组织质量评估测试 (包括对测试结果的质量以及可比性进行互查)；

(h) 就联合指南、指令、流程指令或标准操作流程达成一致意见；

(i) 协调引入新技术的测试方法，并遵循新的或经修订的 CS；

(j) 按照成员国或委员会的要求，基于比较测试结果或通过进一步研究重新评估现有技术水平。

6. 欧盟参考实验室可获得欧盟财政资助。

鉴于保护健康和安全、支持创新和成本效益之目的，委员会可通过实施细则，规定提供给欧盟参考实验室的财政资助方式和数额。应按照第 107(3) 条述及的审查规程来通过这些实施细则。

7. 公告机构或成员国要求获取欧盟参考实验室的科学或技术援助或科学意见时，其需要支付因实验室任务而产生的全部或部分费用，并遵循事前拟定和透明的原则。

8. 委员会应通过实施细则规定：

(a) 便于应用本条第 2 段规定的细则和确保遵守本条第 4 段所述标准的细则；

(b) 鉴于保护人体健康和安全保护、支持创新和成本效益目的，确定本条第 7 段所述的费用结构和水平，该费用由欧盟参考实验室根据本法规规定，就公告机构和成员国的咨询提供科学性意见的事宜收取。

应采用符合第 107(3) 条所述的检查流程的措施执行实施这些规则。

9. 欧盟参考实验室应受委员会管控，包括现场访问和审计，以验证其是否符合本法规要求。若管控过程中，发现实验室不符合指定要求，委员会应通过实施细则，采取适当措施，包括限制、暂停或撤销参考实验室委任。

10. 欧盟第 2017/745 号 (EU) 法规第 107(1) 条的规定应适用于欧盟参考实验室的工作人员。

第 101 条 器械注册机构和数据库

委员会和成员国应采取所有适当措施，鼓励建立特定类型器械的登记表和数据库，以制定通用原则、收集可比较的信息。这种登记表和数据库有助于器械长期安全性与有效性的独立评估。

第Ⅸ章 保密性、数据保护、资金来源及处罚

第 102 条 保密性

1. 除非本法规另有规定，且不影响成员国现有国家保密条款和惯例，否则，所有适用本法规的成员应遵守在执行任务时所获得的信息和数据的保密性规定，以保护以下内容：

(a) 符合第 103 条规定的个人数据；

(b) 自然人或法人的商业保密信息和商业秘密，包括知识产权，以公众利益为缘由的公布除外；

(c) 本法规的有效执行，特别是以检查、调查或审查为目的的行动。

2. 在不影响第 1 段规定的情况下，未经发起机构事先同意，不得披露主管机构之间、主管机构与委员会之间处于保密状态的交流信息。

3. 第 1 和 2 段不得影响委员会、成员国和公告机构在信息交流和

警戒信息传播方面的权利和义务，也不得影响根据刑法提供信息的有关人员的义务。

4. 委员会和成员国可与签订双边或多边保密协议的第三方监管机构交流机密信息。

第 103 条　数据保护

1. 成员国应符合第 95/46/EC 号指令，在成员国内根据本法规规定处理个人数据。

2. 委员会按照本法规个人数据处理，应符合第 45/2001 号 (EC) 法规。

第 104 条　收费

1. 只要费用水平透明，且基于成本回收原则，则本规例将不妨碍成员国就本法规所规定的活动征收费用。

2. 成员国应在实施收费前至少 3 个月通知委员会和其他成员国。费用构成和收费水平应按要求公开。

第 105 条　指定和监控公告机构的活动资金

与联合评估活动有关的费用应由委员会承担。

委员会应通过施行法案规定可回收成本的比例和结构以及其他必要的实施细则。应按照第 107(3) 条述及的审查流程来通过这些实施细则。

第 106 条　处罚

各成员国应制定违反本法规规定的处罚规则，并应采取一切必要措施，确保这些规定的实施。规定的惩罚应当有效、适度和具有劝阻性。成员国应在 2022 年 2 月 25 日前就这些规则和措施通知委员会，且应及时通知，以免影响任何后续修正。

第X章 最终条款

第 107 条 委员程序

1. 委员会依据欧盟第 2017/745 号 (EU) 法规第 114 条成立的医疗器械委员会 (应为欧盟第 182/2011 号法规含义中的委员会) 予以协助。

2. 若该段引用了参考资料，则应适用欧盟第 182/2011 号 (EU) 法规第 4 条。

3. 若该段引用了参考资料，则应适用欧盟第 182/2011 号 (EU) 法规第 5 条。

若委员不发表意见，则委员会不得通过实施细则草案，且应适用欧盟第 182/2011 号 (EU) 法规第 5(4) 条的第 3 子段。

4. 参考本段时，同样应符合欧盟第 182/2011 号 (EU) 法规第 8 条及第 4 或 5 条 (如适用)。

第 108 条　授权

1. 根据本条款规定，授予委员会实施授权的权力。

2. 第 10(4)、17(4)、24(10)、51(6) 和 66(8) 条所述采取授权行为的权力应自 2017 年 5 月 25 日起授予委员会，其有效期为 5 年。委员会应在 5 年有效期结束前至少 9 个月就所授权力起草一份报告。默认该权力将延续相同的期限，除非欧洲议会或者理事会在各期限结束前 3 个月反对此类延时。

3. 第 10(4)、17(4)、24(10)、51(6) 和 66(8) 条所述授权可由欧洲议会或理事会随时撤销。撤销决定将终止该决定指定的权力授予。其生效日期应当为欧盟官方公告发表该决定后或者在决定中规定的一个后续日期。它对已生效的授权法案效力无任何影响。

4. 采取授权行为之前，委员会应根据 2016 年 4 月 13 日颁布的《关于更好的立法的机构间协议》所规定的原则，咨询各成员国指定的专家。

5. 在采用授权法案之后，委员会应同时通知欧洲议会和理事会。

6. 按照第 10(4)、17(4)、24(10)、51(6) 和 66(8) 条通过的授权法案只有在欧洲议会或者理事会在收到该法案通知后 3 个月未向欧洲议会和理事会提出异议，或者在此期限期满前，欧洲议会和理事会都通知委员会表示不反对时方可生效。欧洲议会或者理事会可主动将此期限延长 3 个月。

第 109 条　不同授权方的单独授权行为

委员会应根据本法规授予其每项权力采取单独授权的行为。

第 110 条　过渡性条款

1. 自 2022 年 5 月 26 日起，根据第 98/79/EC 号指令发布的任何有关公告机构的通知都将失效。

2. 在 2017 年 5 月 25 日之前，公告机构根据第 98/79/EC 号指令签发的证书在证书所示期限到期前应继续有效，但是根据第 98/79/EC 号指令附录 VI 签发的证书应最迟于 2024 年 5 月 27 日失效。

自 2024 年 5 月 25 日起，公告机构根据第 98/79/EC 号指令签发的证书应最迟于 2024 年 5 月 27 日失效。

3. 通过豁免本法规第 5 条，根据第 98/79/EC 号指令签发证书，并依据本条第 2 段检验有效的器械方可上市或投入使用，前提是自本法规适用之日起，其继续遵守上述指令且其设计和预期目的上无显著变化。但是，本法规有关上市后监管、市场监管、警戒、经营者及器械注册的规定须适用并取代该指令的相应要求。

在不影响第Ⅳ章和本条第 1 段规定的前提下，颁发第 1 段中的所述证书的公告机构应继续负责适当监管有关其认证器械的所有适用要求。

4. 在 2022 年 5 月 26 日之前，根据第 98/79/EC 号指令依法上市的器械及自 2022 年 5 月 26 日起上市并具有本条第 2 段所述的证书器械在 2025 年 5 月 27 日之前可继续上市或投入使用。

5. 通过豁免第 98/79/EC 号指令，符合本法规的器械可在 2022 年 5 月 26 日之前上市。

6. 通过豁免第 98/79/EC 号指令，可在 2022 年 5 月 26 日前指定并通知符合该法规的符合性评估机构。根据本法规指定并通知的公告机构可在 2022 年 5 月 26 日前，采用其规定的符合性评估流程并按照本法规签发证书。

7. 对于根据第 48(3)~(4) 条所述流程进行评估的器械，本条第 5 段适用，条件是已委派必要的 MDCG、专家小组和欧盟参考实验室。

8. 通过豁免第 98/79/EC 号指令第 10 条和第 12(1) 条第 (a) 和 (b) 点规定的方式，在自第 113(3) 条第 (f) 点日期起 18 月后所述日期的较晚日，符合本法规第 27(3)、28(1) 和 51(5) 条的制造商、授权代表、进口商和公告机构应被视为符合成员国根据第 2010/227/EU 号决议规定的第 98/79/EC 号指令第 10 条及第 12(1) 条第 (a) 和 (b) 点通过的法律法规。

9. 成员国主管机构根据第 98/79/EC 号指令第 9(12) 条的授权在授权所注明期限内应继续有效。

10. 在委员会根据第 24(2) 条指定签发实体前，GS1、HIBCC 和 ICCBBA 应被视为指定的签发实体。

第 111 条　评估

在 2027 年 5 月 27 日之前，委员会应对本法规的应用进行评估，并就实现法规目标的进展制定评估报告，包括对实施本法规所需资源的评估。应特别注意，经营者、卫生机构和卫生专业人员可根据第 24 条规定通过 UDI 对存储的器械进行追溯。评估还应包括对第 4 条履行情况的审查。

第 112 条　废除

在不影响本法规第 110(3)~(4) 条规定和第 98/79/EC 号指令下有关成员国和制造商警戒责任和有关制造商使文件可用的责任下，本指令自 2022 年 5 月 26 日起废除，但以下情况除外：

(a) 自第 113(2) 和 113(3) 条第 (f) 点所述日期中较晚日期起废除第 98/79/EC 号指令第 11 条、第 12(1) 条第 (c) 点及第 12(2) 和 (3) 条，以及在相应附录中规定的警戒责任和性能研究。

(b) 本法规第 113(2) 和 13(2) 条第 (f) 点所述日期中较晚日期后 18 个月起废除的第 98/79/EC 号指令第 10 条、第 12(1) 条第 (a) 和 (b) 点以及相关器械和经营者注册和相应附录中规定的认证通知。

有关本法规第 110(3) 和 (4) 条所述的器械，至 2025 年 5 月 27 日，第 98/79/EC 号指令应继续适用本法规适用的范围。

自本法规第 113(2) 和 113(3) 条第 (f) 点所述日期中较晚日期起废除在实施第 90/385/EEC、93/42/EEC 和 98/79/EC 号指令时采用的委员会第 2010/227/EU 号决议。

参考废除指令应理解为参考本法规，并应按照附录 XV 中所列对比表进行阅览。

第 113 条　生效与应用日期

1. 本法规应于《欧盟官方公报》公布后的第 20 天生效。

2. 本法规应自 2022 年 5 月 26 日起适用。

3. 通过豁免第 2 段规定的方式：

(a) 第 27(3) 和 51(5) 条应自 2023 年 11 月 27 日起适用；

(b) 第 31~46 条和第 96 条应自 2017 年 11 月 26 日起适用。根据第 31~46 条规定自 2022 年 5 月 26 日起产生的公告机构义务应仅适用于根据 34 条提交指定申请的机构；

(c) 第 97 条应自 2018 年 5 月 26 日起适用；

(d) 第 100 条应自 2020 年 11 月 25 日起适用；

(e) 对于 D 类器械，第 24(4) 条应自 2023 年 5 月 26 日起适用。对于 B 类和 C 类器械，第 24(4) 条应自 2025 年 5 月 26 日起适用。对于 A 类器械，第 24(4) 条应自 2027 年 5 月 26 日起适用；

(f) 若不影响欧盟第 2017/745 号 (EU) 法规第 34 条规定的委员会义务，由于在起草该法规第 34(1) 条所述计划时无法合理预见的情况，Eudamed2022 年 5 月 26 日起未能充分生效，则 Eudamed 相关的责任和要求应自该法规第 34(3) 条所述通知发布后 6 个月起适用。上述段落所述条款为：

- 第 26 条
- 第 28 条
- 第 29 条
- 第 36(2) 条第 2 句
- 第 38(10) 条
- 第 39(2) 条

- 第 40(12) 条第 2 子段
- 第 42(7) 条第 (d) 和 (e) 点
- 第 49(2) 条
- 第 50(1) 条
- 第 66~73 条
- 第 74 条第 1~13 段
- 第 75~77 条
- 第 81(2) 条
- 第 82 和 83 条
- 第 84(5)、(7) 条和第 (84)8 条第 3 子段
- 第 85 条
- 第 88(4)、(7) 和 (8) 条
- 第 90(2) 和 (4) 条
- 第 92(2) 条最后一句
- 第 94(4) 条
- 第 110(3) 条第 1 子段第 2 句

在 Eudamed 充分发挥作用之前，为实现本点第 1 段条款规定的有关信息交换包括尤其是相关性能研究、警戒报告和器械和经营者和证书通知的信息义务，98/79/EC 指令相应条款应继续适用；

(g) 第 74 条规定的程序应在不影响第 74(14) 条规定前提下，自 2027 年 5 月 26 日起适用；

(h) 第 110(10) 条应自 2019 年 5 月 26 日起适用。

本法规应整体具有约束力，并直接适用于所有成员国。

2017 年 4 月 5 日于斯特拉斯堡签署。

欧洲议会
会长
A. TAJANI

欧盟理事会
会长
I. BORG

附录

I　通用安全性与有效性要求
II　技术文件
III　关于上市后监管的技术文件
IV　欧盟符合性声明
V　CE 符合性标识
VI　根据第 26（3）和 28 条提交器械和经营者的注册信息，根据第 25 和 26 条提供核心数据元素给 UDI 数据库连同 UDI-DI，以及 UDI 系统
VII　公告机构需满足的要求
VIII　分类规则
IX　基于质量管理体系和技术文件评估的符合性评估
X　基于型式检验的符合性评估
XI　基于生产质量保证的符合性评估
XII　由公告机构签发的证书
XIII　性能评估、性能研究和上市后性能跟踪
XIV　干预性临床性能研究及其他性能研究
XV　对比表

附录 I 通用安全性与有效性要求

第 I 章 一般要求

1. 器械应具备制造商预期的性能，并确保其设计和生产在正常使用条件下适用于其预期用途。器械应安全有效，不得对患者的临床症状或安全、使用者或其他人员（如适用）的安全和健康造成损害，器械使用风险与其对患者的益处相比，应在可接受范围内，并应在较高水平上维护其健康和安全，并考虑到具备公认的现有技术水平。

2. 本附录要求尽可能降低风险的要求是指尽可能降低风险的同时不会对受益 – 风险比产生不利影响。

3. 制造商应建立、实施、记录和维护风险管理体系。

风险管理在器械整个生命周期中为连续迭代过程，须定期更新系统进行风险管理，制造商应：

(a) 制定并记录各器械的风险管理计划；

(b) 识别和分析与各器械相关的已知和可预见的危害；

(c) 评估在预期使用时及在可预见的使用不当时产生的相关风险；

(d) 根据第 4 节第 (c) 点所述要求消除或控制这些风险；

(e) 评估来自生产阶段，特别是来自上市后监管系统的危害及其发生频率的影响，其中包括评估相关风险、整体风险、受益 – 风险比和风险可接受性。

(f) 根据对第 (e) 点所述信息之影响的评估，必要时根据第 4 节的要求修改控制措施。

4. 制造商就器械的设计和制造所采取的风险控制措施应符合安全原则，并考虑到公认的现有技术水平。为降低风险，制造商应对风险进行管理，使各危害相关的剩余风险及总剩余风险控制在可接受范围内。在选择最合适的解决方案时，制造商应按照以下优先顺序考虑：

(a) 通过安全的设计和生产尽可能消除或减少风险；

(b) 若适合，采取适当保护措施，关于无法消除的风险，必要时应包含报警；且

(c) 提供安全信息 (警戒 / 预防措施 / 禁忌)，并在适当情况下向使用者提供培训。

制造商应将剩余风险告知使用者。

5. 在消除或减少使用不当相关风险时，制造商应：

(a) 尽量降低因器械人体工程学特点及其预期使用环境 (针对患者安全而设计) 所造成的风险；以及

(b) 考虑技术知识、经验、教育、培训和使用环境，以及预期使用者医疗及身体条件 (如适用)(针对非专业、专业、残疾或其他使用者而设计)。

6. 若器械在正常使用环境中使用并根据制造商的指示进行适当维护保养，则在制造商声称的使用期限内，器械的特性和性能不得对患者、使用者或其他人员 (如适用) 的健康或安全造成损害。

7. 器械的设计、制造和包装应确保在根据制造商提供的说明和信息进行运输和储存期时 (如温度和湿度的波动)，不会对器械预期用途的特性和性能造成不利影响。

8. 与正常使用条件下器械预期性能对患者和 / 或使用者产生的潜在益处相比，所有已知和可预见的风险及任何不良影响应最小化并控制在可接受范围内。

第 Ⅱ 章　性能、设计和生产相关要求

9. 性能特性

9.1. 制造商应明确器械的设计和生产，确保适用于本法规第 2 节第 (2) 点所述目的，其性能达到预期的公认的现有技术水平。器

械应具备制造商所声称的性能，特别是以下性能 (如适用)：

(a) 分析性能，如分析灵敏度、分析特异性、真实性 (偏差)、精密度 (重复性和重现性)、准确性 (真实性和精密度的结果)、检出限和定量限、测量范围、线性、阳性判断值，包括确定样本采集、处理及控制已知相关内源和外源干扰，交叉反应的适用标准；和

(b) 临床性能，如诊断灵敏度、诊断特异性、阳性预测值、阴性预测值、概率比、正常和受影响人群的预期值。

9.2. 器械的性能特点应在制造商声称的使用期限内保持有效性。

9.3. 若器械性能取决于校准品和 / 或质控品的使用，则应通过合适的参考测量流程和 / 或较高计量等级的合适参考品确保校准品和 / 或质控品赋值的计量溯源性。如适用，应溯源至有证的参考物质或参考测量流程来确保校准品和 / 或质控品赋值的计量溯源性。

9.4. 器械在正常条件下用于预期用途时，应特别检查可能受到影响的特性和性能：

(a) 用于自我监测的器械，由非专业人员验证的性能；

(b) 用于床旁检测的器械，在相关环境中验证的性能 (如患者家中、急救室、救护车)。

10. 化学、物理和生物学特性

10.1. 器械的设计和生产应确保其符合第Ⅰ章“一般要求”所述的性能要求。

考虑到器械的预期用途，应特别留意由于所用材料和样本之间、待检测分析物和标记物（例如生物组织、细胞、体液和微生物）之间的物理性和/或化学性配伍禁忌而引起的分析性能降低可能性。

10.2. 器械的设计、生产和包装应尽可能降低污染物和残留物对患者造成的风险，同时考虑到器械预期用途以及参与器械运输、存储和使用的人员。应特别注意暴露于这些污染物和残留物的组织以及暴露的持续时间和频率。

10.3. 根据欧洲议会和理事会第 1272/2008 号 (EC) 法规[1]附件Ⅵ第 3 部分，器械的设计和生产应尽可能合理降低器械可能释放物质或颗粒物所造成的风险，包括磨屑、降解产物、加工残留物。应特别留意致癌、致突变或生殖毒性物质 (CMR)，并特别留意内分泌干扰特性物质，有科学证据证明该类物质可能严重影响人类健康，根据欧洲议会和理事会第 1907/2006 号 (EC) 法规[2]第 59 条所载流程进行鉴别。

10.4. 必须合理设计及生产器械，以尽量降低因物质意外进入器械而造成的风险，并且考虑到器械及其预期使用环境的性质。

11. 感染及微生物污染

11.1. 器械和其制造工艺的设计应尽可能消除或降低对使用者、或

---

[1] 2008 年 12 月 16 日欧洲议会和理事会第 1272/2008 号 (EC) 法规关于物质和混合物的分类、标签和包装附录Ⅵ第 3 部分规定，该法规修订和废止第 67/548/EEC 号指令第 1999/45/EC 号指令，修订欧盟委员会第 1907/2006 号法规 (OJ L353, 31.12.2008, p.1)。

[2] 2006 年 12 月 18 日欧洲欧洲议会和理事会第 1907/2006 号 (EC) 法规关于化学品注册、评估、授权和限制 (REACH)(OJ L136, 29.5.2007, p.3)。

对他人的感染可能性。设计应：

(a) 操作便捷且安全；

(b) 尽可能降低器械的微生物泄漏和/或使用过程中的微生物暴露；并且，必要时

(c) 防止器械在使用过程中的微生物污染，当为样本容器时，防止对样本造成的污染。

11.2. 标识为无菌或含特定微生物状态的器械设计、制造和包装应确保在制造商指定的运输和存储状态下保持无菌条件或微生物状态，直至在使用时打开包装；除非保持其无菌条件或微生物状态的包装已遭损坏。

11.3. 标识为无菌的器械应采用适当的验证方法验证其加工、制造、包装、灭菌流程。

11.4. 预期灭菌的器械应采用适当且可控条件和设备进行生产和包装。

11.5. 非无菌器械的包装系统应保持产品的完整性和清洁度，并且若器械在使用前将要被灭菌，尽量减少微生物污染风险；包装系统应适当考虑到制造商指定的灭菌方法。

11.6. 器械标识除带有灭菌器械的指示符号外，还应可区别市场上相同或相似器械的灭菌和非灭菌状态。

12. 包含生物源材料的器械

当器械包含来源于动物、人类或微生物的组织、细胞和物质时，其来源选择、该来源组织、细胞和物质的处理、保存、测试和处理以及控制流程应能保护使用者或他人安全。

尤其是在制造工艺期间，需执行对采用的消除或灭活方法的验证，解决与微生物和其他传染物质有关的安全问题。若微生物和其他传染因子的活性是器械预期用途必不可少的一部分，或者该消除或灭活过程可能降低器械性能，则该条将不适用于此类器械。

13. 器械构造及其与环境之间的相互作用

13.1. 若器械预定与其他器械或设备一起配合使用，必须保证整体(包括连接系统)具有安全性，同时不得改变此器械的特定性能。任何有关此类配合使用的限制应在标签和/或使用说明书上标明。

13.2. 应采用适当方式设计和制造器械，确保尽可能地避免或减少：

(a) 与器械物理特征有关的伤害风险，包含体积/压力比、尺寸和人体工程学特征(如适用)；

(b) 与可预见的外部影响或环境条件相关的风险，例如磁场、外部电场和电磁效应、静电放电、诊断或治疗流程的辐射、压力、湿度、温度、压力变化和加速变化或者无线电信号干扰；

(c) 当其在正常使用条件下接触材料、液体和物质，与该器械使用相关的风险包括气体时；

(d) 与软件和其操作及相互作用的 IT 环境间可能的负面交互作用

相关的风险；

(e) 物质意外进入器械的风险；

(f) 样本非正确鉴别的风险以及产生错误结果的风险，例如，由于与器械一同使用以进行预期测试或测定的样本容器、活动部件和 / 或附件的颜色和 / 或数字和 / 或字符编码混淆、导致的错误结果；

(g) 与其他器械的任何可预见干扰风险。

13.3. 必须适当地设计和制造器械，确保在正常使用期间和单一故障情形下尽量减少火灾或爆炸风险。应特别注意其预期用途包括暴露于或与易燃或易爆物质或可能引起燃烧的物质结合使用的器械。

13.4. 器械的设计和制造应确保可安全且有效地进行调整、校准和维护。

13.5. 用于与其他器械或产品协同操作的器械设计和制造应确保其互通性和兼容性可靠且安全。

13.6. 器械的设计和制造应便于使用者或他人安全处置器械和 / 或相关废物。为此，制造商应检验并测试流程和措施，以便器械可使用后安全处置。这些流程和措施应在使用说明书中说明。

13.7. 计量、监控或显示比例 (包括颜色变化和其他视觉指示器) 的设计和制造应符合人体工程学原理，同时应考虑到器械预期用途、使用者以及预期使用环境条件。

14. 具有测定功能的器械

14.1. 考虑到器械预期用途，带初级分析测定功能的器械设计和制造应能够提供符合附录 I 第 9.1 节第 (a) 点的适当分析性能。

14.2. 具有测定功能的器械，必须符合理事会第 80/181/EEC 号指令[1]规定的法定单位。

15. 辐射防护

15.1. 器械的设计、制造和包装应尽量减少对使用者或者他人的辐射 (预期、非预期、杂散或散射)，并与预期目的一致，同时不限制其用于诊断目的适当规定水平的应用。

15.2. 当器械预期会发出有害或可能有害的电离和 / 或非电离辐射时，应尽可能 :

(a) 其设计和制造应确保所发出辐射的特性和量可控和 / 或可调整;

(b) 配备针对此类辐射的可视显示器和 / 或声音警告。

15.3. 发出有害或潜在危险辐射的器械使用说明书应包括发出辐射的性质、保护使用者的方法，尽可能避免误用及减少安装所造成的风险的详细信息。应详细说明验收、性能测试、验收标准以及维护程序的有关信息。

---

[1] 1979 年 12 月 20 日关于成员国有关计量单位法律的理事会第 80/181/EEC 号指令，以及废除第 71/354/ EEC 号指令 (OJ L39,15.2，p.40)。

16. 可编程电子系统——包含可编程电子系统的器械与本身就是器械的软件

16.1. 包含可编程电子系统（包括软件）的器械或者自身为器械的软件，其设计应根据其预期用途确保相应的可重复性、可靠性和性能。在单一故障条件下，应采取适当手段以尽可能消除或降低由此造成的风险或性能损害。

16.2. 针对包含软件的器械或自身为器械的软件，应根据现有技术开发和制造软件，同时考虑开发生命周期、风险管理的原则，包括信息安全、验证和确认。

16.3. 本节所指软件当与移动计算平台结合使用时，其设计和制作应考虑移动平台的特定特征（如屏幕的大小和对比度）以及与其用途相关的外部因素（环境变化，如光照或噪声水平）。

16.4. 制造商应规定有关硬件、IT 网络特性和 IT 安全措施的最低要求，包括防止未授权访问、按预期运行软件的必要条件。

17. 有源器械和与其连接的器械

17.1. 对于有源器械和与其连接的器械，在发生单一故障情况时，应采取适当措施以尽可能消除或降低由此产生的风险。

17.2. 当患者的安全性取决于内部电源时，此类器械应配备可确定电源状态的手段，并且当电源容量处于临界值时提供适当警告或指示，必要时应在电源容量变为临界值之前，提供适当警告或指示。

17.3. 器械的设计和制造应尽可能降低产生电磁干扰的风险，以免影响出现问题的器械或该使用环境下其他器械或设备的操作。

17.4. 器械的设计和制造应具有使器械能够按预期运行的抗电磁干扰能力。

17.5. 器械的设计和制造应尽可能避免使用者或他人在正常使用过程中或者单一故障条件下意外触电的风险，前提是器械根据制造商的指示正确进行安装和维护。

18. 机械和热风险防护

18.1. 器械的设计和制造应保护使用者和他人免受机械风险。

18.2. 器械应在可预见操作条件下足够稳定。器械应能适当承受可预见工作环境中的压力，并且在其预期寿命期间保持该承受力，符合制造商指示的任何检验和维护要求。

18.3. 当存在由于活动部件分离或脱离、或物质泄漏造成的风险，则应有相应防护手段。

为器械提供保护的任何防护装置或其他工具，尤其是用于活动部件的装置或工具，应当稳固安全，并且不得干涉其正常操作、或者限制制造商预期的日常维护。

18.4. 应采用适当方式设计和制造器械，确保尽量降低因器械振动引起的风险水平，并考虑利用先进技术和手段限制振动(尤其振动源处)，除非振动是特定性能中一部分。

18.5. 应采用适当方式设计和制造器械，确保尽量降低因噪音释放而产生的风险水平，并考虑利用先进技术和手段减少噪音(尤其噪音源处)，除非这种噪音是规定性能中组成部分。

18.6. 使用者或他人必须操作连接到电力、气体、液压或气动能量供给源的端口和连接器，应采用适当方式设计和构造此类端口和连接器，确保尽量降低任何潜在风险。

18.7. 当安装或重装某些部件时，可能出现的失误将有可能成为风险的源头，此类部件的设计和构造应完全避免该风险，若无法实现，则应通过部件和/或其外壳的说明信息完全避免。

当需要知道移动方向以避免风险时，相同信息应在活动部件和/或其外壳予以说明。

18.8. 在正常使用条件下，器械内可接触部件(不包括拟供热或达到给定温度的部件或区域)及其周围环境在正常使用条件下不得达到潜在的危险温度。

19. 针对用于自检或床旁检测的器械造成的风险防护

19.1. 用于自我检测或床旁检测的器械，其设计和制造应考虑到预期使用者的技能和可用手段，以及由于变化而产生的影响，使其适用于预期目的。制造商提供的信息和说明应便于预期使用者理解和应用，以使其正确理解器械提供的结果，并避免误导性信息。在床旁检测的情况下，制造商提供的信息和说明应清楚说明要求使用者的训练水平、资格和/或经验。

19.2. 用于自检或床旁检测的器械其设计和制造应

(a) 如有必要，确保预期使用者在适当训练和/或信息获得后可安全准确地使用器械；

(b) 尽可能降低预期使用者在使用器械和样本以及结果解释时错误的风险。

19.3. 用于自我检测或床旁检测的器械，在可行的情况下应包含一项程序以使预期使用者可：

(a) 在使用时，验证器械将按照制造商的说明执行；

(b) 若器械未能提供有效的结果，则发出警告。

第Ⅲ章　有关器械随附信息的要求

20. 标签和使用说明书

20.1. 制造商需提供的信息的一般要求

各器械应附有识别器械及其制造商的信息，以及所有与使用者或任何其他人员相关的安全性与有效性信息。此类信息可体现在器械本身、包装或使用说明书中，若制造商有网站，则应在网站上提供并保持更新最新信息，同时考虑到以下因素：

(a) 标签和使用说明的媒介、格式、内容、可读性和位置应适合于特定器械、其预期目的和对预期使用者的技术知识、经验、教育或培训。尤其是使用说明书应以预期使用者容易理解的语言撰写，并且在必要时补充图纸和图表；

(b) 标签上所需的信息应在器械本身上提供。若不行，部分或所有信息应出现在各单元的包装上。若无法单独标记各单元，则应在多个器械的包装上列出信息；

(c) 标签应以人们可读的格式提供，并且可通过机器可读信息 [例如射频识别 (RFID) 或条形码] 来补充；

(d) 使用说明应与器械一并提供。但在正当理由和特殊情况下，若器械可在无使用说明书的情况下安全并可按制造商目的使用，则可无需使用说明或可简缩使用说明；

(e) 若有多个器械 (除了用于自测或床旁检测的器械之外) 供应给单个使用者和 / 或地点，且购买者同意 (其在任何情况下可要求提供免费的进一步的副本)，可提供使用说明的单个副本；

(f) 当器械仅限专业使用时，可以非纸张格式 (例如电子形式) 向使用者提供使用说明，除该器械用于床旁检测时；

(g) 需要传达给使用者和 / 或其他人的残留风险应作为制造商提供的信息中的限制、预防措施或警戒；

(h) 在适当情况下,制造商提供的信息应采用国际公认的符号形式，同时考虑到预期使用者。使用的任何符号或识别颜色应符合协调标准或 CS。若没有特定标准或 CS，符号和颜色应说明在随同器械提供的相关文件中；

(i) 在装有可能被视为危险物质或混合物的器械中，考虑到其成分的性质和数量以及其存在的形式，相关危险图形符号和欧洲委员会第 1272/2008 号 (EC) 法规的标签要求应适用。若无足够的空间将所有信息放在器械本身或其标签上，则相关的危险图形符号应放于标签上，且该法规要求的其他信息应在使用说明中提供；

(j) 除非使用说明书中已提供了所有相关信息，否则应适用欧洲委员会第 1907/2006 号法规规定的安全数据表。

20.2. 标签信息

标签应注明以下全部事项：

(a) 器械的名称或商品名称；

(b) 使用者识别器械以及包含器械预期目的所必需的信息 (在对使用者非清晰可见的情况下)；

(c) 制造商的名称、注册名称或注册商标及其注册营业地点的地址；以及授权代表的注册营业地点地址；

(d) 授权代表的姓名和地址 (若制造商注册营业地点在欧盟以外)；

(e) 注明该器械是体外诊断医疗器械，或者若器械是“性能研究用器械”，则应相应注明；

(f) 注明仪器的批次代码 / 批号或序列号，前面带有词语 LOT NUMBER 或 SERIAL NUMBER 或等效符号 (如适用)；

(g) 注明根据第 24 条和附录 VI 第 C 部分所述的 UDI 载体；

(h) 注明何时可安全使用器械而不降低使用性能的使用期限，至少应以年、月和日 (如相关) 的顺序表示；

(i) 若没有注明可安全使用的日期，则注明制造日期。制造日期可作为批次或序列号的一部分，日期应清晰可辨；

(j) 在相关情况下，注明以重量或体积、数量计数或这些的任何组合表示的内容净含量或准确反映包装内容的其他术语；

(k) 注明适用的任何特殊储存和 / 或处理条件；

(l) 适当时，注明器械的无菌状态和灭菌方法，或注明任何特殊微生物状态或清洁状态的声明；

(m) 需要采取的警告或预防措施，需要引起器械使用者或其他人的注意。该信息可保持最低限度，在这种情况下考虑到预期使用者，使用说明书中将说明更详细的信息；

(n) 若使用说明书按照第 20 节第 (f) 点的说明没有按纸张形式提供，则所述其可访问性 (或可用性) 以及可查阅的网站地址 (在可能的情况下)；

(o) 适用时，任何特定的操作说明；

(p) 若器械是一次性使用，则相应注明。制造商的一次性使用指示应在整个欧盟内保持一致；

(q) 若器械用于自检或床旁检测，则相应注明；

(r) 在快速测定不用于自检或床旁检测的情况下，本协议明确排除；

(s) 当器械试剂盒包括作为单独器械提供的试剂和制品时，该器械中的每一个均应符合本节中所包含的标签要求和本法规的要求；

(t) 器械和单独组件应在批次适用的情况下进行标识，以允许所有适当的操作来检测器械和可拆卸组件带来的任何潜在风险。在可行和适当的情况下，信息应在器械本身和 / 或 (适当情况下) 在销售包装上列出；

(u) 自检器械的标签应包括以下内容：

(i) 进行测试所需的样本类型 (例如血液、尿液或唾液)；

(ii) 对保证测试正常进行的其他材料的需求；

(iii) 获得进一步的建议和帮助的联系方式。

自检器械的名称不得反映制造商规定以外的预期用途。

20.3. 无菌包装：

保持器械无菌条件的包装 (无菌包装) 上的信息：

(a) 注明无菌包装标识；

(b) 声明该器械处于无菌状态；

(c) 灭菌方法；

(d) 制造商名称和地址；

(e) 器械说明；

(f) 制造月份和年份；

(g) 明确注明使用器械的安全有效日期，并至少按年份和月份表示，并在相关时附上该订单的日期；

(h) 检查使用说明书中的说明，若无菌包装损坏或在使用前不小心打开，该如何处理。

20.4. 使用说明书中的信息

20.4.1. 使用说明书应包含以下全部信息：

(a) 器械的名称或商品名称；

(b) 使用者唯一识别器械的严格必要的信息；

(c) 器械的预期用途：

(i) 需检测和 / 或测量什么；

(ii) 其功能 (例如，筛选、监测、诊断或辅助诊断、预后、预测、伴随诊断)；

(iii) 要在下列情况下提供的具体信息：

- 生理或病理状态
- 先天性身体或精神损伤

- 医学病症或疾病的倾向
- 确定与潜在接受者的安全性和兼容性
- 治疗反应的预测
- 治疗措施的定义或监测

(iv) 是否为自动化；

(v) 是定性、半定量还是定量；

(vi) 所需的样品类型；

(vii) 适合的测试人群；

(viii) 对于伴随诊断，其为伴随测试的相关医药产品的国际非专有名称 (INN)；

(d) 指明该器械是体外诊断医疗器械，或者若器械是“性能研究用器械”，则应相应指明；

(e) 适当的预期使用者 (例如，自检、床旁诊断和实验室专业使用、保健专业人员)；

(f) 测试原理；

(g) 定标液和质控品其使用的任何限制说明 (例如，仅适用于专用仪器)；

(h) 试剂及其使用的任何限制 (例如，仅适用于专用仪器) 和试剂组成成分的性质和试剂或试剂盒的有效成分的量或浓度的说明以及（在适当情况下）该器械包含可能影响测量的其他成分的声明；

(i) 提供的物品的清单和所需但未提供的特殊物品清单；

(j) 对于旨在与其他器械和/或通用设备结合使用或与其安装或连接的器械：

- 以识别此类器械或设备的信息，以便获得经验证和安全的组合，包括关键性能特性和/或

- 有关器械和设备组合的任何已知限制的信息。

(k) 任何适用的特殊储存（例如，温度、光、湿度等）和/或处理条件的指示；

(l) 使用中的稳定性，包括储存条件和在容器第一次打开之后的货架寿命，以及工作溶液的储存条件和稳定性（在相关情况下）；

(m) 若器械以无菌形式提供，则指明其无菌状态、灭菌方法并进行说明（若无菌包装在使用前损坏）；

(n) 允许通知使用者有关器械的任何警告、预防措施、采取的措施和使用限制的信息。该信息应酌情包括：

(i) 警告、预防措施和/或在器械发生故障或其劣化的情况下采取的措施（可通过其可影响性能的外观变化表示）；

(ii) 警告、预防措施和 / 或就暴露于合理可预见的外部影响或环境条件采取的措施 (例如磁场、外部电和电磁效应、静电放电、与诊断或治疗流程相关的辐射、压力、湿度、或温度)；

(iii) 警告、预防措施和 / 或就特定诊断研究、评估、治疗处理或其他流程期间器械的合理可预见的存在所造成的干扰风险采取的措施 (例如，器械发出的影响其他设备的电磁干扰)；

(iv) 与引入器械含有或包含 CMR 物质或具有内分泌干扰性质或可能导致患者或使用者的致敏或过敏反应的材料相关的预防措施；

(v) 若器械是一次性使用，则相应指明。制造商的一次性使用说明应在整个欧盟内保持一致；

(vi) 若器械可重复使用，则须包括有关允许重复使用的过程的信息，包括清洁、消毒、净化、包装和经过验证的再消毒方法 (适当时)。应提供信息以识别该器械何时不得再使用，例如，材料劣化迹象或允许重复使用的最大次数。

(o) 与器械中包含的潜在传染性物质相关的任何警告和/或预防措施；

(p) 在相关情况下，对特殊设施 (例如洁净室环境) 或特殊培训 (例如辐射安全) 或器械预期使用者的特定资格的要求；

(q) 样品的收集，处理和制备条件；

(r) 对于制造商预期使用的器械，在器械准备使用前 (例如灭菌、最终装配、校准等) 对器械的任何预备处理或处理的细节；

(s) 验证器械是否正确安装并是否准备好安全运行以及按制造商预期使用 (若相关) ：

- 预防性和定期维护 (包括清洁和消毒) 的性质和频率的详细信息；

- 任何消耗部件的标识和更换方法；

- 任何必要的校准信息，其用以确保器械在其预期寿命期间正常和安全地运行；

- 减轻安装、校准或维修器械的人员所遇到的风险的方法。

(t) 适用时，质量控制流程的建议；

(u) 校准品和质控材料赋值的计量可追溯性，包括对应用高一级的参考材料和 / 或参考测量流程的识别，以及关于最大 (自允许) 批次间变化的信息，以及相关图和测量单位；

(v) 包括计算和结果解释的分析程序，若考虑进行任何证实试验，则相关；适用时，使用说明应附有有关图表和计量单位提供的批次间变化的信息；

(w) 分析性能特征，如分析灵敏度、分析特异性、真实性 (偏差)、精密度 (重复性和重现性)，精确性 (由真实性和精密度导致)、检测限和测量范围 (控制已知相关干扰、交叉反应和方法的限制的信息)、测量范围、线性和使用者使用可用的参考测量流程和材料的信息；

(x) 本附录第 9.1 节定义的临床性能特征；

(y) 计算分析结果的数学方法；

(z) 与阈值、诊断敏感性和诊断特异性、阳性和阴性预测值等相关的临床性能特征；

(aa) 正常和受影响人群有关的参考区间；

(ab) 关于可能影响器械性能的干扰物质或局限性的信息 (例如高脂血症或溶血的可视性证据，标本年龄)；

(ac) 为便于安全处理器械试剂盒和与其一起使用的耗材 (如有)，应采取的警告或预防措施。该信息应包括：

(i) 感染或微生物危害 (例如,被人类潜在感染性物质污染的耗材)；

(ii) 环境危害 (例如，可能发射危险级别辐射的电池或材料)；

(iii) 物理危害 (例如，爆炸)；

(ad) 制造商的名称、注册名称或注册商标及其可联系到的注册营业地址及生产地址，以及售后服务的电话号码和 / 或传真号码和 / 或网站地址；

(ae) 使用说明书的发行日期，或者若对其进行了修订，最新版使用说明书核准及修改日期与标识符 (明确指出所做修订之处)；

(af) 告知使用者任何涉及器械的严重不良反应事件应向制造商以及使用者和 / 或患者所在成员国的主管机构报告；

(ag) 当器械试剂盒包括作为单独器械使用的试剂和制品时，该器械套件中的每一个试剂应符合本节所包含的使用说明要求和本法规的要求；

(ah) 用于包含可编程电子系统的器械，包括器械自身的软件或软件、硬件最低要求、网络特性以及对于运行软件所需的安全措施（包括防止未经授权的访问）。

20.4.2. 此外，自测器械的使用说明书还应遵循以下全部原则：

(a) 应提供测试程序详情，包括试剂制备、样本采集和 / 或如何运行测试并解释结果的准备和信息；

(b) 可省略具体细节，前提是制造商提供的其他信息足以让使用者了解如何使用器械和理解器械所产生的结果；

(c) 器械的预期用途应提供足够的信息，让使用者了解医疗背景，并让预期使用者能够正确地理解结果；

(d) 应以预期使用者易理解的方式表示和呈现结果；

(e) 应向使用者提供关于（若出现阳性结果、阴性结果或不明确的结果）测试限制和假阳性或假阴性结果可能性采取的措施建议。还应提供任何可影响测试结果的信息（如年龄、性别、月经、感染、运动、禁食、饮食或药物）；

(f) 自测类器械所提供的信息应包括一份声明，明确指出在未咨询恰当的健康专业人士时不得做出任何相关的医疗决定，以及疾病影响与患病率的信息，以及在适用情况下，对于特定欧盟国家该器械上市后使用者可获得进一步的建议 (例如全国热线，网站等) 的信息 ；

(g) 对于监测已确诊的疾病或病症的自测器械，该信息应指出，只有患者接受过相关的培训才可采用这种疗法。

附录Ⅱ 技术文件

制造商制定的技术文件及其摘要(如适用)应以清楚、有序、易检索和明确的方式提出，并应特别包括本附录说明的要素。

1. 器械说明与规范，包括变量和附件

1.1. 器械说明与规范

(a) 产品或商品名和器械的一般说明,包括其预期用途和预期使用者;

(b) 在附录Ⅵ第 C 部分所述的制造商对所讨论器械分配的基本 UDI-DI 器械标识符，只要该器械的标识应基于 UDI 系统，或以其他方式通过产品代码、目录编号或其他可追溯的明确参考号来清楚识别；

(c) 器械的预期用途，可能包括以下信息：

(i) 将检测和/或测量什么；

(ii) 其功能 (例如，筛选、监测、诊断或辅助诊断、预后、预测、伴随诊断) ;

(iii) 旨在检测、定义或区分特定的病症或风险因素 ;

(iv) 是否为自动化 ;

(v) 是定性、半定量还是定量 ;

(vi) 所需样本类型 ;

(vii) 测试适用人群 ;

(viii) 预期使用者。

(ix) 此外，对于伴随诊断，相关的目标人群和相关的医药产品。

(d) 检测原理的说明或仪器操作原理的说明 ;

(e) 产品可作为器械使用的限定依据 ;

(f) 器械的风险等级和按照附录Ⅷ应用的分类规则的依据 ;

(g) 组成成分的说明及反应成分 (例如抗体、抗原、核酸) 的说明 (如适用) ;

以及下列项目 (如适用) :

(h) 样本收集、储存、运输说明或建议使用的规格参数的说明；

(i) 对于自动检测的仪器：相关检测特征或专用检测的说明；

(j) 对于自动检测：相关仪器特征或专用仪器的说明；

(k) 任何与器械一起使用的软件的说明；

(l) 市场上可用器械的各种配置 / 变量的说明或完整列表；

(m) 器械附件、其他器械以及其他旨在与该器械结合使用的非器械产品的说明。

1.2. 对前一代和类似器械的引用

(a) 对制造商生产的前一代或几代器械的概述，如有；

(b) 在欧盟 (EU) 或国际市场上发现可用的类似器械的概述，如有。

2. 制造商应提供的信息

一整套：

(a) 器械及其包装，例如在特定管理条件下的独立单元包装、销售包装、运输包装上的标签 (使用器械预期销售成员国可接受的语言)；

(b) 使用说明书 (使用器械预期销售所在成员国可接受的语言)。

3. 设计与制造信息

3.1. 设计信息

标明器械设计阶段的信息。其中应包括：

(a) 器械含有的或推荐使用的关键成分 (如抗体、抗原、酶、核酸引物) 的说明；

(b) 对于仪器，主要子系统、分析技术 (例如工作原理、控制机制)、专用计算机硬件和软件说明；

(c) 对于仪器和软件，整个系统的概述；

(d) 对于软件，结果解释方法学的说明 (即算法)；

(e) 对于自测器械或床旁检测的器械，让其适用于自测或床旁检测的设计方面的说明。

3.2. 生产信息

(a) 了解制造流程的信息，如成品器械的生产、组装、最终产品测试和包装。质量管理体系或其他适用的符合性评估流程的审核时，应提供更详细的信息；

(b) 确定进行生产制造的所有场址，包括供应商和分包商。

4. 通用安全性与有效性要求

文件应包含其符合附录 I 所规定的适用于器械通用安全性与有效

性要求的证明，并考虑到其预期用途，包括为满足这些要求而采用的理由、验证和确认。该证明应包括：

(a) 适用于器械的通用安全性与有效性要求和其他不适用的理由；

(b) 证明其符合通用安全性与有效性要求的方法；

(c) 协调标准或应用的 CS 或采用的其他解决方案；

(d) 受控文件的准确识别提供证据证明符合各协调标准，CS 或用于证明符合通用安全性与有效性要求的方法，此信息应在完整的技术文档中包含对此类证据的位置的前后参照，若适用还应包括技术文档摘要。

5. 风险 / 利益分析和风险管理

文件应包含：

(a) 附录 I 的第 1 和第 8 节所述的风险 / 利益分析；

(b) 附录 I 的第 3 节所述的风险管理采取的方案和结果。

6. 产品验证与确认

文件应包含所进行的所有验证与确认测试和 / 或研究的结果和关键分析，以证明器械符合本法规的要求，特别是证明其符合适用的通用安全性与有效性要求。这包括：

6.1. 器械分析性能信息

6.1.1. 样品类型

本章节将说明可使用的不同样本类型，包括其稳定性 [例如储存条件、适用的运输条件、样本提取与分析之间的不同时段信息 (鉴于时间关键分析方法)] 和储存条件 (例如持续时间、温度控制和冷冻 / 解冻循环)。

6.1.2. 分析性能特征

6.1.2.1. 测量准确性

(a) 测量真实性：

本章节应提供测量程序的真实性信息，并详细汇总数据，以评估所选方法是否恰当以及证明真实性。只在认证参考材料或认证方法可用时，真实性测量才适用于定量与定性化验。

(b) 测量精密度：

本章节应说明重复性与再现性研究。

6.1.2.2. 分析灵敏度

本章节应包括有关研究设计和结果的信息。应说明样本的类型与制备，包括基质、分析物水平以及如何建立梯度。还应提供以每种浓度测试的重复次数，以及用于测定灵敏度的计算方法。

6.1.2.3. 分析特异性

本章节说明干扰和交叉反应研究，以确定样本中其他物质 / 试剂存在时的分析特异性。

应提供检测中可能出现干扰和交叉反应的物质 / 试剂的评价，所测试的物质 / 试剂类型和浓度、样本类型、分析物测试浓度和结果的信息。

干扰物和交叉反应物质 / 试剂 (很大程度上取决于测试类型和设计) 可能来自外源或内源，如：

(a) 用于患者治疗 (例如医药产品) 的物质；

(b) 患者摄取的物质 (例如酒、食物)；

(c) 样本制备期间添加的物质 (例如防腐剂、稳定剂)；

(d) 在特定样本类型中常见的物质 (例如血红蛋白、脂质、胆红素、蛋白质)；

(e) 类似结构的分析物 (例如前体、代谢物) 或与测试条件无关的医疗条件，包括检测结果为阴性，但在模拟测试的条件下为阳性的样本。

6.1.2.4. 定标液和质控品值的计量学溯源性

6.1.2.5. 检测的测量范围

本章节应包含测量范围的信息 (无论测量系统为线性与非线性测量系统)，包括检测限制，也应阐述如何建立这些范围。

这些信息应包括样本类型、样本数量、重复次数和制备的说明，包括基质、分析物水平和如何建立梯度。如适用，应增加高剂量钩状效应的说明和支持缓解 (例如稀释) 步骤的数据。

6.1.2.6. 检测临界值的定义

本章节应提供分析数据的结论及研究设计的说明，包括确定检测临界值的方法，比如：

(a) 所研究的人群：人口统计、选择、包含和排除的标准个体数；

(b) 方法或样本特性；

(c) 统计方法，如受试者工作特征 (ROC) 生成结果，并定义灰色地带 / 可疑地带 (如适用)。

6.1.3. 根据附录 XⅢ 分析性能报告

6.2. 关于临床性能和临床证据的信息、性能评估报告：

按照附录 XⅢ，文件应包含性能评估报告。包括科学有效性、分析与临床性能的报告，以及这些报告的综合评估。

技术要求资料，应包括和 / 或完全参考附录 XⅢ 第 2 章所述的临床性能研究文件。

6.3. 稳定性 (不包括样本稳定性)

本章节说明器械有效期、使用期间稳定性和运输稳定性研究。

6.3.1. 声称的有效期

本章节应提供关于稳定性测试研究的信息，以支持声明的有效期。测试应在至少三个不同批次上进行，这些批次基本上等同于常规生产条件下制造的 (这三个批次不需要是连续批次)。从加速研究或对实时数据的推断得出的数据对于初始声称的有效期是可接受的，但随后应进行实时稳定性研究。

此类详细的信息应包括 :

(a) 研究报告 (包括方案、批号、验收标准和测试间隔) ;

(b) 当加速研究用于进行对实时研究的预估时，加速研究所使用的方法 ;

(c) 结论和声称的有效期。

6.3.2. 使用期间的稳定性

本章节应提供关于器械 (无论实际或模拟) 实际日常使用的一批次使用期间稳定性的研究信息。对于自动化仪器，这可能包括开封的瓶稳定性和 / 或机载稳定性。

在自动化仪器的情况下，若声称校准稳定性，则应包括支持数据。

此类详细的信息应说明：

(a) 研究报告 (包括方案、验收标准和测试间隔)；

(b) 结论和声称的使用期间稳定性。

6.3.3. 运输稳定性

本章节应提供关于一批器械的运输稳定性研究的信息，以评估器械对预期运输条件的适应性。

在真实和 / 或模拟的条件下，可进行运输研究；运输研究也应包括可变的运输条件，如极热和 / 或极冷。

此类信息应说明：

(a) 研究报告 (包括方案、验收标准)；

(b) 模拟条件所用的方法；

(c) 结论和建议的运输条件。

6.4. 软件的验证与确认

文档应包含在成品器械中使用的软件确认的依据。此信息通常应包括内部执行的所有验证、确认和测试的结果，并在最终发布之前在实际使用者环境中适用。它还应解决标签中标识的所有不同的硬件配置以及操作系统 (如适用)。

6.5. 在特定情况下所需的其他信息

(a) 对于在无菌或限定的微生物条件下投放于市场的器械，相关生产步骤的环境条件的说明。对于在无菌条件下投放于市场的器械，说明所使用的方法，包括关于包装、灭菌和无菌维持的确认报告。确认报告应涉及生物负载测试，热原测试和消毒剂残留物测试 (如适用)。

(b) 对于包含动物、人或微生物来源的组织、细胞和物质的器械，有关这种材料来源和采集条件的信息。

(c) 对于投放于市场的具有测定功能的器械，为确保规范中给定的准确性而采用的方法说明。

(d) 若为完成预期操作而将器械连接到其他设备上，应提供这种组合的说明，该说明应根据制造商规定的特征，包括连接到任意此类器械时其符合通用安全与附录 I 规定的性能要求的证据。

附录Ⅲ 关于上市后监管的技术文件

由制造商草拟的关于上市后监管的技术文件应按照第 78~81 条的说明，以清楚、有序、易检索和明确的方式呈现，特别应该包括本附录说明的以下要素：

1. 符合第 79 条说明的上市后监管计划。

在上市后监管计划中，制造商应证明其履行了第 78 条所述的义务。

(a) 上市后监管计划应处理可用信息的收集与利用，尤其是：

- 有关严重不良事件的信息，包括 PSURS 的信息和现场安全纠正措施
- 有关非严重不良事件的记录和有关任何不良副作用的数据
- 趋势报告的信息
- 相关专家或技术文献、数据库和 / 或登记表
- 包括使用者、经销商和进口商提供的反馈和投诉信息，及
- 关于类似医疗器械的可获得的公开信息

(b) 上市后监管计划至少应包括：

- 收集 (a) 所述的所有信息的前瞻性与系统化流程。该流程应正确地说明器械的性能，将该器械与投放于市场的类似产品进行比较；

- 有效且适当的方法与流程，用于评估所收集的数据；

- 合适的指标和阈值，用于风险收益分析和风险管理连续的重新评估，如附录 I 第 3 节所述；

- 有效且适当的方法和工具，用于调查现场收集的投诉并分析相关市场经验；

- 根据第 83 条创建的用于管理适用于趋势报告的事件的方法和方案，包括用于建立在事件发生频率或严重程度上以及观察期的统计学意义显著增加的方法和方案；

- 用于与主管机构、认证机构、经营者和使用者有效沟通的方法和方案；

- 用于履行第 78、79 及 81 条规定的制造商的义务的流程的参考；

- 用于确定并采取适当的措施，包括纠正措施的系统化流程；

- 用于跟踪并确定哪些器械需要纠正措施的有效工具；

- 根据附录ⅩⅢ第 B 部分上市后性能跟踪计划，或上市后性能跟踪不适用的理由。

2. 第 81 条所述的定期安全更新报告和第 80 条所述的上市后监管报告。

附录Ⅳ 欧盟符合性声明

欧盟符合性声明应包括以下信息：

1. 如已签发，在第 28 条所述的制造商名称、注册商品名或注册商标及其授权代表 (如适用)、可联系到的注册营业地点以及建立的工厂地点；

2. 由制造商自行负责发出的符合标准声明；

3. 附录Ⅵ第 C 部分所述的基本 UDI–DI；

4. 欧盟符合性声明应包括产品和商标名称、产品代码、货号或其他可标示或可追溯的器械产品识别信息如照片 (如适用) 以及预期用途。除了产品或商品名称，可标识和追溯的信息可通过第 3 条所述的基本 UDI–DI 提供；

5. 器械的风险等级应符合附录Ⅷ的规定；

6. 本条例适用的器械的符合性声明应符合本法规和其他（规定发布欧盟符合性声明）的欧盟立法（如适用）；

7. 关于符合性声明所用的 CS 的任何参考文献；

8. 如适用，公告机构的名称和标识号，所执行的符合性评估流程的说明和所签发的证书的标识；

9. 如适用，额外的信息；

10. 声明的签发地点、日期、签字人的姓名和职务，以及代理人的签名。

附录Ⅴ　CE 符合性标识

1.“CE”标识必须包含缩写“CE”，并采用以下形式：

2. 若缩小或放大 CE 标识，应遵守上述刻度图的比例。

3. 在垂直方向上，CE 标识的各个部分应具有基本相同的尺寸，不小于 5 mm。此最小尺寸限制不针对小型器械。

附录Ⅵ 根据第 26（3）和 28 条提交器械和经营者的注册信息，根据第 25 和 26 条提供核心数据元素给 UDI 数据库连同 UDI-DI，以及 UDI 系统

第 A 部分 根据第 26(3) 和 28 条提交器械和经营者的注册信息

制造商、授权代表 (如适用)、进口商 (如适用) 应提交第 1 节所述的信息，还应确保第 2 节中所述的有关其器械的信息是完整和正确的，并由相关方更新。

1. 与经营者有关的信息

1.1. 经营者的类型 (制造商、授权代表或进口商)。

1.2. 经营者的名称、地址和联系方式。

1.3. 若信息由 1.1 中的其他角色代为提交，还应提供提交人的姓名、地址和联系方式。

1.4. 第 15 条所述的法规符合性负责人的姓名、地址和联系方式。

2. 与器械有关的信息

2.1. 基本 UDI-DI。

2.2. 公告机构签发的证书的类型、编号、到期日，签发该证书的公告机构的名称或标识号及在证书上显示的并由公告机构输入电子系统的公告机构及证书信息的链接。

2.3. 器械应投放或已经投放市场所在的欧盟成员国。

2.4. 若器械归为 B、C 或 D 类：器械已经或应该投放的成员国。

2.5. 存在人类来源的组织、细胞或衍生物 (是 / 否)。

2.6. 存在动物来源的组织、细胞或其衍生物，如欧盟第 722/2012 号 (EU) 法规所述 (是 / 否)。

2.7. 存在微生物来源的细胞或物质 (是 / 否)。

2.8. 确定器械的风险等级。

2.9. 性能研究的单一标识号 (如有)。

2.10. 若器械由第 10(14) 条所述的另一个法人或自然人设计和制造，须提供该法人或自然人的名称、地址和联系方式。

2.11. 若器械归为 C 类或 D 类，须提供安全性和性能的摘要。

2.12. 器械的状态 (上市、退市、召回、现场安全纠正措施启动)。

2.13. 判断器械是否为“新”器械。

“新”器械应满足：

(a) 近 3 年欧盟市场中不存在连续销售的，具有类似分析物或其他参数的此等器械；

(b) 近 3 年欧盟市场中不存在利用类似技术程序分析特定分析物或其他参数有关的器械。

2.14. 无论器械是否旨在自测或床旁检测应说明。

第 B 部分　根据第 25 和 26 条提供核心数据元素给 UDI 数据库与 UDI-DI

制造商应向 UDI 数据库提供 UDI-DI 和以下与制造商和器械相关的信息：

1. 各程序包配置的数量。

2. 如适用，按照第 24(6) 条和任何额外的 UDI-DIS 所述的基本 UDI-DI。

3. 控制器械生产的方式 (有效期或生产日期、批号、序列号)。

4. 如适用，“使用单元”的 UDI-DI(未给“使用单元”的器械分配 UDI 时，应分配“使用单元”的 UDI-DI，将器械的使用与患者关联起来)。

5. 如标签所示的制造商的名称和地址。

6. 按照第 28(2) 条发布的 SRN。

7. 如适用，授权代表的名称和地址 (如标签所示)。

8. 按照第 23 条，医疗器械命名法规。

9. 器械的风险等级。

10. 如适用，商品名 / 商标名。

11. 如适用，器械的型号、参考号或货号。

12. 额外的产品说明 (可选)。

13. 如适用，存储和 / 或处理条件 (如标签或使用说明所示)。

14. 如适用，器械的额外商品名。

15. 标记为一次性使用器械 (是 / 否)。

16. 如适用，最大重复使用次数。

17. 无菌标签的器械 (是 / 否)。

18. 使用前须消毒 (是 / 否)。

19. 额外信息的 URL，如电子使用说明 (可选)。

20. 如适用，重要警告或禁忌征候。

21. 器械状态 (上市、退市、召回、现场安全措施启动)。

第 C 部分 UDI 系统

1. 定义

自动标识和数据捕获 (下文简称 AIDC)。

AIDC 是一种自动捕获数据的技术。AIDC 技术包括条形码、智能卡、生物识别和 RFID。

基本 UDI–DI

基本 UDI–DI 是器械模型的主要标识符，是在器械使用单元的层面上分配的器械标识。其也是在 UDI 数据库中记录的关键，也应在相关的证书和欧盟符合性声明中被引用。

使用单元 DI

在器械使用单元 (例如，在数个包装在一起的多个单元相同器械) 的单个器械层面上未标记 UDI 的情况下，使用单元 DI 用以将器械的使用与患者及其相关的数据关联起来。

可配置器械

可配置器械是一种由数个组件组成的器械。在多种配置中，这些组件可能由制造商组装。那些独立的组件可能本身就是器械。

配置

配置是设备项的组合，由制造商指定。这些设备项一起运作，以达成器械预期用途或目的。可修改、调整或定制设备项的组合，以满足客户特殊需求。

UDI-DI

UDI-DI 是专用于器械模型的唯一数字或字母数字码，也被用作 UDI 数据库中所保存的信息的“存取键”。

人类可读标识 (HRI)

HRI 是 UDI 载体中编码的数据字符的易读标识。

包装等级

包装等级意为器械包装的各种等级，包含固定数量的器械，如各个纸箱或箱子。

生产标识符 (UDI-PI)

UDI-PI 是一种数字或字母数字码，用于识别器械生产单元。

不同类型的 UDI-PI 包括序列号、批号、软件标识和制造或到期日或两种类型日期。

无线射频标识 (RFID)

RFID 是一种以标识为目的，通过无线电波交换阅读器和电子追踪器之间的数据来进行通信的技术。

海运集装箱

海运集装箱是一种相关利用物流系统专用流程控制溯源的集装箱。

唯一器械标识 (下文简称 UDI)

UDI 是一系列数字或字母数字字符，通过全球接受的器械标识和编码标准来创建。在市场上，允许明确标识特定器械。UDI 由 UDI–DI 和 UDI–PI 组成。

“唯一”这个词并不意味着各生产单元的序列变化。

UDI 载体

UDI 载体是通过使用 AIDC 及其 HRI(如适用) 传达 UDI 的工具。除了别的以外，载体还包括 ID / 线性条形码、2D / 矩阵条形码、RFID。

2. 一般要求

2.1.UDI 的附注是一个额外的要求——不替换本法规附录 I 规定的任何其他标记或标签要求。

2.2. 制造商应指定并维护其器械的唯一 UDI。

2.3. 只有制造商可在其器械或包装上设置 UDI。

2.4. 只能使用由欧盟委员会根据第 24(2) 条指定实体提供的编码标准。

3.UDI(唯一器械标识)

3.1.UDI 应位于器械本身或其包装上。更高级别的包装应有其自己的 UDI。

3.2. 海运集装箱应豁免第 3.1 节规定的要求。例如，物流单元上无需有 UDI；当医疗服务机构订购多台使用 UDI 或单个器械型号的器械，而且制造商将这些器械放置在一个集装箱内运输或用以保护单独包装的器械时，不要求集装箱(物流单元)上有 UDI。

3.3.UDI 应包含两部分：一个 UDI–DI 和一个 UDI–PI。

3.4.UDI–DI 在每一级别的器械包装上都是唯一的。

3.5. 若标签上有批号、序列号、软件标识或有效期限，则这些信息应是 UDI–PI 的一部分。若标签上同时还标有生产日期，则 UDI–PI 无须包含生产日期。若在标签上只有生产日期，则应将其用作 UDI–PI。

3.6. 被视为器械且可在市场上购买的各组件应有其单独 UDI，除非此类组件是以单独 UDI 销售的可配置器械的一部分。

3.7. 套件应有其自己的 UDI。

3.8. 制造商应根据相关编码标准为器械分配 UDI。

3.9. 在可能导致器械的错误识别和 / 或其追溯性不明确时，尤其是以下任何 UDI 数据库元素发生的变化需要新的 UDI–DI 时，将需要提供新的 UDI–DI：

(a) 品牌名称或商标；

(b) 器械类型或型号；

(c) 标记为一次性使用；

(d) 无菌包装；

(e) 使用前须消毒；

(f) 包装所提供器械的数量；

(g) 严重警告或禁忌证。

3.10. 使用自有标签对器械进行重新包装或重新标记的制造商应保留原始器械制造商 (OEM) 的 UDI 记录。

4.UDI 载体

4.1.UDI 载体 (UID 的 AIDC 和 HRI 表示) 应放置在标签和所有更高级别的器械包装上。更高级别的包装不包括海运集装箱。

4.2. 若使用包装的器械上有明显的空间限制，UDI 载体可放置在下一个更高级别的包装上。

4.3. 对于单独包装和添加标签的 A 类和 B 类一次性使用器械，UDI 载体无须出现在包装上，但其应出现在更高级别的包装上，例如，包含数个包装的纸箱。但当医疗保健提供者不能获得如家庭医疗保健设置更高级别的器械包装时，UDI 应放置在包装上。

4.4. 对于专门用于零售销售点 (POS) 的器械，AIDC 中的 UDI-PIS 无须显示在销售点包装上。

4.5. 当除 UDI 载体外的 AIDC 载体是产品标签的一部分时，UDI 载体应易于识别。

4.6. 若使用线性条形码，则 UDI-DI 和 UDI-PI 可在两个或更多的条形码中进行级联或非级联。线性条形码的所有部分和元素应是可区分和可识别的。

4.7. 若存在限制在标签上使用 AIDC 和 HRI 的显著约束，则标签上只须出现 AIDC 格式。对于预期在医疗服务机构以外使用的器械 (例如家庭护理器械)，应在标签上使用 HRI 格式，即使这意味着并无空间留给 AIDC。

4.8.HRI 格式应遵循 UDI 代码颁发实体的规则。

4.9. 若制造商使用 RFID 技术，则应在标签上提供符合颁发实体所规定标准的线性或二维条形码。

4.10. 可重复使用的器械上应带有 UDI 载体。若可重复使用的器械在患者使用之间需要消毒、杀菌或翻新，则此类器械的 UDI 载体应为永久性，而且在每次处理后仍可读，以便在整个预期使用寿命内再次使用器械。

4.11.UDI 载体在器械正常使用和预期使用寿命期限内应可读。

4.12. 若 UDI 载体易于通过器械的包装读取或扫描，则 UDI 载体无须出现在包装上。

4.13. 由多个部件组成且在首次使用前必须完成装配的单独成品器械可只在一个部件上带有 UDI 载体。

4.14.UDI 载体的位置应合理，以使在正常操作或储存期间可进行 AIDC。

4.15. 包括“UDI-DI”和“UDI-PI”的条形码载体还可包含器械操作的基本数据或其他数据。

5.UDI 数据库的一般原则

5.1.UDI 数据库应支持本附录第 B 部分所述的所有 UDI 数据库核心数据元素的使用。

5.2. 制造商应负责 UDI 数据库中识别信息和其他器械数据元素的首次提交和更新。

5.3. 应运用正确的方法和流程对提供的数据进行确认。

5.4. 制造商应定期验证其投放到市场上的器械相关的所有数据的

准确性，除非这些器械从市场上撤出。

5.5.UDI 数据库中存在器械 UDI-DI 并不意味着该器械符合本法规的规定。

5.6. 数据库应允许器械不同包装级别的链接。

5.7. 当将器械投放到市场时，应提供新的 UDI-DIs 数据。

5.8. 当对不需要新 UDI-DI 的元素进行更改时，制造商应在 30 天内更新相关的 UDI 数据库记录。

5.9. 在可能的情况下，UDI 数据库应使用国际公认的数据提交和更新标准。

5.10.UDI 数据库的使用者界面应包括所有欧盟官方语言。但为减少翻译，应尽可能减少自由文本字段的使用。

5.11. 退出市场器械的相关数据应保存在 UDI 数据库中。

6. 特定器械类型的规则

6.1. 可重复使用的器械是套件的一部分，且在使用期间须对其进行清洁、消毒、灭菌或翻新。

6.1.1. 此类器械的 UDI 应置于器械上，且在各操作程序后都是可读的，以便于器械的下次使用；

6.1.2. 制造商应对 UDI-PI 的特性 (例如批号或序列号) 进行定义。

6.2. 器械软件

6.2.1.UDI 分配标准

应按软件的系统级别分配 UDI。只有可单独销售的软件和本身构成医疗器械的软件才应遵循该要求。

软件标识应视为生产控制机制，并显示在 UDI–PI 中。

6.2.2. 当存在改变以下方面的变化时，需要新的 UDI–DI：

(a) 原始性能；

(b) 软件安全性或预期用途；

(c) 数据解释。

这些变化可能包括新的或修改的算法、数据库结构、操作平台、架构、新的使用者界面或用于互操作性的新渠道。

6.2.3. 次要软件版本修订只需要一个新的 UDI–PI(而非新的 UDI–DI)：

次要软件版本修订通常与错误修复、可用性增强 (不是出于安全目的)、安全补丁或运行效率相关。

次要软件版本修订应通过制造商的特定标识予以识别。

6.2.4. 软件的 UDI 配置标准

(a) 当软件通过物理介质 (如 CD 或 DVD) 进行交付时，各包装级别应带有人类可读和完整 UDI 的 AIDC 表示。应用于包含软件及其包装的物理介质的 UDI 必须与分配给系统级软件的 UDI 相同；

(b)UDI 应以容易读取的纯文本格式 (例如，“关于”文件或包括在启动屏幕上) 提供在使用者容易查看的屏幕上；

(c) 缺少使用者界面的软件 (例如，用于图像转换的中间软件) 应能够通过应用程序编程接口 (API) 发送 UDI；

(d) 软件的电子显示器上只需要 UDI 的人类可读部分。电子显示器上不需要使用 AIDC 的 UDI 标记，例如，“关于”菜单、启动画面等；

(e) 软件 UDI 的人类可读格式应包括颁发实体的所使用标准的应用标识符(AI),以帮助使用者识别 UDI 并确定用来创建 UDI 的标准。

附录Ⅶ 公告机构需满足的要求

1. 组织和一般要求

1.1. 法人资格和组织结构

1.1.1. 应根据成员国的国内法，或根据与欧盟达成该方面协议的第三国法律来建立一个公告机构，并应对其法人资格和地位进行全面记录。该记录应包括关于所有权和对公告机构行使控制权的法人或自然人的信息。

1.1.2. 若公告机构是作为较大组织一部分的法人实体，则该组织的活动及其组织结构和管理以及与公告机构的关系应清楚地记录在案。在这种情况下，第 1.2 节的要求适用于公告机构和其所属的组织。

1.1.3. 若公告机构全部或部分拥有在成员国或第三国建立的法人实体，或自身由另一法人实体所拥有，则应对这些实体的活动和责任，以及其与公告机构的法律和业务关系进行明确的定义和记录。根据本法规进行符合性评估活动的这些实体所属人员应遵守本法规的适用要求。

1.1.4. 公告机构的组织结构、责任分配、汇报程序和运作应能确保其对所进行符合性评估活动的履行和结果置信。

1.1.5. 公告机构应清楚地记录其组织结构、高层管理人员和其他可能影响符合性评估活动履行和结果的人员的职能、职责和权限。

1.1.6. 公告机构应明确对以下各项具有最高决策权和责任的高层管理人员：

(a) 为符合性评估活动提供足够的资源；

(b) 制定公告机构运作流程和政策；

(c) 公告机构监管流程、政策和质量管理体系的实施；

(d) 监管公告机构的财务；

(e) 公告机构的活动和决定，包括合同协议；

(f) 在必要时向人员和(或)委员会授予执行既定活动的权力；

(g) 与负责公告机构的主管机构的互动，以及与其他主管机构、委员会和其他公告机构沟通的义务。

1.2. 独立性和公正性

1.2.1. 公告机构应是独立于进行符合性评估活动的产品制造商的

第三方机构。公告机构也应独立于与产品利益相关以及与制造商有竞争关系的任何其他经营者，但这并不妨碍对竞争制造商的符合性评估活动。

1.2.2. 公告机构的组织和运作应保障其活动的独立性、客观性和公正性。公告机构应记录和实施一种结构和流程，以保障其公正性，并在其整个组织、人员和评估活动中促进和使用公正性原则。这些流程应确保对任何可能出现利益冲突情况的识别、调查和解决，包括到公告机构就职之前参与器械领域的咨询服务(的人员)。调查、结果及其解决方案应记录在案。

1.2.3. 公告机构、其高层管理人员及负责执行符合性评估任务的人员不得：

(a) 是所评估器械的设计师、制造商、供应商、安装者、购买者、所有者或维护者，也不得是上述各方的授权代表。这不妨碍公告机构购买和使用其运营所必需的评估器械，以及进行符合性评估或为个人目的使用此类产品；

(b) 参与其指定器械的设计、制造或建造、营销、安装和使用或维护，也不得代表参与这些活动的各方；

(c) 其不得参与可能与其指定的符合性评估活动相关的判断或诚信发生冲突的任何活动；

(d) 提供可能危害其独立性、公正性或客观性置信度的任何服务。特别是，其不得向制造商、授权代表、供应商或商业竞争对手提供有关被评估器械的设计、构造、营销、维护或评估进程的咨询服务；

(e) 与任何本身能提供如第 (d) 点所述咨询服务的组织相联系。这并不妨碍对非特定客户进行与器械法规或标准相关的一般培训活动。

1.2.4.(员工) 到公告机构就职时，应充分记录其在就职前所参与的器械领域咨询服务，而且应根据本附录中规定的标准对潜在的利益冲突进行监管和解决。到公告机构就职之前为特定客户雇佣的或曾为特定客户提供医疗器械领域或咨询服务的人员，3 年内不得参与该特定客户或属于相同团体的公司相关的符合性评估活动。

1.2.5. 应保证公告机构、其高层管理人员和评估人员的公正性。公告机构参与评估活动的人员、高层管理人员和分包商的薪酬水平不取决于评估结果。公告机构应公开其高层管理人员的利益申报。

1.2.6. 若公告机构由公共实体或机构拥有，则应确保负责公告机构和 / 或主管机构的国家主管机构与公告机构之间的独立性，且这两者之间不存在任何利益冲突。

1.2.7. 公告机构应确保并记录其子公司、分包商或任何相关机构的活动，包括其所有者的活动，且不影响其符合性评估活动的独立性、公正性或客观性。

1.2.8. 考虑到第 2003/361/EC 号建议中关于费用部分定义的中小型企业的利益，公告机构应根据一套统一、公平合理的条款和条件进行运作。

1.2.9. 本节规定的要求绝不会妨碍公告机构和寻求符合性评估的制造商之间对技术信息和规章指南的交流。

1.3. 保密性

1.3.1. 公告机构应制定书面流程，确保其人员、委员会、子公司、分包商以及任何外部相关机构或人员在符合性评估活动执行期间遵守其所拥有信息的保密性，除非法律要求公开。

1.3.2. 公告机构人员对于根据本法规或所实施的国家法律的任何条款执行的任务所应遵守职业保密要求，除非成员国或委员会中器械方面负责的公告机构或主管机构与主管机构有关系。所有权应受到保护，公告机构应制定有关本节要求的合适的书面流程。

1.4. 责任

1.4.1. 公告机构应对其符合性评估活动办理适当的责任保险，除非根据国家法律由相关成员国承担责任，或成员国本身直接负责符合性评估。

1.4.2. 责任保险的范围和总体财务价值应与公告机构的等级和活动地理范围相对应，并与公告机构所认证器械的风险状况相称。责任保险应涵盖公告机构可能有义务取消、限制或暂停证书的情况。

1.5. 财务要求

公告机构应有在其指定范围和相关业务活动中进行符合性评估活动所需的财政资源。考虑到初始启动阶段内的具体情况，公告机构应记录并提供能证明其财政能力和长期经济可行性的证据。

1.6. 参与协调活动

1.6.1. 公告机构应参与或确保其评估人员获悉相关标准化活动和欧盟法规 2017/745 第 49 条所述的公告机构协调小组的活动，并确保评估和决定人员被告知了本法规框架内的所有相关立法、指南和最佳实践文件。

1.6.2. 公告机构应考虑到指南和最佳实践文件。

2. 质量管理要求

2.1. 公告机构应建立、记录、实施、维护和运行适当的符合性评估活动性质、区域和规模的质量管理体系，并能够支持和证明其与本法规要求的一致性。

2.2. 公告机构的质量管理体系至少应包括以下几方面：

(a) 管理体系结构和文件，包括其活动的政策和目的；

(b) 有关活动分配及人员职责的政策；

(c) 根据高层管理人员和公告机构人员的任务、职责和作用进行的评估和决定过程；

(d) 计划、执行、评估和在必要时修改其符合性评估流程；

(e) 文件控制；

(f) 记录控制；

(g) 管理审查；

(h) 内部审计；

(i) 纠正与预防措施；

(j) 投诉和上诉；

(k) 持续培训。

若使用文件需要多种语言，则公告机构应确保并控制此类文件具有相同的内容。

2.3. 公告机构高层管理人员应确保整个公告机构组织 (包括根据本法规参与符合性评估活动的子公司和分包商) 都充分了解、实施和维护质量管理体系。

2.4. 公告机构应要求所有人员通过签字或类似形式正式承诺其会遵守公告机构规定的流程。该承诺应考虑到保密性与商业和其他利益团体的独立性以及现有或之前有关联的客户。人员须填写书面声明，表明其遵守保密性、独立性和公正原则。

3. 资源要求

3.1. 总则

3.1.1. 公告机构应能够以最高程度的职业操守和特定领域的必要能力来执行本法规赋予其所有任务，并且在其职责范围内无论此类任务是否有公告机构本身或代表其执行。

特别是，公告机构应拥有必要的人员，并拥有或具备在指定符合性评估活动中能够使用技术、科学和行政任务所需的所有设备、设施和权限。

该要求假定在任何时候和对于各符合性评估流程以及指定的每种类型器械，公告机构均可永久获得足够具备相关器械的知识、经验和相应技术的行政、技术和科研人员。鉴于本法规的要求，特别是附录 I 所列的要求，应有足够数量的人员以确保公告机构能够执行符合性评估任务，包括对已经指定的器械进行医疗功能评估、性能评估以及性能和安全性评估。

特定公告机构的能力累积必须使其能够对指定类型的器械进行评估。公告机构必须具有足够的内部能力来严格评价外部专家的评估结果。本节概述了公告机构不能转包的特殊任务。

参与公告机构对器械符合性评估活动的管理运作人员应具备适当的知识，以建立和运行一套选择评估和验证人员的系统，用于验证其授权及分配任务、初始和持续培训组织、其职责分配和监管这些员工的能力，从而确保管理和执行评估和验证的人员有能力完成其需要完成的任务。

公告机构应至少在其高层管理人员中确定一位人员，该人员对器械的符合性评估活动负全部责任。

3.1.2. 公告机构应通过建立一套经验交流、持续培训以及教育计划体系，以确保参与符合性评估活动的人员能保持其资质和专业知识。

3.1.3. 公告机构应明确记录责任范围和限制、人员 (包括符合性评估活动中涉及的任何分包商和外部专家) 职责和权限等级，并通知相应的人员。

3.2. 相关人员的资格标准

3.2.1. 公告机构应建立并记录资格标准和流程，以便选择和授权参与符合性评估活动的人员包括所需的知识、经验和其他能力和所需的初始和持续培训。资格标准应涉及符合性评估过程中的各种职能 (例如审计、产品评估 / 测试、技术文件审查、决定、批量发布) 以及指定范围所涵盖的器械、技术和领域 (例如生物相容性、灭菌、患者自我检测和快速诊断、伴随诊断和性能评估)。

3.2.2. 第 3.2.1 节所述的资格标准应根据第 38(3) 条由成员国规定的范围说明对公告机构的指定范围进行说明，并提供范围说明细分部分所规定资格的详细信息。

应至少对以下几点进行特定资格标准的定义 ：

- 生物安全性评估
- 性能评估
- 患者自我检测和快速诊断器械
- 伴随诊断
- 功能安全
- 软件
- 包装
- 不同类型的灭菌过程

3.2.3. 负责制定资格标准和授权其他人员进行具体符合性评估活

动的人员应由公告机构雇用，而且不得是外部专家或分包商。此类人员应具备以下方面的足够知识和经验：

- 欧盟器械法律及相关指导性文件；
- 本法规规定的符合性评估流程；
- 器械技术的广泛知识基础，以及器械的设计和生产；
- 公告机构质量管理体系、相关流程和所需的资格标准；
- 对参与器械符合性评估活动的相关人员进行培训；
- 在满足本法规或公告机构内部先前适用法律的条件下，具有足够符合性评估的相关经验。

3.2.4. 公告机构应长期拥有具有相关临床专业知识的人员（此类人员尽可能由公告机构雇用），这些人员应在整个公告机构评估和决定过程中整合，以便：

- 确定何时需要专家投入以评估制造商进行的性能评估，并确定合格的专家；
- 根据本法规、CS、指南和协调标准的相关要求适当地培训外部临床专家，并确保外部临床专家充分了解所提供的评估和建议的背景和含义；
- 能够审查和科学地质疑包含在性能评估和任何相关性能研究中

的临床数据，并在由制造商提出的性能评估中适当地指导外部临床专家；

- 能够科学地评价并在必要时质疑提出的性能评估以及外部临床专家对制造商的性能评估的评定结果；

- 能够确定临床专家进行的性能评估的可比性和一致性；

- 能够对制造商性能评估和任何外部专家提供的临床判断进行评定，并向公告机构的决定者提出建议；及

- 能够制定记录和报告，以证明已执行相关符合性评估活动的正确性。

3.2.5. 负责进行产品相关审查(例如技术文件审查或型式检查，包括性能评估、生物安全性、灭菌和软件确认等方面)的人员(产品审查员)应具有以下证明资格：

- 成功获得相关专业的大学或大专学位或同等学历资格，例如，医学、制药学、工程或其他相关学科；

- 在医疗保健产品或相关活动(例如工业、审计、医疗服务、研究经验)有 4 年的专业经验，同时在这些领域有两年的待评估器械或技术的设计、制造、测试或使用或相关待评估科学方面的经验；

- 具有包括附录 I 规定的通用安全性与有效性要求在内的关于器械法律的知识；

- 相关协调标准、CS 和指导性文件的适当知识和经验；

- 风险管理和关于器械标准以及指导性文件的适当知识和经验；

- 性能评估相关的知识和经验；

- 与其正在评估的器械相关的知识；

- 附录Ⅹ～Ⅺ所规定符合性评估流程（尤其在已获得授权方面）的相关知识和经验，以及执行此类评估的足够权限；

- 能够制定记录和报告，以证明已执行相关符合性评估活动的正确性。

3.2.6. 负责对制造商的质量管理体系进行审核的人员（现场审核员）应具有以下证明资格：

- 成功获得相关专业的大学或大专学位或同等学历资格，例如，医学、制药学、工程或其他相关学科；

- 4 年在医疗保健产品或相关活动的专业经验（如工业、审计、医疗保健、研究经验），同时在这些领域有两年的质量管理经验；

- 适当了解器械立法以及相关的协调标准、CS（通用规范）和指导性文件；

- 风险管理和关于器械标准以及指导性文件的适当知识和经验；

● 适当了解质量管理体系和相关的器械标准及指导性文件；

● 附录Ⅸ ~ Ⅺ中所规定符合性评估流程（尤其是其负责程序）的相关知识和经验，以及执行此类评估的足够权限；

● 接受审计技术培训以便有质疑质量管理体系的能力；

● 能够制定记录和报告，以证明已执行相关符合性评估活动的正确性。

3.2.7. 负责最终审查和认证决定的人员应当是公告机构本身的雇员，而不是外部专家或分包人员。所有这些人员作为一个组，应具备以下经过验证的知识和全面的经验：

● 器械法律及相关指导性文件；

● 与本法规相关的器械符合性评估；

● 与器械符合性评估相关的资格类型、经验和专业知识；

● 器械技术的广泛基础，包括正在审查的器械符合性评估的认证、器械行业和器械设计及制造的足够经验；

● 公告机构质量体系、相关流程和参与人员所需的资格；

● 能够制定记录和报告，以证明已执行符合性评估活动的正确性。

3.3. 人员资格、培训和授权的证明文件

3.3.1. 公告机构应有一个程序，以充分记录参与符合性评估活动的各人员的成员资格以及是否满足第 3.2 节所述的资格标准。在特殊情况下，如无法充分证明是否满足第 3.2 节规定的资格标准，公告机构应向负责公告机构的国家主管机构证明这些人员成员有权进行特定的符合性评估活动。

3.3.2. 对于第 3.2.3~3.2.7 节所述的所有人员，公告机构应建立并及时更新：

- 详细说明符合性评估活动人员的授权和责任；

- 记录其获得授权的符合性评估活动所需知识和经验的证明。记录文件应包括确定各评估人员合理的责任范围的理由和每人进行的符合性评估活动。

3.4. 分包商和外部专家

3.4.1. 在不影响第 3.2 节限制的情况下，公告机构可转包符合性评估活动中某些定义明确的部分。

不允许对整个质量管理体系或产品检验相关的审核进行分包，但是这些活动的某些部分可由分包商和外部审核员以及专家代表公告机构执行。对以下三方面公告机构保留全部责任，能够提供适当的证据证明分包商和专家能够履行其特定任务，根据分包商的评估做出决定，分包商和专家代表公告机构进行的工作。

以下活动不得由公告机构转包：

- 对外部专家的资格审查和行为监管
- 审计或认证组织的分包审计及认证活动
- 将工作分配给外部专家进行具体的符合性评估活动
- 最终审查和决定职能

3.4.2. 若公告机构将某些符合性评估活动分包给某个组织或个人，则应有一个说明允许其进行分包的条件的政策，并应确保：

- 分包商符合本附录的有关规定；

- 分包商和外部专家不再将工作转包给组织或人员；

- 关于所述的第一行和第二行缩进的要求已经告知申请符合性评估的自然人或法人。

外部人员的任何分包或咨询应有适当的文件记录且不得涉及任何中间人，并应遵守直接的书面协议，其中包括保密性和利益冲突。所述的公告机构应对分包商完成的任务承担全部责任。

3.4.3. 若在符合性评估的背景下使用分包商或外部专家，特别是关于新的器械或技术，所述的公告机构应在各产品领域具有足够领导整体符合性评估的能力，以验证专家意见的适当性和有效性，并对认证做出决定。

3.5. 监测能力、培训和经验交流

3.5.1. 公告机构应制定流程，对符合性评估活动中涉及的所有内部和外部人员和分包商的能力，符合性评估活动和绩效进行初步评估和持续监测。

3.5.2. 公告机构应定期审查其人员的能力，确定培训需求，并制定培训计划，以保持人员所需的资格和知识水平。本审查至少应验证人员：

- 是否了解当前体外诊断医疗器械法规、相关协调标准、CS(通用规范)、指导文件和第1.6节所述的协调结果；

- 根据第3.1.2.节参与内部交流经验和持续培训及教育计划。

4. 程序要求

4.1. 总则

公告机构应有指定的各符合性评估活动的书面流程和足够详细的流程，包括从预申请活动到决定及监督的各个步骤，并在必要时考虑到器械的相应特性。

第4.3、4.4、4.7和4.8节所述的要求应为公告机构的内部活动，不得分包。

4.2. 公告机构报价和预申请活动

公告机构应：

(a) 发布公开可用的申请程序说明，以便制造商从其获得认证。该说明应包括提交相关文件可使用的语言；

(b) 对特定符合性评估活动所收取的费用以及其他与公告机构器械评估活动相关的财务条件应有详细的书面流程；

(c) 具有关于符合性评估服务广告的书面流程。这些书面流程应确保广告或促销活动绝不暗示制造商或可能导致符合性评估提前获批进入市场，或者比其他公告机构更快、更容易或更不严格；

(d) 具有关于审查预申请信息的书面流程，包括在本法规所涵盖产品的初步验证及其分类，然后向制造商发出关于特定符合性评估的报价；

(e) 确保与本法规所涵盖的符合性评估活动有关的所有合同都直接在制造商和公告机构之间签订，而不是与任何其他组织签订。

4.3. 申请审查与合同

公告机构应要求（申请人）提供由制造商或授权代表签署的正式申请，其中应包含相关符合性评估附录Ⅸ～Ⅺ所述的所有信息和制造商的声明。

公告机构与制造商之间的合同应采取双方签署的书面协议的形式。其应由公告机构保存。本合同应有明确的条款和条件，并包含使公告机构能够按照本法规要求行事的义务，包括制造商有义务通知公告机构警戒报告，公告机构有权暂停、限制或取消发放的证书以及公告机构履行其信息义务的义务。

公告机构应有关于审查申请的书面流程，以便处理：

(a) 关于在相应附录中所述的已获批准的这些有关符合性评估流程要求申请的完整性；

(b) 这些申请所覆盖产品器械及其各自分类的资格验证；

(c) 无论申请人选择的符合性评估程序是否适用本法规的器械；

(d) 公告机构根据其委任来审核申请表的能力；

(e) 充足和适当资源的可用性。

各申请审查的结果应记录在案。拒绝或撤销的申请应通知第 52 条所述的电子系统，其他公告机构应当有权访问相关数据。

4.4. 资源分配

公告机构应有书面流程，以确保所有符合性评估活动由经过适当授权和合格的人员进行，这些人员应具有足够的经验以对需要进行符合性评估的器械、系统和过程以及相关文档进行评估。
对于各应用，公告机构应确定资源需求，并指定某个人负责确保各应用的评估都根据相关流程进行并确保适当资源包括人员在评估的各任务中的可用性。应进行任务分配作为要求的符合性评估部分以及随后对此分配所做的任何更改都应记录在案。

4.5. 符合性评估活动

4.5.1. 总则

公告机构及其人员应进行具有最高专业素质的符合性评估活动，并具备特定领域必要的技术和科学能力。

公告机构应具有足够的专业知识、设施和详细的文件化流程，以有效地进行所述公告机构指定的符合性评估活动，同时要考虑到本法规附录Ⅸ ~ Ⅺ列出的相关要求，尤其是以下要求：

● 适当规划各独立项目的执行；这些机构

● 应确保所组成的评估小组有相关技术经验、持续的客观性，及独立性，其中应包括规定在适当的时间轮换评估小组成员；

● 说明符合性评估活动完成时限确定的合理性；

● 评估制造商的技术文件以及为满足附录 I 所列要求而采用的解决方案；

● 审查制造商的与性能评估相关的流程和文件；

● 定位制造商风险管理程序及其性能评估的评定和分析之间的界面，以评估符合性证明与附录 I 有关要求的相关性；

● 执行附录Ⅸ第 5 节中所述的“特定流程”；

● 对于 B 类或 C 类器械，基于典型性原则评估技术文件；

● 计划和定期进行适当的监管审核和评估，执行或要求执行特定测试，以验证质量管理体系的正常运作，并进行未事先通知的现场审核；

● 若涉及器械采样以验证制造的器械符合技术文件，该要求应在采样前定义相关的采样标准和测试程序；

● 评估和验证制造商的活动是否符合相关附录的要求。

公告机构必要时应考虑可用的 CS、指导文件、最佳实施文件和协调性标准，即使制造商未声明符合性。

4.5.2. 质量管理体系审核

(a) 作为质量管理体系评估的一部分，公告机构应在审核之前根据其书面流程：

- 评估根据相关符合性评估附录提交的文件，并建立一个审核程序，该程序应清楚定义能完全覆盖制造商质量管理体系核查所需的评估活动的数量及顺序，并确定其是否符合本法规的要求；

- 确定制造商不同生产地址之间的联系和分配责任，以及确定相关的制造商的供应商和 / 或分包商，包括考虑是否需要对这些供应商和 / 或分包商或供应商和分包商两者进行专门审核；

- 为审核程序中确定的每项审核，明确界定审核目标、标准和范围，并拟订一份审核计划，以充分解决并考虑所涉器械、技术和过程的特殊需求；

- 为 B 类和 C 类器械建立一份抽样计划并保持更新，以评价依据附录Ⅱ所述的技术文件且技术文件应涵盖制造商所申请的器械，该计划应确保证书有效期内所涵盖的所有器械均有抽样；

- 选择和指派适当的有资质被授权人员进行独立审核。应清楚地定义并记录下团队成员各自的职位、职责和权限。

(b) 基于建立的审核程序，公告机构应根据其书面流程：

● 审核制造商的质量管理体系，以验证确保所涵盖的器械符合本法规的有关条款（这些条款适用于器械从设计到最终检查及持续监控的各阶段）的质量管理体系，同时确定是否满足本法规的要求；

● 基于相关技术文件以确定制造商是否符合相关符合性评估附录要求，审查和审核制造商过程和子系统，尤其是：

★ 设计及开发
★ 生产过程控制
★ 产品文档
★ 采购控制（含所采购器械验证）
★ 纠正预防措施（含上市后监管）
★ PMPF

● 审查和审核制造商采用的要求和规定，包括这些在附录 I 中规定的用于实现通用安全性与有效性安全的要求和规定；

● 应对文档进行抽样，并以这样一种方式进行，即反应与器械预期用途相关的风险、制造技术的复杂性、所生产器械的范围和类别及任何适用的上市后监控信息；

● 若尚未被审核程序覆盖，且成品器械的符合性被供应商的动作显著影响，特别是制造商不能证明其对供应商的充分控制时，则需对生产者供应商场所的流程控制进行审核；

● 基于其抽样计划并参照本附录关于性能评估的第 4.5.4 节的内容，对技术文件实施评价；

● 公告机构应确保审核结果是根据本法规或及 MDCG 制定并采纳的相关标准或最佳实施文件，被恰当并一致地归类的。

4.5.3. 产品验证

技术文件评估

为评估依据附录Ⅸ第Ⅱ章而执行的技术文件，公告机构应具有充分的专业知识、设施，并为以下情形提供详细的书面流程：

● 具有相应资质并获得授权人员的分配，以执行各个方面检验（如器械使用、生物相容性、性能评估、风险管理和灭菌）；

● 依照本法规评估设计符合性并考虑 4.5.4~4.5.5 节规定，这种评估应包括对新进的、过程中的和最终检查的执行情况和结果的检查。如需进一步检测或其他证据，以评估其是否符合本法规的要求，所述公告机构应当实施与器械有关的充足的物理或实验室测试，或要求制造商实施这些测试。

型式检查

公告机构应具有按照附录Ⅹ进行器械型式检查的详细书面流程、充分专业知识和设施，包括以下能力：

● 依照本附录第 4.5.4~4.5.5 节检查和评估技术文件，并验证制造类型是否符合技术文件；

● 建立一个测试计划，确定公告机构需要测试或在其职责范围之内的所有相关和关键参数；

● 记录选择这些参数的理由；

● 进行适当的检验和测试，以验证制造商采用的解决方案是否满足附录Ⅰ规定的通用安全性与有效性要求。该检查和测试应该包括所有必要的测试，以验证该制造商实际上已遵守相关标准；

● 若公告机构不直接进行这些测试，则需要与申请人协定必要测试的执行地点；

● 对测试结果承担全部责任。可考虑制造商提交的测试报告，若它们由具有资质以及独立于制造商的符合性评估机构颁发。

通过检查和测试每批产品进行验证，公告机构应该：

(a) 具有详细书面流程、充分专业知识和设施，以通过按照附录Ⅷ和附录Ⅸ检查和测试每批产品进行验证；

(b) 建立一个检测计划，确定公告机构需要检测的，或在其职责范围内的所有相关和关键参数，以便：

● 对于 C 类器械，验证这些器械是否符合欧盟型式检查证书说明的类型和本法规适用要求；

● 对于 B 类器械，确认是否符合附录Ⅱ和附录Ⅲ所述的技术文件和本法规的适用要求。

(c) 并记录选择第 (b) 点参数的理由；

(d) 具有书面流程以进行适当的评估和测试，检查和测试如附录Ⅺ第 5 节所述的每批产品，从而验证器械是否符合本法规的要求；

(e) 若公告机构本身不直接执行这些必要测试，则应与申请者就这些必要测试在何时及哪里进行检测达成一致，并生成书面流程；

(f) 按照书面流程，对测试结果承担全部责任。仅接受制造商提交的由具有资质且独立于制造商的符合性评估机构颁发的检测报告。

4.5.4. 性能评估的评定

公告机构对流程和文件的评估应着眼于文献检索结果，及所有已进行的验证、确认、检测和已得出的结论，同时还应考虑使用可选材料和物质、包装、稳定性 (包括成品器械的有效期) 等方面。若制造商没有进行新的检测或背离了流程，所述公告机构应适当质疑制造商提呈的理由。

公告机构应持有对制造商产品性能评估相关的流程及文件进行评估的相关书面流程，这些文件即为最初的符合性评估，又是持续的基础。公告机构应充分地检查、验证和确认制造商的流程和文件应充分解决：

(a) 根据附录ⅩⅢ进行的性能评估的计划、实施、评估、报告和更新；

(b) 上市后监管和上市后性能跟踪；

(c) 与风险管理流程的相互作用；

(d) 可用数据及其相关性的分析和评估，以证明其符合附录Ⅰ的相关要求；

(e) 根据性能评估报告中的临床证据及成果而得出的结论。

这些在第 2 段中的流程应考虑到现有 CS、指导原则和最佳实施文件。

根据附录XⅢ，公告机构的性能评估的评定应包括：

- 制造商确定的预期用途，及其定义的器械宣称；
- 性能评估计划；
- 文献检索方法；
- 文献检索有关文件；
- 性能研究；
- 上市后监管和上市后性能追踪；
- 与其他器械相关的等同性声明的有效性，等同性证明，等同及类似器械的适用性及结论数据；
- 性能评估报告；

● 相关未执行的性能研究或 PMPF 的说明。

关于性能评估的性能研究资料，鉴于这些批准的性能研究计划，所述的公告机构应确保制造商得出的结论是有效的。

公告机构应确保性能评估充分着眼于附录Ⅰ规定的安全性与有效性相关要求，并适当地与风险管理保持一致，按照附录ⅩⅢ执行且恰当地反映在所提供的器械相关信息之中。

4.5.5. “特殊流程”

针对附录Ⅺ的第 5 节委任给公告机构的流程，公告机构应有相应的书面程序、足够的专业知识和设施。

在伴随诊断的情况下，公告机构应具有旨在实现本法规要求的相关书面流程，以用于在该类型器械评估过程中咨询欧盟医药管理局或医药产品主管机构。

4.6. 报告

公告机构应：

● 确保记录了符合性评估中的所有步骤，使得这些评估结论明确并证明其符合本法规的要求，并为那些未亲自参与评估的人提供客观证据，如指定授权机构的工作人员；

● 确保记录足以提供一个清晰的审核线索并可用于质量管理体系；

● 在性能评估考核报告里清楚地记录其性能评估考核结论；

● 对各具体项目提供一份详细报告，报告应基于标准格式，内容应至少包含 MDCG 的决议。

公告机构报告应：

● 对于验证制造商是否严格遵照本法规要求执行，清楚地记录其评估结果，给出明确结论；

● 为公告机构将采纳的最终审查和最终决议提供建议；建议应由公告机构的负责人成员签署；

● 并提供给所述的制造商。

4.7. 最终审查

在做出最后决议之前，公告机构应确保：

● 应慎重选派负责特定项目最终审查和决议工作的人员，且不可与评估执行人员为同一人；

● 验证做出决议所需的报告和支持文件，包括有关评估过程对所申请范围内容提出的不符合项；

● 验证是否存在任何悬而未决、阻止欧盟证书签发的不符合项。

4.8. 决定和证书

对于决议的做出，公告机构应具有书面流程，包括有关证书的签发、中止、限制和撤销的责任分配。这些流程应包括本法规第V章规定的公告要求。该流程应允许所述公告机构：

- 基于评估文件和可用的附加信息，判定申请者是否满足本法规要求；

- 基于其性能评估考核和风险管理结果做出决议，对上市后监管计划做出决议，包括 PMPF；

- 在性能评估资料阶段性更新的前提下公告机构做出是否需要进一步审查的决议；

- 决定是否需要在证书上定义特定的条件或条款；

- 基于创新性、风险等级分类、性能评估及器械风险分析的结果，决议证书期限不超过 5 年；

- 清楚地记录决定和审批的各步骤，应包括相关负责人员成员的签字批准；

- 清楚地记录决定协商机制和权责，特别是当证书的最终签署者与决策者不同或不符合第 3.2.7 节规定的要求时；

- 根据附录Ⅻ的最低要求，签发证书的有效期不得超过 5 年，并如有附加特定条件或限制应在证书上注明，

- 仅为申请人签发证书，不得为多个实体签发证书；

- 确保将评估结果和最终决定通知制造商，并录入第 52 条所述的电力系统。

4.9. 变更和修改

若涉及以下信息变化，公告机构和制造商之间应依照适当的书面流程和合同安排来行使责任并进行相关评估：

- 经批准的质量管理体系或所覆盖的产品范围；
- 经批准的器械设计；
- 经批准的器械类型；
- 器械所包含的或用于器械生产的任何物质，属于第 4.5.5 节“特殊流程”规定的情形。

这些在第 1 段所述的流程和合同安排应包括第 1 段所述的检查变更重大程度的过程。

根据其书面流程，所述的公告机构应：

- 在做出批准之前，确保制造商提交第 1 段所述的变更计划以及与变化相关的信息；
- 对申请的变化进行评估，并验证变更后的质量管理体系或器械设计或器械类型是否仍能符合本法规的要求；
- 将其决定通知制造商并提供一份报告作为补充报告，其中应包含其评估 / 审核的合理结论。

4.10. 监管活动和认证后监控

公告机构应设定书面流程，包括：

- 确定何时以及以何种方式对制造商采取监管活动。这些流程应包括对制造商及分包商和供应商（如适用），进行突击现场审核，产品检验，并监控制造商是否符合认证决定所涉及的相关条件，例如，在规定时间间隔内的临床数据更新；

- 对于筛查科学和临床数据的相关来源，及其功能设计相关范围内的上市后信息。在计划和开展监管活动时，应考虑此类信息；

- 审查可根据第 87 条获取的警示信息，以便估计其对现证书有效性的影响（如有）。评估结果和做出的任何决定，都应全面记录。

所述的公告机构一旦收到来自制造商或主管机构的警示案件信息，应决定是否采取如下行动措施：

- 无须采取行动，因为警示案件与已颁发的证书明显无关联；

- 观察制造商和主管机构的活动，以及制造商的调查结果，以确定对于已颁发的证书是否无影响或已经执行适当的纠正措施；

- 若影响到已颁发的证书，须执行特殊监管措施（如文件审查、临时通知或无告知的突击审核、产品检测等）；

- 提高监管审核频率；

- 对制造商的下一次审核中，应审查特定产品或流程；或

● 采取任何其他相关措施。

关于制造商的监管审核，公告机构应设立书面流程，包括：

● 对制造商至少每年进行一次监管审核，且该计划和实施应符合第 4.5. 节的相关要求；

● 确保充分评估制造商针对警示条款、上市后监管和 PMPF；

● 在审核期间，检测仪器、样本及其技术文件，应根据预先确定的采样标准和检测流程执行，以确保制造商始终符合经批准的质量管理体系；

● 确保制造商符合相关附录所规定的文件要求和信息责任，并考虑制造商是否按照质量管理体系的最佳实施流程来执行；

● 避免制造商不按规定执行质量管理体系或避免器械审批出现失误；

● 收集充分的信息，以确定质量管理体系是否持续符合本法规的要求；

● 若检测到不符合项，应要求制造商进行整改，采取纠正预防措施 (如适用) ；且

● 必要时，对相关证书施加特殊的限制或中止或撤销。

如属于证书限制条件的一部分，该公告机构应：

- 基于制造商的上市后监管、其 PMPF、相关使用器械治疗适应证的临床文献或同类器械产品的临床文献，对制造商的最新更新的性能评估进行深入审查；

- 清晰记录本次审查结果，并对制造商提出的任何具体问题或情况进行解答；

- 确保最新更新的性能评估恰当地反映在产品使用说明书中，以及安全性与有效性数据摘要中 (如适合)。

4.11. 再认证

关于再认证审查和证书的更新，公告机构应具有适当的书面流程。应至少每五年对批准的质量管理体系，或欧盟技术文档评估证书，或欧盟型式检查证书进行一次再认证。

对于欧盟技术文档评估证书和欧盟型式检查更新，公告机构应具有相关书面流程，这些证书和流程应要求所述制造商对该器械做出的更改及科学发现提交一份摘要，包括：

(a) 对原批准器械做出的所有更改，包括尚未认证的更改；

(b) 从上市后监管获取的经验；

(c) 从风险管理获取的经验；

(d) 从通用安全与附录 I 规定的性能要求符合性证据的更新而获取的经验；

(e) 从性能评估审查获取的经验，包括任何性能研究和 PMPF 的结果；

(f) 任何性能要求的变化、器械组成的变化，以及科学或法规环境的变化；

(g) 已经采用的新协调标准发生变化，CS 或同等文件的变化；

(h) 医疗、科学和技术知识的变化，例如：

- 新疗法
- 检测方法的变化
- 材料、组成的新科学发现，包括其生物相容性方面的发现
- 从同类器械市场研究获取的经验
- 注册人及注册信息
- 从同类器械性能研究获取的经验

公告机构应具有第 2 段所述的书面流程以评估这些信息，并且应特别注意自前次认证或再认证至今，从上市后监管和 PMPF 活动得到的临床数据，其中包括制造商的性能评估报告的适当更新。

对于再验证的决定，所述的公告机构应采用与最初决定相同的方法和原则。如必要，应建立单独的表格用于再认证，并考虑认证所采取的步骤，如申请和申请审核。

附录Ⅷ 分类规则

1. 实施规则

1.1. 分类规则的使用应基于器械的预期目的。

1.2. 若该器械将与其他器械共同使用，分类规则应分别适用于各器械。

1.3. 对于在体外诊断医疗器械中的附件应与其配合使用的器械分开单独进行分类。

1.4. 驱动某一器械或影响器械使用的软件，应与该器械归为同一类别。

若该软件独立于任何其他器械，则按照其本身进行分类。

1.5. 预期与某一器械配合使用的校准品，应与该器械归为同一类别。

1.6. 赋值质控品包括定量和定性质控品，用于某一特定分析物或多种分析物的赋值质控品应与该器械归为同一类别。

1.7. 制造商应考虑所有分类和实施规则，便于为器械确定正确的分类级别。

1.8. 若制造商声称某个器械具有多种预期用途，使得该器械可归为多个类别，则它应被归入较高的类别。

1.9. 若多个分类规则适用于同一器械，产品类别以最高的为准。

1.10. 每条分类规则适用于一线试剂、确认试剂和补充试剂。

2. 分类规划

2.1. 规则 1

用于以下用途的器械归为 D 类：

- 检测血液、血液成分、细胞、组织或器官，或其任何衍生物是否存在或显露传染性因子，以评估它们是否适用于输血、器官移植或细胞给药。

- 检测是否存在或显露传染性因子，其会导致危及生命的疾病，并且具有高的或可疑的传播风险。

- 确定危及生命的疾病的病原体载量，其监控对于患者管理的过程十分关键。

2.2. 规则 2

器械预期用于血型分型或组织分型，以确保用于输血或移植或细胞给药的血液、血液成分、细胞、组织或器官具有免疫相容性，此类器械归为 C 类，但用于确定以下任何标记物的器械除外：

- ABO 系统 [A（ABO1）、B（ABO2）、AB（ABO 3）]

- 恒河猴（Rhesus）系统 [RH1（d）、RHW1、RH2（c）、RH3（e）、RH4（c）、RH5（e）]

- KELL 系统 [Kel1（k）]

- KIDD 系统 [JK1（Jka）、JK2（Jkb）]

- DUFFY 系统 [FY1（Fya）、FY2（Fyb）]

在这种情况下，它们被归为 D 类。

2.3. 规则 3

器械归为 C 类，若其目的是：

(a) 用于检测是否存在或显露性传播病原体；

(b) 用于检测是否在脑脊液或血液中存在某种高的或可疑的高传播风险的病原体；

(c) 用于检测病原体的存在，其报告结果若错误可带来引起个人、胎儿、胚胎或个体的后代死亡或严重残疾的重大风险；

(d) 用于女性的产前筛查，确定其对感染源的免疫状况；

(e) 用于确定感染性疾病的状态或免疫状态，若其报告结果将会引起患者治疗决定导致危及患者或患者后代生命的风险；

(f) 用作伴随诊断；

(g) 用于疾病分期，若其报告结果错误，则其生成的患者治疗决定可能导致危及患者或患者后代生命的风险；

(h) 用于癌症的筛查、诊断或分期；

(i) 人类基因检测；

(j) 用于检测药用产品、物质或生物组分的水平，若其报告结果错误将会使生成的患者治疗决定危及患者或患者后代生命；

(k) 对患有危及生命疾病的患者或处于危及生命状态的患者进行患者管理；

(l) 用于胚胎或胎儿的先天性疾病筛查；

(m) 用于新生儿的先天性疾病筛查，未能检测和治疗这些疾病可能导致危及生命的情况或严重残疾。

2.4. 规则 4

(a) 自测器械归为 C 类，但用于妊娠检测、生育力测试、确定胆固醇浓度以及检测葡萄糖、红细胞、白细胞和尿样本中细菌的器械除外，这些器械归为 B 类。

(b) 床旁检测器械根据其自身特性进行分类。

2.5. 规则 5

以下器械归为 A 类：

(a) 一般实验室使用的产品、没有危险特征的附件、缓冲液、洗涤液、一般培养基和组织学染色液，制造商使其适用于相关某一特定检查的体外诊断流程；

(b) 制造商专门用于体外诊断流程的器械；

(c) 样品容器。

2.6. 规则 6

上述分类规则未涵盖的器械归为 B 类。

2.7. 规则 7

不具有定量或定性赋值的质控品的器械归为 B 类。

附录IX 基于质量管理体系和技术文件评估的符合性评估

第I章 质量管理体系

1. 如本法规第 10(8) 条所述，制造商应建立、记录和实施质量管理体系，并保持其在相关器械的整个生命周期内的有效性。制造商应确保质量管理体系的运行，如第 2 节规定；根据第 2.3 和 2.4 节的规定进行审核，并且根据第 3 节规定进行监管。

2. 质量管理体系评估

2.1 制造商应向公告机构提出申请，评估自己的质量管理体系。申请应当包括：

- 质量管理体系所覆盖的制造商名称及其他生产场所的所在地的注册名称和地址，若制造商申请由其授权代表提出，同时也须给出授权代表姓名及其所在地的注册地址；

- 质量管理体系覆盖的器械或器械组的所有相关信息；

● 一份书面声明，表明没有向其他公告机构，就同一器械相关的质量管理体系提交申请，或给出同一器械相关的质量管理体系以往的信息；

● 一份依据第 17 条和附录Ⅲ的欧盟符合性声明的草稿，针对符合性评估流程所覆盖的器械型号；

● 质量管理体系文件；

● 一份相关流程的书面说明，其中包括履行质量管理体系中提出的义务及根据本法规要求，以及制造商对使用这些流程的保证；

● 一份相关流程的说明，以保持质量管理体系能保持正确性和有效性，以及相关制造商对使用这些流程的保证；

● 制造商上市后监管体系的文档以及适用的 PMPF 计划和流程以保证其符合第 82~87 条警戒规定的义务；

● 一份相关流程的说明，以保持最新的上市后监管体系以及适用 PMPF 计划和流程以保证其符合第 82 条至 87 条警戒规定的义务，以及制造商对使用这些流程的保证；

● 性能评估计划的文件；

● 一份相关流程的说明，以保持性能评估计划的更新，并考虑目前工艺水平。

2.2. 质量管理体系的实施应确保遵守本法规规定。制造商为其质量管理体系而采用的所有要素、要求和规定，必须以系统和有序的方式记录在质量手册、书面政策和程序之中，例如质量流程、质量计划和质量记录。

此外，为质量管理体系的评估而提交的文件应包括适当的说明，特别是：

(a) 制造商的质量目标；

(b) 业务的组织，特别是：

- 组织结构，分配与关键流程有关的工作人员责任、管理人员的职责和其组织权力；

- 监管质量管理体系是否有效运行的方法，特别是该体系实现预期的设计和器械质量的能力，包括控制那些未符合要求的器械；

- 器械的设计、制造和 / 或最终验证和测试，或任何程序的任何部件由另一方承担，质量管理体系有效运行的监管方法，特别是对其中一方施加的控制类型和程度；

- 若制造商在某个成员国没有注册营业地址，须提供一份授权草稿，任命一位授权代表，并且授权代表出具意向书表示愿意接收这个授权；

(c) 用于监控、验证、确认和控制器械设计的流程和技术，相应的文件以及这些流程和技术所产生的数据和记录，这些流程和技术应包括以下内容：

- 法规符合性策略，包括确定相关法律要求、资质、分类、等效性处理、符合性评估流程的选取和遵守的过程；

- 确定适用的通用安全性与有效性要求以及解决这些问题的方案符合上述要求，同时考虑适用的 CS 和协调标准或等同解决方案；

- 附录Ⅰ第 3 节所述的风险管理；

- 性能评估，根据第 56 条和附录Ⅻ的规定，包括 PMDF；

- 对于设计和构造，满足适用的具体要求，其解决方案包括适当的临床前评估，特别针对附录Ⅰ第Ⅱ章规定要求；

- 对于与器械一同提供的信息，满足适用的具体要求的解决方案，特别针对附录Ⅰ第Ⅲ章的规定要求；

- 草拟器械识别流程，在生产的每一个阶段，与图纸、规范或其他相关文件保持同步；

- 设计的管理或质量管理体系的变更；

(d) 生产环节的验证和质量保证技术，特别是将要使用的过程和流程（尤其是在面具方面）及相关文件；

(e) 制造前、制造中和制造后将要实施的适用的测试和试验，其发生的频率和待使用的测试器械，并应能充分地追溯测试器械的校准情况。

此外，制造商应给予公告机构权利，获取附录Ⅱ和Ⅲ所述的技术文件。

2.3. 审核

公告机构应审核质量管理体系，以确定它是否满足第 2.2 节所述的要求。关于质量管理体系，若制造商使用了协调标准或 CS，则公告机构应符合这些标准或 CS。除非有充分证据证明，否则公告机构应就满足相关协调标准或 CS 的质量管理体系，假设其符合这些标准或 CS 涵盖的要求。

根据附录Ⅶ的第 4.4~4.5 节，公告机构的审核小组应至少包括一位具有相关技术评估经验的成员。若这种经验不直观或不适用，公告机构应该提供组成该审核小组的书面理由。评估流程应包括，基于制造商而做出的审核 (如适用)，应基于制造商的供应商和 / 或分包商，以验证制造和其他相关过程。

此外，若器械是 C 类器械，质量管理体系评估应伴随着器械技术文件的评估，按照第 4.4~4.8 节的规定，器械的选择应具有代表性。在选择代表性样本的过程中，公告机构应考虑 MDCG 根据第 99 条而设计和发布的准则，特别是技术的创新性、对患者和标准医疗实践的潜在影响、设计、技术和制造的相似性，以及适用的灭菌方法、预期目的和之前根据本法规而执行的任何相关评估的结果。相关公告机构应记录其样品选择的理由。

若质量管理体系符合本法规的有关规定，公告机构将出具欧盟质量管理体系证书。且公告机构应通知制造商其签发证书的决定。它应包括审核结论和理由报告。

2.4. 相关制造商应通知公告机构 (批准制造商的质量管理体系)，其质量管理体系的任何重大变化计划，或涵盖器械范围的变化。公告机构应评估拟定的修改，确定是否需要额外的审核，并核实这些更改后的质量管理体系是否仍符合第 2.2 节所述的要求。应该将其决定通知制造商，决议包括评估结论，或在适用情况下，额外审核的结论。对于质量管理体系或器械覆盖范围的重大改变，其批准过程应采取欧盟质量管理体系证书的补充形式。

3. 适用于 C 类和 D 类器械的监管评估

3.1. 监管目的是确保制造商充分履行批准后的质量管理体系所规定的义务。

3.2. 制造商应授权公告机构进行所有必要的审核，包括现场审核，并提供所有相关信息，特别是：

- 质量管理体系的文件；

- 使用上市后监管计划而获取的任何调查结果和结论，包括对具有代表性的器械，进行 PMPF 计划，以及第 82~87 条所述的警戒规定；

- 与设计相关的质量管理体系部分所规定的数据，例如分析、计算、试验的结果以及针对附录 I 第 4 节所述风险管理所采用的解决方案；

- 与制造相关的质量管理体系部分所规定的数据，例如，质量控制报告和试验数据、校准数据、相关人员的资质报告等。

3.3. 公告机构应定期，至少每隔 12 月开展一次，适当的审核和评估，以确保相关制造商采用批准的质量管理体系和上市后监管计划。审核和评估应包括对制造商经营场所的审核，必要时还包括对制造商的供应商和 / 或分包商经营场所的审核。如有必要，在进行现场审核时，公告机构应进行或要求进行试验，以便检查质量管理体系是否恰当发挥了作用。并应为制造商提供监管审核报告。若已进行试验，则其应为制造商提供试验报告。

3.4. 公告机构应至少每隔 5 年随机对制造商进行一次现场突击审核，必要时，还应对制造商的现有供应商和 / 或分包商进行此类现场审核，并可结合第 3.3 节所述的定期监管评估或进行该监管评估以外的评估。公告机构应制定此类现场突击审核的计划，但不得向制造商披露。

在进行此类现场突击审核时，公告机构应选取测试生产器械或制造过程中的足够样品进行试验，以验证所制造的器械是否符合技术文件的要求。在进行现场突击审核前，公告机构应规定相关取样标准和检验程序。

除了进行第 2 项所述的取样以外，公告机构还应进行器械的市场取样，以验证所制造的器械是否符合技术文件的要求。在取样前，相关公告机构应规定相关取样标准和检验程序。

公告机构应为相关制造商提供现场审核报告，如适用，其中还应包括样品试验的结果。

3.5.C 类器械的监管评估还应包括评估第 4.4~4.8 节所述的相关器械技术文件。评估须基于更具代表性的样品选取。而这些样品的选择依据是公告机构根据第 2.3 节第 3 项所述的基本原理。

3.6. 公告机构应确保审核小组的成员具备器械、系统以及相关工艺的评估经验，且其评估具有持续的客观性和中立性，这应包括评估小组成员以适当的时间间隔轮流进行评估。一般而言，审核组组长连续领导和参与审核同一制造商的时间均不得超过 3 年。

3.7. 若公告机构发现生产样品或市场样品与技术文件或批准设计所规定的规范之间存在差异，则应吊销或撤销相关证书或对其施加限制。

第Ⅱ章　技术文件评估

4. 适用于 B、C 和 D 类器械的器械技术文件评估和批次验证

4.1. 除了第 2 节所规定的义务以外，D 类器械的制造商还应向公告机构申请进行相关器械技术文件评估。这些器械包括制造商计划出售或交付使用的器械以及第 2 节所述质量管理体系所涵盖的器械。

4.2. 申请书应说明相关器械的设计、制造和性能。其应包括附录Ⅱ和Ⅲ所述的技术文件。

对于自测或床旁检测所用的器械，申请书还应包括第 5.1 节第 b 点所述的内容。

4.3. 公告机构应利用技术评价、相关器械评价以及临床证据评价方面的公认知识和经验来审查职员聘任申请书。公告机构可要求

提供根据进一步试验或其他证据所填写的申请书，以使评估符合本法规的相关要求。公告机构应进行与器械相关的充分的物理或实验室试验，或要求制造商进行此类试验。

4.4. 根据公告机构应专门审查制造商所递交性能评价报告和相关性能评价中的临床证据。就该审查而言，公告机构应使用聘任的临床专业知识丰富的器械审查员，包括具有相关器械临床应用方面直接和现有经验的外部临床专家。

4.5. 若临床证据全部或部分基于所公布器械的数据，且这些器械与所评估的器械相似或相同，则公告机构应评估使用此类数据的适用性，并考虑新趋势和创新等因素。公告机构应明确记录其对所公布数据的等效性，以及相关性和充分性的结论，以证明数据符合要求。

4.6. 公告机构应验证临床证据和性能评价是否充分，并验证制造商得出的结论是否符合通用安全性与有效性要求。该验证应包括考虑受益 – 风险评估充分性、风险管理、使用说明书、使用者培训、制造商的上市后监管计划，如适用，还应包括审查拟定 PMPF 计划的必要性和充分性。

4.7. 根据其对产品临床证据的评价，公告机构应考虑性能评估及受益 – 风险评估以及是否需要确定特定节点，以便公告机构根据上市后监管和 PMPF 数据对更新的临床证据进行审查。

4.8. 公告机构应在性能评估的评定报告中明确记录其评价结果。

4.9. 在颁发 EU 技术文件评估证书前，公告机构应要求根据第 100

条指定的参考实验室验证制造商公布的性能，如适用，还应要求其验证器械对 CS 或制造商所选定其他解决方案的符合性，以确保保持一定的安全等级和至少等同的性能。验证应包括按照第 48(5) 条所述在 EU 参考实验室进行的实验室试验。

此外，对于本法规第 48(6) 条所述的情况，公告机构应按照第 48(6) 条规定的关于制造商性能评价报告的程序，咨询欧盟第 2017/745 号法规第 106 条所述的相关专家。

EU 参考实验室应在 60 天内提出科学性意见。

公告机构的相关器械文件应包括 EU 参考实验室的科学性意见，在适当情况下，根据第 48(6) 条规定的程序咨询专家的看法。公告机构在做出决定时应适当考虑 EU 参考实验室提出的科学意见，如适用，还应适当考虑根据第 48(6) 条咨询专家明确提出的看法。若参考实验室的科学性意见是反对的，则公告机构不得签发证书。

公告机构应为制造商提供技术文件评价报告，包括性能评估的评定报告。若器械符合本法规的相关规定，则公告机构应颁发 EU 技术文件评估证书。

4.10. 证书应包含技术文件评估结论、证书批准条件、可识别批准器械的数据，若适合，还应包含器械预期用途的说明。

4.11. 若已批准器械发生会影响器械安全性与有效性的变更或器械的使用条件发生变更，则这些变更需要获得颁发 EU 技术文件评估证书的公告机构的批准。若制造商计划进行任何上述变更，则其应通知本文件所述颁发 EU 技术文件评估证书的公告机构。公告机构应评估申请的变更并确定是否须根据第 48 条对申请的变更重新进行符合性评估，或是否可通过 EU 技术文件评估证书的附录的形式予以说明。对于后者的情况，公告机构应评估变更，并将其决定告知制造商，若这些变更获得批准，则公告机构还应为制造商提供 EU 技术文件评估证书的附录。

若这些变更会影响器械对 CS 或制造商所选定 EU 技术文件评估证书所批准的其他解决方案的符合性，则公告机构应咨询前述咨询所涉及的 EU 参考实验室，以便确认器械对 CS 或制造商所选定其他解决方案的符合性，以确保保持一定的安全等级和至少等同的性能。

EU 参考实验室应在 60 天内提出科学性意见。

4.12. 为验证所生产的 D 类器械是否符合要求，制造商应对所生产的各批器械进行试验。得出对照和试验结论后，制造商应立即将这些试验的相关报告转寄给公告机构。此外，制造商应根据事先商定的条件和详细的协议向公告机构递交所生产各批适用器械的样品，其中应包括：公告机构或制造商应向根据第 100 条所指定的 EU 参考实验室寄送所生产各批器械的样品，以进行相应的试验。EU 参考实验室应将其调查结果通知给公告机构。

4.13. 公告机构在收到样品后，在协商的时间期限内，最多不超过 30 天，没任何其他决定（包括所签发证书的任何有效条件），制造商即可销售器械。

5. 特定类型器械技术文件评估

5.1. 自测以及床旁检测 B、C 或 D 类器械的技术文件评估

(a) 用于自测以及床旁检测的 B、C 和 D 类器械制造商应向第 3.1 节所述的公告机构申请进行技术文件评估。

(b) 申请表应使公告机构能够了解器械特性和性能的设计，并应使公告机构能够评估器械是否符合本法规的相关设计要求。其应包含：

(i) 检测报告，包括针对预期使用者所进行研究的结果；

(ii) 器械样品 (如可行);必要时，完成技术文件评估后应返还器械；

(iii) 表明器械适用于自测用器械以及患者床旁检测用器械的预期用途的数据；

(iv) 器械标签和使用说明书中所列出的信息。

公告机构可能要求提供进行的后续试验或通过提供进一步证据所填写的申请表，用于评估符合本法规的要求。

(c) 公告机构应验证器械对本法规附录 I 所述相关要求的符合性。

(d) 公告机构应聘请具有相关理论基础知识及工作经验的人员对申请表进行评估，并为制造商提供技术文件评估报告。

(e) 若器械符合本法规的相关规定，则公告机构应颁发 EC 技术文件评估证书。证书应包含评估结论、有效性条件、批准器械标识

所需的数据，若适用，还应包含器械预期用途的说明。

(f) 若此类变更会对已批准器械的安全、性能或预期使用条件产生影响，则这些变更应需要获得颁发 EC 技术文件评估证书的公告机构的批准。若制造商计划进行任何上述变更，则其应通知本文件所述颁发 EC 技术文件评估证书的公告机构。公告机构应评估计划的变更并确定是否需要根据第 48 条对计划的变更重新进行符合性评估，或是否可通过 EC 技术文件评估证书的附录予以说明。对于后者的情况，公告机构应评估变更，并将其决定告知制造商，且若这些变更获得批准，则公告机构还应为制造商提供 EC 技术文件评估证书的附录。

5.2. 伴随诊断技术文件评估

(a) 伴随诊断制造商应向公告机构递交技术文件评估申请表。公告机构应按照本附录第 4.1~4.8 节规定程序对该申请进行评估。

(b) 申请表应使公告机构能够了解器械的特性和性能，并应使公告机构能够评估器械是否符合本法规的与设计相关的要求，尤其是相关医疗器械的适用性。

(c) 在颁发适用于伴随诊断且基于安全性与有效性概述草案以及使用说明书草案的 EC 技术文件评估证书前，公告机构应根据 2001/83/EC 号指令咨询成员国指定的其中一家主管机构的科学性意见，(或 EMA 或根据本节所述的医疗器械咨询主管机构，根据本点就医药相关的器械适用性咨询医疗器械咨询主管机构)。若医疗器械完全属于欧洲议会和理事会第 726/2004 号 (EU) 法规[1] 附录的适用范围内，则公告机构应征求 EMA 的意见。若医疗器械已获得授权，或已提交了授权申请，则公告机构应咨询医疗器械咨询主管机构或负责授权工作的 EMA。

(d) 医疗器械咨询主管机构应在收到所有必要文件的 60 天内给出意见。该 60 天期限可根据合理的依据延长一次，且延长期为 60 天。与器械相关的公告机构文件应包括意见以及任何可能的更新信息。

(e) 公告机构在做出决定时应适当考虑第 (d) 点所述的特殊意见。公告机构应向医疗器械咨询主管机构通报其最终决定，并应根据第 5.1 节第 (e) 点颁发 EC 技术文件评估证书。

(f) 若所进行的变更会影响与有关医疗产品相关的器械性能和 / 或预期用途和 / 或适用性，则在进行这些变更前，制造商应将这些变更通知给公告机构。公告机构应评估计划的变更并确定是否需要根据第 48 条对变更的器械重新进行符合性评估，或是否可通过 EC 技术文件评估证书的附录予以说明。对于后者的情况，公告机构应对变更进行评估，并咨询医疗器械主管机构或前述咨询所涉及的 EMA。医疗器械咨询主管机构应在收到关于这些变更的所有必要文件的 30 天内给出意见，并应根据第 5.1 节第 (e) 点颁发 EC 技术文件评估证书的附录。

第Ⅲ章　行政管理规定

6. 在最后一个器械上市至少 10 年内，制造商或其授权代表 (若制

---

[1] 2004 年 3 月 31 日欧洲议会和理事会第 726/2004 号 (EC) 法规，其中规定了批准和监督人用和兽用药物产品的欧共体流程，并建立了欧洲药品管理局 (OJ L136,30.4, 2004，p.1)。

造商在成员国尚无注册营业场所)，按照主管机构指示保管以下文件：

- 欧盟符合性声明；
- 第 2.1 节第 5 段所述的文件，尤其是第 2.2 节第 2 项第 (c) 点所述流程产生的数据和记录；
- 第 2.4 节所述变更的信息；
- 第 4.2 节和第 5.1 节第 (b) 点所述的文件；以及
- 本附录所述的公告机构的决定和报告。

7. 各成员国要求，若制造商或其在职权范围内所确定的授权代表在本节所示期限到期前破产或停止其业务活动，则第 6 节所述文件应在该期限内由主管机构处置。

附录X 基于型式检验的符合性评估

1.EU 型式检查是公告机构确定和证明器械(包括其技术文件和相关生命周期过程以及所涵盖的相应代表性器械样品)满足本法规相关规定要求的程序。

2. 申请表

制造商应向公告机构提出评估申请。申请表应当包括：

- 制造商名称和注册地址以及，若由授权代表提出申请表，应提供授权代表名称和注册地址；
- 技术文件请参照附录Ⅱ和附录Ⅲ所述。申请人应提供相关代表性器械样品（“型式”）。必要时，公告机构可要求申请人提供其他样品；
- 对于自测或床旁检测用的器械，申请人应提供检测报告，包括针对预期使用者进行的研究结果，以及表明器械适用于自测用器械及患者床旁检测用器械的相关预期用途数据；

- 器械样品(若可行)；必要时，完成技术文件评估后应返还器械；

- 表明器械适用于自测用器械以及床旁检测用器械的相关预期用途数据；

- 器械标签和使用说明书中所列出的信息；

- 未向任何其他公告机构提交同一型式申请表的书面声明，或先前由另一公告机构驳回或在其他公告机构进行最终评估前或其授权代表撤回的任何同一型式申请表的相关信息。

3. 评估

公告机构应：

(a) 检验应由具有技术评价、相关器械评价以及临床证据评价方面的知识和经验人员来进行。公告机构可要求提供进一步试验或其他证据，以评估是否符合本法规的相关要求。公告机构应进行与器械相关的适当物理或实验室试验，或要求制造商进行此类试验；

(b) 审查和评估技术文件是否符合本法规适用于器械的要求，并验证所生产的型式是否符合文件的要求；还应记录所设计的项目是否符合第 8 条或适用的 CS 所述标准的适用规范要求，以及尚未设计的记录项目是否基于第 8 条所述相关标准或相关 CS 标准；
(c) 根据附录 XIII 第 1.3.2 节，评审制造商所递交性能评价报告中的临床证据。就该评审而言，公告机构应聘任临床专业知识丰富的器械审查员。出于该审查之目的，如有必要，聘任在器械临床应用方面具有当前直接经验的专家；

(d) 若临床证据全部或部分基于所公布器械的数据，且这些器械与所评估的器械类似或相同，应评估适用此类数据的适用性，并考虑新趋势和创新等因素。公告机构应明确记录其对于所公布数据等效性、相关性和充分性的结论，以证明数据符合要求；

(e) 根据附录Ⅸ第 4.8 节，在性能评估的评定报告中明确记录其评估结果；

(f) 进行或安排相应的评估以及必要的物理或实验室试验，以验证在未采用第 8 条或 CS 所述标准的情况下，制造商所采用的解决方案是否满足本法规的通用安全性与有效性要求；若器械与其他器械相连接，以便按照预期进行运行，则应证明在其与具有制造商所规定特性的任何此类器械相连接时，其符合通用安全性与有效性要求；

(g) 进行或安排相应的评估以及必要的物理或实验室试验，以验证制造商所选择采用的相关协调标准是否得到了实际采用；

(h) 与申请人商定进行必要评估和试验的场所；以及

(i) 根据第 (a) 点进行评估和试验，并起草关于其结果的 EC 型式检查报告；

(j) 对于 D 类器械，要求根据第 100 条所指定的参考实验室验证制造商所公布的性能，如适用，还应要求其验证器械对 CS 或制造商所选定其他解决方案的符合性，以确保保持安全等级以及至少同等的性能。验证应包括 EU 参考实验室根据第 48(5) 条所进行的实验室试验。

此外，对于本法规 48(6) 条所述的情况，公告机构应按照第 48(6) 条所规定的关于制造商性能评估报告的程序咨询 2017 法规 (EU) 第 106 条所述的相关专家。

EU 参考实验室应在 60 天内给出科学性意见。

公告机构的相关器械文件应包括 EU 参考实验室的科学性意见，且若适用第 48(6) 条所规定的程序，还应包括所咨询专家的看法。公告机构在做出决定时应适当考虑 EU 参考实验室科学性意见，如适用，还应适当考虑根据第 48(6) 条所咨询专家提出的看法。若 EU 参考实验室给出的科学性意见表示反对，则公告机构不得签发证书；

(k) 对于伴随诊断，根据安全性与有效性概述草案以及使用说明书草案，向成员国根据第 2001/83/EC 号指令所指定的其中一家主管机构或 EMA(根据本点称为医疗器械咨询主管机构) 咨询其对于与相关医疗器械适用性的意见。若医疗产品仅在欧洲委员会第 726/2004 号 (EC) 法规附录的适用范围内，则公告机构应咨询 EMA。若医疗产品获得了许可，或许可申请已提交，则公告机构应咨询医疗器械主管机构或负责许可工作的 EMA。医疗器械咨询主管机构应在收到所有必要文件的 60 天内提出意见。该 60 天期限可根据合理的依据延长一次，且延长期为 60 天。与器械相关的公告机构文件应包括医疗器械咨询主管机构的意见以及任何可能的更新信息。公告机构在做出决定时应适当考虑相关医疗器械咨询主管机构所提出的意见。其应向相关医疗器械咨询主管机构通报其最终决定；

(l) 起草关于第 (a) 点中评估和进行的试验结果以及科学性意见的 EC 型式检查报告，包括 C 或 D 类器械或第 2 节第 3 段所涵盖的性能评估报告。

4. 证书

若型式符合本法规的规定，则公告机构应颁发 EC 型式检查证书。证书应包含制造商的名称和地址、型式检查评估结论、证书有效性条件以及批准型式标识所需的数据。应根据附录Ⅻ起草证书。文件的相关部分应附于证书之后，且公告机构应保存其副本。

5. 型式变更

5.1. 申请人应将涉及批准型式或其预期用途和使用条件的任何变更计划通知颁发 EC 型式检查证书的公告机构。

5.2. 若批准器械 (包括其预期用途和使用条件的限制) 的变更会影响通用安全性与有效性要求或产品使用条件，则这些变更应需要颁发 EC 型式检查证书的公告机构的进一步批准。公告机构应审查计划的变更，将其决定告知制造商，并为其提供 EC 型式检查报告的增补附录。对批准型式任何变更的批准应作为 EC 型式检查证书的增补附录附于其后。

5.3. 批准器械预期用途和使用条件 (预期用途和使用条件的限制除外) 的变更必须重新申请进行符合性评估。

5.4. 若这些变更会影响器械制造商声称的性能或对 CS 的符合性或制造商所选定且 EC 型式检查证书所批准的其他解决方案，则公告机构应咨询前述咨询所涉及的参考实验室，以便确认器械对 CS 或制造商所选定其他解决方案的符合性，以确保保持安全等级以及至少同等的性能。

EU 参考实验室应在 60 天内给出科学性意见。

5.5. 若这些变更会影响 EC 型式检查证书所批准伴随诊断的性能或预期用途或与医疗产品相关的适用性，则公告机构应咨询前述咨询所涉及的医疗器械主管机构或 EMA。医疗器械咨询主管机构应在收到关于这些变更的有效文件后 30 天内提出意见 (若有)。对批准型式任何变更的批准应作为 EC 型式检查证书的附录附于其后。

6. 行政管理规定

在最后一个器械上市至少 10 年内，制造商或其授权代表 (若制造商在成员国尚无注册营业场所)，按照主管机构指示，保管以下文件：

- 第 2 节第 2 段所述的文件；
- 第 5 节所述变更的信息；
- EC 型式检查证书副本、科学性意见与报告及其附录 / 增补附录。

附录 IX 第 7 节应适用。

附录Ⅺ 基于生产质量保证的符合性评估

1. 制造商应确保实施批准的医疗器械生产质量管理体系，按照第3节的规定进行最终检验，并接受第4节所述的监管。

2. 若制造商应履行第1节所规定的义务，其应保存根据第17条和附录Ⅳ起草的符合性评估流程所涵盖器械的EC符合性声明。制造商可通过发布EC符合性声明来确保并声明相关器械满足本法规中适用规定的要求，且若对C类和D类器械进行了型式检验，则还可确保并声明相关器械符合EC型式检查证书所述型式的要求。

3. 质量管理体系

3.1. 制造商应向公告机构提出申请，评估自己的质量管理体系。

申请应当包括：

- 附录Ⅸ第2.1节所列的所有要素；

- 附录Ⅱ和Ⅲ所述批准型式的技术文件；
- 附录Ⅹ第 4 节所述 EC 型式检验证书副本；若提出申请后，EC 型式检验证书由同一公告机构颁发，则提供的技术文件及其更新信息和所签发证书的参考资料应包含在申请中。

3.2. 质量管理体系的实施应确保各个阶段对 EC 型式检查证书所述型式以及本法规中适用于器械规定的符合性。质量项目、质量计划、质量记录等质量手册和书面政策和流程应系统且有序地记录制造商质量管理体系中所采用的所有要素、要求和规定。

文件尤其应包括对附录Ⅸ第 2.2 节第 (a)、(b)、(d) 和 (e) 点所列所有要素的适当说明。

3.3. 附录Ⅸ第 2.3 节第 1 和 2 项的规定适用。

若质量管理体系可确保器械符合 EC 型式检查证书所述型式的要求，且该体系符合本法规的相关规定，则公告机构应颁发 EC 生产质量保证证书。公告机构应通知制造商其签发证书的决定，该决定应包含公告机构审核和合理评估的结论。

3.4. 附录Ⅸ第 2.4 节的规定适用。

4. 监管

附录Ⅸ第 3.1 节、第 3.2 节第 1、2 和 4 段、第 3.6 和 3.7 节的规定应适用。

5. 所生产 D 类器械的验证

5.1. 对于 D 类器械，制造商应对所生产的各批器械进行试验。得出质控和试验结论后，制造商应立即将这些试验的相关报告转寄给公告机构。此外，制造商应根据事先商定的条件和详细协议向公告机构递交所生产各批适用器械的样本或批次，其中应包括：公告机构或制造商应向根据第 100 条所指定的 EU 参考实验室寄送所生产器械的样本或批次，以进行相应的实验室试验。参考实验室应将其试验结果通知给公告机构。

5.2. 除非公告机构在收到、任何其他决定 (尤其包括所签发证书的任何有效性条件) 后的商定时间期限 (但不超过 30 天) 内与制造商进行了沟通，否则制造商可将器械上市。

6. 行政管理规定

在最后一个器械上市至少 10 年内，制造商或其授权代表 (若制造商在成员国尚无注册营业场所)，按照主管机构指示，保管以下文件：

- EC 符合性声明；
- 附录Ⅸ第 2.1 节第 5 段所述的文件；
- 附录Ⅸ第 2.1 节第 8 段所述的文件，包括附录Ⅹ所述的 EC 型式检查证书；
- 附录Ⅸ第 2.4 节所述变更的信息；以及

- 附录Ⅸ第 2.3、3.3 和 3.4 节所述的公告机构决定和报告。

附录Ⅸ第 7 节应适用。

附录XII 由公告机构签发的证书

第 I 章 一般要求

1. 应用欧盟的其中一种官方语言起草证书。

2. 各证书均应仅参考一种符合性评估流程。

3. 证书应仅颁发给一家制造商。证书中的制造商名称和地址应与第 27 条所述电子系统中所注册的名称和地址相同。

4. 证书适用范围的内容应明确说明所涵盖的器械。

(a)EC 技术文件评估证书和 EC 型式检查证书应包括器械的明确标识，包括器械的名称、型号和型式、制造商使用说明书所示且经过符合性评估流程评估的预期用途、风险分类以及第 24(b) 条所述的基本 UDI–DI。

(b)EC 质量管理体系证书和 EU 生产质量保证证书应包括器械标识

或器械组别、风险分类和预期用途。

5. 公告机构应能够按要求说明证书涵盖哪些 (单一) 器械。公告机构应能够建立一个确定证书所涵盖器械 (包括其分类) 的体系。

6. 如适用，证书应包含本证书或根据本法规规定颁发的其他证书所涵盖的器械上市的相关备注。

7.A 类无菌器械的 EC 质量管理体系证书和 EU 生产质量保证证书应包括一份由公告机构审核的声明，以说明公告机构的监管限于生产中与安全和无菌条件相关的方面。

8. 在增补、修改或重新签发证书时，新证书其应包含先前证书的参考资料及其颁发日期以及变更标识。

第 II 章　证书的必需内容

1. 公告机构名称、地址和标识号 ;

2. 制造商和授权代表 (如适用) 的名称和地址 ;

3. 证书的唯一标识号 ;

4. 符合第 28(2) 条要求的制造商单一注册号 ;

5. 发布日期 ;

6. 失效日期 ;

7. 符合本附录第Ⅰ部分第4节规定的器械明确标识所需数据（如适用）；

8. 符合第Ⅰ章第8节规定的先前证书参考资料（如适用）；

9. 符合所进行符合性评估要求的本法规和相关附录参考资料；

10. 所进行的检验和试验，例如相关 CS、协调标准、检验报告/审核报告的参考资料；

11. 涵盖器械上市所需技术文件相关部分或其他证书的参考资料（如适用）；

12. 公告机构的监管信息（如适用）；

13. 公告机构针对相关附录的符合性评估结论；

14. 证书有效性的条件或限制；

15. 符合相关国家法律要求且具有法律约束力的公告机构签名。

附录XIII 性能评估、性能研究和上市后性能跟踪

第 A 部分　性能评估和性能研究

1. 性能评估

器械性能评估是数据评估和分析的连续过程，用于说明制造商所述预期用途。器械的科学有效性、分析性能和临床性能。为对性能评估进行计划、持续实施和记录，制造商应制定并更新性能评估计划。性能评估计划应规定器械的特性和性能，以及用于生成必要临床证据的过程和标准。

性能评估应全面客观地考虑有利和不利的数据。

其深度和程度应与器械的特性 (包括风险、风险级别、性能及其预期目的) 相符并一致。

1.1. 性能评估计划

作为一般要求，性能评估计划应至少包括 ：

- 器械预期用途；

- 附录Ⅰ第Ⅱ章第 9 节和附录Ⅰ第Ⅲ章第 20.4.1. 节第 (c) 点所述的器械特征；

- 由所述器械确定的分析物或标记物；

- 器械的预期用途；

- 已认证的参考材料或参考测量流程的标识，以允许计量溯源；

- 明确指示具有明确适应证、限制和禁忌证的目标患者群体；

- 附录Ⅰ第 1~9 节所述的通用安全性与有效性要求标识，需要相关科学有效性和分析性及临床性能数据的支持；

- 用于检查器械的分析性和临床性能以及器械的局限性和由其提供的信息的方法，包括适当的统计工具；

- 技术发展最新水平说明，包括现有相关标准、CS、指南或最佳实践文件标识；

- 根据医学技术发展最新水平的参数指示和规范(用于确定预期目的受益 – 风险比的可接受性以及器械的分析性能和临床性能)；

- 作为器械的软件，用作其决定基础的参考数据库和其他数据来源的标识和规范；

● 不同发展阶段的概要，包括确定科学有效性、分析性和临床性能的序列和方法 (包括里程碑指示和潜在验收标准说明)；

● 本附录第 B 部分所述的 PMPF 计划。

若由于具体的器械特性，性能评估计划认为任何上述要素不适用，则应在计划中提供正当理由。

1.2. 科学有效性、分析性和临床性能证明：一般情况下，制造商应：

● 通过系统的科学文献综述，识别与器械及其预期目的相关的可用数据，并识别数据中任何未解决的问题或缺口；

● 通过评估器械的安全性和性能来确定所有相关数据；

● 生成解决未决问题必需的任何新的或附加的数据。

1.2.1. 科学有效性证明

制造商应基于以下来源之一或组合证明其科学有效性：

● 关于测量相同分析物或标记物的器械的科学有效性的相关信息；

● 科学 (同行评审) 文献；

● 来自相关专业协会的共识专家意见 / 立场；

● 概念研究证明结果；

- 临床性能研究结果。

应在科学有效性报告中证明并记录分析物或标记物的科学有效性。

1.2.2. 分析性能证明

除非有任何遗漏可证明不适用，否则制造商应根据附录 I 第 9.1 节第 (a) 点所述的全部相关参数证明器械的分析性能。

作为一般规则，分析性能应始终在分析性能研究的基础上证明。

对于新型标记物，或其他标记物，在无可用的已认证参考材料或参考测量流程情况下，可能无法证明其真实性。若没有比较方法，若证明其适当，则可使用不同的方法 (例如，与其他一些记载详细的方法或与复合参考标准比较)。在没有这种方法的情况下，需要进行新型器械与当前临床标准实践进行比较的临床性能研究。

应在分析性能报告中证明并记录分析性能。

1.2.3. 临床性能证明

除非有任何遗漏可证明不适用，否则制造商应根据附录 I 第 9.1 节第 (b) 点所述的所有参数证明器械的相关临床性能。

器械的临床性能证明应基于以下来源之一或其组合：

- 临床性能研究；

- 科学同行评审文献；
- 通过常规诊断测试获得的已发表经验。

除非有充分理由根据其他来源的临床性能数据，否则应进行临床性能研究。

应在临床性能报告中证明并记录临床性能。

1.3. 临床证据和性能评估报告

1.3.1. 制造商应评估所有相关的科学有效性、分析性和临床性能数据，以验证其器械是否符合附录 I 所述的通用安全性与有效性要求。无论其器械能否实现预期的临床有效性和安全性，当按照制造商的说明使用器械时，应允许制造商对该数据的数量和质量进行符合性评估。从该评估中得出的数据和结论应构成器械的临床证据。临床证据应当科学地证明，在目前最新的医学技术发展水平下，预期临床有效性和安全性可实现。

1.3.2. 性能评估报告

应在性能评估报告中记录临床证据。本报告应包括科学有效性报告、分析性能报告、临床性能报告和对这些报告的评估，以便证明临床证据。

性能评估报告应特别包括：

- 收集临床证据所采用的方法的理由；

- 文献检索方法和文献检索方案以及文献检索报告；

- 该器械的技术基础、该器械的预期目的以及关于该器械性能或安全性的任何权利要求；

- 所评估的科学有效性以及分析性和临床性能数据的性质和程度；

- 针对医学发展当前水平的药物的可接受性能的临床证据；

- 根据本附录B部分的PMPF报告得出的任何新结论。

1.3.3. 对于与根据本附录B部分[作为第10(9)条所述的性能评估和上市后监管体系的一部分]的制造商PMPF计划的执行所得数据相关的器械，应在该器械的整个生命周期内更新性能评估报告中的临床证据及其评估。性能评估报告应为技术文件的一部分。在性能评估中考虑的有利和不利数据也应包含在技术文件。

2. 临床性能研究

2.1. 临床性能研究的目的

临床性能研究的目的在于建立或确定不能通过分析性能研究、文献和/或通过常规诊断测试获得的以往经验来确定的器械性能。该信息用于证明符合临床性能方面相关的通用安全性与有效性要求。当进行临床性能研究时，所获得的数据应用于性能评估流程，并作为器械临床证据的一部分。

2.2. 临床性能研究的伦理考量

临床性能研究各步骤 (从首次考虑研究的需要和理由到公布结果) 均应根据公认的伦理原则进行。

2.3. 临床性能研究方法

2.3.1. 临床性能研究设计类型

临床性能研究应设计为使数据的相关性最大化，同时使潜在偏差最小化。

2.3.2. 临床性能研究计划

应基于临床性能研究计划 (CPSP) 进行临床性能研究。

临床性能研究计划 (CPSP) 应定义为临床性能研究的理论、目标、设计和方案分析、方法、监督、执行和记录保存。其应特别包含以下所述信息 (a) 如第 66(1) 条所述的临床性能研究的单个识别号。(a) 第 66(1) 条所指的临床表现研究的唯一识别号；

(b) 申办方标识——包括姓名、注册地址和申办方联系方式，如适用，则其姓名、注册地址及其联系人 / 法定代表人联系方式应根据欧盟第 58(4) 条确定；

(c) 研究者信息 (即协调研究者或其他研究者；资格；联系方式) 和研究地点 (编号、资格、联系方式)，对于自测器械，其位置和涉及的非专业人数；

(d) 临床性能研究的开始日期和计划持续时间；

(e) 器械的识别和说明，其预期目的、分析物或标记物、计量溯源性和制造商；

(f) 关于被研究样本类型的信息；

(g) 临床性能研究的总体概况，其设计类型(例如观察性、干预性)以及研究的目的和假设，参考诊断和/或医学技术发展最新水平中的当前状态；

(h) 在临床实践中技术发展最新水平的背景下，对器械和临床性能研究的预期风险和收益以及除使用剩余样本的研究外，涉及的医疗流程和患者管理的说明；

(i) 器械或试验方案的使用说明、使用者的必要培训和经验、适当的校准流程和质量控制、包括或不包括的任何其他器械、医疗器械、医疗产品或其他物品的指示以及用作参考的任何比较物或比较方法规范；

(j) 说明和证明临床性能研究的设计、其科学稳健性和有效性，包括统计设计以及为尽量减小偏差(例如随机化)和潜在混杂因素管理而采取的措施的细节；

(k) 根据附录Ⅰ第Ⅰ章第9(1)节第(a)点的分析性能有任何遗漏的理由；

(l) 根据附录Ⅰ第9(1)节第(b)点要求确定的临床性能参数，以及关于任何遗漏的理由；除了使用剩余样本的研究，一起使用指定

的临床结果 / 终点 (主要 / 次要) 和证明，以及对个人健康和 / 或公共卫生管理决定的潜在影响；

(m) 关于性能研究人群的信息：受试者规范、选择标准、性能研究人群的规模、目标人群的代表性以及 (如适用) 涉及的弱势受试者 (例如儿童、孕妇、免疫力低下或老年人) 的信息；

(n) 关于使用剩余样本库、遗传或组织库、患者或疾病登记册等数据的信息，并说明可靠性和代表性以及统计分析方法；保证确定患者样本真实临床状态的相关方法；

(o) 监察计划；

(p) 数据管理；

(q) 决策算法；

(r) 关于任何 CPSP 修订 (包括根据第 71 条的修订) 或偏离 CPSP 的政策以及明确禁止使用 CPSP 的豁免；

(s) 关于器械的责任，特别是对器械可使用权的控制、在临床性能研究中使用的器械的跟踪以及未使用的、过期的或故障器械的返回；

(t) 遵守公认且涉及人类医学研究的伦理原则以及临床性能研究领域的良好临床实践原则以及适用的法规要求的声明；

(u) 知情同意过程的说明，包括患者信息表和知情同意书的副本；

(v) 安全记录和报告流程，包括可记录和可报告事件的定义以及报告流程和时间表；

(w) 暂停或提前终止临床性能研究的标准和流程；

(x) 在完成性能研究后对受试者进行跟踪的标准和流程，在暂停或提前终止的情况下对受试者进行跟踪的流程，撤回知情同意书的受试者和无法跟踪的受试者的跟踪流程；

(y) 在研究之外传达测试结果的流程，包括将测试结果传达给性能研究受试者；

(z) 关于根据第 I 章第 1 节所述的法律要求和伦理原则，建立临床性能研究报告和公布结果的政策；

(aa) 器械的技术和功能特征列表表明其已包含性能研究；

(ab) 参考书目。

若第 2 段所述的部分资料在单独文件中提交，则应在 CPSP 中记述。对于使用剩余样本的研究，(u)、(x)、(y) 和 (z) 点均不适用。

若由于所选择的特定研究设计（例如，使用剩余样本与干预性临床性能研究），而使得任何在第 2 段所述的要素认为不适合纳入 CPSP，则应提供正当理由。

2.3.3. 临床性能研究报告

由医生或任何其他授权负责人签署的“临床性能研究报告”应包含关于临床性能研究方案计划、临床性能研究结果和结论(包括不利结果)的信息。结果和结论均应透明,没有偏见且和临床相关。报告应包含足够的信息，使独立个体在无须参考其他文件的情况下就可理解。报告还应酌情包括任何方案修订案或偏差，以及具有适当理由的数据剔除。

3. 其他性能研究

通过类比，第 2.3.2 节所述的性能研究计划和第 2.3.3 节所述的性能研究报告应记录为其他性能研究而不是临床性能研究。

第 B 部分　上市后性能跟踪

4.PMPF 应理解为用于更新本附录第 56 条和第 A 部分所述性能评估的持续过程，并应在制造商上市后监管计划具体说明。为此，在进行 PMPF 时，制造商应主动收集并评估从使用带有 CE 标识、已上市或在相关符合性评估流程所述的预期目的下投入使用的器械中获得的性能和相关科学数据，其目的旨在确认器械整个预期使用期间的安全性、性能和科学有效性、受益 – 风险比的持续可接受性以及检测基于事实证据出现的风险。

5. 应根据 PMPF 计划规定的方法执行 PMPF。

5.1.PMPF 计划应具体说明主动收集和评估安全性、性能和科学数据的方法和流程，目的在于 :

(a) 确认器械在其预期使用寿命内的安全性和性能，

(b) 标识以前对性能和禁忌证未知的风险或局限性，

(c) 在事实证据的基础上标识并分析突发风险，

(d) 确保附录 I 第 I 章第 1 节和第 8 节所述的临床证据和受益 – 风险比的持续可接受性，以及

(e) 标识可能的系统误用。

5.2.PMPF 计划应至少包括：

(a) 应用 PMPF 的一般方法和流程，如收集获得的临床经验、使用者反馈、科学文献筛选和其他性能或科学数据来源；

(b) 应用 PMPF 的具体方法和流程 (例如，环形比对试验和其他质量保证活动、流行病学研究、合适的患者评估或疾病登记、遗传数据库或上市后临床性能研究)；

(c) 第 (a) 和 (b) 点所述的方法和流程适当性的理由；

(d) 参考本附录 A 部分第 1.3 节所述的性能评估报告的相关部分以及附录 I 第 3 节所述的风险管理；

(e)PMPF 要解决的具体目标；

(f) 与等效或类似器械相关的性能数据评估，以及技术发展最新

水平；

(g) 参考制造商使用的所有 CS、协调标准和相关 PMPF 指南；

(h) 由制造商进行的 PMPF 活动的详细且充分合理的时间表 (例如，PMPF 数据和报告分析)。

6. 制造商应分析 PMPF 结果，并在 PMPF 评估报告中记录结果，该报告应更新性能评估报告并作为技术文件的一部分。

7. 本附录第 56 条和第 A 部分所述的性能评估以及附录Ⅰ第 3 节所述的风险管理应考虑 PMPF 评估报告的结论。若通过 PMPF，已经确定预防和 / 或纠正措施需要，则制造商应执行。

8. 若认为 PMPF 不适合于特定器械，则应在性能评估报告中提供并记录证明。

附录XIV 干预性临床性能研究及其他性能研究

第Ⅰ章 干预性临床性能研究和涉及受试者风险的其他性能研究申请表的有关文件

对于用于干预性临床性能研究或涉及受试者风险的其他性能研究的器械，申办方应根据第 58 条提交随附以下文件的申请：

1. 申请表

应及时填写申请表，并包含以下信息：

1.1. 根据欧盟确定的第 58(4) 条，申办方的姓名、地址和联系方式以及如适用，联系人或法定代表人姓名、地址和联系方式。

1.2. 若与第 1.1 节不同，用于性能评估的器械的制造商及其授权代表 (如适用) 的姓名、地址和联系方式。

1.3. 性能研究标题。

1.4. 根据第 66(1) 条的单一标识号。

1.5. 性能研究状态 (例如第一次提交、重新提交、重大修订)；

1.6. 性能研究计划的详细信息和参考 (例如，包括性能研究的设计阶段细节)。

1.7. 若重新提交已提交的器械申请，则先前提交的日期和参考编号，或在重大修改的情况下，应参考原始申请。申办方应确定上次申请的所有变更以及该等变更的理由，是否对以前的主管机构或伦理委员会审查结论进行了任何更改。

1.8. 若根据第 536/2014 号 (EU) 法规，与临床试验申请一并提交本申请，请引用临床试验的正式注册编号。

1.9. 在申请时，确定进行临床性能研究的成员国和第三国应作为多中心或多国研究的一部分。

1.10. 器械性能研究的简要说明，用于提供器械和器械类型必需的分类和其他信息。

1.11. 性能研究计划概要。

1.12. 若适用，关于比对器械的信息，用于提供比对器械必需的分类信息和其他信息。

1.13. 来自申办方的证据表明，临床试验者和研究机构能够根据性能研究计划进行临床性能研究。

1.14. 预期开始日期和性能研究持续时间的细节。

1.15. 将详细信息告知在性能研究申请的所有阶段的公告机构。

1.16. 确认申办方知悉主管机构可与正在进行评估或已评估申请的伦理委员会联系。

1.17. 说明如第 4.1 节所述。

2. 研究者手册

研究者手册 (IB) 应包括并在申请时提供的与研究相关的器械性能研究的信息。对新出版的 IB 或其他相关信息的任何更新，应及时提请研究者注意。应明确标识 IB，特别是应包含以下信息：

2.1. 器械的标识和说明，包括关于预期用途的信息、根据附录Ⅷ的风险分类和适用的分类规则、器械的设计和生产以及对前一代器械和类似器械的引用。

2.2. 制造商的安装、保养、保养卫生标准和使用说明 (包括储存和处理要求)，以及在提供此信息时使用的标签和说明。在器械上市时，应与器械一并提供贴在标签的信息和使用说明。此外，需要任何必需培训的信息。

2.3. 分析性能。

2.4. 现有临床数据，特别是：

- 与器械和 / 或等效或类似器械的安全性、性能、临床受益、设计特征、科学有效性、临床性能和预期用途有关的相关同行评审科学文献和相关专业协会的共识专家意见或立场；

● 与类似器械的安全性、科学有效性、临床性能、对患者的临床受益、设计特征和预期用途相关的其他相关临床数据，包括相关器械的相似性和差异的详细信息。

2.5. 受益 – 风险分析和风险管理概述，包括已知或可预见的风险和警戒的信息。

2.6. 若器械包含人体、动物或微生物的组织、细胞和物质，其详细信息须遵守与组织、细胞和物质有关的通用安全性与有效性要求。

2.7. 详细说明附录 I 所列通用安全性与有效性要求的列表，包括全部或部分适用的标准和 CS，以及满足相关通用安全性与有效性要求的解决方案说明 (只要不符合或仅部分符合该等标准和 CS，或缺失)。

2.8. 在性能研究过程中使用的临床流程和诊断测试的详细说明，特别是关于任何偏离正常临床实践的信息。

3. 性能研究计划请参见附录 XIII 第 2 和第 3 节。

4. 其他信息

4.1. 由负责生产性能研究器械的自然人或法人签署的声明，除了附录 I 所述的临床性能研究涵盖的方面外，所述器械符合通用安全性与有效性要求，并且对于该方面，已采取一切预防措施以保护受试者的健康和安全。

4.2. 若国家法律要求，伦理委员会应提供相关的意见副本。根据国家法律，在提交申请时，无须提供伦理委员会意见，但应尽快提交伦理委员会意见副本。

4.3. 根据第 65 条和相应的国家法规，对受伤受试者的保险范围或保险赔偿证明。

4.4. 用于获得知情同意书的文件，包括患者信息表和知情同意文件。

4.5. 说明遵守关于个人资料保护和保密适用规则的安排，特别是：

- 实施组织和技术安排，避免未经授权地访问、披露、传播、变更或丢失已处理的信息和个人数据；

- 说明为确保受试者的记录和个人资料的保密性而采取的措施；

- 说明在数据安全漏洞的情况下将采取的措施，以减轻可能的不利影响。

4.6. 所有可用技术文件的详细资料，例如详细的风险分析 / 管理文件或具体的测试报告，应根据要求提交给审查申请的主管机构。

第 Ⅱ 章　申办方的其他义务

1. 申办方应承诺为国家主管机构保留本附录第 Ⅰ 章所述的文件提供证据所需的任何文件。若申办方不是负责生产用于性能研究的器械的自然人或法人，该自然人或法人可代表申办方履行本义务。

2. 申办方应签署一项协议，以确保研究者及时向申办方报告所有严重不良事件或第 76(2) 条所述的其他事件。

3. 本附录所述的文件应在对有关器械进行临床性能研究结束后至少保存 10 年，对于器械按顺序上市的情况，其应至少在一个器械上市 10 年内上市。

若申办方或其在职权范围内所确定的联系人在第一子段所示期限到期前破产或停止其活动，各成员国应要求将本附录所述文件保存在主管机构管辖范围内。

4. 申办方应指定一个独立于研究机构的监察员，以确保临床性能研究按照临床性能研究计划、医疗器械临床试验质量管理规范和本法规进行。

5. 申办方应完成对研究受试者的后续工作。

附录XV 对比表

第 98/79/EC 号指令	本法规
第 1(1) 条	第 1(1) 条
第 1(2) 条	第 2 条
第 1(3) 条	第 2 条第 (54) 和 (55) 点
第 1(4) 条	–
第 1(5) 条	第 5(4) 和 (5) 条
第 1(6) 条	第 1(9) 条
第 1(7) 条	第 1(5) 条
第 2 条	第 5(1) 条
第 3 条	第 5(2) 条
第 4(1) 条	第 21 条
第 4(2) 条	第 19 (1) 和 (2) 条
第 4(3) 条	第 19(3) 条
第 4(4) 条	第 10(10) 条
第 4(5) 条	第 18(6) 条
第 5(1) 条	第 8(1) 条
第 5(2) 条	–
第 5(3) 条	第 9 条

（续表）

第 98/79/EC 号指令	本法规
第 6 条	–
第 7 条	第 107 条
第 8 条	第 89 条和第 92 条
第 9(1) 条第 1 子段	第 48(10) 条第 1 子段
第 9(1) 条第 2 子段	第 48(3) 条第 2 子段，第 48(7) 条第 2 子段和第 48(9) 条第 2 子段
第 9(2) 条	第 48(3)~(6) 条
第 9(3) 条	第 48(3)~(9) 条
第 9(4) 条	第 5(6) 条
第 9(5) 条	–
第 9(6) 条	第 11(3)~(4) 条
第 9(7) 条	第 10(7) 条
第 9(8) 条	第 49(1) 条
第 9(9) 条	第 49(4) 条
第 9(10) 条	第 51(2) 条
第 9(11) 条	第 48(12) 条
第 9(12) 条	第 54(1) 条
第 9(13) 条	第 48(2) 条
第 10(1)~(2) 条，第 10(3) 条第 2 句和第 10(4) 条	第 26(3) 条和第 27 条和第 28 条
第 10(3) 条第 1 句	第 11(1) 条
第 11(1) 条	第 82(1) 条和 84(2) 条
第 11(2) 条	第 82(10) 条和第 82(11) 条第 1 子段
第 11(3) 条	第 84(7) 条
第 11(4) 条	–
第 11(5) 条	第 86 条
第 12 条	第 30 条
第 13 条	第 93 条

（续表）

第 98/79/EC 号指令	本法规
第 14(1)(a) 条	–
第 14(1)(b) 条	第 47(3) 和 (6) 条
第 14(2) 条	–
第 14(3) 条	–
第 15(1) 条	第 38 条和第 39 条
第 15(2) 条	第 32 条
第 15(3) 条	第 40(2) 和 (4) 条
第 15(4) 条	–
第 15(5) 条	第 51(5) 条
第 15(6) 条	第 51(4) 条
第 15(7) 条	第 34(2) 条和第 40(2) 条
第 16 条	第 18 条
第 17 条	第 89~92 条
第 18 条	第 94 条
第 19 条	第 102 条
第 20 条	第 97 条
第 21 条	–
第 22 条	–
第 23 条	–
第 24 条	–

名词术语总表

A

ADUFA：Animal Drug User Fee Act,《兽药使用者付费法案》

AGDUFA：Animal Generic Drug User Fee Act,《动物仿制药使用者付费法案》

AMQP：Animal Model Qualification Program，动物模型认证项目

ANDA：Abbreviated New Drug Application，仿制药申请

APEC：Asia-Pacific Economic Cooperation，亚太经合组织

API：Active Pharmaceutical Ingredient，药用活性成分，原料药

B

BARDA：the Biomedical Advanced Research and Development Authority，生物医学高级研究和发展管理局

BE Test：Biological Equivalence Test，生物等效性试验

BIMO：Bioresearch Monitoring，生物研究监测

BLA：Biologics License Applications，生物制品上市许可申请

BPCA：Best Pharmaceuticals for Children Act,《最佳儿童药品法案》

BPD：Biosimilar Biological Product Development，生物类似物产品开发

BsUFA：Biosimilar User Fee Act,《生物类似物使用者付费法案》

C

CBER: Center for Biologics Evaluation and Research，生物制品审评与研究中心

CDC：Centers for Disease Control and Prevention，疾病控制与预防中心

CDER：Center for Drug Evaluation and Research，药品审评与研究中心

CDRH：Center for Devices and Radiological Health，器械与放射卫生中心

CDTL：Cross Discipline Team Leader，跨学科审查组长

CEO：Chief Executive Officer，首席执行官

CFDA：China Food and Drug Administration，国家食品药品监督管理总局

CFR：Code of Federal Regulation，《美国联邦法规汇编》

CFSAN: Center for Food Safety and Applied Nutrition，

食品安全和应用营养中心

COTR：Contracting Officer's Technical Representative，

合同缔约人员技术代表

CPI：Consumer Price Index，消费价格指数

CPMS ：Chief Project Management Staff，首席项目管理人员

CR：Complete Response Letter，完整回复函

CTECS：Counter-Terrorism and Emergency Coordination Staff，

反恐和紧急协调人员

CVM：Center for Veterinary Medicine，兽药中心

D

DACCM：Division of Advisory Committee and Consultant Management，

咨询委员会和顾问管理部门

DARRTS：Document Archiving, Reporting and Regulatory Tracking System，

文件归档、报告和管理跟踪系统

DCCE：Division of Clinical Compliance Evaluation，临床依从性评价部

DD：Division Director，部门主任

DDI：Division of Drug Information，药品信息部门

DECRS：the Drug Establishment Current Registration Site，

当前药品登记地点

DEPS：Division of Enforcement and Post-marketing Safety，

药品上市后安全与执行部门

DHC：Division of Health Communications，卫生通讯部门

DMF ：Drug Master File，药品主文件

DMPQ：Division of Manufacturing and Product Quality，生产及产品质量部

DNP：Division of Neurological Products，神经类产品部门

DNPDHF：Division of Non-Prescription Drugs and Health Fraud，

非处方药及反卫生欺诈部门

DOC：Division of Online Communications，在线通讯事业部

DoD：the Department of Defense，美国国防部

DPD：Division of Prescription Drugs，处方药部门

DRISK：Division of Risk Management，风险管理部门

DSB：Drug Safety Oversight Board，药品安全监督委员会

DSS：Drug Shortage Staff，药品短缺工作人员

DTL：Discipline Team Leader，专业组组长

DVA：Department of Veterans Affairs，退伍军人事务部

E

eCTD：Electronic Common Technical Document，电子通用技术文件

EDR：Electronic Document Room，电子文档室

eDRLS：electronic Drug Registration and Listing，

药品电子注册和上市系统

EMA：European Medicines Agency ，欧洲药品管理局

EON IMS：Emergency Operations Network Incident Management System，

紧急行动网络事件管理系统

EOP Ⅰ Meeting：End-of-Phase Ⅰ Meeting，Ⅰ期临床试验结束后会议

EOP Ⅱ Meeting：End-of-Phase Ⅱ Meeting，Ⅱ期临床试验结束后会议

EUA：Emergency Use Authorization，紧急使用授权

F

FDA：Food and Drug Administration，美国食品药品监督管理局

FDAA：Food and Drug Administration Act，《食品药品管理法案》

FDAAA：Food and Drug Administration Amendments，《食品药品管理法修正案》

FDAMA ：Food and Drug Administration Modernization Act，《食品药品管理现代化法案》

FDASIA：Food and Drug Administration Safety and Innovation Act，《FDA安全及创新法案》

FD&C Act：Federal Food, Drug and Cosmetic Act，《联邦食品药品和化妆品法案》

FDF：Finished Dosage Form，最终剂型

FSA ：Federal Security Agency，美国联邦安全署

FSMA：Food Safety Modernization Act，《食品安全现代化法案》

FTE：Full-Time Employee/Full-Time Equivalence，全职雇员

FY：Fiscal Year，财政年度，会计年度

G

GCP：Good Clinical Practice，药物临床试验质量管理规范

GDUFA：Generic Drug User Fee Act，《仿制药使用者付费法案》

GLP：Good Laboratory Practice，药物非临床试验质量管理规范

GMP：Good Manufacturing Practice，药品生产质量管理规范

GO：Office of Global Regulatory Operations and Policy，
全球监管运营及政策司

GRP：Good Review Practice，药品审评质量管理规范

GSP：Good Supply Practice，药品经营质量管理规范

H

HEW ：Department of Health, Education, and Welfare，
美国卫生、教育和福利部，HHS 前身

HHS：Department of Health & Human Services，美国卫生及公共服务部

HPUS：Homoeopathic Pharmacopoeia of the United States，
美国顺势疗法药典

HSP：Human Subject Protection，人体受试者保护

HUDP：the Humanitarian Use Device Program，人道主义器械使用计划

I

IHGT：Institute of Human Gene Therapy，人类基因治疗研究所

IND：Investigational New Drug，新药临床试验，试验性新药

IRB：Institutional Review Boards，伦理审查委员会

IRs：Information Requests，信息请求

M

MAPPs：Manual of Policies and Procedures，政策及程序指南

MCM：Medical countermeasures，医疗措施

MDUFMA：Medical Device User Fee and Modernization Act，
《医疗器械使用者付费和现代化法案》

N

NCE：New Chemical Entity，新化学实体

NCTR：National Center for To XI cological Research，国家毒理研究中心

NDA：New Drug Application，新药上市申请

NDC：the National Drug Code，美国国家药品代码

NF：National Formulary，美国国家处方集

NIH：National Institutes of Health，美国国立卫生研究院

NIMS：the National Incident Management System，

美国国家突发事件管理系统

NME：New Molecular Entity，新分子实体

NLEA：Nutrition Labeling And Education Act,《营养标识和教育法案》

O

OC：Office of Compliance，合规办公室

OCC：Office of the Chief Counsel，首席顾问办公室

OCC：Office of Counselor to the Commissioner，局长顾问办公室

OCET：Office of Counterterrorism and Emerging Threats，

反恐怖和新威胁办公室

OCM：Office of Crisis Management，危机管理办公室

OCOMM：Office of Communication，通讯办公室

OCP：Office of Combination Products，组合产品办公室

OCS：Office of the Chief Scientist，首席科学家办公室

OD：Office Director，办公室主任

ODSIR：Office of Drug Security, Integrity, and Response，

药品安全、完整和响应办公室

OEA：Office of External Affairs，对外事务办公室

OES：Office of Executive Secretariat，行政秘书处办公室

OFBA：Office of Finance, Budget and Acquisitions，
财政、预算和采购办公室

OFEMSS：Office of Facilities, Engineering and Mission Support Services，
设备、工程和任务支持服务办公室

OFVM：Office of Food and Veterinary Medicine，食品及兽药监管司

OGCP：Office of Good Clinical Practice，GCP 办公室

OGD：Office of Generic Drug，仿制药办公室

OHR：Office of Human Resources，人力资源办公室

OIP：Office of International Programs，国际项目办公室

OMB：Office of Management and Budget，美国行政管理与预算局

OMH：Office of Minority Health，少数族裔卫生办公室

OMPQ：Office of Manufacturing and Product Quality，
生产及产品质量办公室

OMPT：Office of Medical Products and Tobacco，医疗产品及烟草监管司

OMQ：Office of Manufacturing Quality，生产质量办公室

OO：Office of Operation，运营司

OOPD：Office of Orphan Products Development，孤儿药开发办公室

OPDP：Office of Prescription Drug Promotion，处方药推广办公室

OPPLA：Office of Policy, Planning, Legislation and Analysis，
政策、规划、立法及分析司

OPRO：Office of Program and Regulatory Operations，
计划和监管运营办公室

OPT：Office of Pediatric Therapeutics，儿科治疗学办公室

ORA：Office of Regulatory Affair，监管事务办公室

ORSI：Office of Regulatory Science and Innovation，
监管科学和创新办公室

OSE：Office of Surveillance and Epidemiology，
药品监测及流行病学办公室

OSI：Office of Scientific Investigations，科学调查办公室

OSPD：Office of Scientific Professional Development，
科学专业发展办公室

OSSI：Office of Security and Strategic Information，
安全和战略情报办公室

OUDLC：Office of Unapproved Drugs and Labeling Compliance，
未批准药品和标签合规办公室

OWH：Office of Women’s Health，妇女健康办公室

P

PASE：Professional Affairs and Stakeholder Engagement，
专业事务和利益相关者参与

PASs：Prior Approval Supplements，事先批准补充申请

PC&B: Personal Compensation and Benefits，个人薪酬及福利

PDP：Product Development Protocol，产品开发方案

PDUFA：Prescription Drug User Fee Act,《处方药使用者付费法案》

PMA：Premarket Approval Application，上市前批准申请

PMDA：Pharmaceuticals and Medical Devices Agency，
日本药品及医疗器械综合机构

PMR：Premarket Report，上市前报告

PR：Priority Review，优先审评

PR：Primary Reviewer，主审评员

PRA：the Paperwork Reduction Act，文书削减法案

PREA：Pediatric Research Equity Act,《儿科研究公平法案》

R

REMS：Risk Evaluation and Mitigation Strategies，风险评估及缓解策略

RLD：Reference Listed Drug，参比制剂

RPM：Regulatory Project Manager，法规项目经理

S

SEC：The Securities and Exchange Commission，美国证券交易委员会

SPA：Special Protocol Assessments，特殊方案评估

SR：Standard Review，标准审评

T

TL：Team Leader，审评组长

U

USP：U.S. Pharmacopeia,《美国药典》

V

VP：Vice President，副总裁

W

WTO：World Trade Organization，世界贸易组织